土地管理学

刘胜华 主编

TUDI
GUANLIXUE

WUHAN UNIVERSITY PRESS
武汉大学出版社

图书在版编目(CIP)数据

土地管理学/刘胜华主编 .—武汉:武汉大学出版社,2020.8
ISBN 978-7-307-21299-2

Ⅰ.土… Ⅱ.刘… Ⅲ.土地管理学 Ⅳ.F301.2

中国版本图书馆 CIP 数据核字(2019)第 268865 号

责任编辑:杨晓露　　责任校对:汪欣怡　　版式设计:韩闻锦

出版发行:**武汉大学出版社**　(430072　武昌　珞珈山)
(电子邮箱:cbs22@whu.edu.cn 网址:www.wdp.com.cn)
印刷:武汉图物印刷有限公司
开本:787×1092　1/16　印张:26.5　字数:596 千字　插页:1
版次:2020 年 8 月第 1 版　2020 年 8 月第 1 次印刷
ISBN 978-7-307-21299-2　定价:59.00 元

前　　言

2005年，武汉大学出版社出版了《土地管理概论》教材，2005年至2015年间，该教材在土地管理专业的本科、硕士和专科教学中发挥了重要作用。但是，随着经济、社会和科技的发展，在土地管理学科领域也逐渐出现了新思想、新技术、新方法。因此，对原教材进行更新已经十分必要。

本次教材更新中，经教材编写组全体同仁们的分析研究，确定将教材基本内容分为九章，编写思路和内容框架如下：

第一章，绪论。主要探讨土地的本质和土地管理的本质，界定土地管理的研究对象、研究内容、研究方法，以及我国土地管理的历史发展。

第二章，土地国情调查。主要探讨土地管理基础信息的获取途径与方式方法。此处的土地国情，是指围绕土地产生的，为土地管理服务的必不可缺的空间和属性基础信息。土地国情调查是进行土地管理的必要前提。没有土地国情调查成果，土地管理将成为无本之木。本章的主要内容包括土地分类、土地调查、土地统计、土地评估、土地档案管理等。

第三章，土地权属管理。主要探讨围绕土地产生的人与人的权责关系，侧重于对土地的政治和社会属性进行管理研究。本章内容包括土地权利的分类体系、土地权属的确认与登记、土地权属的流转、土地权属的终止与收回等。

第四章，土地市场调控。主要探讨围绕土地产生的人与人的经济关系，侧重于对土地的经济属性进行管理研究。土地市场管理的内容包括了土地市场培育、土地收购储备、土地供需调控、土地价格调控、土地税费征管等。

第五章，土地利用管理。主要探讨围绕土地产生的人对地的支配关系，侧重于对土地的自然资源属性进行管理研究。土地利用管理的内容包括国土空间规划、主体功能区规划、土地利用规划、土地利用计划、土地利用审批、土地利用管制、节约集约用地、国土综合整治、耕地特殊保护、土地利用监测、监督、督察等。

第六章，土地生态管护。主要探讨围绕因人地关系而衍生的土地与生态的关系，侧重于对土地的生态属性进行管理研究。土地生态管护的内容包括了主要生态问题、土地生态管护等。

第七章，土地信息管理。主要探讨在土地活动中形成的各种信息的系统化管理，为进一步开展和改进土地活动搭建必要的信息平台。土地信息管理的内容包括土地信息的分类、土地信息的标准化、土地信息的存储与更新、土地信息的保密与共享等。

第八章，国际土地问题简介。主要探讨围绕土地作为国家主权的组成部分而衍生的土地国际问题，侧重于对土地的国际关系进行研究。国际土地问题的内容包括国际河流、公海、南极公地、外层空间的利用国际规则等。

第九章，国外土地管理简介。主要探讨围绕土地这一对象，西方发达国家或者有成功管理经验的国家如何开展土地管理，侧重于对国家土地管理的共同性与差异性的研究，国外土地管理主要介绍美国、德国、英国、澳大利亚、日本等国的土地所有制、土地登记、土地估价、土地利用规划和土地整治方面的经验做法。

本教材由刘胜华主编，参与编写的教师有(按参与编写章节的顺序)：刘胜华、潘润秋、张金亭、张雅杰、赵翔等。其中第一章、第三章、第八章、第九章主要由刘胜华编写；第二章主要由潘润秋、张金亭编写；第四章主要由张雅杰编写；第五章主要由赵翔、潘润秋编写；第六章主要由张雅杰、刘胜华编写；第七章主要由张金亭、赵翔编写。全书由刘胜华负责统稿。

本教材在设定框架、确定大纲、撰写成稿的过程中，得到了武汉大学资源与环境科学学院地理与国土资源系全体教师的大力支持，同仁们提供的修改意见和建议我们予以了充分考虑与采纳，感谢同仁们的无私贡献！

本教材在初稿形成后，武汉大学土地管理方向博士生许刚、刘以，硕士生吴婷、谢念斯、李健等同学参与了校核，在此一并表示感谢！

目　　录

第一章　绪论……………………………………………………………………… 1
第一节　土地管理学………………………………………………………… 1
第二节　土地……………………………………………………………………… 5
第三节　土地管理 ………………………………………………………… 30
第四节　土地管理体制 …………………………………………………… 44
第五节　土地管理历史沿革 ……………………………………………… 54
本章小结 ……………………………………………………………………… 70

第二章　土地国情调查 ………………………………………………………… 72
第一节　土地分类 ………………………………………………………… 72
第二节　土地调查………………………………………………………… 113
第三节　土地统计………………………………………………………… 132
第四节　土地评估………………………………………………………… 143
第五节　地籍档案………………………………………………………… 166
本章小结………………………………………………………………………… 167

第三章　土地权属管理……………………………………………………… 169
第一节　土地权属管理概论……………………………………………… 169
第二节　土地权利制度…………………………………………………… 179
第三节　土地权属确认…………………………………………………… 186
第四节　土地权属登记…………………………………………………… 199
第五节　土地权属流转…………………………………………………… 203
第六节　土地权属终止与收回…………………………………………… 220
本章小结………………………………………………………………………… 223

第四章　土地市场调控……………………………………………………… 225
第一节　土地市场调控概述……………………………………………… 225
第二节　土地市场培育…………………………………………………… 231
第三节　土地收购储备…………………………………………………… 237
第四节　土地供需调控…………………………………………………… 241

第五节　土地价格调控…………………………………………………… 246
第六节　土地税费征管…………………………………………………… 252
本章小结…………………………………………………………………… 260

第五章　土地利用管理………………………………………………… 261
第一节　土地利用管理概述……………………………………………… 262
第二节　国土空间规划…………………………………………………… 266
第三节　国土空间主体功能区规划……………………………………… 279
第四节　土地利用规划…………………………………………………… 286
第五节　土地利用计划…………………………………………………… 297
第六节　土地利用审批…………………………………………………… 300
第七节　土地利用管制…………………………………………………… 304
第八节　节约集约用地…………………………………………………… 315
第九节　国土综合整治…………………………………………………… 323
第十节　耕地保护………………………………………………………… 332
第十一节　土地利用监测、监督和督察………………………………… 336
本章小结…………………………………………………………………… 341

第六章　土地生态管护………………………………………………… 343
第一节　土地生态管护概述……………………………………………… 343
第二节　我国主要生态问题……………………………………………… 348
第三节　土地生态管护…………………………………………………… 350
本章小结…………………………………………………………………… 361

第七章　土地信息管理………………………………………………… 362
第一节　土地信息的分类………………………………………………… 362
第二节　土地信息的标准化……………………………………………… 366
第三节　土地信息系统…………………………………………………… 373
第四节　土地信息的保密与共享………………………………………… 375
本章小结…………………………………………………………………… 381

第八章　国际土地问题简介…………………………………………… 382
第一节　国际河流………………………………………………………… 382
第二节　公海……………………………………………………………… 388
第三节　南极公地………………………………………………………… 392
第四节　外层空间………………………………………………………… 396
本章小结…………………………………………………………………… 397

第九章　国外土地管理简介 …… 398
第一节　国外地籍与产权管理 …… 398
第二节　国外土地利用管理 …… 405
本章小结 …… 414

参考文献 …… 415

第一章　绪　　论

本章研究土地的本质、土地管理的本质以及我国土地管理的历史沿革。只有充分认识土地和土地管理的本质，才能深入分析土地管理的目标、原则、内容、程序和措施。本章的内容框架如图 1-1 所示。

- 绪论
  - 土地
    - 本体论
      - 土地的概念
      - 土地的特征
    - 关联论（→土地的功能）
      - 土地与经济
      - 土地与社会
      - 土地与生态
    - 矛盾论→土地问题
  - 土地管理
    - 本体论
      - 土地管理的概念
      - 土地管理的特征
    - 运行论
      - 土地管理的目标
      - 土地管理的原则
      - 土地管理的依据
      - 土地管理的内容
      - 土地管理的措施
    - 矛盾论→土地管理问题
  - 我国土地管理历史发展

图 1-1　本章内容框架结构图

第一节　土地管理学

土地科学是研究土地关系的一门科学。土地关系是指在土地的规划、计划、开发、利用、流转、收益、治理、保护等过程中形成的社会关系，包括围绕土地利用产生的人地关系和围绕土地权益产生的人与人的关系。

一、土地管理学的学科性质

按照学科体系，根据《中华人民共和国学科分类与代码国家标准》(GB/T 13745—2009)，将学科分为门类、一级学科、二级学科、三级学科，共设 5 个门类，62 个一级学科，748 个二级学科，近 6000 个三级学科。5 个门类包括自然科学类、农业科学类、医药科学类、工程与技术科学类、人文社会科学类。管理学隶属于工程与技术科学类。管理学下分管理思想史、管理理论、管理心理学、管理计量学、部门经济管理、科学学与科技管理、企业管理、行政管理、管理工程、人力资源开发与管理、未来学、管理学其他学科等二级学科。在该学科分类中，行政管理未设三级学科。仅从分类体系看，土地管理学可在某种意义上划入行政管理，更可在普遍意义上归入“管理学其他学科”之中。

教育部《普通高等学校本科专业目录(2012)》中，学科门类与国务院学位委员会、教育部 2011 年印发的《学位授予和人才培养学科目录(2011 年)》的学科门类基本一致，分设哲学、经济学、法学、教育学、文学、历史学、理学、工学、农学、医学、管理学、艺术学 12 个学科门类。在管理学下，分设管理科学与工程类、工商管理类、农业经济管理类、公共管理类、图书情报与档案管理类、物流管理与工程类、工业工程类、电子商务类、旅游管理类 9 个二级学科。并在公共管理学科下，设有行政管理、社会医学与卫生事业管理、教育经济与管理、社会保障、土地资源管理等基本专业以及海关管理、交通管理、海事管理、公共关系学等特设专业。在本科专业目录中，土地资源管理隶属于公共管理学，但与行政管理属平行学科。而从公共管理的对象包括公共事务和公共资源这一角度考虑，则土地资源管理仅为土地管理的一部分，土地管理还包括土地公共事务管理。通常情况下，土地公共事务管理又可划入行政管理范畴。因此，在教育部的本科专业目录中，土地管理兼及土地资源管理和行政管理两个专业。

由此可知，在目前的学科分类中，学科门类、一级学科、二级学科和三级学科中均没有专门列出土地管理学。在本科专业目录中，土地管理兼及土地资源管理与行政管理两个专业。这说明，土地管理学是一门多学科交叉融合的边缘性、综合性学科。

二、土地管理学的研究对象

从学科分类角度出发，土地管理学的研究对象应当有自己的特殊性，应当区别于其他的管理学科门类，如部门经济管理、科技管理、企业管理、人力资源管理、行政管理等，否则就没有专门存在的必要。在管理学科门类下，土地管理学的研究对象必须围绕“土地”展开，是对“土地”的开发、利用、监测、治理、保护、流转等各种相关事项进行的计划、组织、控制、领导和协调。

从专业设置的角度出发，跟公共管理类的其他专业相比，土地管理学的研究对象也应当有自己的特殊性，应当区别于行政管理、医学卫生管理、教育管理、工商管理、交通管理、海关管理、海事管理等。这些专业在管理主体上，都归入公共管理部门，在管理对象上，都有公共事务和公共资源，在管理目标上，都要体现为社会公共利益需要服务。要跟公共管理类其他专业区分开来，土地管理学的研究对象必须是“土地公共资源”以及“土地公共事务”方面的计划、组织、控制、领导和协调。

在土地资源管理专业内部，作为一门课程，土地管理学的研究对象同样也要有自己的特殊性，应当区别于本专业其他的专业课程，如土地资源学、土地经济学、土地法学、土地信息学、土地测量学、土地评价学等。跟土地资源管理专业的其他专业课程相比，土地管理学这一课程要强调“管理”二字，是对土地这一特定物的管理活动和管理过程进行的研究。因此，土地管理学的研究对象是土地管理活动和管理过程的基本规律和一般方法。土地管理学的研究对象既要紧紧围绕“土地”，又要紧紧围绕“管理”。

从公共管理角度，土地管理者通常是特定的和排他的，指各级土地行政主管部门。其他的企业、事业单位、社会团体、个人等，都不是土地管理者。同时，土地管理者行使的管理权，通常也是指特定和排他性的公共权力，不同于私权利。土地管理的目的，也主要侧重于土地资源的合理利用与保护，土地公共利益的实现与维护，不同于土地经营者的以谋取私益为侧重点。

综上所述，土地管理学的研究对象，是特定的土地管理者对土地资源的开发、利用、监测、治理、保护、流转、收益分配等事项进行公共管理的理论和方法。

三、土地管理学的研究目标

土地管理学是土地科学的一个分支，土地管理学是通过研究土地管理活动的基本理论与方法，寻找土地效益的最佳实现模式。而土地效益可以按领域分为经济效益、生态效益和社会效益，也可按享有的主体分为公益和私益。这些效益有时会同向增长，更多的是此消彼长。如何在相互冲突中寻找实现主导效益的途径与方法，同时尽可能减少对其他效益的损害，以尽可能提高土地综合效益，这是土地管理学永远的研究课题。

土地管理学研究的最终目标就是提高土地综合效益。但在特定的政策环境和特定的经济发展阶段，对综合效益的评价标准会有所不同。例如在贫困的时候，人们首先想要的是满足生存需要的各种物质，此时经济效益是至关重要的，对社会和生态效益的诉求会比较低，此时追求的综合效益中，经济效益所占的比重很高。当经济发展到一定阶段，人们已不再满足于物质需求，逐渐关注因片面追求经济发展带来的资源破坏和环境污染等问题，以及由于经济发展不平衡带来的贫富分化等问题，此时，生态效益和社会效益在综合效益中所占的比重就会逐渐上升。特别是在一些环境恶化严重或者贫富分化严重的区域，人们对生态和社会效益的期望会明显增大甚至超过对经济效益的期望。因此，提高土地综合效益必须与解决经济社会主导矛盾相结合。

综上所述，土地管理学的研究目标，就是认清经济社会发展环境，结合经济社会发展主导矛盾，构建适当的矛盾解决机制，在保障主导效益的同时，尽可能减少对其他效益的损害，以提高土地综合效益。这一目标的本质是促进土地利用综合效益最大化。

四、土地管理学的研究内容

按照不同的分类标准，土地管理学的研究内容有不同的表述方式。

第一种比较常见的分类方式，将土地管理学的研究内容分为土地管理理论、土地管理技术手段、土地管理内容、土地管理主体、土地管理发展与促进等。如表 1.1-1 所示。

表 1.1-1　　　　土地管理学的研究内容体系(1)

一级	二级内容	三级内容
土地管理学	理论基础	政治学、资源学、经济学、法学、社会学、管理学、地理学、生态学等
	技术手段	测量学、信息学、数理统计学、空间统计学、评估与预测等
	管理内容	土地与土地管理的理论，土地基础信息收集整理利用，土地权属管理，土地规划、开发、利用、监测、治理、保护管理，土地市场管理，土地收益分配管理，土地纠纷处理，土地违法查处等
	管理主体	土地管理机构设置与职责权限划分，土地管理者资格取得与取缔，对土地管理者和管理机构的约束与激励机制等
	管理对象	特定权属、特定界址、特定利用类型的土地
	发展促进	土地管理历史经验，土地管理发展趋势，以及土地管理者技能培训、跨区域、跨领域交流促进等

第二种分类方式，由于管理活动总是在一定的社会生产方式下进行的，因此许多学者将管理学研究内容分为生产力、生产关系和上层建筑三个方面，借鉴这一模式，土地管理学的研究内容也可分为跟土地相关的生产力、生产关系、上层建筑三个方面。第一，生产力。生产力是人们改造自然以获得物质生活资料的实际能力，由劳动对象、劳动资料和劳动者三个实体要素构成。土地既可是劳动对象，也可是劳动资料。土地管理学应当研究如何合理配置组织中的人、财、物，使各生产要素充分发挥作用的问题；研究如何根据组织目标和社会需求，合理使用各种资源，以获得最佳土地经济效益、土地社会效益和土地生态效益。第二，生产关系。生产关系是人们在物质资料生产过程中形成的社会关系，包括生产资料所有制形式、人们在生产中的地位及其相互关系，产品分配方式等。土地管理学应当研究如何处理组织内部人与人之间的相互关系问题；研究如何完善组织机构与各种管理体制，从而最大限度地调动各方面的积极性和创造性，为实现合理利用土地，保护土地权属，促进社会和谐发展服务。第三，上层建筑。上层建筑是建立在一定经济基础之上的社会意识形态及相应的政治法律制度、组织和设施的总和，包括政治上层建筑和思想上层建筑等。土地管理学应当研究如何使组织内部环境与组织外部环境相适应的问题；研究如何使组织的意识形态(价值观、理念等)、规章制度与社会的政治、法律等上层建筑保持一致的问题，从而维持正常的生产关系，促进生产力的发展。如表 1.1-2 所示。

表 1.1-2　　　　　　　　土地管理学的研究内容体系(2)

一级	二级内容	三级内容
土地管理学	生产力	研究如何合理配置有限的土地资源及人、财、物等生产要素，促进土地资源的合理、高效利用与保护，以提高土地利用综合效益，促进经济社会可持续发展
	生产关系	研究与经济基础相匹配的土地所有制的形式，土地市场交易规则，以及土地收益分配机制，以保护产权人的合法土地权益，调动各方的积极性与创造性，促进社会和谐发展
	上层建筑	根据经济基础，制定、完善并实施跟土地相关的法律法规，政策制度，宣传建立社会普遍认同的土地道德观、价值观、伦理观等，促进社会稳定发展

五、土地管理学的研究方法

研究方法是指在研究中发现新现象、新事物，或提出新理论、新观点，揭示事物内在规律的工具和手段。研究方法一般包括文献调查法、观察法、思辨法、行为研究法、历史研究法、概念分析法、比较研究法等。由于人们认识问题的角度、研究对象的复杂性等因素，而且研究方法本身处于一个在不断地相互影响、相互结合、相互转化的动态发展过程中，所以对于研究方法的分类目前很难有一个完全统一的认识①。

研究方法的类型很多，可根据不同的目标、原则与要求，选择不同的方法。根据研究活动的特征或认识层次，可以分为经验方法和理论研究；根据研究的逻辑方向不同，可以分为归纳法、演绎法等；根据研究方法的数据支撑力度不同，可以区分为主观分析法与客观推理法等。

第二节　土　　地

土地(land)，是人类生存和发展的空间，是人类生活和生产的物质源泉，也是人们的劳动对象之一。土地对于人类，土地是人类赖以生存的物质基础之一，是无以替代的物质、能量和财富之源。马克思认为“土地是一切生产与一切存在的源泉”(《马克思恩格斯选集(第二卷》，1972)，威廉·配第认为“土地是财富之母”。本节主要探讨土地的概念、土地的特征、土地的价值以及我国土地现状及其问题。

一、土地的概念

我国春秋时代的思想家管仲认为，“地者，万物之本原也，诸生之根菀也”(《管子·下篇·水地》)；“地者，政之本也”(《管子·乘马》)。

① 360 百科. 研究方法[EB/OL]. [2013-01-21]. http：//baike. haosou. com/doc/5402285. html.

马克思认为，“土地(指地上地下资源)是一切生产和一切存在的源泉”(《资本论(第三卷》，2004)，他还引用威廉·配第的话说，“劳动是财富之父，土地(指一切自然资源)是财富之母”(《资本论(第一卷》，2004)。

无论用什么语言定义土地，都要对土地的本体进行识别，这种识别至少应当包括以下三个方面：土地的水平界限、立体界限、物质构成。

(一)土地的平面界限

在西方，“土地”的平面界限是指地球表层未被水体覆盖的部分——any part of the earth’s surface not covered by a body of water; the part of the earth’s surface occupied by continents and islands(http://www.dictionary.com/browse/land 中关于土地的第一个解释)。

土地的水平范围，从历史的角度看处于不断扩大之中，大致进程如下：

1. 土地即土壤

在以寻求温饱为主要活动内容的人类早期社会，土地主要是指土壤。土壤是指具有肥力，能够生长植物的陆地疏松表层。此时的土地范围，不包括内陆的水域，也不包括坚硬的裸岩石砾和难以生长动植物的荒漠、高寒地带。在利用形态上，主要表现为“农用地”，在利用功能上，主要强调土地的“养育功能”。

2. 土地是指陆地表层的非水部分

随着生产力水平的提高，人类活动范围扩大，农业生产工具打造、房屋和道路建造等非农业生产活动日渐增多，人们开始将土地的范围扩展至农用地以外可以用作各类建设的硬质土地。此时的土地，在利用形态上，既包括了耕地、林地、草地等农用地，也包括了建设用地。在利用功能上，也从主要强调养育功能扩大至养育功能与承载功能并重。如张德粹认为：“凡是由泥土地和沙石所堆成的固体场称为土地”(张德粹，1990)。此时的土地已经包括了大部分建设用地，较农业用地范围要广泛，但不包括内陆水域，更不包括海洋。

3. 土地是指地球的陆地部分，包括内陆水域与滩涂

随着人类社会的进一步发展，土地的平面界限扩大至内陆水域。内陆水域虽然外观不同于疏松土壤或者硬质土地，但在功能上却与疏松土壤、硬质土地类似，且水体与陆地也具有一定程度的互换性，如耕地可挖作坑塘，坑塘可填作耕地等。因此，从功能角度，人们开始认同沟渠、坑塘、水库等也应列入土地的范围，进而扩展至将湖泊、河流等内陆水域及其滩涂都列入土地的范围。如林增杰、严星认为：“土地是地球表层的陆地部分及其附属物，包括内陆水域和滩涂”(林增杰等，1986)。此时的土地跟海洋对立互补，共同构成地球表层。

4. 土地即地球表层，包括陆地与海洋

随着海洋远航和海洋资源开发的兴起，人类的足迹已从内陆延伸至海洋，海洋在养育、承载功能上虽然不完全等同于陆地，但为人类提供的服务依然让人类无法小觑。如果将海洋纳入土地的范围，则土地在水平角度上，已经与地球表面等同。

人类还在不断探索地球以外的星球。有人认为，只要有人类活动所及，哪怕是地球以外的星球表面，都应当列入土地的水平界限以内。也有人进一步认为，人类是生物的一部分，只要有生物存在的星球表面，都应当列入土地的水平界限以内。

土地的水平范围发展的大致进程如表 1. 2-1 所示。

表 1. 2-1　　土地平面观

观点编号	土地的平面范围	排除范围
1	土地即土壤，土地的平面仅及于具有肥力的疏松的陆地表层	不含不毛之地和内陆水域，也不含海洋
2	土地是地球表层的陆地上的硬质部分	不含内陆水域及海洋
3	土地是地球表层的陆地部分	不含海洋
4	土地是地球表层	不含其他任何星球表层
5	土地是人类活动所及的水平界面	不含人类未达之星球
6	土地是生物活动所及的水平界面	不含生物未达之星球

(二)土地的立体界限

在西方，“土地”的立体界限由特殊的界线界定——an area of ground with specific boundaries(http：//www. dictionary. com/browse/land 中关于土地的第三个解释)。

土地的立体空间，即土地从地球表层向下延伸到哪儿？深度是多少？向上延伸到哪儿？高度是多少？对土地立体界限的认识，也是一个由浅入深的过程。

1. 按植物生长的空间定立体界限

农耕时期，土地的厚度即植物活动最深处与植物活动最高处之间的距离。在人类活动的早期，土地主要用于农业生产，从农业生产的角度看，人们通常认为土地的向下深度即土壤的厚度，但在不同的地质、地形、水文、气候等条件下，土壤的厚度不一样。土地向上的高度则是植物枝叶所及的高度。但不同的植物类型，其根系和枝叶延伸程度也不同，因此，土地的纵向厚度难以定论。

2. 以地球生物圈界限为立体界限

第一，从生物生存的角度看，生物向下活动所达之处，即为深度；生物向上所及之处，即为高度，土地上下界限即为生物圈的上下界限，土地空间范围即为生物圈。而生物圈的具体厚度，观点也有不同。如王献溥认为“广义地理解生物圈的范围，在地球表面以上可以达到 23 公里的高度，而在地面以下延伸到 12 公里的深度”，“如果说广义的生物圈的厚度(从上至下)在陆地和海洋范围内，是由几十公里来计算的话，那么，狭义的生物圈的厚度在陆地上是以几十厘米(如冻原)或几十米(如热带雨林)(很少达到百米以上)来计算的。在水体中一般较陆地要厚，在淡水湖中，带有浮游生物的水层能深到几米至几十米，从属于水的透明度；在海洋中，大量浮游的藻类深达 100 米以上，个别的如矽藻和其他藻类深达 400 米”(王献溥，1979)，“生物圈包括海平面以上约 10000 米至海平面以下 10000 米处，包括大气圈底部(可飞翔的鸟类、昆虫、细菌等)，岩石圈的表面(是一切生物的"立足点"),水圈的大部(距离海平面150米内的水层)","但是,大部分生物都集中在地表以上100米到水下100米的大气圈、水圈、岩石圈、土壤圈等圈层的交界处,这里是生物圈的核心"①。第二,从非农土地利用来看,建筑物和构筑物向下延伸的最深处即为建设用地的深度,建筑物和构筑物向上延伸的最高处,即为建设用地的高度。建筑物和构筑物的地下最深处至地上最高处的距离即为建设用地的厚度。而这个厚度,目前绝大部分未超出生物圈的上下底线。

3. 以人类活动所及的空间为立体界限

除了农业生产和建造建筑物和构筑物外,人类还向地下、地上纵深钻探各种资源,研究地球内部及外太空的奥秘。如在陆地地面以下,"据不完全统计,国外金属矿资源(陆地)(大型)开采超过1000米的约有80多座"②。在深海,"日本海洋科学技术中心(JEMSTEC)开发的无人遥控潜水器工作深度已达11000米"③。在空中,人类已经突破了地球及其大气层,已将足迹延伸至月球以至更远的星球。"国际航空联合会定义100公里的高度为卡门线,为现行大气层和太空的界线定义。美国认定到达海拔80公里的人为太空人,在太空船重返地球的过程中,120公里是空气阻力开始发生作用的边界"④。人类探测的外太空距离已以光年为单位。由此可见,人类活动的区域,早已经从狭义的地表以上100米到水下100米的核心生物圈,扩大到了地表以上至整个大气层、海底12公里深度以及外太空,并继续向着深地、深海和外太空扩展。

由上述观点还可延伸至土地是生物活动的空间。除地球上有生物活动外,其他的星球如果有生物活动,即可纳入土地范围。

还有一种最广泛的立体界限是:土地下至地心,上至无限高空,即不论是否有生物活动,土地的范围界定为下至地心,上至无限高空。如罗马法中规定,一切在地表上所建筑的房屋等物的所有权归土地所有权人所有,其权力范围是"上达天宇,下至地心"(Richard Roy Powell,1949),即"谁拥有了土地便拥有土地上下无限空间"(Abdul Azeez Olayaemi,2010)。

土地立体观总结如表1.2-2所示。

表1.2-2 **土地立体观**

观点编号	土地的立体范围	备 注
1	土地是植物生长的空间	含动植物活跃活动的地球空间
2	土地是生物圈	含动物、植物、微生物生存的地球空间

① 360百科. 生物圈[EB/OL]. (2013-01-25). http://baike.so.com/doc/5327588.html.

② 王瑞江. 国外深部找矿现状与发展趋势[EB/OL]. 中国矿产资源网. (2012-09-12)[2013-03-10]. http://www.cgs.gov.cn/dzzs/zt_more/sbzk/index.htm.

③ 《走向蓝海》第九篇:深海找矿硝烟弥漫 中国等不起[EB/OL]. (2012-08-09)[2013-01-30]. http://www.gdofa.gov.cn/index.php/Catagories/view/id/172040.

④ 360百科. 外太空[EB/OL]. [2013-02-10]. http://baike.so.com/doc/5958515.html.

续表

观点编号	土地的立体范围	备　　注
3	土地是人类活动所及的空间	包括人类活动所及的地球空间，以及人类活动所及的外太空
4	土地是生物活动所及的空间	只要存在生物的空间，都属于土地空间，包括地球与其他有生命存在的星球
5	下至地心，上至天顶(无限高空)	含整个宇宙，不论其是否存在生命

(三)土地的物质构成

在西方，“土地”的物质构成主要是自然物质或成分——an area of ground with reference to its nature or composition(http：//www. dictionary. com/browse/land 中关于土地的第二个解释)。

对土地的物质构成的认识，也大致经历了以下阶段。

1. 土地是自然综合体

无论从水平角度还是从垂直角度，土地作为自然存在，包括的物质都有：土壤、岩石、砂砾、矿物、空气、水、生物等。但这些物质都可以从土地中分离出来。任何分离出来的单一物质都不能称之为土地。土地是由这些物质按一定方式组合形成的自然综合体。周诚在《土地经济研究》中阐述，纯自然的土地是指：“土地是由地表的陆地部分以上和以下一定幅度的空间及其中受制于太阳能并处于变化状态的自然物质所组成的自然综合体。”

2. 土地是自然-经济综合体

包括人类在内的生物，在土地上活动均会对土地的自然物质构成产生一定的影响，如人类通过农业生产活动对土地施加影响，往土壤中添加肥料和水，把土壤移除变成坑塘养鱼，或者将坑塘填成桑田，开挖灌排水渠，修建梯田等，这些活动都或多或少、或重或轻地改变了物质的微粒组合。人类通过各项建设活动，建设了住宅、厂房、仓库、场馆、公路、铁路、机场等，形成了城市与乡村聚居场所及其连通道路。人类通过工业生产活动，采掘和消耗各种矿物，制造新的生产工具，开发新的化工品，使自然存在的物质经过人类加工变成了物理和化学特征有异于原始状态的新物质。周诚指出：“显然，在人类活动对土地日益发生重大影响的今天，纯自然的土地已经基本不存在了”，“现实经济生活中的土地，已经是自然物所组成的自然综合体与人类经济活动所形成的经济物所组成的经济综合体的复合物——自然-经济综合体”。因此周诚给土地下的最终定义是：“土地是地表上下一定幅度的空间及其中的自然物和经济物所组成的自然-经济综合体”(周诚，1996)。中华人民共和国国家标准《土地基本术语》(GB/T 19231—2003)中也规定，土地是指“地球陆地表面具有一定范围的地段，包含垂直于它上下的生物圈的所有属性，是由近地表气候、地貌、表层地质、水文、土壤、动植物以及过去和现在人类活动的结果相互作用而形成的物质系统”。这一物质系统包括了自然物质、人工物质以及自然与人工混合后生成的有形物。

3. 土地是自然-经济-社会综合体

在自然基础上，人类不仅开展了农业和工业生产活动，同时，人类还基于自身的社会属性，在对自然进行改造并影响土地的自然构成过程中，为协调各种冲突、控制各种危险、保障各种安全、追求各类利益最大化、获得最大幸福感等各种原因，对改造自然进行了各种类型的规范，形成了诸如政治、经济、行政、社会等各方面的政策法律制度与道德伦理规范等，这些社会意识形态领域的东西，同样作用于土地的物质构成并难以从土地的物质系统中剔除，也应当是土地的构成要素。因此，土地的最终构成物质是受到了人类活动影响的土壤、岩石、砂砾、矿物、大气、水、光、能、热、野生生物、农产品、建筑物、构筑物、工业产品、历史和人文遗迹等自然和人工及其化合物质，同时，人们在对土地进行规划、计划、开发、利用、整治、保护等过程中形成的各类政策、法律法规、文化意识、权属状态、经济手段等，也通过各种方式作用于自然-经济综合体，形成自然-经济-社会综合体。如段正梁认为："土地概念可表述为：土地是固定于地表并包括地表上一定净空空间和地表以下一定深度，由土地自然物与土地资本物所组成的具有资源、资产、产权三重内涵或属性的自然、经济与社会综合体"(段正梁，2000)。这一概念不仅包括了各种有形物，还包括了土地产权、土地伦理等无形物。

4. 土地是自然-经济-社会-历史综合体

在人类生存与发展的漫长历史中，过去的自然物质及人类活动的种种结果相结合形成了现在的土地，现在的土地还将在历史长河中继续变更自己的物质组合形态，因此，土地是自然-经济-社会-历史综合体。如姜爱林认为："土地是地球表面一定幅度的四维空间及其中的自然物、经济物、社会物、时间物所组成的自然、经济、社会、历史综合体。这里的自然物包括气候、土壤、水文、地形、地质、动物、植物等要素，这里的经济物、社会物则指过去和现在人类活动对土地的种种结果和影响(姜爱林，2000)。"

土地的物质构成观如表 1. 2-3 所示。

表 1. 2-3　　**土地的物质构成观**

编号	土地的维度观	土地的物质构成观
1	土地是自然综合体	土地由土壤、岩石、砂砾、矿物、大气、水、光、能、热、野生生物等自然物质构成
2	土地是自然-经济综合体	土地由土壤、岩石、砂砾、矿物、大气、水、光、能、热、野生生物等自然物质，以及农产品、建筑物、构筑物、工业产品等共同构成
3	土地是自然-经济-社会综合体	土地由土壤、岩石、砂砾、矿物、大气、水、光、能、热、野生生物等自然物质，以及农产品、建筑物、构筑物、工业产品、历史与人文遗迹，以及与此相关的各种人地关系等共同构成
4	土地是自然-经济-社会-历史综合体	土地由土壤、岩石、砂砾、矿物、大气、水、光、能、热、野生生物等自然物质，以及过去、现在人类活动的各种结果及形成的人地关系共同构成

（四）土地概念的学科分异

1. 资源学的土地

在资源学上，关于土地的概念也并不统一，如我国历史上曾认为土地即土壤，如《周礼·地官·小司徒》："乃经土地，而井牧其田野"，《汉书·晁错传》："审其土地之宜"。

资源学上的土地，目前比较主流的观点认为，土地是自然-历史综合体。1972 年 10 月联合国粮农组织（FAO）在荷兰瓦格宁根召开国际专家会议，对土地概念、土地利用类型、土地评价方法与诊断指标等达成协议，其会议文件《土地与景观的概念及定义》明确提出了土地概念，认为"土地包括地球特定区域表面及其以上和以下的大气、土壤及基础地质、水文和植物。它还包括这一区域范围内过去和现在的人类活动的种种结果，以及动物就他们对目前和未来人类利用土地所施加的影响"。1976 年该组织发表的《土地评价纲要》则在前期工作的基础上对土地概念进一步进行了完善，指出土地是"地表的一个区域，其特点包括该区域垂直向上和向下的生物圈的全部合理稳定的或可预测的周期性属性，包括大气、土壤和下伏地质、生物圈、植物界和动物界的属性，以及过去和现在的人类活动的结果，考虑这些属性和结果的原则是，他们对于人类、对于土地目前和未来的利用施加重要的影响"，"土地是由影响土地利用潜力的自然环境所组成，包括气候、地形、土壤、水文和植被等。它还包括人类过去和现在活动的结果，例如围海造田，清除植被，以及反面的结果，如土壤盐碱化。然而，纯粹的社会经济特征并不包括在土地的概念之内，因为这些特征是社会经济状况的组成部分"（D. 登特，A. 杨，1988）。澳大利亚的 C. S. 克里斯钦和 C. A. 斯图尔特在《综合考察方法论》中认为："土地是地表的一个立体垂直剖面，从空中环境直到地下的地质层，并包括动植物群体及过去和现在与土地相联系的人类活动。"

2. 经济学的土地

在经济学上，大多观点认为土地即自然资源。如沃纳·西奇尔认为"经济学家在使用土地这个词汇时，也包含自然资源，比如森林、矿藏和野兽，以及土地面积，或者说大地本身。它包括大自然的一切资源，只有人类除外"（沃纳西奇尔，彼德·埃克斯坦，1986）。英国经济学家马歇尔认为"使用地球表面的一定面积，是人能做任何事情的基本条件；这种使用使人有了自己活动的空间，享受大自然赐予此地的热和光、空气和雨水，并决定了人与其他东西和其他人的关系。我们将会知道，土地的这一特性虽然还没有得到十分重视，但却是所有经济学家对于土地和其他东西不得不进行区别的最后原因"。美国土地经济学家伊利·魏尔迈认为"经济学家给土地的定义，不是单指地面而言，一提到土地，就会使人想到种植玉谷，用作楼房的基地或生长着森林的那些空间，可使吾人集中注意力于土地的二度空间的概念。但是，颇难使人了解把水、矿藏、空气、光热、自然吸引力和粘着力都当作土地。实际上，土地经济学改为自然资源经济学，较其他名词表明得更确切些。若不是在经济上已经采取土地一词，用以表示除人以外的物质宇宙的话，毋宁还是采用后者为佳"（伊利·魏尔迈，1943），"经济学家所使用的土地这个词，指的是自然的各种力量，或自然资源……经济学上的土地侧重于大自然所赋予的东西”。马克思从定义的角度出发，认为“土地应该理解为各种自然物体本身”，“经济学上所说的土地是指未经人的协助而自然存在的一切劳动对象”。正因为将土地视为自然资源，因此，经济学上通常将土地与劳动、资本并列为三大生产要素。

3. 环境学的土地

关于环境的概念，代表性的观点认为环境是“作用在人这一中心客体上的、一切外界事物和力量的总和”(刘天齐，1997)。《辞海》将环境概括为“周围的境况。如自然环境，社会环境。”马克思认为：“归根到底，自然和历史——这是我们在其中生存、活动并表现自己的那个环境的两个组成部分。”如果以整个人类或人类社会为中心，那么围绕整个人类的周围世界就是所有自然因素、自然界或自然环境。通常将组成环境的各个成分叫作环境因素或环境要素，环境就是由各种环境因素或环境要素组成的统一体。360百科中解释：“环境是相对于某一事物来说的，是指围绕着某一事物(通常称其为主体)并对该事物会产生某些影响的所有外界事物(通常称其为客体)，即环境是指相对并相关于某项中心事物的周围事物”，“通常按环境的属性，将环境分为自然环境、人工环境和社会环境。自然环境是指未经过人的加工改造而天然存在的环境；自然环境按环境要素，又可分为大气环境、水环境、土壤环境、地质环境和生物环境等，主要就是指地球的五大圈——大气圈、水圈、土圈、岩石圈和生物圈。人工环境是指在自然环境的基础上经过人的加工改造所形成的环境，或人为创造的环境。社会环境是指由人与人之间的各种社会关系所形成的环境，包括政治制度、经济体制、文化传统、社会治安、邻里关系等”。①《中华人民共和国环境保护法》(以下简称《环境保护法》)第二条规定“本法所称环境，是指影响人类生存和发展的各种天然的和经过人工改造的自然因素的总体，包括大气、水、海洋、土地、矿藏、森林、草原、湿地、野生生物、自然遗迹、人文遗迹、自然保护区、风景名胜区、城市和乡村等”。1972年6月5日，联合国人类环境会议通过的《人类环境宣言》，阐述人与环境的关系为：“人类既是他的环境的创造物，又是他的环境的塑造者，环境给予人以维持生存的东西，并给他提供了在智力、道德、社会和精神等方面获得发展的机会。人类在地球上的漫长和曲折的进化过程中，已经达到这样一个阶段，即由于科学技术发展速度的加快，人类获得了以无数方法和在空前的规模上改造自然的能力。人类环境的两个方面，即天然和人为的两个方面，对于人类的幸福和对于享受基本人权，甚至生存权利本身，都是必不可少的(王曦，1999)。”在人类中心论下，以人为中心，围绕人的一切要素共同构成环境，因此，土地仅是环境的构成要素之一。

4. 景观生态学的土地

在景观生态学上，“景观”的概念也与“土地”关系密切。C. Troll将景观生态学定义为控制某一地区不同空间单元的土地-生物关系学(Carl Troll，1971)。景观指由相互作用的斑块或生态系统组成，以相似的形式重复出现的一个空间异质性区域，是具有分类意义的自然综合体。荷兰学者宗纳维尔在其《地生态学》中认为：“土地和景观视为同一

① 360百科. 环境[EB/OL]. [2013-03-01]. http://baike.so.com/doc/664795.html.

语(宗纳维尔，2003)。”360 百科指出：“对景观的理解一般有以下几个方面：①某一区域综合特征，包括自然、经济、人文诸方面。②一般自然综合体：是指地理各要素相互联系、相互制约、有规律结合而成的具有内部相一致的整体，大如地图(即景观圈)、小如生物地理群落(单一地段)，他们均可分为不同等级的区域或类型单位。③区域概念：是个体区域单位，相当于综合自然区划等级系统中最小一级自然区，是相对一致发生和形态结构同一的区域。④类型概念：用于任何区域分类单位，指相互隔离的地段按其外部特征的相似性，归为同一类型的单位，如草原景观、森林景观等。这一概念认为区域单位不等同于景观，而是景观的有规律组合”①。由上述分析可见，景观的主流概念是指各地理要素相互联系、相互制约、有规律结合而成的类型单元。景观强调的是空间异质性，而土地强调的是空间本身，但两者在物质构成、特定类型的空间界限等方面有一致性。

5. 政治学的土地

在政治学上，土地往往与国家或者公民联系在一起。当土地与国家联系在一起时，土地即为国土、疆域，如《国语·吴语》：“凡吴土地人民，越既有之矣，孤何以视于天下”，《孟子·梁惠王上》：“然则王之所大欲可知已，欲辟土地，朝秦楚，莅中国而抚四夷也”，宋代苏轼在《策略》中言：“而高祖以项氏创残之馀，而又与布信之徒，角驰於中原，此六七公者，皆以绝人之姿，据有土地甲兵之众，其势足以乱”，《东周列国志》第四回：“子封曰：‘今两鄙被收，直至廪延，先君土地，岂容日割’”。

国土也有广义与狭义之分。狭义的国土仅指领土，广义的国土包括领土、领海和领空，是由一国主权界限所包围的三维立体空间。

6. 法学的土地

在法学上，比较多的观点认为，土地是可以分割给不同权利人的立体空间及其定着物。《元照英美法词典》在“LAND”(土地)词条下是这样解释的：“作为一个法律概念，土地是指由地表、地表上空以及地表下部所组成的一个立体的空间，以及在其中生长或永久附着的任何东西。它具有两重特征：一方面，它是不可移动的，从而与动产相区别；另一方面，它又是不可破坏的，空间的内容可以在物理上被分割、破坏或消耗，但空间本身却是不可改变的，这也正是土地在法律上的意义。”当土地与法律联系在一起时，土地即属于一种资产，指一定范围内的空间财产权利。

但这“一定范围的空间”在不同的国家，法律规定有所不同。如按照美国加利福尼亚州《民法典》第 659 条规定：“土地为泥土以及含有沙土、石头或其他成分而组成的物质，它包括地面以上和地面以下一定距离的开放的或有建筑物的空间，其高度和深度由法律规定的空间范围决定，或由法律允许使用的空间的权利决定。”

在德国，“德国法律——不仅是《民法典》，而且包括《土地登记条例》——以“土地”(Grundstick)这个概念，作为其规范之前提”(鲍尔·施蒂尔纳，2004)。如德国《民法典》第 94 条就土地的重要成分，第 873 条就土地所有权之转让，《土地登记条例》第 3

① 360 百科. 景观[EB/OL]. (2013-03-15). http://baike.so.com/doc/5661122.html.

条就每一土地在土地登记簿中均占有一特别位置等，均以土地概念为基础。德国法律所采取的土地概念，是一种纯形式的地表界定，这一界定以土地之官方记录(即地籍册，Kataster)为基础。除新联邦州过渡性特殊情况外，整个德国的领土都被分割成最小测量单位——地籍块(Katasterparzelle)，地籍块在地籍册中，用数据或者字母予以编号。土地概念的构建，虽以地籍块为基础，但又不与地籍块概念等同，虽然土地在土地登记簿中，以地籍册中所给出的编号来命名，但其决定性的标准在于，对该土地是否在土地登记簿中，依专门的登记簿簿页或依独立的号码来进行管理。故而土地可由一个或数个地籍块组成。"依此而言，法律意义上的土地，是指以地籍块方式进行测量与标记的，并在土地登记簿中以"土地"进行登记的——如建立专门的土地登记簿页，或在共同登记簿簿页中置于专业的号码之下的——地球表面的一部分"(鲍尔·施蒂尔纳，2004)。德国土地包括建筑物，如德国《民法典》第 94 条规定："定着于土地和地面的物，特别是建筑物，以及与地面连在一起的土地出产物，属于土地的重要成分。种子在播种时，植物在栽种时，分别成为土地的重要成分。"

英国的土地概念中也包含了建筑物，如英国《物权法》规定："地上建筑物从属于土地。"牛津大学 F. H. LAWSON 和 B. RUDDEN 两位教授在其经典著作《财产法》中，对土地的特征描述为："如果土地是二维的，它将毫无用处。农业需要土地的深度，人的活动也需要地面之上的空间。因而，实际上，土地必须具有体积。法律必须回答的问题是，它应当在第三维空间上延伸到多远，即高度和深度如何。"

澳大利亚的土地同样也是一个空间概念，是三维的、立体的。土地就是空间，既可以纵向分割，也可以横向分割，分割出的空间，无论是否接触地面，都是土地。同一块地面上下，可以依水平高度和竖向边界划分出几十、几百块土地。而房屋，则是土地空间的一部分，属于土地的组成部分(董健，2007)。

法国的土地也是一个空间概念，法国《民法典》第 552 条规定："土地所有权包括地上及地下的所有权"；"所有人得在地面上进行其认为适当的种植及建筑"；"所有人得在地下进行其认为适当的建筑及采掘，并可获取采掘的产品"(马育民译著，1982)。

(五)土地的本质

土地的本质是由地表、地表上空、地表下部以及定着于其内的物质所组成的一个立体的空间，即立体空间及其定着物。将土地定义为地表、地下、地上立体空间及其定着物，则土地与一般意义上的物质综合体、生态环境、自然资源、可移动资产等存在明显区别。

1. 土地应当有别于物质综合体

土地的本质是空间及其定着物。空间是人类生产和生活的场所，这个场所无处不在，不论其中充满的是什么类型的物质，或者里面什么物质也没有，这个场所都依然在那儿，不因物质的搬离而消亡。因此，土地首先是一个空间，这个空间有土壤、岩石、矿物、水、空气、生物以及人工产品等各种自然和人工物，但空间并不等于物质综合体。在这个立体空间内，存放的物质有些是可以移动的，有些则定着于空间内不能移动。土地是由空间及定着于其内的不可移动的物质构成的综合体。那些可移动的物质综合体，不能称之为土地。土地的自然性状和经济价值与定着于空间的物质类型息息相关，附着于空间内的岩石、矿产、水、生物、空气等资源，如果有一项或者几项存在利用障碍，则该空间的可利用性和经济价值会大打折扣。附着于空间内的自然物质质量差异，也直接决定空间的自然质量差异。

2. 土地应当有别于生态环境

常见有人将土地与地形、地貌、水文、气候、植被、景观等跟生态、环境有关的概念联系在一起。事实上，土地不同于生态。生态通常指生物在一定的自然环境下生存和发展的状态，也可指生物的生理特性和生活习性。而土地是生物赖以生存和发展的物质基础，是生物存在的空间。

环境，一般是相对某一中心而言的，人们把这个中心称为主体，把围绕这个中心的周围世界称为环境。环境包含自然要素和人文要素，通常意义上的土地只是构成其自然要素的一个组成要素。在土地与环境的关系上，应当认为土地是环境的构成要素之一。

在土地与景观的关系上，土地也应是构成景观的要素之一，景观更多强调的是各种物质在一定空间内以特定方式组合后所表现出来的特性，而土地强调的是空间本身。

3. 土地应当有别于自然资源

关于资源，联合国环境规划署解释："所谓资源，特别是自然资源，是指在一定时间、地点的条件下能够产生经济价值，以提高人类当前和将来福利的自然环境因素和条件"，简单而言，就是能够为人类创造财富，带来经济价值的物质。

经济学上，很多观点认为，土地即自然资源。事实上，自然资源包括了土壤、岩石、矿物、水、空气、光、热等，也包括了土地。前面已述，土地有别于物质综合体，土地也有别于生态、环境和景观，土地是人类生存和发展的一个场所，是一个空间，这个空间内可以存放各种自然资源，如同一个容器，空间本身也是自然资源的一种，但空间并不是自然资源的全部，那些可移动的自然资源，不属于土地，例如野生动物资源属于自然资源但不属于土地。而从空间定着物中单独剥离出来的自然资源，也不属于土地，例如从土壤中挖出来的野生花草树木不属于土地。

4. 土地应当有别于有形资产

土地是空间，空间也属于自然资源，当明确土地的财产关系后，土地就成为资产的一种。但作为空间的土地资产不同于有形资产。土地的界限是立体的，人们可以根据需要对空间进行立体分割，如某宗地(具有独立的水平权属界限的地块)，人们可以决定其现有建筑物的地上部分的所有权人和使用权人为A，地下部分的所有权人或者使用权人为B，而建筑物以上的空间产权还可确定给C。这种立体分割不一定按面积单位分割，也不一定按体积单位分割，而是按人类在生产、生活活动中形成的权属界址进行分割。在地面上的分割线可以用界标来明示，但地下、空中的界址很多情况下并没有以界标予以明示。这种垂直界址的非明示性，使土地资产有别于一般的有形资产，一般有形资产能轻而易举地确定其形状与界限，并且这些有形资产也可较方便地移动。而土地作为一个空间，是不动产，无法被搬动。这个权属垂直界址的非明示性和位置的固定性，使土地区别于普通的有形资产。

(六)土地与相关概念

1. 土地与国土

国土是政治意义上的土地。指一国国界范围内的土地，包括一国国界范围内的领空、领土和领海。国土的水平幅度，仅指地球陆地表层中的一国管辖范围。国土的垂直幅度，上可达大气层的外沿，下可达至少地壳的底沿。

就国土资源而言，它包括土地资源、生物资源、水资源、矿物资源、海洋资源、气候资源、旅游资源、社会经济条件资源等，土地资源只是其中的重要组成部分，但不是国土资源的全部。

2. 土地与土地资源

资源是指现在和可以预见的将来，可以被人类利用，为人类创造财富的物质或精神。资源的本质特征是它的稀缺性、有用性、可占有性，具有价值。土地资源是指土地中能够被人类利用，为人类创造财富的部分。从长远看，任何土地都不能说没有价值，不能为人类创造财富，随着科学技术的发展，现在还没有开发利用的土地将来也可以被人类开发利用，为人类创造财富。所以，通常人们所说的"土地"，实质上就是土地资源。土地资源是土地成为资产的基础。

3. 土地与土地资产

资产是具有明确权属关系的资源。土地资产就是明确了权属关系的土地，简称地产，区别于作为自然物或生产资料、生活资料的土地。"权属关系"最重要的就是所有权关系，所有权是一种排他性权利，可以派生出占有、使用、收益、处分等相关的多种权利。从法律角度看，财产并不仅仅由物组成，而是由"物"及"人对物的权利"所构成。土地资产就是产权主体对作为其财产的土地享有的占用、使用、收益、处分等权利。

4. 地产与不动产、房产、房地产

不动产是指具有明确产权关系，不能移动位置或移动后会引起性质、形状改变，造成经济损失的物，如土地以及定着于土地上的建筑物、构筑物、树木等。不动产的主要组成部分是地产和房产。房产是指具有明确产权关系的建筑物及其附属物。房地产是房产和地产的总称，是房屋建筑及其建筑宗地所组成的有机整体。

地产和房产都是不动产的组成部分，但是，二者存在显著差别，是具有不同属性和特征的两种不同财产。地产是由无劳动价值的土地物质(自然物质)和具有劳动价值的土地资本(由劳动创造的固定资产)所组成，而房产完全是劳动产品；地产的价值主要取决于其位置和供求，而房产价值主要取决于其凝结于其中的无差别的社会劳动量。地产因其稀缺性而具有增值性，而房产则大多会因其不断折旧而减值。地产具有可持续利用性，其寿命具有无限性，而房产的使用寿命却是有限的。地产的经济运行遵循的主要是地租规律，房产的经济运行遵循的主要是价值规律。

二、土地的特性

将土地定义为空间及其定着物，则对土地的特性研究，将围绕"空间及其定着物"展开。

(一)土地的资源特性

1. 客观性

客观性又称自然性。纯自然的土地是自然的产物，是大自然对人类的“恩赐”，非人类劳动创造，是不以人的意志为转移而客观存在的物质。土地在人类出现以前早已存在。人类的劳动只是改变了土地的物质排列组合方式。土地的客观性要求我们遵循客观规律来处理土地问题。

2. 生产性

土地具有一定的生产力，土地的生产力(land productivity)是指土地的生物生产能力，它是土地最本质的特性之一。土地生产力可以分为自然生产力和人工生产力。自然生产力是土地资源本身的性质，由自然形成，不同的光、热、水、气、营养元素的含量及其组合而成的土地，适应不同的植物和动物的生长繁殖。人工生产力是施加人工影响形成的，由人类科学技术水平决定，表现为对土地限制因素的克服、改造土地的能力和土地利用的集约程度等方面。土地生产什么、生产多少，取决于这两方面的生产力的作用。

3. 底面积有限性

如果将土地定义为可被分割的空间，从数学概念上说，可被分割的空间，其面积也就难以估量了，甚至可以说是无限的。但作为一个整体，土地的底面积是有限的。

限于特定的科技环境，可供人类开发利用的土地的水平幅度是有限的，人类活跃活动的水平界限一般指地球陆地包括内陆水域和海涂的水平幅度。地球总面积、地球上的海洋面积、陆地面积都是有限的。不仅全球土地总底面积有限，不同地区、不同利用类型的土地底面积也都是有限的。土地底面积的有限性要求我们要十分珍惜土地，保护土地资源，防治土地污染和破坏，同时务必因地制宜、精打细算、地尽其利，保证土地资源的合理利用。

4. 位置固定性

土地空间无论怎么分割，分割后每个分割点都有三维立体坐标范围，这些三维立体坐标在宇宙空间是唯一的。空间经分割后，权利人只能在分割的界址范围内行使权利。权利人的权利空间可以通过一定的途径予以扩大或者缩小，还可以进一步分割，但权利人不能搬走这个固定的空间，这个空间始终在那儿，无论谁拥有或者使用。作为一定空间的土地，土地的位置是固定不变的。能搬动的只是土地的某些组成部分，如岩石、土壤、生物、矿藏、空气等，改变的只是构成土地的物质的排列组合方式，但作为空间的土地，其位置并没有移动。位置是土地价格的最重要的影响因素之一，位置的差异性是级差地租Ⅰ的形成条件之一。同样面积、同样物质构成的土地，因其位置不同，在价值上可以存在巨大差别。土地位置的固定性要求人类在土地利用上，应进行科学规划，划定不同位置的地块的用途，充分发挥地块的区位优势。

5. 质量差异性

土地空间因自然因素差异而表现出质量差异性，土地作为空间，通常情况下的定着物有土壤、生物、岩石、砂砾、矿物等，这些构成物质按不同的结构和比例，在一定空间内存在，受水热条件支配的地带性规律以及地质、地貌因素决定的非地带性因素的共同影响和制约，使土地的空间分布表现出明显的地域分异性(district differentiation)。不同地区的土地存在着显著的差异性，形成地表复杂多样的土地类型以及不同的土地生产潜力。土地的这种地域分异性要求我们在利用土地、进行生产布局时，必须因地制宜，充分发挥土地的区域优势。

土地空间也因人为因素表现出质量差异性，土地存放有各种天然或者人为的物质，通常人们所说的自然-经济-社会-历史综合体，其本质就是土地这一空间内，存在着天然物如土壤、岩石、矿物、空气、水、生物等，以及人类过去和现在已经改造或者正在改造的加工类物质(如建筑物、构筑物、化工产品等)。空间内存放的物质，有些受人类的改造程度低，基本保留了原始状态，有些则受人类的改造影响大，地形、地貌、景观都与原始状态相去很远。随着科技的发展和社会的进步，人类对空间存放的物质的改造能力也会增强，改造的深度与广度还会增加。空间内的物质结构发生改变后，该空间表现出来的特征与功能也可随之发生改变。

6. 可持续利用性

一般生产资料都有一个生产—使用—消耗—报废的过程。土地则不然，土地作为空间，无论如何利用，永不会报废，只会改变其内部物质的结构与比例。这些改变甚至可能提高土地的生产性能，如土壤肥力因施用化肥而提高，建设用地因投资开发而增值。但也可能降低土地性能，如污染，将限制人类对其进一步合理利用与开发。这就要求我们合理利用土地，防治土地污染，保护生态环境，保持土地的可持续利用。

7. 多用途性

土地对人类而言，其作用可以概括为养育功能、承载功能、仓储功能和景观功能等，土地可以被人类用作各种不同的用途，如可以作为耕地、园地、林地、牧草地，也可用来建造住宅、商场、工厂、仓库、公路、铁路等。对同一种用途的土地，又可以选择不同的利用方式，如住宅用地，既可以修建平房，也可以修建多层或高层楼房。土地的多用途性决定了土地利用的竞争性，因此存在土地资源在国民经济各部门之间合理分配的问题。这就要求我们制定土地利用战略和土地利用规划，确定土地的最佳用途，发挥土地的最佳综合效益。

(二)土地的资产特性

资产是明晰了产权的资源。土地作为资产，其特性建立在资源的特性基础之上。土地资产在经济方面具有区别于其他资产如机器、厂房、设备、原料等的特性，主要表现在以下几个方面：

1. 土地资产的可垄断性

土地资产的可垄断性与土地资源的平面面积有限性联系紧密。一定时期一定条件下的土地资产可供给量是一个相对有限的量，不同用途的地产，只能在土地资源的总供给量之内分配和相互转移。这使土地资产同样也具有稀缺性。而随着经济发展和人口增长，土地资产的需求日趋旺盛，供需矛盾日显突出。土地所有者可借此垄断其地产，要求他人支付较高的地租或地价，谋求垄断收益。

2. 土地资产的二元性

土地资产的二元性源于土地构成的二元性和地租构成的二元性。

土地构成的二元性是指作为自然-经济综合体的土地，其构成是二元的，即由作为自然物的土地物质和作为人工物的土地资本所组成。未经人类开发利用的土地是纯自然的土地，称为土地物质；已经投入过人类劳动的土地是在纯自然的土地中加入了新的组成部分，即土地资本。土地物质和土地资本组成统一的土地整体。土地物质的量是固定的，土地资本的量是可以增减的。土地物质在一定程度上具有使用价值，但不含劳动价值，土地资本则既具有使用价值也具有劳动价值。

地租构成的二元性源于土地构成的二元性。具有使用价值的土地物质，其所有者必然要向其租赁者收取地租；具有使用价值和劳动价值的土地资本的所有者，也必然向土地租赁者收取地租。这使地租也由土地物质所要求的自然物的地租和土地资本所要求的投资性的地租所构成。由土地物质所要求的真正的地租是由对土地物质所有权的垄断决定的，与土地资本完全无关，由绝对地租和级差地租Ⅰ所构成。由土地资本所要求的地租是由对土地进行投资形成的，属于马克思地租理论中的级差地租Ⅱ。

地价构成的二元性基于地租构成的二元性。地价是地租的资本化。地租由土地物质所要求的真正的地租和由土地资本所要求的地租构成，地价相应也由土地物质价格和土地资本价格构成。土地物质价格是由对土地所有权的垄断所决定的真正的地租的资本化，可称之为真正的地价。土地资本价格是土地资本所要求的地租的资本化。土地物质的价格主要由供求状况决定，土地资本的价格主要由凝结于其中的社会必要劳动时间决定。

3. 土地资产的增值性

由于土地资源的有限性和可垄断性，受供不应求的影响及受到外部投资的辐射，土地资产的价格通常呈现小波浪式增长的趋势。

4. 土地权限的可分割性

无论是私有物还是公共物，产权明晰都是合理利用的前提与基础。空间产权不同于其构成物质的产权。构成空间的物质可以单独设定产权，如对矿产、水、动物、植物、建筑物、构筑物等都可以单独地各自设定所有权、使用权等。但空间内每种物质的产权并不就是空间的产权。拥有某种物质的产权并不说明就有某个空间的产权，如某行政区域内矿产所有权属于甲，并不意味着该行政区域的空间所有权也属于甲。因此，构成物的产权不能取代空间产权。空间产权是特定类型的产权，是其他产权存在的基础。

土地作为空间，其权属界限可以按照人类社会经济活动的需要进行立体分割。既可以纵向分割，又可以横向分割，并允许分割使用。通常我们所说的土地分割，第一种是水平分割，即将土地在水平面进行分割，通常按水平权属界址形成宗地，或者按照用途界限形成地块，都是一种水平分割；第二种是垂直分割，即将土地按垂直方向分割，目前我国将土地分为地下、地表（或地面）、地上三层，就是一种垂直分割。无论水平分割还是垂直分割，目前通常都依托地面。而此处所说的空间立体分割，指的是空间三维分割。做立体分割时，地面不再是唯一的依托。

土地作为空间，其权利界限也可以依照人类社会经济活动的需要进行分割。如土地权利按照其权利范围不同，可以分为土地所有权、土地使用权、土地抵押权等，拥有不同的土地权利，对应不同的土地收益。

5. 土地交易的特殊性

土地作为资产在市场上进行交易时，转移的并不是土地本身，土地位置固定不可移动，因此，实际上流转的是土地权属，交接的不是某类可直接支配的动产，而是土地权属的证明文件。这种交易的特殊性，要求将土地作为资产进行交易前，应保证土地有合法的权属证明文件。

三、土地的功能

土地是人类赖以生存的物质基础，是人类生产和生活必不可缺的自然资源。马克思指出："土地……是人类永远不可缺少的生存条件和生殖条件"，没有土地，人类就不能生存。土地对人类而言，其功能主要表现在如下几个方面：

(一) 承载功能

承载功能又称负载功能。土地是万物的立足场所，人类的生产活动、文化娱乐活动及其他各种活动，无一不以土地为场所。土地不仅承载动物、植物、微生物等各类生物，还承载建筑物、构筑物等各类非生物。人类在土地上站立、行走、睡卧、繁衍、种植、建造。

(二) 仓储功能

土地不仅以其承载和养育功能为人类提供生存条件，还以其蕴藏着的丰富资源为人类提供再生产条件。土地具有仓储功能，为原材料和能源，如金、银、铜、铁等各种矿产资源，石油、煤、天然气、水力等能源资源，沙、石、土等建筑材料资源等提供了仓储场所。

土地不仅为各类矿产资源提供仓储场所，还通过保持水分和养分为植物生长发育提供必要的营养和环境条件。

(三) 养育功能

土地养育一切生物。土地具备自然肥力，有空气、水分、土壤、矿物等生命所需物质，有适宜生物生存的温度、湿度。土地以其自身的生产能力为各种植物提供养分，并因此养育食草动物、肉食动物、杂食动物和微生物。人类在土地的自然肥力基础上，通过各种改良措施提高土地的养育能力，使其更适宜人类的生存和发展。

(四) 生态与景观功能

土地及其构成物一起共同发挥重要的生态功能。土地的生态功能主要有保护土壤、防风固沙、涵养水源、调节气候、净化环境、栖息地、维护生物多样性等。

土地表现出来的不同地貌、地质、水文、气候状况，也为人类提供了丰富的自然景观资源，如巍峨群山、千里沃野、浩荡江河、悬崖幽谷、奇峰怪石等。加上人类在开发、利用土地过程中形成的独特的人文景观，使土地的景观功能表现得更为多姿多彩。

（五）资产和资本功能

土地不仅是社会进行物质生产的重要自然资源，而且是一笔巨大的资产。土地的稀缺性和有限性，使经营垄断成为可能，土地所有者凭借对土地的所有权，可以向土地使用者收取地租。地租是土地资产最大、最直接的表现形式。如国家对土地拥有所有权，国家可以通过出让收取出让金，通过租赁收取地租，通过作价出资（入股）分得红利、股息。土地资产的收益是国家财政收入的重要来源。集体对土地拥有所有权，则可通过将土地使用权发包提取部分收益。国家还凭借政治权力从土地所有者和使用者手中征收土地税。

此外，由于土地的稀缺性和有限性，地价总体呈上升趋势，对土地所有者或土地使用者有储蓄和增值的功能。

四、我国的土地基本国情

土地是人类首要的生存条件、立国之本和生产要素，也是经济、社会持续发展的基础。因此，土地的家底是最重要的国情之一，是编制国民经济计划，制定有关战略和政策的基本依据。

（一）土地面积

据《2017 年中国土地矿产海洋资源统计公报》，截至 2016 年底，全国共有农用地 64512.66 万公顷，其中耕地 13492.10 万公顷（20.24 亿亩），园地 1426.63 万公顷，林地 25290.81 万公顷，牧草地 21935.92 万公顷；建设用地 3909.51 万公顷，其中城镇村及工矿用地 3179.47 万公顷。（此处的土地面积数据未包括香港、澳门、台湾土地面积）。

2016 年底，各类农用地占农用地总面积的百分比，以及建设用地占建设用地总面积的百分比分别如图 1.2-1、图 1.2-2 所示。

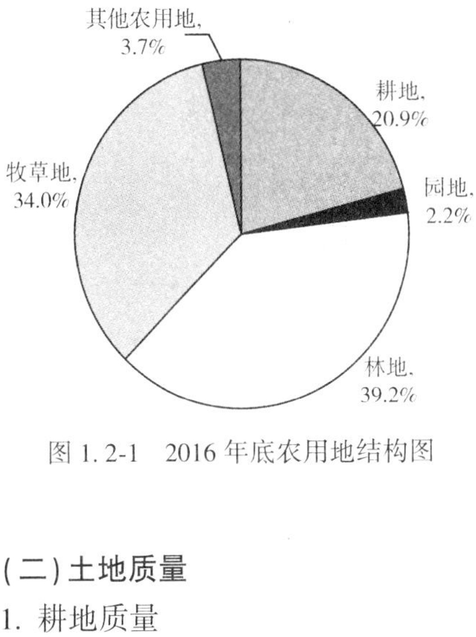

图 1.2-1　2016 年底农用地结构图

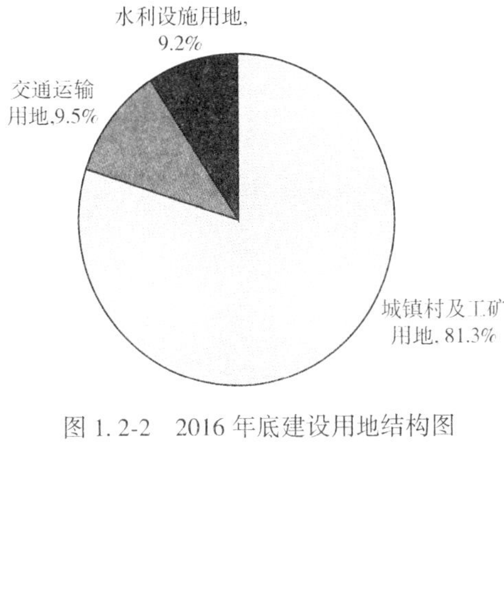

图 1.2-2　2016 年底建设用地结构图

（二）土地质量

1. 耕地质量

我国没有以全部土地为对象进行过等别评定，但开展了耕地质量等级评定工作。据2015年全国耕地质量等别年度更新评价成果，参加耕地质量等别调查与评定的总面积为13509.74万公顷(202646.14万亩)，全部耕地评定为15个等别，1等耕地质量最好，15等最差。其中，7~13等耕地每个等别的面积均大于1000万公顷，7~13等耕地总面积占全国耕地评定总面积的78.42%(见表1.2-4，注：此处耕地面积未含香港、澳门、台湾三地的耕地面积)。

采用面积加权法，计算得到参评耕地平均质量等别为9.96等。与平均质量等别相比，高于平均质量等别的1~9等耕地占参评总耕地评定总面积的39.92%，低于平均质量等别的10~15等耕地占60.08%(见表1.2-4)。

表1.2-4 **2015年耕地质量等别面积表**

(此处未包括香港、澳门、台湾耕地及其分等面积)

等别	面积		比例%
	万公顷	万亩	
1	48.84	732.60	0.36
2	59.93	898.97	0.44
3	115.85	1737.73	0.86
4	172.76	2591.33	1.28
5	366.48	5497.15	2.71
6	886.22	13293.34	6.56
7	1143.89	17158.31	8.47
8	1188.01	17820.18	8.79
9	1410.69	21160.28	10.44
10	1790.55	26858.20	13.25
11	2045.43	30681.51	15.14
12	1891.85	28377.81	14.00
13	1125.50	16882.44	8.33
14	765.63	11484.45	5.67
15	498.12	7471.84	3.69
合计	13509.74	202646.14	100.00

注：数据合计数由于单位或小数位取舍而产生的计算误差，均未作机械调整。

将全国耕地按照1~4等、5~8等、9~12等、13~15等划分为优等地、高等地、中等地和低等地。其中，优等地面积为397.38万公顷(5960.63万亩)，占全国耕地评定总面积的2.94%；高等地面积为3584.60万公顷(53768.98万亩)，占全国耕地评定总面积的 26.53%；中等地面积为 7138.52 万公顷(107077.81 万亩)，占全国耕地评定总面积的 52.84%；低等地面积为 2389.25 万公顷(35838.72 万亩)，占全国耕地评定总面积的 17.69%(见表 1.2-5)。(注：本处耕地面积未包括香港、澳门、台湾的耕地分等面积。)

表 1.2-5 **2015 年耕地等别及其面积汇总表**

(此处未包括香港、澳门、台湾耕地及其分等面积)

耕地等	评定等别	面积(万公顷)	所占比例(%)
1~4 等	优等	397.38	2.94
5~8 等	高等	3584.60	26.53
9~12 等	中等	7138.52	52.84
13~15 等	低等	2389.25	17.69
合计		13509.74	100.00

2. 城镇土地质量

我国根据各地社会经济发展水平、土地资源状况、基准地价水平等因素进行了城镇土地等别的综合评定，据 2008 年原国土资源部①公布的城镇土地等别更新后成果，全国城镇共分 14 等，其中 1 等为上海的长宁区、虹口区、黄浦区、静安区、卢湾区、普陀区、徐汇区、杨浦区、闸北区；2 等为北京的朝阳区、崇文区、东城区、丰台区、海淀区、石景山区、西城区、宣武区，以及上海的浦东新区；3 等为广州市的白云区、海珠区、荔湾区、萝岗区、天河区、越秀区，以及深圳市的福田区、罗湖区、南山区、盐田区；4 等主要包括沈阳、天津、石家庄、济南、南京、杭州、福州、重庆、成都、武汉、长沙等城市的较低发达城区，以及大连、常州、苏州、无锡、宁波、青岛、厦门、汕头、珠海等东部城市的主城区等；中部较大城市的主城区大多属于 5~9 等；西部大部分较大城市及小城镇的等别排后。由此可见，城镇 1、2、3 等土地，以大城市的局部区域为主，土地总面积占全部城镇土地面积的比例小。

(三)土地资源分区

土地资源分区是根据土地组成要素的地理性及其土地利用的区域性而划分的专业性分区。

土地资源分区的依据不同，形成的体系不同。如按自然地理要素进行分类，就会形成自然地理意义上的分区体系；按经济地理要素进行分类，就会形成经济地理意义上的土地资源分类体系；而按土地利用要素进行分类，则会形成土地利用分区体系。我国既有按自然地理要素和经济地理要素进行的土地资源分类，也有按土地利用情况划分的土

① 2018 年 3 月，根据第十三届全国人民代表大会第一次会议批准的国务院机构改革方案，不再保留国土资源部，本书统一将“国土资源部”改为“原国土资源部”。

地资源分区。这里主要介绍一下按土地利用情况进行的我国土地资源分区。

按照土地利用状况，我国土地利用分区分为二级：土地利用区和土地利用亚区。共分 12 个土地利用区，66 个土地利用亚区。此处简要介绍一下 12 个一级分区。

(1)东北山地、平原有林地与旱地区，简称东北区，为农林用地区。包括黑龙江、吉林、辽宁(除朝阳市外)三省及内蒙古的兴安盟与贝尔盟的东北部。土地面积占全国的 9.98%。以山地、平原有林地、旱地为主，土地利用率高达 91.6%，是我国重要的商品粮基地、木材生产基地和重工业基地，木材产量约占全国总产量的一半。

(2)华北平原水浇地、旱地与居民工矿地区，简称华北区，为农业和建设用地区。包括北京市、天津市、河北省大部、山东省、河南、安徽与江苏三省的淮河以北地区，以及辽宁和内蒙古的少部分，共 426 个市县，土地总面积 53.06 万平方千米，占全国的 5.56%。华北区为我国平原最大的区域。土地利用类型以耕地为主，是我国重要的粮食生产基地之一，林用地较少，是我国森林覆盖率最低的地区之一。

(3)黄土高原旱地、牧草地与有林地区，简称黄土高原区，为农牧林业用地区。位于太行山以西，长城以南，青海湖以东，秦岭、伏牛山以北，包括山西、陕西大部、河南西北部、甘肃中部与东部、宁夏南部及青海东部地区。土地面积占全国土地总面积的 4.37%。黄土高原区以山地、高原为主，但水土流失严重，耕地质量差，产出水平低，同时也是森林覆盖率最低的区域之一。

(4)长江中下游平原水田、水域与居民工矿地区，简称长江中下游区，为农渔和建设用地区。位于淮河以南，武当山以东，洞庭湖、鄱阳湖盆地以北，包括长江中下游的湖南、湖北、浙江、福建、河南、安徽、江苏、上海的全部或者部分地区。土地总面积占全国土地总面积的 4.2%。土地利用以耕地为主，是我国最重要的农耕区之一。林地次之，草地较小，水面宽广，是全国淡水水面最集中的地区，是我国淡水养殖基地。

(5)川陕盆地有林地、旱地与水田区，简称川陕盆地区，为农林用地区。位于秦岭、大巴山以南，青藏高原东缘以东，武当山以西，四川盆地南缘以北，包括四川大部、湖北西部、陕西南部、甘肃南部、河南西南部等。土地面积占全国土地总面积的 4.26%，为农林交错地带，为我国重要的稻、麦、油菜、甘蔗生产基地。

(6)江南丘陵山地有林地与水田区，简称江南丘陵山地区，为林农用地区。包括浙江、安徽、江西、广东、湖南、湖北、福建等省的大部分或者部分。土地总面积占全国土地总面积的 5.45%。本区粮食、经济作物、经济林产、淡水鱼产等在全国均占有重要地位，是我国重要的水稻、小麦、油菜、花生、大豆、薯类、茶叶、烟叶等产区。

(7)云贵高原有林地、灌木林地与旱地区，简称云贵高原区，为林农用地区。包括云南、贵州、四川、广西的全部或者部分。土地面积占全国土地总面积的 7.95%。农作物主要有水稻、小麦、薯类、玉米、油料、烟叶、茶叶等，是全国重要的产烟区。

(8)东南沿海有林地、水田园地与居民工矿地区，简称东南沿海区。为农林渔和建设用地区。包括广西、广东、福建、海南、台湾、香港、澳门等省、地区的全部或者部分。土地面积约占全国土地总面积的 3.32%。东南沿海区是全国水热资源最丰富的区域，是我国最大的甘蔗生产基地，也是热带、亚热带水果产区，是我国创汇农业的重要基地。

(9)内蒙古高原牧草地与旱地区，简称内蒙古高原区，为牧业用地区。土地总面积占全国土地面积的7.93%，是牧定用地占绝对优势的土地利用区。全区以高原、山地为主，难利用面积大，宜农荒地资源比较丰富，非农用地比重小。

(10)西北干旱区牧草地与水浇地区，简称西北干旱区，为牧业和绿洲农业区。包括甘肃省的河西走廊、宁夏中北部、内蒙古西部地区。土地面积占全国土地总面积的22.86%。西北干旱区是个国境线长、气候干旱、地广人稀、依靠灌溉的绿洲农业和荒漠放牧业为主的地区，也是我国耕地后备资源最丰富的区域。

(11)青藏高原牧草区，简称青藏高原区，为牧业用地区。土地总面积占全国土地总面积的18.48%，是一个牧业用地占绝对优势，林地占有一定比重，耕地很少的区域。

(12)藏东南-横断山有林地与牧草地区，简称东南-横断山区，为林牧用地区。土地面积占全国土地总面积的5.64%，是个以林地为主，牧草地占有较大比重的区域。此区必须搞好生态环境建设，因地制宜发展多种经济林木。

土地利用分区的一级区情况如表1.2-6所示。

表1.2-6 **我国土地利用分区情况表**

土地利用一级区	简称	土地利用主导类型	位置范围	地形地貌特征	产品特征	占全国面积比(%)
东北山地、平原有林地与旱地区	东北区	农林用地区	黑龙江、吉林、辽宁(除朝阳市外)，内蒙古的兴安盟，贝尔盟的东北部	山地、平原为主	商品粮基地、木材生产基地和重工业基地	9.98
华北平原水浇地、旱地与居民工矿地区	华北区	农业和建设用地区	北京市、天津市、河北省大部、山东省、河南、安徽与江苏三省的淮北地区，辽宁和内蒙古的少部分	地势平坦，土层深厚，以平原为主，是我国最大的平原区	是重要粮食生产基地和建设用地区	5.56
黄土高原旱地、牧草地与有林地区	黄土高原区	农牧林业用地区	山西、陕西大部、河南西北部、甘肃中部与东部、宁夏南部及青海东部地区	以山地、高原为主，水土流失和沙化严重	生态环境治理重点区域	4.37

续表

土地利用一级区	简称	土地利用主导类型	位置范围	地形地貌特征	产品特征	占全国面积比(%)
长江中下游平原水田、水域与居民工矿地区	长江中下游区	农渔和建设用地区	湖南、湖北、浙江、福建、河南、安徽、江苏、上海的全部或者部分地区	以平原、丘陵为主	重要的粮、棉、油生产基地,淡水养殖基地	4.2
川陕盆地有林地、旱地与水田区	川陕盆地区	农林用地区	四川大部、湖北西部、陕西南部、甘肃南部、河南西南部等	从山地向盆地逐渐过渡	稻、麦、油菜、甘蔗生产基地	4.26
江南丘陵山地有林地与水田区	江南丘陵山地区	林农用地区	浙江、安徽、江西、广东、湖南、湖北、福建等省的大部分或者部分	以丘陵、山地为主,间有河谷盆地	重要的水稻、小麦、油菜、亚热带果品生产基地	5.45
云贵高原有林地、灌木林地与旱地区	云贵高原区	林农用地区	云南、贵州、四川、广西的全部或者部分	地形复杂,高原、山地、丘陵、河谷盆地	农作物品种多,是重要的产烟区	7.95
东南沿海有林地、水田园地与居民工矿地区	东南沿海区	农林渔和建设用地区	广西、广东、福建、海南、台湾、香港、澳门等的部分或者全部	平原、山地、丘陵相间	重要的创汇农业基地	3.32
内蒙古高原牧草地与旱地区	内蒙古高原区	牧业用地区	内蒙古的大部分	以高原、山地为主	干旱缺水,利用粗放,难利用地多	7.93
西北干旱区牧草地与水浇地区	西北干旱区	牧业和绿洲农业区	甘肃省的河西走廊、宁夏中北部、内蒙古西部	以山地、丘陵为主	以牧业为主,以绿洲灌溉农业为辅。耕地后备资源较多	22.86
青藏高原牧草区	青藏高原区	牧业用地区	青海省,西藏的大部分	以高原、山地为主	草地占绝对优势,林地较少,耕地很少	18.48
藏东南-横断山有林地与牧草地区	东南-横断山区	林牧用地区	西藏东南部和四川西部	以山地为主	以林地、草地为主,未利用地开发利用难度大	5.64

(四)我国土地的主要问题

1. 人均土地面积小

我国土地总面积占世界陆地总面积的1/15，仅次于俄罗斯、加拿大，居世界第三位，但人均占有土地只达世界人均占有土地数的29%，是澳大利亚人均土地的1.8%，加拿大人均土地的2.4%，俄罗斯人均土地的7.0%，美国人均土地的21%。人均耕地、人均有林地和人均草地面积均比世界同类指标少60%~80%，在全世界160多个国家和地区中居于后列。

我国人口多，人均土地少，这一基本国情将长期制约我国社会和国民经济的发展，应及早从全国和全民族的长远利益高度来妥善处理人口增长、经济发展和土地紧缺的矛盾。这是党和国家决定要用世界上最严格的措施来管理土地和保护耕地的决策依据，也是制定“十分珍惜、合理利用土地和切实保护耕地”基本国策的出发点。

2. 山地、丘陵多，平地少

我国土地的46.4%为山地，20%为丘陵，山地和丘陵占全国土地的2/3，而平原(含高原)仅占1/3。我国山地的64.8%和丘陵的56.2%分布在西部10个省、市、区，占西部总面积的72.9%，仅山地就占全区土地面积的53.1%。山地最多的省份是贵州、云南和四川(包括重庆市)，分别占全省总面积的80.8%、80.3%和72%，加上丘陵，云南、贵州两省均达95%，四川(包括重庆市)也达90%。山地面积超过50%的还有山西、浙江、福建、江西、湖南、湖北、广西、西藏、陕西、甘肃这10个省、自治区。也就是说，全国有近一半的省，山地面积超过辖区面积的50%，而平地超过辖区面积50%的只有上海、天津、江苏、安徽、河南、内蒙古这6个省、直辖市、自治区。(马克伟，张巧玲，2001)

3. 资源区域匹配失衡

我国东部地区占全国土地总面积的47.6%，但占有全国93%的人口，90%以上的耕地，88%的林地，72%的水域，90%的居民点、独立工矿和交通用地；西部地区虽占有全国土地总面积的52.4%，但其中难利用的土地占全国总数的77%，人口则只占全国的7%。全国62%的耕地分布在淮河流域及其以北地区，但该地区水资源只占全国水资源总量的20%；长江流域及其以南地区水资源占全国水资源总量的80%以上，但耕地只占全国总耕地面积的30%。①

我国东部约5亿人，占全国人口的41.2%，占全国13.9%的土地，其耕地、园地、林地、居民点、交通、水域的比重分别占全区土地的28.0%、4.2%、37.1%、6.9%、1.5%和8.9%，远远高于中、西部地区；牧草地仅占全国牧草地面积的0.8%，远低于中、西部地区。土地垦殖率和建设用地率高达28.0%和10.1%。耕地单产高，以全国28.4%的耕地生产占全国37.6%的粮食。但人均耕地只有0.07hm^2，粮食不能自给的8个省(市、区)都在本区。单位土地和农地的国内生产总值也最高，分别是中部地区的

① 中国土地报．新修订《土地管理法》宣传专刊[N]．中国土地报，1998-09.

4.4倍、16.7倍，分别是西部地区的3倍、10.3倍。

中部9省、区，有3.3亿人口，占全国人口的35.7%，占全国29.6%的土地，本地区7大类已利用土地占全区土地的比例均居东、西两地区之上，耕地、林地、居民点和交通用地约占全国同类土地的40%左右。土地和农地利用率及森林覆盖率均高于东、西部地区，为全国之首。本区是全国农、林生产基地，吉、黑等产粮大省都在本区。土地垦殖率和建设用地率，单位土地和农地，以及人均国内生产总值均居东、西部之间。

西部10省、市、区人口只有全国的23.1%，土地面积占全国总面积的56.5%，耕地、园地、林地、居民地、交通、水域占全区土地的比例分别为6.9%、0.4%、16.2%、1.0%、0.3%、3.1%，远小于东、中部地区。但牧草地、未利用土地占全国同类土地的比例则居全国之首。未利用土地比高达36.5%。单位面积土地和农地以及人均的国内生产总值分别只及全国平均水平的25%、38%和61%。（马克伟，张巧玲，2001）

4. 耕地后备资源不足

我国难以利用的土地资源面积大，后备土地资源潜力不足，特别是耕地后备资源不足。我国现有未利用土地总面积约为33.76亿亩(不包括未利用水面)，但其中难以利用的沙漠、戈壁、永久积雪、冰川以及裸岩、石砾地等约占未利用土地的73%，宜作耕地开垦的仅为2亿亩，按60%的垦殖率计算，可开垦耕地1.2亿亩，全部开垦后，人均增加耕地面积不足0.1亩。①

5. 土地资源退化严重

土地资源退化是指由于人类不合理的开发利用所造成的土地生产力衰减。土地退化是全球最严重的环境问题之一，我国是世界上土地退化最严重的国家之一。土地退化的主要类型包括：水土流失、土地沙漠化、草原退化、次生盐碱化和沼泽化以及土壤污染等。

2014年5月24日，由中国国土资源部土地整治中心和社科文献出版社发布的《土地整治蓝皮书》(以下简称《蓝皮书》)提出，中国耕地受到中、重度污染的面积约5000万亩，很多地区土壤污染严重，特别是大城市周边、交通主干线及江河沿岸的耕地重金属和有机污染物严重超标，造成食品安全等一系列问题。据测算，当前每年受重金属污染的粮食高达1200万吨，相当于4000万人一年的口粮。

该《蓝皮书》还显示，中国土地盐碱化、沙化面积达20.25亿亩，水土流失面积达53.4亿亩。在自然生态环境退化的同时，矿山开发、生产建设每年造成大量土地损毁和废弃。据统计，目前因生产建设和自然灾害损毁的土地约1.12亿亩，对于人均耕地面积仅1.52亩的中国造成巨大浪费。每年仅矿山开采损毁土地约300万亩，生产建设损毁的土地面积更大，新增损毁土地的60%以上是耕地②。

---

① 中国土地报．新修订《土地管理法》宣传专刊[N]．中国土地报，1998-09.

② 中国新闻网．土壤污染及退化严重　中国面临土地利用新挑战[EB/OL]，(2014-05-24)[2014-07-12]．http：//www.chinanews.com/gn/2014/05-24/6208160.shtml.

五、我国的土地基本国策

基本国策就是国家赖以生存和发展的基本准则和保障。基本国策应是基本国情决定的某类具有全局性、长期性、战略性问题的系统对策，反映了国家在解决此类问题上的国家意志，具有高层次、长时效、广范围、跨部门等特点。任何一类“基本国策”的制定、实施情况，都会对国家全局的政治稳定、经济发展、社会和谐产生重大、长期的影响。也因此，“基本国策”在整个政策体系中应处于最高层次，应规定、制约和引导着一般的具体政策的制定和实施，并为相关领域的政策协调提供上位性依据①。我国的基本国策一般都由宪法和法律规定，环境保护、耕地保护、节约资源、水土保持等是我国的基本国策。

目前，我国跟土地有关的基本国策主要有两个：第一是十分珍惜、合理利用土地和切实保护耕地；第二是节约土地。

（一）十分珍惜、合理利用土地和切实保护耕地

我国对保护土地这一基本国策的原则规定是：“十分珍惜、合理利用土地和切实保护耕地”是我国的基本国策。各级人民政府应当采取措施，全面规划，严格管理，保护、开发土地资源，制止非法占用土地的行为。

我国合理用地和保护耕地的基本国策的内容是逐步发展完善的。1982 年 2 月 13 日，国务院发布的《村镇建房用地管理条例》第三条规定：“我国人多地少，珍惜和合理利用每寸土地是我们的国策。”1984 年五届全国人大常委会第 4 次会议审议政府工作报告时提出：“我国人口多，耕地少，随着人口增长，这个矛盾将会越来越尖锐。十分珍惜每寸土地，合理利用每寸土地，应该是我国的国策。”

1986 年 3 月，《中共中央、国务院关于加强土地管理制止乱占耕地的通知》中指出：“十分珍惜和合理利用每寸土地，切实保护耕地，是我国必须长期坚持的一项基本国策。”

1991 年七届全国人大常委会第 4 次会议关于我国国民经济和社会发展十年规划和“八五”计划纲要中决定，将保护耕地、计划生育和环境保护共同列为我国的三项基本国策。

1998 年 8 月 29 日，九届全国人大常委会第四次会议通过了新修订的《中华人民共和国土地管理法》（以下简称《土地管理法》），该法规定：“十分珍惜、合理利用土地和切实保护耕地是我国的基本国策”，首次以立法形式确认了土地基本国策的法律地位，表明土地管理在国家行政管理中的重要地位。

（二）节约土地

1982 年 5 月 4 日，全国人大常委会通过的《国家建设征用土地条例》第三条规定：节约土地是我国的国策。

---

① 百度百科．基本国策［EB/OL］．［2014-04-02］．http：//baike. baidu. com/link？url = cK8SX6HSm zvkzYgjG9vSz4E2tl_OQSKPTIJeeEfjZTPPNlmrCI0kFgSsd57LQaJWjab-S9BsT5oYpai7OWPlMa.

2006年《国民经济和社会发展第十一个五年规划纲要》规定："必须加快转变经济增长方式，要把节约资源作为基本国策，发展循环经济，保护生态环境，加快建设资源节约型、环境友好型社会，促进经济发展与人口、资源、环境相协调。"

2007年第十七大报告指出："坚持节约资源和保护环境的基本国策，关系人民群众切身利益和中华民族生存发展。必须把建设资源节约型、环境友好型社会放在工业化、现代化发展战略的突出位置，落实到每个单位、每个家庭。"

2018年最新修订的《中华人民共和国宪法》(以下简称《宪法》)第九条规定："矿藏、水流、森林、山岭、草原、荒地、滩涂等自然资源，都属于国家所有，即全民所有……国家保障自然资源的合理利用，保护珍贵的动物和植物。禁止任何组织或者个人用任何手段侵占或者破坏自然资源。"第十四条规定"国家厉行节约，反对浪费。"

土地是自然资源，属于节约资源之列，因此，节约土地也是我国土地方面的基本国策之一。

第三节　土地管理

一、土地管理的概念

(一)管理的概念

关于管理的概念，针对不同的主体、客体、目标、内容、程序等，有不同的说法。如表1.3-1所列就是部分观点(胡湛，2008)。

对管理概念的理解主要有：管理是人类的基本活动的一个方面；应把管理做个体对自身的管理和人们对群体的管理的区分；管理的主体是管理人员；管理者的管理手段和职能是计划工作、组织工作、任用工作、领导工作和控制工作；管理的核心是处理好人际关系；管理的任务和目的是设计创造和维持一种环境，使组织机构设置合理，使组织机制正常运行，使人员协调工作，有效地利用各种资源，实现集体或组织目标和使命；管理的本质是协调；管理的实质是追求效率和效益；管理是一种文化现象和社会现象(赵殿和，2007)。

综合而言，管理是指在特定的环境下，管理人员对所拥有的资源进行有效的计划、组织、领导、控制和协调，以便达到既定的目标的过程。管理通常是对某种"组织"而言，组织是指由两个或两个以上的个人为了实现共同的目标组合而成的有机整体。管理是为实现组织目标服务的，是一个有意义、有目的地进行的过程。管理者所在的组织不同，管理的资源类型、要实现的目标等也有所不同。一个组织要开展活动，必须具有人、财、物和信息资源。

管理可以分为很多种类的管理，如按管理主体的不同，可以分为公共管理与私务管理；按管理的客体不同，可以分为人事管理、资源管理、行为管理等；按管理的目标不同，可以分为产出管理与绩效管理等，详见表1.3-1。

表 1.3-1 **管理的概念**

管理学家/权威组织	对管理的描述	关键词
泰勒(F. W. Taylor)	管理就是确切地知道你要别人去干什么，并使他们用最好的办法去干	别人，去干什么，最好的办法
孔茨(H. Koontz)	管理是在正式组织起来的团队中，通过他人并同他人一起把事情办妥的艺术	正式组织，他人，办妥，艺术
丹尼尔·A. 雷恩	管理是一种活动，它发挥某些职能，以使有效地获取、分配和利用人的努力和物质资源，来实现某个目标	职能，人力、资源，目标
德鲁克(P. F. Drucker)	管理是一种技能，有工具、有技术的工作和知识，是一种行动的文化……	技能、工具、技术，工作和知识
西蒙(H. A. Simon)	管理就是决策	决策
戴维	管理是一种思想，确切地说，是管理者的思想	管理者的思想
法约尔(H. Fayol)	管理就是计划、组织、智慧、协调和控制	计划、组织、智慧、协调、控制
国家自然科学基金委员会	管理是一个决策、控制和创造自组织学习的过程。管理者通过授权、委托并承担社会责任，有效地引导组织成员迎接环境中不断出现的新挑战，持续改进，不断创新，从而在兼顾组织成员个人目标的同时达成组织整个目标	决策、控制、自组织学习
芮明杰	管理是对组织的资源进行有效整合以达成组织既定目标与责任的动态过程	资源，整合，目标与责任，过程
哈比森(Harbison)和迈尔斯(Myers)	管理是：1. 经济资源；2. 职权系统；3. 是一个社会等级或一些出类拔萃的人物	资源，职权，等级或人物
国家自然科学基金委员会	一方面管理意味着授权委托责任，另一方面是指管理者承担责任，愿意对自己的行动负责	授权委托责任，承担责任
巴纳德(C. Barnard)	管理的目的是实现组织目标，整个管理过程，实际上就是向目标逼近的过程	组织目标，过程
崔援民	管理是管理者通过自觉地控制人的组织行为，使之有效地达到预期目标的综合活动与科学技术	控制，组织行为，预期目标，综合活动，科学技术
T. Beteman，S. Snell	管理就是通过对人和资源的配置实现组织目标的过程	人和资源的配置，组织目标，过程

(二) 公共管理的概念

公共管理一词最早出现在20世纪30年代，由美国行政学者Luther Gulick提出。20世纪70年代以来，由于美国大学中的公共政策学院逐渐把重心从政策分析转向了政策执行过程中的管理研究，公共管理的概念得以再度流行起来。

通常情况下，公共管理是指以政府为核心的公共组织，为了实现公共利益，依据公共权力，对公共事务及公共部门的内部事务所实施的管理活动。公共组织是相对于私有组织而言的，公共组织以管理社会公共事务，提供公共产品和公共服务，维护和实现社会公共利益为目的，拥有法定的或授予的公共权力的所有组织实体。公共组织应包括政府与非营利组织。通常情况下，狭义的公共管理仅指政府为主体实施的公共事务管理，广义的公共管理才包括非营利组织实施的公共事务管理。公共利益是相对于私人利益而言的，是指大多数人的利益或者公共组织的利益，或者基于共同价值基础的利益。公共权力是指公共组织为实现社会公共利益，通过国家强制力保证实现的权力，也是一种不能被抛弃的特殊权利。“以国家为表现形式的公共权力是社会权力集中化的代表。作为社会的控制系统，公共权力承担着将具有利益差别和冲突的个人与群体整合为社会共同体的职能，它是社会公共职能独立化，社会内部分裂为管理者和被管理者的结果”(周光辉，1995)。

(三) 土地管理的概念

土地管理者所在的“组织”是一定行政管辖范围内围绕土地关系形成的社会整体。这一组织内部有土地所有者、土地使用者等人，有土壤资源、生物资源、水资源、矿产资源等物，有土地出让金、租金、转让金、增值税、使用税等财，还有土地数量和质量动态变化信息、土地市场交易信息、土地政策法规信息等信息。土地管理就是土地管理者对一定行政管辖范围内围绕土地关系形成的社会整体内部的土地所有者、土地使用者、各类土地以及土地信息等资源进行有效的计划、组织、领导和控制，以达到既定目标的过程。

具体而言，土地管理是指国家为维护土地所有制，调整土地关系，保障土地的合理利用，促进社会经济的可持续发展，对土地资源的开发、利用、整理、保护，对土地资产的流转、收回、收益分配等各项活动进行的计划、组织、领导、控制和协调，以达到既定目标的过程。

当土地管理的主体为公共部门，且管理的目标是实现公共利益，运用的是公共权力，管理的客体是公共事务时，则属于公共管理的一部分。当土地管理的主体为私部门，管理的目标是实现私利，运用的是私权利，管理的对象是私务时，则不属于公共管理的范畴。在社会主义国家，在土地属于公有的情况下，通常所说的土地管理，是指由公共部门开展的公共管理。

二、土地管理的特性

(一) 土地管理的阶级性

土地管理首先是国家行政机关围绕土地事务进行的行政管理。行政是国家的组织活动，是社会上层建筑的一部分，是统治阶级运用国家机关，按照本阶级的利益和意志，对国家意志进行管理的活动，它不可能脱离国家而独立存在。任何行政管理活动都服从于国家，服从于统治阶级。行政管理的性质由国家的性质所决定，并最终决定于该国家的社会经济基础。

我国是以生产资料公有制为主要经济基础的社会主义国家，我国的政权组织形式是工人阶级领导的，以工农联盟为基础的人民民主专政。土地行政管理作为国家政权的一项重要功能，必然要体现人民群众的根本利益。土地行政管理必须按照国家权力机关制定的法律法规进行，并接受权力机关的监督和控制。通过人民代表大会制，人民实现其对国家事务和社会事务的民主管理，包括对土地事务的民主管理，从而体现我国土地管理上的社会主义性质。

(二)土地管理的法制性

土地管理必须遵守国家法律法规。土地管理过程要始终贯彻法制原则，严格实施法律监督，做到有法可依、有法必依、执法必严、违法必究。土地管理的法制性表现在以下几个方面：一是土地管理的各个方面都有相关的法律规定，都有法可依；二是不同级别的自然资源主管部门的权力都由法律授予，它们各自在法律赋予的权限范围内进行管理；三是自然资源管理部门管理土地事务以法律为依据，依法行政；四是土地管理活动处于法律监督之下，实施违法行为者应当承担相应的法律责任。

(三)土地管理的行政性

行政是指政府机关依据国家的政策和法令，为实现特定的目标，对相关的人、财、物、时、空、行为等采取的施政措施。土地管理具有行政性，表现在以下方面：第一，当土地行政机关运用行政权力，行使行政职权，承担行政义务，对土地依法进行管理时，则这一管理行为属于行政行为。第二，实施土地行政管理行为的人，应当是有行政管理权限的人。第三，当行政相对人不接受行政机关实施的土地管理行为时，行政机关可以运用行政强制、行政处罚等措施，督促其接受土地管理行政行为。第四，实施土地管理，需要资金与财物，这些资金和财物主要由国家公共财政支付。

(四)土地管理的经济性

土地是资源，土地管理必须遵循土地资源自身的规律。经济学是研究如何实现稀缺资源的最佳配置，以使人类需要得到最大限度满足的一门社会科学。经济学一般分微观经济学和宏观经济学。微观经济学要解决的是资源配置问题，即生产什么、如何生产和为谁生产的问题，以实现个体效益的最大化。宏观经济学则把资源配置作为既定的前提，研究社会范围内的资源利用问题，以实现社会福利的最大化。土地管理即需要考虑土地所有者、土地使用者个体效益的最大化，也要考虑土地作为环境资源的一部分时的社会福利的最大化。

(五)土地管理的社会性

土地管理不仅体现统治阶级的意志，执行国家统治功能，具有阶级性，同时，土地管理也干预和管理由社会一般公共需要所产生的土地公共事务，执行国家社会服务功能，具有社会性。如促进土地资源的合理利用，保护土地资源，防止土地资源退化，保护和改善土地生态环境，鼓励开展土地整理、开发，学习西方发达资本主义国家在土地管理方面先进的技术和经验等。为适应经济、社会发展的需要，土地管理的社会服务职能日趋重要。

土地管理的阶级性和社会性是统一的。不能片面强调其阶级性而忽略其社会性，也不能片面强调其社会性而否定其阶级性。

(六)土地管理的技术性

土地管理具有行政管理的一般特性，如政治性、服务性、法制性等。但是，与一般的社会活动与管理活动相比，土地管理的技术性表现十分明显。土地是一种稀缺资源，怎样合理利用土地，如何开发未利用地，怎样开展土地整理、复垦，怎样评价土地的可持续利用性，怎样编制科学可行的土地利用总体规划，怎样评定土地等级，怎样确定土地价格，等等，都与科学技术的发展密不可分，要求国家有关主管部门制定大量的技术规程和操作规范，如土地利用总体规划编制规程、土地调查规程、土地分等规程、土地定级规程、土地估价规程等。

三、土地管理的目标

土地管理的目标，按不同的分类标准有不同的目标体系。如：①按重要性不同，可分为主要目标和次要目标。主要目标是在众多目标中居于主导地位的目标，是起基础作用的目标，是根本性的目标，对其他目标起到统帅作用；次要目标在目标体系中，是居于从属地位的，是服务于主要目标的。②按期限不同，可分为长期目标和短期目标。长期目标是根据某一时期所处的环境和主客观条件的实际而制定的必须在一个较长的时间段内完成的目标，通常都超过1年。短期目标是必须在短期内变成现实的目标，其实现期限通常以一年为准，因而短期目标又可称为年度工作计划。③按强制程度不同，可分为指令性目标和指导性目标。指令性目标就是在规定的时间内必须完成的目标，指导性目标则是在规定的时间内尽可能完成的目标。④按组织功能和结构不同，可分为任务目标和组织机构建设目标。任务目标体现的是组织和单位作为一个系统应完成的功能，组织机构建设目标是指为完成组织的任务目标而对组织的机构设置及履行职责所定的目标。⑤按目标层次不同，可分为总目标和分目标。总目标反映组织最终要实现的目标，分目标反映组织为实现总目标而制定的分层级的目标。除上述分类标准以外，土地管理的目标还有很多种分类标准。如按目标的表现形式不同，可分为产出目标与绩效目标。按目标详细程度不同，可分为宏观目标、中观目标和微观目标。

按要实现的任务性质不同，土地管理目标可以分为政治目标、经济目标、社会目标和生态目标等。将土地管理视为公共管理的一个方面，选择这一目标体系的比较多。

(一)政治目标

土地管理作为公共管理的一部分时，就必须体现公共管理的政治目标，这些政治目标主要指国家安全和社会稳定。包括国家主权完整，不受侵犯，人民的财产和人身处于安全状态，国家和社会长治久安。要实现长治久安这一政治目标，要求土地管理应当体现统治阶级的意志，为维护国家安全和社会稳定。当土地管理过程中可能出现不利于国家长治久安的情形时，土地管理者应当采取措施予以防范与制止。

（二）经济目标

发展依然是时代主题。土地管理应当为经济发展服务，促进经济社会发展同样是土地管理的目标。经济发展目标，静态方面表现为经济运行处于合理区间，各要素协调配合良好。动态方面表现为增速合理平稳。经济发展目标也可量化为全国 GDP 总量、GDP 年增长率、人均 GDP、地均 GDP、固定资产总投资额、经济发展结构指数等指标。土地管理为保证上述指标的实现，应当为经济发展提供必备的一定数量、质量和结构的土地资源，并通过监管措施保证这些土地得到合理高效的利用。

（三）社会目标

土地管理的社会目标主要是保障和服务民生。土地是关系国计民生的核心资源之一。土地权属和土地利用，都直接关系到民生。如土地权属不明，则权属人的权益得不到保障，将引发权属纠纷，影响社会的和谐稳定。而土地利用结构不合理，如耕地太少无法保证粮食需求，或建设用地太少无法保证居住和生产需要，也都将影响社会的和谐稳定。土地管理应当根据宗地状况，明确土地权属，根据国家大政方针和人口发展趋势，合理规划土地利用规模与结构，以人为本，促进社会和谐稳定发展，满足人们社会生活的需要。

（四）生态目标

保护生态环境也是我国的一项基本国策。土地管理过程中也应贯彻环境保护这一基本国策。土地管理的生态目标是维护生态安全。关于什么是生态安全，国内外有许多种不同的认识，通常与生态危机、生态灾害或者生态问题等关联在一起。中国政府在 2000 年 12 月发布的《全国生态环境保护纲要》中将国家生态环境安全定义为“一个国家赖以生存和发展的生态环境处于不受或少受破坏与威胁的状态”。土地管理应当根据自然条件，区分生态脆弱区、生态敏感区等，采取针对性的用地供给和用途管制措施，以利于生态修复和管护。

四、土地管理的原则

土地管理的原则，站在不同的角度，可以按不同体系归纳总结出不同的原则。

土地管理属于管理范畴，如从管理的角度出发，亨利·法约尔(Henri Fayol)认为管理应当坚持以下 14 项原则：劳动分工、权利与责任、纪律、统一指挥、统一领导、个人利益服从整体利益、人员的报酬、集中、等级制度、秩序、公平、人员的稳定、首创精神、团队精神等。

土地管理主要属于公共管理范畴，从公共管理角度出发，则土地管理应当坚持以下原则：依法、合理、公正、公开、公平、效率、诚实信用、方便群众、权责统一等。

土地具有社会性，土地管理也具有社会管理特征，从社会管理角度出发，则土地管理应当坚持以下原则：以人为本、民主法治、服务优先、共同治理、统筹兼顾、动态协调、有秩序有活力、方便群众、多方参与等。

土地资源具有客观性、位置固定性、面积有限性、质量差异性、用途多样性、使用者众多等特性。从土地资源特性角度出发，则土地管理应当坚持以下原则：促进节约集约、高效、差别化、强化保护、促进可持续利用等原则。

土地资产具有价值总额大、普通买者的非经常性参与、有赖金融信贷、需要广泛的中介服务等特征，从土地资产特性角度出发，则土地管理应当坚持以下原则：公平取得、权利保护、市场调节、收益分配的公平与效率、诚实信用、风险防范等原则。

综合上述各类角度的共同点，则土地管理至少应当坚持以下一些基本原则：以人为本、依法、公正公平公开、高效便民、遵守信用、权责统一、多方参与等。

（一）以人为本

土地管理也应坚持公共管理中的人本原则。公共管理的人本原则，就是管理主体在管理实践中确立，并运用于管理实践的一切从人出发，旨在调动人的主动性、创造性和积极性的要求。首先，公共管理过程的起点必须是人。公共管理的本质就是为了满足社会成员物质需要和精神需要，实现人的全面发展和人的才能的充分发挥。因此，人的需要及其满足是公共管理活动的终极目标。其次，人是公共管理的首要课题。公共管理中包含着措施、手段、设施等要素，但是，这些要素首先是作用于被管理的人，再通过被管理的人所发挥的能动作用，使这些要素产生协调和综合的结果。再次，公共管理主体的人格化。作为公共管理主体的组织和机构，其实际的运行和效能的发挥，必须依靠具体的人来完成，表现出人格化的特征。最后，公共管理中人的群体性。公共管理人本性中的人，不但指现实生活中具有自己意志、利益和行为的个人，而且指具有共同目的和协作关系的个人所结成的群体或组织，有着群体的需求和愿望。因此，以人为本原则是公共管理最主要的原则。

（二）依法

法制原则即依法管理原则，行政机关实施行政管理，应当依照法律、法规、规章的规定进行；没有法律、法规、规章的规定，行政机关不得作出影响公民、法人和其他组织合法权益或者增加公民、法人和其他组织义务的决定。这是依法运用国家权力管理国家事务、社会事务的原则。法的基本特点是其规范性、稳定性和强制性。贯彻法制原则，就能把一些行之有效的管理制度和管理方法以法的形式加以规范化、条文化，明确地固定下来并严格执行。法制原则适用于土地管理的各个方面和各个环节。

（三）公正、公平、公开

公正原则是指行政机关实施行政管理，要维护正义和中立，防止徇私舞弊。公正强调形式正义和程序正义。行政机关工作人员履行职责，与行政管理相对人存在利害关系时，应当回避。

公平原则即行政机关实行行政管理，要平等对待被管理人。公平强调的是保障法律面前人人平等和机会均等，避免歧视。行政机关实施行政管理，要平等对待行政管理相对人，不偏私、不歧视。

公开原则是指行政机关实施行政管理，除涉及国家秘密和依法受到保护的商业秘密、个人隐私的外，应当公开，注意听取公民、法人和其他组织的意见，保障行政管理相对人、利害关系人的知情权。

（四）高效便民

高效便民是行政管理的基本要求，是服务型政府的具体体现。高效便民原则分为两个方面：第一是行政效率原则。基本内容有二：首先是积极履行法定职责，禁止不作为或者不完全作为；其次是遵守法定时限，禁止超越法定时限或者不合理延迟。第二是便利当事人原则。在行政活动中精减当事人程序负担、减少沟通障碍、控制沟通成本等。

（五）遵守信用

守信原则是民事行为中最为重要的原则，行政行为也要守信。行政机关公布的信息应当全面、准确、真实。非因法定事由并经法定程序，行政机关不得撤销、变更已经生效的行政决定；因国家利益、公共利益或者其他法定事由需要撤回或者变更行政决定的，应当依照法定权限和程序进行，并对行政管理相对人因此而受到的财产损失依法予以补偿。

（六）权责统一

权力与责任相统一。行政机关依法履行经济、社会和文化事务管理职责，要由法律、法规赋予其相应的执法手段。行政机关违法或者不当行使职权，应当依法承担法律责任，实现权力和责任的统一。依法做到执法有保障、有权必有责、用权受监督、违法必追究、侵权须赔偿。

（七）多方参与

多方参与是指通过发动国家机关、团体、企业、事业单位、个人等各方力量，集结公众智慧，以较科学合理的方法措施，或以较合理可行的途径，达到特定目标的过程。多方参与可通过听证、论证、征求意见等途径实现。

五、土地管理的依据

（一）政策法规

土地管理要依法进行，则与土地及管理有关的法律法规，都是土地管理的法制依据。土地管理的法规依据，包括宪法、法律、行政法规、地方性法规、政府规章、部门规章，以及其他由国家机关发布的跟土地有关的规范性文件等。

（二）相关理论

土地管理工作的开展，应当以科学的理论为指导。土地管理是一项综合性很强的工作，相关理论涉及理、工、农、经、法学等多学科门类，既包括自然科学方面，也包括社会科学方面。农村土地利用管理较多涉及农学、林学、畜牧学、水产学、生态学等，其中农学方面涉及土壤学、园艺学、植物保护学、农业工程学等；而城镇土地利用管理则较多涉及管理学、建筑学、环境科学等。在土地权属和收益管理方面，则较多涉及管理学、政治学、经济学、法学、社会学等方面的理论。

(三)先进技术

先进的技术总能大大提高效率，土地管理依赖的工程技术学科门类也很多，如勘查技术、测绘科学技术、矿山工程技术、能源科学技术、计算机科学技术、土木建筑工程技术、水利工程技术、交通运输工程技术、环境科学技术、安全科学技术、信息技术等。

(四)成功经验

土地管理过程中，不同的行为主体在特定情境下，针对特定的事件，会创新解决方法途径，或者创造性地使用解决方法与途径。这些方法途径有时特别能够以较低的代价解决较难的问题，借鉴这些成功的经验，有利于增强土地管理的现势性，提高土地管理水平。

六、土地管理的措施

土地管理的措施包括法律、行政、经济、技术等措施。

(一)法律措施

法律措施是指国家机关围绕土地问题采取立法、司法、执法、守法等行为，使土地管理目标得到实现。

(二)行政措施

行政措施是指通过土地行政主管部门围绕土地问题，采取各种行政行为，使土地管理目标得以实现。这些行政行为包括抽象行政行为和具体行政行为。抽象行政行为主要是指行政立法行为，具体行政行为则指行政命令、行政征收、行政许可、行政确认、行政处罚、行政强制、行政给付、行政裁决、行政指导、行政复议、行政赔偿等。

(三)经济措施

经济措施是指政府在自觉依据和运用价值规律的基础上，借助于经济杠杆的调节作用，对国民经济进行宏观调控。经济措施包括财政措施、货币措施、产业政策、投资政策、消费政策、流通政策、分配政策、价格政策等。货币措施比如通过提高和降低存款准备金率实现对市场的信贷规模的控制，还包括再贴现政策等。而财政措施包括税收、国债、财政补贴、国家预算等。

(四)技术措施

技术措施是指土地管理者按照土地的自然、经济规律，运用科技手段来实现管理目标。技术措施包括基础资料获取、土地权属、土地利用、土地管理等方面的核心技术，也包括外围技术，如建筑、环保、生态等方面的技术，还包括一些跨界广泛运用的技术措施，如数学建模、调查统计、信息技术等。

土地是一种稀缺资源，要想有效管理土地资源，保护土地权属，促进土地的合理利用，离不开多种手段的协调配合。

七、土地管理的内容体系

土地管理的研究内容体系不同于土地管理学的研究内容体系。土地管理学的研究内容体系包括了土地管理的内容体系，土地管理的内容体系是土地管理学内容体系的组成部分，回答土地管理学中“管理土地的哪些方面”这个问题。

关于土地管理的内容体系，目前有多种不同的表述方式。如表 1. 3-2 所示。

表 1. 3-2　**土地管理内容的分类体系**

分类依据	一级分类	二级分类
按管理主体	国家土地管理	由国家土地行政主管部门开展的土地管理
	地方土地管理	由省(自治区、直辖市)、地(市、自治州)、县(区、县级市)和乡(镇)土地行政主管部门开展的土地管理
按管理内容	国情调查	包括土地分类、土地调查、土地统计、土地评估管理等
	土地产权管理	包括土地产权确认、土地登记、土地权属流转、土地权属终止等
	土地利用管理	包括土地利用规划、计划、审批、土地整治、利用管制、监督监测预警等
	土地市场调控	包括市场培育、供需调控、价格调控、土地税费征管等
	土地信息管理	包括信息的收集、信息的标准化、信息系统建设、信息保管与存储、信息保密与共享等
	其他土地管理	包括土地生态管护、国际土地管理、国外土地管理等
按管理客体的权属性质	公有土地管理	对国家所有和集体所有的土地开展的土地管理
	私有土地管理	对私有土地开展的土地管理
按管理客体的利用类型	农用地管理	对耕地、园地、林地、牧草地和其他农用地开展的管理
	建设用地管理	对城镇、村庄、工矿用地、交通运输用地、水利等用地的管理
	其他土地管理	对水域、生态用地等的管理
按管理客体的经济禀性	土地资源管理	包括土地调查、土地评估、土地统计、土地利用等管理
	土地资产管理	包括土地权属登记、土地市场流转、土地税费征管等
	土地资本管理	主要指土地金融

土地管理内容体系分类如下：

(一)产权产籍管理和土地利用管理

改革出版社出版的《土地管理概论》(林增杰、严星主编，1993 年 2 月第 1 版)中将土地管理的内容体系归纳为两大部分：土地产权、产籍管理和土地利用管理。其中产权、产籍管理包括地籍管理和产权管理。地籍管理包括地籍调查、土地登记、土地统计、土地定级、土地估价以及地籍档案管理(信息管理)；产权管理包括产权的确立和变更、产权监督管理、土地征收、土地划拨，以及土地出让、转让、抵押、租赁的管理。土地利用管理包括土地利用计划管理、土地利用规划管理、土地开发整治保护管理，以及土地利用监测管理。产权、产籍管理是整个土地管理的基础，土地利用管理是核心。

(二)地籍与产权管理、利用管理、市场管理、生态管理、信息管理和其他辅助管理

中国农业出版社出版的《土地管理学总论》(陆红生主编，2002 年 2 月第 1 版)将土地管理的内容总结为地籍管理、土地权属管理、土地利用管理、城市土地市场管理和土地信息管理。其中地籍管理包括土地调查、土地分等定级、土地登记、土地统计、地籍档案管理；土地权属管理包括土地所有权和使用权的确认、城镇国有土地使用权流转管理、农村集体土地使用权流转管理、土地征收和土地权属争议的调处；土地利用管理包括农用地利用管理、建设用地和未利用地开发利用管理、土地利用总体规划、土地用途管制；城市土地市场管理包括城市土地市场调控与管理、城市土地市场价格管理、城市土地市场微观管理；土地信息管理主要包括土地信息系统的建立与实施等。其他辅助管理则包括土地生态管护、国际土地管理以及国外土地管理借鉴等。

(三)农用地管理、建设用地管理、其他土地管理

土地按照用途一般可以分为农用地、建设用地和其他土地三类，土地管理据此也可以分为农用地管理、建设用地管理和未利用地管理。农用地管理是指对直接用于生产的土地，包括耕地、园地、林地、牧草地等的开发、利用、保护、改善以及其权属确认、变更、流转、终止等方面的管理；建设用地管理指对用于建造建筑物、构筑物的土地的管理，包括对村庄、集镇、城市、独立工矿、交通、水利建设等用地的开发、利用、治理、保护、改善以及权属确认、变更、流转、终止等方面的管理；未利用地管理是指对未开发利用的土地的适宜性评价、组织开发利用、开发的用途、开发的权属关系等方面的管理。

(四)国有土地管理和集体土地管理

根据我国宪法的有关规定，土地实行社会主义公有制，包括全国所有制(即国有制)和劳动群众集体所有制两种形式。国有土地管理包括对国有土地范围的确定，国有土地开发、利用、改善和保护，以及国有土地权属确认、变更、流转、终止等方面的管理；集体土地管理包括对集体土地范围的确定，集体土地的开发、利用、整治、改善、保护，以及集体土地权属的确认、变更、流转、终止等方面的管理。

(五)土地资源管理、土地资产管理及土地资本管理

土地是自然资源，是人类赖以生存的基础，土地管理必须遵循自然资源管理规律，根据土地资源的特性、要求进行管理；同时，土地也是资产，权属明确的土地就是权属人的资产。土地资产相比于其他的资产有其独特之处，土地管理必须遵循市场价值规律，根据土地资产的特性、要求进行管理。

按土地既是资源又是资产的“二重性”，将土地管理内容区分为两个大的方面：一是土地资源管理，研究土地的开发、利用、保护、改善及其管理；二是土地资产管理，研究土地产权制度建设、产权的确认、流转和终止，土地价格评估及其管理。相关辅助性管理则是对因土地资源与资产管理产生的外围性事务进行的管理。

1. 土地资源管理

土地资源管理包括土地资源的调查、土地资源统计、土地资源评价、土地分等定级、土地资源开发利用、土地资源保护与整治等内容。土地资源调查又可分为土地条件调查和土地利用现状调查；土地资源评价又可分为土地自然适宜性评价和土地资源生产潜力评价等；土地分等定级通常分为农用地分等定级和城镇土地分等定级；土地资源开发利用通常包括编制土地利用规划和计划，审批各类土地用途变更，组织土地开发、复垦和整理，保护土地资源等内容。

2. 土地资产管理

土地资产管理包括土地权属调查、权属登记、资产统计、土地产权价格评估、土地权属流转等方面的管理。土地权属调查是指对土地权属人的权属性质、位置、界址、权属面积、用途等进行调查；土地登记是指对权属人的土地权利进行确认；土地资产统计是指对权属人的资产状况进行的逐级汇总、上报和公布；土地产权价格评估包括基准地价评估和宗地地价评估；土地权属流转包括土地征收、土地使用权流转和土地他项权利的让渡。

3. 土地资本管理

土地资本管理主要指土地金融。

上面的分类方式各有其优缺点。按土地利用类型将土地管理分为农用地、建设用地和未利用地管理三类，区分了农用地与建设用地的差异性，强调了土地利用性质的差别。但是，这种分类方式也割裂了各类用地在权属与管理上的共性(普遍性)。将土地管理分为国有土地管理和集体土地管理，区分了两类土地所有权的差异性，强调了土地权属性质的差别。但也割裂了土地在利用与管理上的共性。将土地分为资源、资产、资本管理，区分了土地的资源特性和资产特性，强调了土地自然和社会经济属性的差异性，但也一定程度上忽略了土地在基础数据、服务对象、信息共享等方面的一致性。

无论何种形式的分类，最终体现在土地这一客观存在的事物上时，都包括了对土地原有的自然属性，以及不同的外在要素附加而上的非自然属性的探索、求真，以及不同群体不同目标体系不同程度的实现。

综上所述，完整的土地管理的研究内容体系见表1.3-3。

表 1.3-3 土地管理的综合内容体系

一级	二级	三级	四级
土地管理	土地国情管理	土地的分类	土地按权属分类、土地按利用分类、土地按管理分类等
		土地调查与测量	土地利用现状调查、土地权属调查、土地条件调查
		土地统计	国家土地统计、基层土地统计
		土地分等	城镇土地分等、农用土地分等
		土地定级	城镇土地定级、农用土地定级
		土地估价	基准地价评估、宗地地价评估、基准地价更新等
		其他土地评估	土地适宜性评价、土地节约集约利用程度与潜力评价等
	土地权属管理	土地权属制度建设	土地所有制和土地所有权；土地使用制和土地使用权；土地他项权利制度和土地他项权利
		土地权属确认与登记	土地权属的确认，土地争议的处理、登记发证
		土地权属的流转	包括国有土地流转和集体土地流转，包括所有权、使用权和土地他项权利流转等
		土地权属的注销	土地权属终止与收回等，包括国有土地使用权的终止与收回；集体土地承包经营权的终止与收回；集体建设用地使用权的终止与收回等
	土地市场调控	土地市场培育	包括健全土地市场体系、营造市场环境、构建市场竞争机制、发展土地金融、完善政策法规等
		土地收购储备	包括收购、储备和供地等环节
		土地供需调控	土地供给、土地需求调控
		土地价格调控	土地价格
		土地税费调控	包括土地资源税、土地资产流转税，以及相关的各种行政性费用的收缴及使用管理
	土地利用管理	土地利用规划和计划	土地利用总体规划、土地利用年度计划、江河湖泊综合治理规划、城市总体规划、村庄和集镇规划、土地开发规划、土地整理规划、土地复垦规划、重点项目规划、土地保护规划等规划和计划的编制、论证、实施、更新等
		土地利用审批	用途变更审批
		土地利用管制	土地用途管理、土地空间管制、土地利用强度管制、土地效用管制等
		节约和集约用地	节约用地、集约用地
		土地整理、复垦、开发	土地整理的可行性研究；整理的原则；整理的范围；整理的技术；整理的资金筹集及管理等。土地复垦的原则；复垦的技术；复垦的效益评价等。未利用地适宜性评价，未利用地开发论证，未利用地开发原则与要求等

续表

一级	二级	三级	四　　级
土地管理	土地利用管理	耕地保护	耕地数量、质量、生态保护
		土地利用监测	包括土地利用空间动态监测和土地资源质量动态监测两个方面。具体包括土地利用类型的变更；农用地转用的范围和数量；建设用地规模扩大的范围和数量；未利用地开发的范围和数量；土地质量的变化；土地生态环境的变化等
		土地利用监督与土地督察	对使用者进行监督：是否按土地利用总体规划规定的用途使用土地；是否按土地利用年度计划下达的指标使用土地；是否按土地开发整理规划进行土地开发整理；是否按照土地复垦原则进行土地复垦；是否按照土地保护规划实施土地保护和退化土地治理；是否闲置与浪费土地等。对管理者进行督察：是否依法管理土地，落实土地管理重大决策等
	土地生态管护	土地生态评价	根据土地的生态特征，结合土地的利用现状与发展趋势，评价土地生态安全现状及发展趋势
		土地生态安全预警	根据土地生态安全问题的严重程度，设置生态安全预警级别，针对不同的预警级别设置不同的应对措施体系，按不良后果的严重程度与责任归属设置问责体系等
		土地生态治理与改良	根据土地生态问题，以及生态安全级别，采取必要的措施进行改良，以尽量防范生态风险
	土地信息管理	土地信息的收集整理	包括土地空间信息的获取与属性数据的获取，以及与土地相关联的其他数据的获取
		土地信息的标准化	包括土地信息分类与编码的标准化，土地信息系统建设的标准化等
		土地信息数据库与管理系统建设	根据标准化要求，构建土地信息数据库及信息管理系统
		土地信息更新与维护	根据各种最新的数据，更新原有的土地信息数据库及其管理系统
		土地信息的保密与共享	在符合国家安全与保密规定的前提下，适度公开土地信息，向公众提供信息共享渠道
	国际与国外土地管理	国际土地管理	参与与本国相关的国际河流、公共海域、南极大陆、公共外层空间的管理等
		国外土地管理	借鉴不同政治体制、不同经济体制、不同文化背景下的国家的土地管理制度，以促进国内的土地管理发展

第四节　土地管理体制

土地管理体制是指国家土地行政主管部门的设置及其职责权限的划分。我国的土地管理体制，是随着社会、经济的发展，社会对土地资源的合理利用，以及对土地管理工作的重要性认识的不断深化而发展变化的。

中华人民共和国成立以后，我国土地管理体制变化大致可以分为两个阶段：一是1986年以前的多头分散管理体制；二是1986年后的统一管理体制。1986年后的土地管理体制，又有机构名称与职能分工上的发展变化。（刘胜华等，2005）

一、1986年前的多头分散管理体制

中华人民共和国成立后，中央人民政府接管了旧政府的地政局，初期，中央内务部曾调用地政司，主管全国城乡地政，后来撤销了。20世纪50年代到1986年以前，我国对土地的管理是由多个行政主管部门多头分散进行的。分部门、分系统建立土地管理机构，归口管理本系统、本部门所使用的土地。对城市土地，最早设地政处，1950年成立地政局，直属市政府，后改属民政局领导。1953年城市地政和房产合并为地政房产管理委员会，以后又改称房地产管理局。对各部门用地，由各部门自行管理，存在各自为政的状况，例如铁道部管理铁路用地；交通部门管理公路等交通用地。而各部门土地管理机构设置也不统一，有的设，有的没有设。对农村土地，由农业部主管，最初设土壤肥料局，1979年成立土地利用局，1982年成立土地管理局等职能机构。在1982年以前，由农业部土地管理职能机构主管全国的土壤普查、土地利用规划，并协助国务院和地方各级政府办理土地征收，制定土地法规等。1982年，国务院决定在农牧渔业部成立土地管理局，统一管理全国土地，贯彻执行土地政策、法令，拟订必要的实施条例、办法或规定，已成为全国土地管理的职能机关，并行使了一定的职责。但受到“左”的思想的影响，对新情况、新问题缺乏正确的认识，同时也缺乏对土地管理体制和制度方面的研究，因而基本上仍然实行多头分散管理。

1986年以前，从中央到地方没有一个统一的土地管理机构和制度。各个部门之间职责权限划分不清，政出多门，管理方式主要依靠行政手段，缺乏集中统一的土地管理系统和强有力的法律手段，管理制度很不健全。在这种管理体制下，土地的利用缺乏统一的规划指导和数量的控制，利用管理失控，乱占耕地和滥用土地的现象十分严重。据统计，仅1985年全国耕地净减少量达1513.8万亩。面对这种情况，国家采取了一系列重要措施制止乱占耕地，其中一项措施就是建立国家土地管理局，作为国务院的直属机构，统一管理全国的土地。

二、1986—1998年的土地统一管理体制

在全国实行城乡土地统一管理，一是几十年历史经验的总结；二是中央的决定；三是法律的规定。1986年，《中共中央、国务院关于加强土地管理、制止乱占耕地的通

知》中明确指出："为了加强对全国土地的统一管理，决定成立国家土地管理局，作为国务院的直属机构。"国家土地管理局的成立，标志着我国统一土地管理体制的建立。1986年制定的《土地管理法》规定："国务院土地管理部门主管全国土地的统一管理工作，县级以上地方人民政府土地管理部门主管本行政区域内的土地管理工作。"

(一)土地管理机构

根据中央决定和《土地管理法》的规定，我国于1986年8月1日成立了国家土地管理局，县级以上地方人民政府也相继成立了土地管理局，乡(镇)也建立了土地管理所或设置了土地管理员，各类大的用地系统，如军队、铁路、农场系统等管理内部土地的办事机构也相继组建。全国自上而下统一管理土地的机构体系已经形成。

国家土地管理局直属国务院，地方各级人民政府土地管理局实行双重领导。地方各级人民政府土地管理局一方面隶属于本级人民政府，另一方面也接受上级人民政府土地管理局的业务领导。

国家土地管理局下设的行政司、室主要有办公室、计划财务司、政策法规司、地籍管理司、土地利用规划司、建设用地管理司、监督检查司、科技宣教司、外事办公室等；下设的事业单位主要有：中国土地勘测规划院、中国土地报社、干部教育培训中心、中国地产咨询中心、中国土地学会办公室等。

(二)土地管理机构的职责权限

国家土地管理局的职责主要有：①制定国家有关土地的方针、政策和法规，并组织贯彻执行和监督检查。②负责全国地籍管理工作，主管全国城乡土地的调查、分等定级、登记发证，统计、制定各种有关土地的制度和标准，建立地籍档案等。③组织编制全国土地利用总体规划、用地计划和土地开发规划，并组织实施和监督检查。④主管全国土地的征收、划拨工作。统一审核征拨建设用地，负责由国务院审批的建设用地的审查、报批，组织编制各类建设用地定额指标，协助财税部门做好土地税费的征缴工作。⑤主管国有土地使用权出让的行政管理工作，负责土地使用权出让的组织、协调、审查、报批和出让方案的落实；负责土地使用权转让、出租、抵押等的权属管理。⑥研究制定全国土地管理事业发展战略，预测中长期各类用地需求，提出深化土地管理体制和土地利用制度改革方案，及时总结和不断完善各项改革措施。⑦主管土地科技、教育、宣传、出版、外事及干部培训工作。

地方各级人民政府土地管理局的职责主要有：①贯彻、执行国家和与本地区有关土地的政策法规。②主管本行政区内的土地调查、登记发证、分等定级、土地统计和地籍档案工作。③主管本行政区内的土地征收、划拨工作。④主管行政区内国有土地使用权出让的组织、协调和审查报批工作，负责土地使用权出让、转让、抵押等的登记和监督。⑤根据国民经济、社会发展的战略目标和辖区的资源状况和特点，组织编制地方土地利用总体规划、中期和年度土地利用计划，并会同有关部门计划、组织本辖区的土地开发工作。⑥监督、检查、协调本辖区内的土地利用，并会同有关部门调解土地纠纷，查处违法占地案件。⑦大力组织开展土地管理的宣传、科技和干部培训工作。⑧承办同级政府和上级土地管理机构下达的有关任务。

三、1998—2018年的国土资源统一管理体制

（一）土地管理机构

1998年3月第九届全国人民代表大会第一次会议批准国务院机构改革方案，决定原国家土地管理局与地质矿产部、原国家海洋局、原国家测绘局合并组建原国土资源部，作为国务院的组成部门，负责全国国土资源的规划、管理、保护与合理利用。

原国土资源部下设机构主要有：政策法规司、规划司、耕地保护司、地籍管理司、土地利用管理司、矿产开发管理司、矿产资源储量司、地质环境司、地质勘查司、执法监察局、国家土地总督察办公室、调控和监测司、国际合作与科技司、人事教育司、财务司和办公厅等。

地方各级人民政府根据国务院机构改革方案，对地方土地行政主管部门也做了相应的机构调整，明确了土地管理机构的职责权限。

（二）土地管理机构的职责权限

原国土资源部的主要职责包括以下方面：

（1）保护与合理利用土地资源、矿产资源、海洋资源等自然资源。组织拟订国土资源发展规划和战略，开展国土资源经济形势分析，研究提出国土资源供需总量平衡的政策建议，参与国家宏观经济运行、区域协调、城乡统筹的研究并拟订涉及国土资源的调控政策和措施。编制并组织实施国土规划，制定并组织实施国土资源领域资源节约集约利用和循环经济的政策措施。

（2）规范国土资源管理秩序。起草国土资源法律法规草案，制定部门规章并监督实施，制定地质环境保护的政策、规章，制定国土资源调查评价技术规程，拟订国土资源开发利用标准。指导地方国土资源行政执法工作，调查处理国土资源重大违法案件。

（3）优化配置国土资源。编制和组织实施土地利用总体规划、土地利用年度计划、土地整理复垦开发规划和其他专项规划、计划。指导和审核地方土地利用总体规划、矿产资源规划，组织编制矿产资源、海洋资源、地质勘查和地质环境等规划以及地质灾害防治、矿山环境保护等其他有关的专项规划并监督检查规划执行情况。参与报国务院审批的涉及土地、矿产的相关规划的审核。

（4）规范国土资源权属管理。依法保护土地资源、矿产资源、海洋资源等自然资源所有者和使用者的合法权益，组织承办和调处重大权属纠纷，指导土地确权，承担各类土地登记资料的收集、整理、共享和汇交管理，提供社会查询服务。

（5）保护全国耕地，确保规划确定的耕地保有量和基本农田面积不减少。牵头拟订并实施耕地保护政策，组织实施基本农田保护，监督占用耕地补偿制度执行情况。指导未利用土地开发、土地整理、土地复垦和耕地开发的监督工作。组织实施土地用途管制、农用地转用和土地征收征用，承担报国务院审批的各类用地的审核、报批工作。

（6）及时准确提供全国土地利用各种数据。制定地籍管理办法，组织土地资源调查、地籍调查、土地统计和动态监测，组织国家重大土地调查专项，指导地方地籍调查、登记和土地分等定级工作。

(7)节约集约利用土地资源。拟订并实施土地开发利用标准，管理和监督城乡建设用地供应、政府土地储备、土地开发和节约集约利用。拟订并按规定组织实施土地使用权出让、租赁、作价出资、转让等管理办法，建立基准地价、标定地价等政府公示地价制度，会同农业部门监督管理农村集体建设用地使用权的流转。制定禁止和限制供地目录、划拨用地目录等，承担报国务院审批的改制企业的国有土地资产的处置。

(8)规范国土资源市场秩序。监测土地市场和建设用地利用情况，监管地价，规范和监管矿业权市场，组织对矿业权人勘查、开采活动进行监督管理，规范和监管国土资源相关社会中介组织和行为，依法查处违法行为。

(9)负责矿产资源开发的管理，依法管理矿业权的审批登记发证和转让审批登记，负责国家规划矿区、对国民经济具有重要价值的矿区的管理，承担保护性开采的特定矿种、优势矿产的开采总量控制及相关管理工作，组织编制实施矿业权设置方案。

(10)负责管理地质勘查行业和矿产资源储量，组织实施全国地质调查评价、矿产资源勘查，管理中央级地质勘查项目，组织实施国家重大地质勘查专项，管理地质勘查资质、地质资料、地质勘查成果，统一管理中央公益性地质调查和战略性矿产勘查工作。

(11)保护地质环境。组织实施矿山地质环境保护，监督管理古生物化石、地质遗迹、矿业遗迹等重要保护区、保护地，依法管理水文地质、工程地质、环境地质勘查和评价工作，监测、监督防止地下水过量开采和污染，承担城市地质、农业地质、旅游地质的勘查、评价工作。

(12)预防和治理地质灾害。指导应急处置，组织、协调、指导和监督地质灾害防治工作，制定并组织实施重大地质灾害等国土资源突发事件应急预案。

(13)依法征收资源收益，规范、监督资金使用，拟订土地、矿产资源参与经济调控的政策措施。依法组织土地、矿产资源专项收入的征管，配合有关部门拟订收益分配制度，配合有关部门指导、监督全国土地整理复垦开发资金的收取和使用。参与管理土地、矿产等资源性资产，参与管理国家出资形成的矿业权权益，负责有关资金、基金的预算和财务、资产管理与监督。

(14)推进国土资源科技进步，组织制定、实施国土资源科技发展和人才培养战略、规划和计划，组织实施重大科技专项，推进国土资源信息化和信息资料的公共服务。

(15)开展对外合作与交流，拟订对外合作勘查、开采矿产资源政策并组织实施，组织协调境外矿产资源勘查，参与开发工作，依法审批矿产资源对外合作区块，监督对外合作勘查开采行为。

(16)承办国务院交办的其他事项。

原地方国土资源管理机构的职责权限与原国土资源部的职责权限一脉相承，大多参考原国土资源部的职责权限而定。

四、2018年后的自然资源统一管理体制

2018年3月通过了《中共中央关于深化党和国家机构改革的决定》和《深化党和国家

机构改革方案》。根据该方案组建了自然资源部，负责对自然资源、自然资产的统一集中管理，不再保留国土资源部、国家海洋局、国家测绘地理信息局。

《深化党和国家机构改革方案》提出：为统一行使全民所有自然资源资产所有者职责，统一行使所有国土空间用途管制和生态保护修复职责，着力解决自然资源所有者不到位、空间规划重叠等问题，实现山水林田湖草整体保护、系统修复、综合治理，将国土资源部的职责，国家发展和改革委员会的组织编制主体功能区规划职责，住房和城乡建设部的城乡规划管理职责，水利部的水资源调查和确权登记管理职责，农业部的草原资源调查和确权登记管理职责，国家林业局的森林、湿地等资源调查和确权登记管理职责，国家海洋局的职责，国家测绘地理信息局的职责整合，组建自然资源部，作为国务院组成部门。

本处仅介绍自然资源部的管理体制，包括职责权限、内设机构和行政编制。

(一)自然资源部的职责

根据《自然资源部职能配置、内设机构和人员编制规定》，自然资源部共有 21 项职责，25 个内设机构和 3 类派出机构，691 名机关行政编制。

自然资源部的 21 项职责包括：

(1)履行全民所有土地、矿产、森林、草原、湿地、水、海洋等自然资源资产所有者职责和所有国土空间用途管制职责。拟订自然资源和国土空间规划及测绘、极地、深海等法律法规草案，制定部门规章并监督检查执行情况。

(2)负责自然资源调查监测评价。制定自然资源调查监测评价的指标体系和统计标准，建立统一规范的自然资源调查监测评价制度。实施自然资源基础调查、专项调查和监测。负责自然资源调查监测评价成果的监督管理和信息发布。指导地方自然资源调查监测评价工作。

(3)负责自然资源统一确权登记工作。制定各类自然资源和不动产统一确权登记、权籍调查、不动产测绘、争议调处、成果应用的制度、标准、规范。建立健全全国自然资源和不动产登记信息管理基础平台。负责自然资源和不动产登记资料收集、整理、共享、汇交管理等。指导监督全国自然资源和不动产确权登记工作。

(4)负责自然资源资产有偿使用工作。建立全民所有自然资源资产统计制度，负责全民所有自然资源资产核算。编制全民所有自然资源资产负债表，拟订考核标准。制定全民所有自然资源资产划拨、出让、租赁、作价出资和土地储备政策，合理配置全民所有自然资源资产。负责自然资源资产价值评估管理，依法收缴相关资产收益。

(5)负责自然资源的合理开发利用。组织拟订自然资源发展规划和战略，制定自然资源开发利用标准并组织实施，建立政府公示自然资源价格体系，组织开展自然资源分等定级价格评估，开展自然资源利用评价考核，指导节约集约利用。负责自然资源市场监管。组织研究自然资源管理涉及宏观调控、区域协调和城乡统筹的政策措施。

(6)负责建立空间规划体系并监督实施。推进主体功能区战略和制度，组织编制并监督实施国土空间规划和相关专项规划。开展国土空间开发适宜性评价，建立国土空间规划实施监测、评估和预警体系。组织划定生态保护红线、永久基本农田、城镇开发边界等控制线，构建节约资源和保护环境的生产、生活、生态空间布局。建立健全国土空间用途管制制度，研究拟订城乡规划政策并监督实施。组织拟订并实施土地、海洋等自然资源年度利用计划。负责土地、海域、海岛等国土空间用途转用工作。负责土地征收征用管理。

(7)负责统筹国土空间生态修复。牵头组织编制国土空间生态修复规划并实施有关生态修复重大工程。负责国土空间综合整治、土地整理复垦、矿山地质环境恢复治理、海洋生态、海域海岸线和海岛修复等工作。牵头建立和实施生态保护补偿制度，制定合理利用社会资金进行生态修复的政策措施，提出重大备选项目。

(8)负责组织实施最严格的耕地保护制度。牵头拟订并实施耕地保护政策，负责耕地数量、质量、生态保护。组织实施耕地保护责任目标考核和永久基本农田特殊保护。完善耕地占补平衡制度，监督占用耕地补偿制度执行情况。

(9)负责管理地质勘查行业和全国地质工作。编制地质勘查规划并监督检查执行情况。管理中央级地质勘查项目。组织实施国家重大地质矿产勘查专项。负责地质灾害预防和治理，监督管理地下水过量开采及引发的地面沉降等地质问题。负责古生物化石的监督管理。

(10)负责落实综合防灾减灾规划相关要求，组织编制地质灾害防治规划和防护标准并指导实施。组织指导协调和监督地质灾害调查评价及隐患的普查、详查、排查。指导开展群测群防、专业监测和预报预警等工作，指导开展地质灾害工程治理工作。承担地质灾害应急救援的技术支撑工作。

(11)负责矿产资源管理工作。负责矿产资源储量管理及压覆矿产资源审批。负责矿业权管理。会同有关部门承担保护性开采的特定矿种、优势矿产的调控及相关管理工作。监督指导矿产资源合理利用和保护。

(12)负责监督实施海洋战略规划和发展海洋经济。研究提出海洋强国建设重大战略建议。组织制定海洋发展、深海、极地等战略并监督实施。会同有关部门拟订海洋经济发展、海岸带综合保护利用等规划和政策并监督实施。负责海洋经济运行监测评估工作。

(13)负责海洋开发利用和保护的监督管理工作。负责海域使用和海岛保护利用管理。制定海域海岛保护利用规划并监督实施。负责无居民海岛、海域、海底地形地名管理工作，制定领海基点等特殊用途海岛保护管理办法并监督实施。负责海洋观测预报、预警监测和减灾工作，参与重大海洋灾害应急处置。

(14)负责测绘地理信息管理工作。负责基础测绘和测绘行业管理。负责测绘资质资格与信用管理，监督管理国家地理信息安全和市场秩序。负责地理信息公共服务管理。负责测量标志保护。

(15)推动自然资源领域科技发展。制定并实施自然资源领域科技创新发展和人才培养战略、规划和计划。组织制定技术标准、规程规范并监督实施。组织实施重大科技工程及创新能力建设，推进自然资源信息化和信息资料的公共服务。

(16)开展自然资源国际合作。组织开展自然资源领域对外交流合作，组织履行有关国际公约、条约和协定。配合开展维护国家海洋权益工作，参与相关谈判与磋商。负责极地、公海和国际海底相关事务。

（17）根据中央授权，对地方政府落实党中央、国务院关于自然资源和国土空间规划的重大方针政策、决策部署及法律法规执行情况进行督察。查处自然资源开发利用和国土空间规划及测绘重大违法案件。指导地方有关行政执法工作。

（18）管理国家林业和草原局。

（19）管理中国地质调查局。

（20）完成党中央、国务院交办的其他任务。

（21）职能转变。自然资源部要落实中央关于统一行使全民所有自然资源资产所有者职责，统一行使所有国土空间用途管制和生态保护修复职责的要求，强化顶层设计，发挥国土空间规划管控作用，为保护和合理开发利用自然资源提供科学指引。进一步加强自然资源的保护和合理开发利用，建立健全源头保护和全过程修复治理相结合的工作机制，实现整体保护、系统修复、综合治理。创新激励约束并举的制度措施，推进自然资源节约集约利用。进一步精简下放有关行政审批事项、强化监管力度，充分发挥市场对资源配置的决定性作用，更好发挥政府作用，强化自然资源管理规则、标准、制度的约束性作用，推进自然资源确权登记和评估的便民高效。

（二）自然资源部的内设机构

根据《自然资源部职能配置、内设机构和人员编制规定》，自然资源部内设25个机构。分别是：

（1）办公厅。负责机关日常运转工作。承担信息、安全保密、信访、新闻宣传、政务公开工作，监督管理部政务大厅。承担机关财务、资产管理等工作。

（2）综合司。承担组织编制自然资源发展战略、中长期规划和年度计划工作。开展重大问题调查研究，负责起草部重要文件文稿，协调自然资源领域综合改革有关工作。承担自然资源领域军民融合深度发展工作。承担综合统计和部内专业统计归口管理。

（3）法规司。承担有关法律法规草案和规章起草工作。承担有关规范性文件合法性审查和清理工作。组织开展法治宣传教育。承担行政复议、行政应诉有关工作。

（4）自然资源调查监测司。拟订自然资源调查监测评价的指标体系和统计标准，建立自然资源定期调查监测评价制度。定期组织实施全国性自然资源基础调查、变更调查、动态监测和分析评价。开展水、森林、草原、湿地资源和地理国情等专项调查监测评价工作。承担自然资源调查监测评价成果的汇交、管理、维护、发布、共享和利用监督。

（5）自然资源确权登记局。拟订各类自然资源和不动产统一确权登记、权籍调查、不动产测绘、争议调处、成果应用的制度、标准、规范。承担指导监督全国自然资源和不动产确权登记工作。建立健全全国自然资源和不动产登记信息管理基础平台，管理登记资料。负责国务院确定的重点国有林区、国务院批准项目用海用岛、中央和国家机关不动产确权登记发证等专项登记工作。

（6）自然资源所有者权益司。拟订全民所有自然资源资产管理政策，建立全民所有自然资源资产统计制度，承担自然资源资产价值评估和资产核算工作。编制全民所有自然资源资产负债表，拟订相关考核标准。拟订全民所有自然资源资产划拨、出让、租赁、作价出资和土地储备政策。承担报国务院审批的改制企业的国有土地资产处置。

(7)自然资源开发利用司。拟订自然资源资产有偿使用制度并监督实施，建立自然资源市场交易规则和交易平台，组织开展自然资源市场调控。负责自然资源市场监督管理和动态监测，建立自然资源市场信用体系。建立政府公示自然资源价格体系，组织开展自然资源分等定级价格评估。拟订自然资源开发利用标准，开展评价考核，指导节约集约利用。

(8)国土空间规划局。拟订国土空间规划相关政策，承担建立空间规划体系工作并监督实施。组织编制全国国土空间规划和相关专项规划并监督实施。承担报国务院审批的地方国土空间规划的审核、报批工作，指导和审核涉及国土空间开发利用的国家重大专项规划。开展国土空间开发适宜性评价，建立国土空间规划实施监测、评估和预警体系。

(9)国土空间用途管制司。拟订国土空间用途管制制度规范和技术标准。提出土地、海洋年度利用计划并组织实施。组织拟订耕地、林地、草地、湿地、海域、海岛等国土空间用途转用政策，指导建设项目用地预审工作。承担报国务院审批的各类土地用途转用的审核、报批工作。拟订开展城乡规划管理等用途管制政策并监督实施。

(10)国土空间生态修复司。承担国土空间生态修复政策研究工作，拟订国土空间生态修复规划。承担国土空间综合整治、土地整理复垦、矿山地质环境恢复治理、海洋生态、海域海岸带和海岛修复等工作。承担生态保护补偿相关工作。指导地方国土空间生态修复工作。

(11)耕地保护监督司。拟订并实施耕地保护政策，组织实施耕地保护责任目标考核和永久基本农田特殊保护，负责永久基本农田划定、占用和补划的监督管理。承担耕地占补平衡管理工作。承担土地征收征用管理工作。负责耕地保护政策与林地、草地、湿地等土地资源保护政策的衔接。

(12)地质勘查管理司。管理地质勘查行业和全国地质工作，编制地质勘查规划并监督检查执行情况。管理中央级地质勘查项目，组织实施国家重大地质矿产勘查专项。承担地质灾害的预防和治理工作，监督管理地下水过量开采及引发的地面沉降等地质问题。

(13)矿业权管理司。拟订矿业权管理政策并组织实施，管理石油天然气等重要能源和金属、非金属矿产资源矿业权的出让及审批登记。统计分析并指导全国探矿权、采矿权审批登记，调处重大权属纠纷。承担保护性开采的特定矿种、优势矿产的开采总量控制及相关管理工作。

(14)矿产资源保护监督司。拟订矿产资源战略、政策和规划并组织实施，监督指导矿产资源合理利用和保护。承担矿产资源储量评审、备案、登记、统计和信息发布及压覆矿产资源审批管理、矿产地战略储备工作。实施矿山储量动态管理，建立矿产资源安全监测预警体系。监督地质资料汇交、保管和利用，监督管理古生物化石。

(15)海洋战略规划与经济司。拟订海洋发展、深海、极地等海洋强国建设重大战略并监督实施。拟订海洋经济发展、海岸带综合保护利用、海域海岛保护利用、海洋军民融合发展等规划并监督实施。承担推动海水淡化与综合利用、海洋可再生能源等海洋新兴产业发展工作。开展海洋经济运行综合监测、统计核算、调查评估、信息发布工作。

(16)海域海岛管理司。拟订海域使用和海岛保护利用政策与技术规范，监督管理海域海岛开发利用活动。组织开展海域海岛监视监测和评估，管理无居民海岛、海域、海底地形地名及海底电缆管道铺设。承担报国务院审批的用海、用岛的审核、报批工作。组织拟订领海基点等特殊用途海岛保护管理政策并监督实施。

(17)海洋预警监测司。拟订海洋观测预报和海洋科学调查政策和制度并监督实施。开展海洋生态预警监测、灾害预防、风险评估和隐患排查治理，发布警报和公报。建设和管理国家全球海洋立体观测网，组织开展海洋科学调查与勘测。参与重大海洋灾害应急处置。

(18)国土测绘司。拟订全国基础测绘规划、计划并监督实施。组织实施国家基础测绘和全球地理信息资源建设等重大项目。建立和管理国家测绘基准、测绘系统。监督管理民用测绘航空摄影和卫星遥感。拟定测绘行业管理政策，监督管理测绘活动、质量，管理测绘资质资格，审批外国组织、个人来华测绘。

(19)地理信息管理司。拟定国家地理信息安全保密政策并监督实施。负责地理信息成果管理和测量标志保护，审核国家重要地理信息数据。负责地图管理，审查向社会公开的地图，监督互联网地图服务，开展国家版图意识宣传教育，协同拟订界线标准样图。提供地理信息应急保障，指导监督地理信息公共服务。

(20)国家自然资源总督察办公室。完善国家自然资源督察制度，拟订自然资源督察相关政策和工作规则等。指导和监督检查派驻督察局工作，协调重大及跨督察区域的督察工作。根据授权，承担对自然资源和国土空间规划等法律法规执行情况的监督检查工作。

(21)执法局。拟订自然资源违法案件查处的法规草案、规章和规范性文件并指导实施。查处重大国土空间规划和自然资源违法案件，指导协调全国违法案件调查处理工作，协调解决跨区域违法案件查处。指导地方自然资源执法机构和队伍建设，组织自然资源执法系统人员的业务培训。

(22)科技发展司。拟订自然资源领域科技发展战略、规划和计划。拟订有关技术标准、规程规范，组织实施重大科技工程、项目及创新能力建设。承担科技成果和信息化管理工作，开展卫星遥感等高新技术体系建设，加强海洋科技能力建设。

(23)国际合作司(海洋权益司)。拟订自然资源领域国际合作战略、计划并组织实施、承担多双边对外交流合作和国际公约、条约及协定履约工作，指导涉外、援外项目实施。负责外事管理工作，开展相关海洋权益维护工作，参与资源勘探开发争议、岛屿争端、海域划界等谈判与磋商。指导极地、公海和国际海底相关事务。承担自然资源领域涉外行政许可审批事项。

(24)财务与资金运用司。承担自然资源专项收入征管和专项资金、基金的管理工作。拟订有关财务、资产管理的规章，负责机关和所属单位财务及国有资产监管，负责部门预决算、政府采购、国库集中支付、内部审计工作。管理基本建设及重大专项投资、重大装备。承担财政和社会资金的结构优化和监测工作，拟订合理利用社会资金的政策措施，提出重大备选项目。

(25)人事司。承担机关、派出机构和直属单位的人事管理、机构编制、劳动工资和教育培训工作，指导自然资源人才队伍建设等工作。

(三)自然资源部的派出机构

根据《自然资源部职能配置、内设机构和人员编制规定》，自然资源部派出机构有三类，分别是：

(1)督察局。根据中央授权，自然资源部向地方派驻国家自然资源督察北京局、沈阳局、上海局、南京局、济南局、广州局、武汉局、成都局、西安局，承担对所辖区域的自然资源督察工作。9个督察局行政编制336名，司局级领导职数64名(9个督察局按1正2副配备，对应的37个被督察单位各配备督察专员1名)。

(2)测绘地理信息局。陕西测绘地理信息局、黑龙江测绘地理信息局、四川测绘地理信息局、海南测绘地理信息局实行由自然资源部与所在地省政府双重领导以自然资源部为主的管理体制。

(3)海区派出局。自然资源部在北海、东海、南海3个海区分别设立派出机构。

(四)自然资源部的行政编制

自然资源部机关行政编制691名(含两委人员编制10名、援派机动编制2名、离退休干部工作人员编制50名)。设部长1名(兼任国家自然资源总督察)，副部长4名(其中1名副部长兼任国家自然资源副总督察)，专职国家自然资源副总督察(副部长级)1名，司局级领导职数109名(含总规划师2名、总工程师2名、机关党委专职副书记1名、离退休干部局领导职数3名)。

综上所述，中华人民共和国成立以来的土地管理体制变迁如表1.4-1所示。

表1.4-1 **中华人民共和国成立以来我国土地管理体制的变迁**

年期	国家级机构名称	管理对象	主要职责权限
1986年前	无统一管理机构	各部门用地	分部门、分系统建立土地管理机构，归口管理本系统、本部门所使用的土地
1986—1998	原国家土地管理局	全国范围内的所有土地	土地的权属管理、土地利用规划、建设用地管理、土地利用监督检查、违法用地查处等

续表

年期	国家级机构名称	管理对象	主要职责权限
1998—2018	原国土资源部	土地、海洋、矿产等自然资源	保护与合理利用土地矿产海洋等自然资源、开展不动产登记、编制土地规划、制定土地规章、规范土地市场秩序、保护耕地、管理矿产资源开发、管理地质勘查行业和矿产资源储量、保护地质环境、预防与治理地质灾害、征收资源收益、监督土地资金使用、拟订土地和矿产资源参与经济调控的政策措施等
2018—	自然资源部	土地、海洋、矿产、水、森林、草原、湿地等自然资源	监管自然资源开发利用和保护，建立空间规划体系并实施空间用途管制，履行全民所有各类自然资源资产所有者职责，统一调查和确权登记，建立自然资源有偿使用制度，负责测绘和地质勘查行业管理、负责自然资源的开发利用、负责空间生态修复等

第五节 土地管理历史沿革

一、奴隶社会的土地管理

奴隶社会前，土地管理最初是为满足人类利用土地生产粮食的需要而进行的土地的最原始的统计。随着农业的兴起，人们从游牧逐渐转向定居，土地成了农业生产的主要生产资料，人们开始进行原始土地调查，并按比较肥力来制定贡赋等级。据《尚书·禹贡篇》记载，夏禹治水后，曾按土色、质地和水分等将九州土地划分为九等，依其肥力制定贡赋等级(刘胜华，2005)。

西周和春秋前、中期，实行的是以氏族公社为基础的国家土地所有制，即原始的土地公有制。周天子对土地享有绝对的所有权，他将土地分封给诸侯，诸侯又将受封的土地转分给属下的大小贵族，形成金字塔式的等级制度，分封诸侯对受封的土地实行世袭制，但是他们只对土地享有占有、使用和收益的权利，而没有处分权利，不得随意买卖和私下授让土地。到了西周后期，在土地所有权上，就由国王对土地、奴隶和其他财物的完全所有，奴隶主贵族的等级占有，逐步向诸侯国君为代表的土地国有，以及封建贵族、新兴地主阶级和部分自耕农的私有过渡。

在土地的管理和使用方式上，西周实行“井田制”，孟子说：“方里而井，井九百亩，其中为公田，八家皆私田，同养公田，公事毕，然后敢治私事。”(《孟子·滕文公》)井田规划就是我国早期土地利用规划的雏形，它反映了当时徭役、田赋管理对组织土地利用的需要。

二、封建社会的土地管理

封建社会初期，井田制还存在，井田的所有权名义上还属于国君，各国都对之收税。但是，许多诸侯、卿、大夫等已经将井田变成了他们事实上的私有财产。随着铁制农具的推广和改进，以及耕牛的使用，私人开始大量开拓荒地，封建主也通过各种方式拓展耕地，这部分井田之外的耕地就成为封建主的私田。鲁国为增加府库收入，抑制贵族田亩势力的过度膨胀，公元前 594 年，实行“初税亩”，不论公田、私田，一律按土地数量缴纳土地税。这就在法律上承认了私田的合法性，对促进新兴地主阶级的出现和土地的私有制的发展，有着重要作用。

自秦始皇统一六国后，曾大规模清查户籍、地籍，命令占有土地的人向政府申报占有土地的数额，并从法律上承认对土地的私人所有权。秦朝管理土地或农事的各级官吏有都官、田啬夫、部佐、田典、牛长等。并颁布了《田律》，确立了封建土地私有制。此后，历代封建王朝都沿袭秦制，实行公田、私田并存的土地所有制。

汉朝全国的土地，一部分是属于国家掌握的国有土地，大部分属于以皇帝为首的地主阶级所有，少量属于自耕农所有。国有土地采取严格的保护政策，不能买卖，不得侵犯，违者重罪。汉朝的屯田是招募农民或利用士兵垦种国有土地的一种措施，它对于土地开发和巩固边疆，发展农业生产，提供军队给养，起到了重要作用，对后世产生了深远影响。

东汉末，土地兼并严重，田园荒芜，因此，三国时期又大力推行了屯田制。其中以魏国的规模最大，分军屯和民屯，民屯直属大司农管辖，下设典农郎将、典农校尉、典农都尉、典农功曹等，屯田就由这些各级土地管理机构的官吏来管理。西晋时期实行的占田制，是为抑制大地主过分的土地兼并，调整土地关系所采取的一项重要措施。

北魏唐初，采取计口授田的“均田制”，以限制土地占有量，促进经济发展。均田制的主要内容有：①土地分类。将土地分为露田、桑田、麻田、宅地四种。露田指规定种植粮食的耕地；桑田指规定种植桑、榆、枣树的土地；麻田指规定种麻的土地；宅地是建造房屋的土地。②授田。规定男子 15 岁以上授露田 40 亩(1 亩合今 1.05 市亩)、桑田 20 亩、麻田 10 亩；女子授露田 20 亩、麻田 5 亩，每 3 人给宅田 1 亩，每 5 个奴婢给宅地 1 亩。③还田。受田农民必须负担租税义务，情况发生变化，必须归还露田和麻田，由国有另行分配。桑田可世袭，还可买卖。④按职务高低授给官吏职分田，作为俸禄用。刺史 1500 亩；太守 1000 亩；治中、别驾 800 亩；县令、郡丞 600 亩，他们可以将这些土地出佃、收租，但土地所有权属于国家，不得买卖，离任时需移交。隋、唐实行的均田制在内容上有所改变。隋朝的均田制规定，对男子授露田 80 亩(每亩合今 1.13 市亩)，永业田 20 亩，女子授露田 40 亩。唐朝对男子授露田 100 亩(每亩合今 0.8 市亩)，其中 20 亩为永业田，女子不授田。

宋代以后，废除唐代的“均田制”，实行“永佃制”，土地所有权和耕作权分离，地主享有土地所有权，负担田赋，有权收取地租。佃户享有土地的耕地权，并可以长期处理土地耕作权，可将其买卖、典押或出租。佃户欠租不交，地主可以撤销佃户的佃权。

永佃制确定了封建地主的地租剥削制度。

北宋、南宋时期为限制土地兼并，均平税收，都曾采用过清丈土地的措施，在北宋称方田，在南宋称经界。“方田法”的主要内容是：以东西南北各一千步（每步五尺）见方的土地（相当于41顷66亩160步）作为一方，每年9月农忙后，土地管理机构派人丈量土地，按地形、土壤颜色及土地肥力，将土地分为五等，作为税额高低的依据；至第二年3月完成后，将结果公布于众，3个月内没有异议，发给土地所有权证书；凡贫瘠、不毛之地及公用的山林、池塘、沟路、坟墓，皆免税。方田四脚，立土为峰，四周植树为界。在土地清丈基础上，进行土地登记，建立方账、庄账、甲帖、户帖。当分家、分产、土地典当、买卖、割让、转移、发地契、填写地籍簿时，均以方田为准。方田法共实行13年，经清丈登记的土地达2484349顷。南宋的“经界法”的主要内容是：设经界局，令各户各乡造砧基簿，砧基簿除按规定格式记载各户田亩数量、质量、用途外，还绘有地块图，标明四至，按图核地。各县砧基簿1式3份，一份留县、一份送漕，一份送州，互相校核。未经砧基簿登记的田亩，官府不予承认，可没收其地权。

元朝的土地管理处于混乱状态，元世祖时为征收赋税，清查土地，曾实行“经理法”，由土地所有者自报土地数量，但因其弊端过多而不了了之。

明朝时期，为了改变宋、元两朝土地管理混乱的局面，朱元璋曾下令设户口田帖，进行全国性的大规模土地清查，编制全国土地总登记簿——鱼鳞图册。其目的在于进一步清查全国土地的占有和使用状况。鱼鳞图册作为地籍登记，按其项目和内容，是相当完备的，是历代封建统治阶级在土地管理方面的一个重要发展。所谓鱼鳞图册，是指把管辖内的田地“以丘相挨，如鱼鳞之相比”，图册分总图和分图，总图是将一个州、县或一个乡、都、里管辖内的田地绘制在一起，挨次排列，形似由许多鱼鳞片所构成的图案。分图以每一小块土地为单位绘制，图内绘有简单的地形图状、面积、四至，并注明土质、税则等级，以及小块土地的地名（土名）和官府的统一编号、业主姓名和所有地都、里、甲等。一式四份，分存户部、布政司、府、县各级土地管理机构。万历6—9年（公元1578—1581年），又一次进行全国性的大规模土地清丈，并普遍绘制了新鱼鳞图册，登记入册的土地大大增加，而且较为可靠，全国土地共701万余顷，为推行“一条鞭”法提供了条件。公元1581年，为增加财政收入，将田赋、徭役、杂税合并折成银两，分摊到田亩上，按田亩数量收税，称“一条鞭法”。

清初，为缓和阶级矛盾，避免土地荒芜，增加田赋收入，顺治六年（公元1649年）颁布“垦荒令”，规定不论籍贯，召集逃民，编入保甲开垦荒田，给以印信执照，水准为业，使部分无地或少地的农民通过开荒得到土地，成了自耕农。清朝在地图测绘方面也取得了一定成绩。康熙时经过30年测量，制成《皇舆全览图》，乾隆时，又派人赴新疆等地测量，制成《乾隆内府皇舆全图》，为土地管理提供了图件资料。

1853年，太平天国在南京定都后，颁布了《天朝田亩制度》，宣布废除一切土地私有权，剥夺地主的土地所有权，“凡天下田地一律归公，按其产量的多寡，分为九等”，实行“凡天下田，天下人同耕”，以户为单位，平均分配。但此土地纲领并没有实现。

三、民国时期的土地管理

孙中山先生在清末就对土地问题十分重视，先后多次提出："耕者有其田""平均地权""土地国有"的主张。1924 年 1 月通过的《中国国民党第一次全国代表大会宣言》中规定："私人所有土地，由地主估价呈报政府，国家就价征税，并于必要时依报价收买之，此则平均地权之要者也。"

民国时期的土地管理是通过土地立法和地籍整理来进行的。是以维护土地私有制和巩固官僚、买办资产阶级和地主阶级对土地的私人占有、使用和买卖、出租的自由服务，具有明显的半封建半殖民地的特点。

在土地立法方面，民国初期，尽管已从体制上推翻了清王朝的统治，但土地上的封建势力并未消灭，孙中山的："耕地有其田""平均地权"等主张不但未能实现，而且地权分配不均的状况反而越来越严重。为此，1930 年 6 月，国民政府在 1928 年制定的《土地征收法》和立法院拟订的《土地法原则》的基础上制定了《中华民国土地法》，本法于 1946 年 4 月 29 日修改后才公布实施。该法共 5 编 25 章 227 条。其基本内容有：第一编总则，对法例、地权、地籍测量、地权调整、公有土地做了规定。第二编地籍，对地籍测量、土地登记、权利变更登记等做了规定，规定了地籍管理的程序和登记办法，并明确地籍管理机关为市县行政区域的地政机关。第三编土地使用，对土地使用过程中的使用限制、房屋及基地租用、耕地租用、荒地使用、土地重划等问题做了规定，将城市区域的土地分为限制使用和自由使用区；对房屋租赁和耕地租用规定了限制条件。第四编土地税，对地价及改良物价、地价税、土地增值税、土地税之减免、欠税等问题做了规定。第五编土地征收，对征收程序、征收补偿等做了规定。

民国时期的土地管理以地籍管理为核心，地籍管理又以土地登记为主要内容和形式。1922 年，北京司法部颁布过不动产登记条例，1930 年国民党政府制定的土地法，规定要对土地及其附着物进行登记。土地法中规定的土地登记包括土地总登记和土地权利变更登记。土地权属登记的主要内容有：土地的所有权、地上权、永佃权、地役权、典权和抵押权等。当权力发生变更、分割、合并、增减或消灭时，要进行土地权利的变更登记。地上权就是使用权；永佃权是指出租使用权；地役权是指以他人的土地，为自己的土地提供方便之权；典权是指支付一定的典价，占有他人的不动产而取得使用及收益的权利，承典人享有占有、使用、收益三种权利。在典权的有效期内，还可将典产出租或转典给别人。典权是国民党政府的一利物权。抵押权是以担保债权而设立的物权。土地登记的基本程序是：①土地所有者申请登记；②公告；③所有权登记，发给土地所有权证书。土地登记形成的主要文件有土地登记簿和土地登记地图。土地登记地图包括登记总图、分区图和分段图。

在土地整理方面，地籍整理包括土地测量、土地使用调查、土地登记等。土地测量即确定土地地形位置，土地使用调查即查定土地类别，把全国土地划分为生产用地、建设用地、交通用地、水利用地、森林事业用地以及山地保留地等六类；土地登记即土地权属登记。

民国时期的土地管理机构较为完备。中央设地政部，下设地籍司、地价司、地权司、总务司等；各省、市、县均设地政局，受中央地政部领导。土地管理机构的主要职责有：①管理公有土地；②土地测量；③土地登记；④保管土地册簿；⑤发给土地契据；⑥估计地价；⑦解决因土地法发生之争执；⑧编制土地税册；⑨办理土地权属转移手续。在土地立法的基础上，实行统一管理全国土地、统一管理城乡地政的管理体制。

四、新民主主义革命时期的土地管理

中国新民主主义革命最重要的内容就是解决土地问题。中国共产党自诞生之日起就将土地问题作为反帝反封建的民主革命的首要任务。因此，在新民主主义革命时期，中国共产党领导的工农民主政权制定了一系列土地法规。其任务就是要消除封建土地制度，没收地主土地，分配给无地和少地的农民。

1928年12月，中国共产党领导的苏维埃政府制定了《井冈山土地法》，规定："没收一切土地归苏维埃所有"，"经苏维埃政府没收分配后，禁止买卖"，"以人口为标准，男女老幼平均分配"，并规定了征收和免纳土地税的办法等。1929年，在总结《井冈山土地法》的经验的基础上，制定了《兴国土地法》，1931年11月全国工农兵苏维埃第一次代表大会通过了《中华苏维埃土地法》，废除了封建地主阶级的土地所有制，没收了封建地主的土地，分配给贫雇农。

抗日战争时期，各根据地抗日民主政权大多制定了土地法规，确认和保护土地私有权，实行减租减息。如《陕甘宁边区地权条例》《陕甘宁边区土地租佃条例》《晋察冀边区租佃债息条例》《晋察鲁豫边区土地使用条例》等。

解放战争时期，1947年，中共在1946年5月4日发出的《关于清算减租及土地问题的指示》("五四指示")的基础上公布了《中国土地法大纲》，该大纲的主要内容是：第一，废除封建性及半封建性剥削的土地制度，实行耕者有其田的土地制度；第二，废除一切地主的土地所有权，废除一切祠堂、庙宇、寺院、学校、机关及团体的土地所有权，废除一切乡村中在土地制度改革以前的债务；第三，乡村中一切地主的土地及公地，由乡村农会接收，连同乡村中其他一切土地，按乡村全部人口统一平均分配，并归个人所有；第四，对大森林、文物古迹等特殊的土地及财产规定了不同的处理办法；第五，保护工商业者的财产及其合法的营业不受侵犯；第六，规定了土地管理机关，乡、区、县、省各级人民代表大会及其选出的委员会为改革土地制度的执行机关。

五、中华人民共和国成立后的土地管理

(一)中华人民共和国成立初期的土地管理

中华人民共和国成立初期，土地管理的主要任务是没收官僚买办和地主的土地，处理城镇房地产权和无主土地，摧毁半封建半殖民地的土地私有制，建立新型的社会主义土地所有制和土地使用方式，1950年6月，中央人民政府颁布了《土地改革法》，适用于农村。在规定国有土地种类的同时，还规定了土地的征收、没收、分配以及特殊土地问题的处理。规定除将没收、征收的土地归国有外，其余按人口分给农民，并在土地改

革完成后，由人民政府发给土地所有证，并承认一切土地所有者有自由经营、买卖及出租土地的权利，国有土地经营者不得将土地出租、出卖或者荒废，不用时，要交还国家。土地改革前的一切契约一概废除。

1950年11月10日，中央人民政府又颁布了《城市郊区土地改革条例》，这是对《土地改革法》的补充。规定了城市郊区所有没收和征收得来的农业土地，一律归国家所有，由市人民政府管理，连同国家在郊区所有的其他农业土地分配给无地或少地的农民耕种。土地改革完成后，对分得国有土地的农民，由市政府发给国有土地使用证，对私有农业土地则发给土地所有权证。

结合土地改革，全国许多地区进行了土地清丈、划界、定桩、登记、颁发土地证等工作。土地改革完成后，为适应社会主义大生产的客观需要，一方面将个体农民的土地所有制逐步改造为劳动群众集体所有制，另一方面建立了大规模的国营农业企业。在确立社会主义土地所有制和新型农业企业的同时，在全国大面积开展了土壤普查、土地勘测和土地规划工作。为满足国民经济各部门建设用地的需求，中央及地方各级人民政府制定了各种有关土地划拨、征收、开垦的政策及法令，规定了城镇、工业、交通等建设用地的具体办法。1956年3月，全国人大常委会通过了《农业生产使用社示范章程》，规定："社员的土地必须交给农业生产使用社统一使用；社员入社的土地，按照其数量和质量，从每年的收入中付给一定的报酬，但土地报酬必须低于农业劳动报酬并鼓励全体社员积极参加合作社的劳动；社员租种或代表的土地一般应改为由使用社租种或代管。"1956年6月，全国人大通过的《高级农业生产合作社示范章程》规定："社员入社必须把私有的土地、耕畜、大型农具等主要生产资料转给合作社集体所有；社员土地上附属的私有塘、井等水利设施，随着土地转为合作社所有；社员土地转为合作社集体所有后，取消土地报酬，对于生活有困难的社员要给予适当照顾；农业生产合作社应抽出一定数量的土地分配给社员种植蔬菜；社员原有的坟地、房屋基地不必入社，如新修房屋需要基地和无坟地的社员需用的坟地，由使用社统筹解决。"1962年9月，中共第八届委员会第十次全体会议通过的《农村人民公社工作条例(修正草案)》(即"六十条")规定："生产队所有的土地为生产队范围的土地，包括社员的自留地、自留山、宅基地一律不准出租和买卖，未经县以上人民委员会的审批，任何单位和个人不得占有"，"集体所有的山林、水面和草原，归生产队所有比较有利的，都归生产队所有"，"生产队有权在本队范围内，开垦荒地、经营荒山和充分利用一切可能利用的资源"。

在加强土地立法的同时，土地管理的内容也逐步从侧重于土地权属管理，转向土地利用管理。1954年在黑龙江友谊农场进行了中华人民共和国成立以来的第一次土地规划。1956年，原农业部组织各省开展了280多个农业社的规划试点，1957年底发展到5000多个试点。在试点工作的推动下，原农垦部及部分省相继建立了土地勘测设计的专业技术队伍。1957年至1958年原农业部先后两次召开了部分省的土地规划工作经验交流会，从而为建立和健全我国的土地管理科学奠定了基础。

(二)"文革"时期的土地管理

"文革"时期，土地管理基本上处于一种混乱无序、瘫痪状态。基本没有开展土地权属、地籍和土地利用等方面的管理工作。

(三)改革开放以来的土地管理

经历十年"文革"后，十一届三中全会以后，随着国家工作重点的转移，国民经济的蓬勃发展，我国土地问题的严重性日益突出，土地与人口、耕地锐减与建设用地扩张矛盾突出，强化土地管理逐步提上日程。

为了维护土地的社会主义公有制，保护耕地，促进经济发展，1982 年 2 月 13 日我国发布了《村镇建房用地管理条例》，对村镇建房用地做了规定。1982 年 5 月 4 日发布了《国家建设征用土地条例》，对国家建设征用土地问题做了规定。

1984 年《国务院批准农牧渔业部、国家计委等部门关于进一步开展土地资源调查工作的报告》中指出："准确的人口和土地数据资料，是编制国民经济计划、制定有关政策的重要依据。为此，国务院决定进一步开展土地资源调查工作。"原农牧渔业部根据调查需要，制定了《全国土地利用现状调查规程》，规定了土地利用现状调查的目的、任务、工作内容和程序，并将土地按其用途制定了分类体系。1984 年至 1988 年间，全国开展土地利用现状调查的县达 1744 个，其中已完成的县有 374 个。

1986 年以后，党和国家对土地管理工作采取了重大改革决策，主要有以下几个方面：一是中共中央、国务院发出了《关于加强土地管理，制止乱占耕地的通知》，要求强化土地管理，制止各类建设乱占滥用耕地。二是 1986 年 6 月 25 日全国人民代表大会常务委员会制定并发布了中华人民共和国成立以来第一部较全面的《土地管理法》，对土地管理的目的、基本制度方面，土地的所有权和使用权、土地的利用与保护、国家建设用地、乡(镇)村建设用地等方面做了规定。这对规范、强化我国的土地管理，实施土地统一管理提供了法律保障，使土地管理走上了法制轨道。三是党中央、国务院决定成立国家土地管理局，直属国务院，负责全国土地、城乡土地的统一管理工作，并建立了地方各级土地管理机构，负责其辖区内的土地管理工作。四是积极稳妥地进行非农土地使用制度改革，实行国有土地有偿使用。1990 年国务院发布了《城镇国有土地使用权出让和转让暂行条例》，对城镇国有土地使用权的有偿出让、转让、出租和抵押，以及划拨土地使用权的处置等做了规定。

根据中共中央、国务院《关于加强土地管理、制止乱占耕地的通知》，1986 年开始在全国范围开展了声势浩大的非农业用地清查，共查出违法占地案件近 1000 万宗，违法占地 810 万亩，基本刹住了违法占地的歪风。从 1987 年开始，国家土地管理局会同国家计委，对非农业建设占用耕地实行计划指标管理，用地计划纳入了国民经济和社会发展计划。在实行土地利用计划管理的同时，建立严格的用地审批制度，逐步推动城市土地使用制度改革。

1988 年，我国开始编制省级、县级土地利用总体规划的试点工作，同时，根据《土地管理法》的有关规定，全国在开展土地利用现状调查的基础上，建立了一套土地调查、土地登记、土地统计、土地分等定级、土地估价工作制度。国家土地管理局制定了相应的部门规章，如《城镇地籍调查规程》《土地登记规则》《土地统计报表制度》《城镇土地定级规程》《城镇土地估价规程》《县级土地利用总体规划编制规程》等，为地籍管理和土地利用管理提供了规范性技术支撑。

1997 年 5 月，在耕地减少，建设用地扩增的局势未得到有效控制的形势下，中共中央、国务院又下发了《关于加强土地管理，制止乱占耕地的通知》，同时，提出各地耕地只能增加，不得减少。各地要采取措施强化土地管理，切实保护耕地，并冻结占用耕地一年。1998 年 8 月 29 日，第九届全国人民代表大会常务委员会，继 1988 年修订后，又一次对《土地管理法》进行了大规模的修订。新《土地管理法》与 1986 年的《土地管理法》相比，在指导思想上有明显进步。主要体现在以下两个方面：一是从以前的保证建设用地供应转向以保护耕地为主，将“十分珍惜和合理利用每寸土地，切实保护耕地”用法律的形式确定为我国的基本国策，以专门的章次对耕地保护予以明确规定。二是土地管理方式从以前的“分级限额”审批制向“土地用途管制制度”演进，明确提出国家编制土地利用总体规划，规定土地用途，将土地分为农用地、建设用地和未利用地三类，严格限制农用地转为建设用地，控制建设用地总量，对耕地实行特殊保护。

1998 年，在国务院机构改革过程中，成立了国土资源部，负责全国范围内的土地资源、矿产资源、海洋资源等的统一管理工作。此后围绕土地调查、土地统计、土地分等定级、土地估价、不动产登记、土地流转、地价监管、土地利用规划、土地利用计划、土地整理、土地用途管制、耕地保护、节约集约用地、土地利用监测、土地信息化等内容，开展了一系列法制建设与实际工作。

2018 年，国务院机构再一次进行了改革，成立了自然资源部，负责全国山、水、林、田、湖、草等自然资源、自然资产的统一管理。

随着信息技术的飞速发展，信息技术在土地管理领域得到了越来越广泛的运用。土地管理的技术手段也随之现代化。土地信息系统(LIS)、地理信息系统(GIS)、遥感信息技术(RS)等在土地的权属管理、利用管理过程中运用越来越广泛，大大提高了土地管理的效率和精度，促进了土地资源信息的及时更新、完善和共享。

1998 年以来，我国土地资源管理方面的大事如表 1.5-1 所示。

表 1.5-1　**1998 年以来的土地管理重大事项表**

年份	重大事项	事项主要内容
1998	修订《土地管理法》	将“珍惜与合理利用每寸土地，切实保护耕地”写入法律，并确立土地用途管制制度和耕地占补平衡制度。该法的核心目标是保护耕地。该法于 1999 年 1 月 1 日实施
	修订《土地管理法实施条例》	依据《土地管理法》修订《土地管理法实施条例》，该条例于 1999 年 1 月 1 日实施
	成立国土资源部	1998 年 3 月 10 日，由原地质矿产部、原国家土地管理局、原国家海洋局和原国家测绘局共同组建成“国土资源部”
	颁布《基本农田保护条例》	国务院令第 257 号发布，自 1999 年 1 月 1 日起施行。对基本农田保护做了专项规定

续表

年份	重大事项	事项主要内容
2000	颁布《土地开发整理规划编制规程》	即 TD/T 1011—2000，对土地开发整理规划编制的原则、程序、内容、方法、要求等做了规定
	颁布《土地开发整理项目规划设计规范》	即 TD/T 1012—2000
	颁布《土地开发整理项目验收规程》	即 TD/T 1013—2000
2001	制定《城镇土地分等定级规程》	即 GB/T 18507—2001，对城镇土地分等定级的原则、内容、程序、方式等做了规定
	制定《城镇土地估价规程》	GB/T 18508—2001，对城镇土地估价的原则、影响因素、估价方法等做了规定
	颁布《建设项目用地预审管理办法》	国土资源部令第 7 号发布，对建设项目用地预审的原则、内容、程序等做了规定
2002	颁布《农村土地承包法》	对农村土地的承包原则、程序、期限、承包权的保护、承包权的流转等做了规定，于 2003 年 3 月 1 日起施行
2003	颁布《土地基本术语》	即 GB/T 19231—2003，对土地基本术语进行了标准化
	颁布《农用地分等规程》	即 TD/T 1004—2003
	颁布《农用地定级规程》	即 TD/T 1005—2003
	颁布《农用地估价规程》	即 TD/T 1006—2003
	耕地后备资源调查与评价技术规程	即 TD/T 1007—2003
2004	《国务院关于深化改革严格土地管理的决定》(国发〔2004〕28 号)	要求严格执行土地管理法律法规，加强土地利用总体规划、城市总体规划、村庄和集镇规划实施管理，完善征地补偿和安置制度，健全土地节约利用和收益分配机制，建立完善耕地保护和土地管理的责任制度
	建立土地督察制度，成立国家土地督察局	根据《国务院关于深化改革严格土地管理的决定》(国发〔2004〕28 号)建立土地督察制度并成立国家土地督察局
	修订《土地管理法》	将 1998 年《土地管理法》中的"土地征用"变更为"土地征收"
2006	《国务院关于加强土地调控有关问题的通知》(国发〔2006〕31 号)	要求进一步明确土地管理和耕地保护的责任，切实保障被征地农民的长远生计，规范土地出让收支管理，调整建设用地有关税费政策，建立工业用地出让最低价标准统一公布制度，禁止擅自将农用地转为建设用地等

续表

年份	重大事项	事项主要内容
2006	国务院办公厅关于做好被征地农民就业培训和社会保障工作的指导意见	国办发〔2006〕29号文转发，提出要努力促进被征地农民就业，积极做好被征地农民的社会保障工作
2007	颁布《第二次全国土地调查技术规程》	即TD/T 1014—2007，对开展第二次全国土地调查做了规定
	颁布《土地利用现状分类》	即GB/T 21010—2007，规定了土地利用现状分类标准
	颁布实施《物权法》	对不动产及动产的所有权、用益物权、担保物权等做了规定
	组织开展第二次全国土地调查	在全国范围内组织开展第二次土地调查
	颁布《城镇地籍数据库标准》	即TD/T 1015—2007，对城镇地籍数据库内容与要素分类、数据库结构定义、数据交换文件命名规则、数据交换内容与格式、无数据等进行了规范
	颁布《土地利用数据库标准》	即TD/T 1016—2007，对土地利用数据库内容与要素分类、数据库结构定义、数据交换文件命名规则、数据交换内容与格式、无数据等进行了规范
	颁布《土地勘测定界规程》	即TD/T 1008—2007
	城市地价动态监测技术规范	即TD/T 1009—2007
2008	修订《建设项目用地预审管理办法》	对2001年的《建设项目用地预审管理办法》进行了修订
	发布《全国土地利用规划纲要(2006—2020年)》	包括土地利用面临的形势、指导思想和目标任务、保护和合理利用农用地、节约集约利用建设用地、协调土地利用与生态建设、统筹区域土地利用、规划实施保障措施等
	颁布《建设用地节约集约利用评价规程》	即TD/T 1018—2008，规定了建设用地节约集约利用评价的指标体系、评价程序、内容、方法等
	颁布《第二次全国土地调查基本农田调查技术规程》	即TD/T 1017—2008，对基本农田调查的要求、程序、内容等做了规定

续表

年份	重大事项	事项主要内容
2009	颁布《基本农田数据库标准》	即 TD/T 1019—2009，对基本农田数据库内容与要素分类、数据库结构定义、数据交换文件命名规则、数据交换内容与格式、无数据等进行了规范
	颁布《市(地)土地利用总体规划制图规范》	即 TD/T 1020—2009，对市级土地利用现状图、规划图、专题地图的上图要素及表达图式等做了规定
	颁布《县级土地利用总体规划制图规范》	即 TD/T 1021—2009，对县级土地利用现状图、规划图、专题地图的上图要素及表达图式等做了规定
	颁布《乡(镇)土地利用总体规划制图规范》	即 TD/T 1022—2009，对乡(镇)土地利用现状图、规划图、专题地图的上图要素及表达图式等做了规定
2010	启用第二次全国土地调查数据并更新管理系统	启用第二次全国土地调查数据，编制土地利用总体规划，启用土地利用规划管理系统
	颁布《市(地)级土地利用总体规划编制规程》	即 TD/T 1023—2010，对市(地)级土地利用总体规划的编制程序、内容、方法、要求等做了规范
	颁布《县级土地利用总体规划编制规程》	即 TD/T 1024—2010，对县级土地利用总体规划的编制程序、内容、方法、要求等做了规范
	颁布《乡(镇)土地利用总体规划编制规程》	即 TD/T 1025—2010，对乡(镇)土地利用总体规划的编制程序、内容、方法、要求等做了规范
	颁布《市(地)级土地利用总体规划数据库标准》	即 TD/T 1026—2010，规定了市(地)级土地利用总体规划数据库有关事项
	颁布《县级土地利用总体规划数据库标准》	即 TD/T 1027—2010，规定了县级土地利用总体规划数据库有关事项
	颁布《乡(镇)土地利用总体规划数据库标准》	即 TD/T 1028—2010，规定了乡(镇)土地利用总体规划数据库有关事项
	颁布《开发区土地集约利用评价规程》	即 TD/T 1029—2010，对开发区土地集约利用评价的分类、评价指标体系、程序、内容等做了规定
	颁布《开发区土地集约利用评价数据库规程》	即 TD/T 1030—2010，规定了开发区土地集约评价数据库有关事项

续表

年份	重大事项	事项主要内容
2011	颁布《土地复垦条例》	2011年3月5日国务院令第592号公布，自公布之日起施行。对生产建设活动损毁土地的复垦、历史遗留损毁土地和自然灾害损毁土地的复垦做了规定
	颁布《土地复垦方案编制规程》系列	即TD/T 1031—2011，对土地复垦方案编制通则、露天煤矿、井工煤矿、金属矿、石油天然气、建设项目、铀矿的复垦方案分别进行了规定
	颁布《基本农田划定技术规程》	即TD/T 1032—2011，对基本农田划定的原则与任务、技术方法、程序、成果的日常变更记录、年度更新、图件编制、数据库、数据汇总与表册编制等做了规定
	国有土地上房屋征收与补偿条例	国务院令第590号，对国有土地上的房屋征收及补偿方式、补偿范围、程序、争议解决等做了规定
2012	颁发《土地复垦条例实施办法》	2012年12月11日国土资源部第4次部务会议审议通过，自2013年3月1日起施行
	颁发《农用地定级规程》	即GB/T 28405—2012，对农用地定级的原则、程序、内容、方法等做了规定
	颁发《农用地估价规程》	即GB/T 28406—2012，对农用地估价的程序、方法等做了规定
	颁发《农用地质量分等规程》	即GB/T 28407—2012，对农用地分等的原则、程序、内容、方法等做了规定
	颁发《闲置土地处置办法》	国土资源部令第53号发布，自2012年7月1日施行。对闲置土地的调查认定、处置利用和预防监管等做了规定
	颁布《高标准基本农田建设标准》	即TD/T 1033—2012，包含高标准基本农田建设的基本原则、目标、条件、内容与技术标准、程序、公众参与、土地权属调整、信息化建设与档案管理、绩效评价等内容
	颁布《市(地)级土地整治规划编制规程》	即TD/T 1034—2012，规定了市(地)级土地整治规划编制的原则、程序、内容等
	颁布《县级土地整治规划编制规程》	即TD/T 1035—2012，规定了县级土地整治规划编制的原则、程序、内容等
	颁布《土地复垦质量控制标准》	即TD/T 1036—2012，对土地复垦质量进行了规定

续表

年份	重大事项	事项主要内容
2012	国土资源部关于严格执行土地使用标准大力促进节约集约用地的通知	要求严格执行和不断完善土地使用标准，明确土地使用标准的审查内容和使用环节，进一步加强土地使用标准执行的监管和评价，认真开展土地使用标准的培训和宣传
2013	修订《地籍调查规程》	即 TD/T 1001—2012，对地籍调查的程序、内容、方法、要求等做了规定
	颁布《土地整治重大项目可行性研究报告编制规程》	即 TD/T 1037—2013
	颁布《土地整治项目设计报告编制规程》	即 TD/T 1038—2013
	颁布《土地整治项目工程量计算规则	即 TD/T 1039—2013
	颁布《土地整治项目制图规范》	即 TD/T 1040—2013
	颁布《土地整治工程质量检验与评定规程》	即 TD/T 1041—2013
	颁布《土地整治工程施工监理规范》	即 TD/T 1042—2013
	颁布《暗管改良盐碱地技术规程》	即 TD/T 1043—2013
2014	颁布《不动产登记暂行条例》	对不动产统一登记的机构、程序、内容、登记簿等做了规定
	更新《城镇土地分等定级规程》	即 GB/T 18507—2014，对 2001 版进行了更新
	更新《城镇土地估价规程》	即 GB/T 18508—2014，对 2001 版城镇土地估价规程进行了更新
	颁布《节约集约利用土地规定》	国土资源部令第 61 号发布，2014 年 9 月 1 日起施行。在规模引导、布局优化、标准控制、市场配置、盘活利用、监督考评等方面做了规定
	颁布《生产项目土地复垦验收规程	即 TD/T 1044—2014

续表

年份	重大事项	事项主要内容
2014	《土地生态服务评估原则与要求》	GB/T 31118—2014，规定了土地生态服务评估的相关术语和定义、原则和要求。本标准适用于土地生态服务的实物量评估
2015	实施《不动产登记条例》	自2015年3月1日起施行
	颁发《不动产登记暂行条例实施细则》	对不动产登记机构、内容、程序的规定进一步细化
	颁发《国土资源部关于做好不动产权籍调查工作的通知》	国土资发〔2015〕41号，要求按规定开展不动产权籍调查工作
	颁布《土地利用动态遥感监测规程》	即TD/T 1010—2015，原TD/T 1010—1999废止。包括技术要求、DOM制作、变化信息监测、外业调查、成果整理、质量控制等方面的规定
	《国土资源统计报表制度(审批)》	对国土资源统计报表(审批)进行了总说明，规定了报表表式、指标解释
	农村土地制度改革试点	2015年3月启动农村土地征收、集体经营性建设用地入市、宅基地制度改革试点
2016	修订《建设项目用地预审管理办法》	中华人民共和国国土资源部令第68号发布，对建设用地预审的原则、内容、程序等做了规定
	颁布《自然资源统一确权登记办法(试行)》	国土资发〔2016〕192号，对自然资源登记簿，自然资源登记一般程序，国家公园、自然保护区、湿地、水流等自然资源登记信息管理与应用等做了规定
	颁布《土地利用年度计划管理办法》	国土资源部令第66号发布，对土地利用年度计划的指标类型、编制程序、计划实施等做了规定
	《国土资源统计报表制度(备案)》	国土资厅发〔2016〕4号，对统计报表进行了总说明，规定了报表表式、指标解释
	《土地整治工程建设标准编写规程》	即TD/T 1045—2016
	《土地整治权属调整》规范	即TD/T 1046—2016
	《土地整治重大项目实施方案编制规程》	即TD/T 1047—2016

续表

年份	重大事项	事项主要内容
2016	耕作层土壤剥离利用技术规范	即 TD/T 1048—2016
	矿山土地复垦基础信息调查规程	即 TD/T 1049—2016
	国土资源标准体系(2016年版)	列出了国土资源标准体系
	《自然资源统一确权登记办法(试行)》	坚持资源公有、物权法定和统一确权登记的原则，对水流、森林、山岭、草原、荒地、滩涂以及探明储量的矿产资源等自然资源的所有权统一进行确权登记
	关于全面划定永久基本农田实行特殊保护的通知	国土资规〔2016〕10 号，对全面划定永久基本农田的重大意义、把握永久基本农田划定总体要求、做好永久基本农田划定与规划调整完善、落实全面划定各项任务、实行永久基本农田特殊保护、将永久基本农田划定工作落到实处等提出了具体要求
2017	颁布《土地利用总体规划管理办法》	国土资源部部令第 72 号，对规划编制、规划内容、审批报批、规划实施、规划修改、监督检查等做了规定
	发布《全国国土规划纲要(2016—2030 年)》	包括基本形势、总体要求、战略格局、集聚开发、分类保护、综合整治、联动发展、支撑保护、配套政策、实施等
	全国土地整治规划(2016—2020 年)	包括面临的形势、指导思想与目标、农用地整理、建设用地整理、土地复垦、土地生态整治、规划实施措施等
	发布《自然生态空间用途管制办法(试行)》	由国土资发〔2017〕33 号，为加强自然生态空间保护，推进自然资源管理体制改革，健全国土空间用途管制制度，促进生态文明建设，按照《生态文明体制改革总体方案》要求编制和发布
	中共中央国务院关于加强耕地保护和改进占补平衡的意见	包括耕地保护指导思想、原则、目标、数量保护、质量保护、生态保护、监管考核等
	《土地利用现状分类》	由国土资源部组织修订的国家标准《土地利用现状分类》(GB/T 21010—2017)，经国家质检总局、国家标准化管理委员会批准发布并实施
	国土资源行政复议规定	国土资源部令第 76 号，对国土资源行政复议的机构、人员、程序、法律责任等做了规定

续表

年份	重大事项	事项主要内容
2017	国土资源行政应诉规定	国土资源部令第71号，对国土资源行政应诉的承办机构、人员、程序、执行判决书等做了规定
	《土地储备管理办法》	国土资规〔2017〕17号，对土地储备的总体要求、储备计划、入库储备标准、前期开发、管护与供应、资金管理、监管责任等做了规定
	启动第三次全国土地调查	《国务院关于开展第三次全国土地调查的通知》(国发〔2017〕48号)，决定自2017年起开展第三次全国土地调查
2018	国土资源部关于全面实行永久基本农田特殊保护的通知	国土资规〔2018〕1号，对全面实行永久基本农田特殊保护的总体要求、巩固永久基本农田划定成果、加强永久基本农田建设、强化永久基本农田管理、量质并重做好永久基本农田补划、健全永久基本农田保护机制、保障措施等做了规定
	国土资源执法监督规定	国土资源部令第79号，对国土资源执法监督的原则、职责、职权、人员条件、要求等做了规定
	不动产登记资料查询暂行办法	国土资源部令第80号，对不动产登记资料查询的管理机构、原则、权利人和利害关系人的查询程序与要求、登记资料的保护、责任追究等做了规定
	成立自然资源部	对山、水、林、田、湖、草、矿产、海洋等自然资源进行统一管理
	《关于健全建设用地“增存挂钩”机制的通知》	分解下达新增建设用地计划时，将把批而未供和闲置土地数量作为重要测算指标，逐年减少批而未供、闲置土地多和处置不力地区的新增建设用地计划安排
	《中华人民共和国土壤污染防治法》	对土壤污染防治的规划、标准、普查和监测、预防和保护、风险管控和修复、保障与监督等做了规定
	修订《农村土地承包法》	农村土地承包经营权实行三权分置，放开搞活土地经营权等
2019	推进第三次全国土地调查	2019年完成第三次全国土地调查成果整理、数据更新、成果汇交，汇总形成第三次全国土地调查基本数据
	修订《土地管理法》	规定：“国务院授权的机构对省、自治区、直辖市人民政府以及国务院确定的城市人民政府土地利用和土地管理情况进行督察”，同时对土地征收、集体经营性建设用地、宅基地退出等做了新的规定

续表

年份	重大事项	事项主要内容
2019	修订《城市房地产管理法》	将第九条修改为："城市规划区内的集体所有的土地，经依法征收转为国有土地后，该幅国有土地的使用权方可有偿出让，但法律另有规定的除外。"
	《关于建立国土空间规划体系并监督实施的若干意见》	建立国土空间规划体系并监督实施，将主体功能区规划、土地利用规划、城乡规划等空间规划融合为统一的国土空间规划，实现"多规合一"，强化国土空间规划对各专项规划的指导约束作用
	发布《市县空间总体规划编制指南》	2019年6月，自然资源部发布，对市县两级空间总体规划编制的基础研究、方案编制的内容、成果要求、成果的报告与应用等做了约定
	《关于建立以国家公园为主体的自然保护地体系的指导意见》	建立以国家公园为主体的自然保护地体系，确保重要自然生态系统、自然遗迹、自然景观和生物多样性得到系统性保护，提升生态产品供给能力，维护国家生态安全，为建设美丽中国、实现中华民族永续发展提供生态支撑
	《耕地占用税法》	2007年12月1日国务院公布的《中华人民共和国耕地占用税暂行条例》同时废止

本章小结

本章为土地管理概述。包括对土地管理学、土地、土地管理、土地管理体制以及土地管理的历史沿革等方面的概括与总结性描述，如表1.5-2所示。本章力图解决的主要问题有：土地管理学是什么？土地是什么？土地管理是什么？为什么要进行土地管理？对土地的哪些方面进行管理？如何对土地进行管理等。

表1.5-2　**第一章小结**

关键词	目标	体系	二级体系
土地管理学	学科存在的必要性	研究对象	是土地管理活动的科学规律与方法
		研究目标	土地综合效益的最大化
	学科存在的必然性	研究内容	土地管理学的本体、客体、内容、方法及其与相关学科的关系等
		研究方法	既有自然科学的研究方法如实验实证法、逻辑思辨法等。也有社会科学的研究方法如归纳总结法、演绎推理法等

续表

关键词	目标	体系	二级体系
土地	研究土地的必要性	研究对象	土地这一客观事物
		研究目标	保护土地权益，促进土地合理、可持续利用，促进生产要素的公平分配，促进收入的合理分配，促进经济社会科学发展
	研究土地的必然性	研究内容	土地历史发展规律、土地现状问题、土地发展趋势、土地与人类社会的相互作用规律
		研究方法	调查统计法、实例实证法、归纳总结法、演绎推理法等
土地管理	土地管理的必要性	研究对象	土地管理的一般理论与方法
		研究目标	合法安全、公正公平、合理高效管理土地
	土地管理的必然性	研究内容	土地资源管理、土地生态管护、土地信息管理、土地国际问题处理、外国土地管理等
		研究方法	更多倾向于管理学研究的常用方法，如系统分析法、调查访问统计法等
土地管理体制	土地管理主体	管理机构	土地管理的机构设置
		职责权限	土地管理机构的职责权限
土地管理的历史沿革	土地管理演变规律	制度演变	所有制、使用制、管理体制等的演变
		手段改进	调查、测量、评估、登记、统计、利用、保护、改良等方面的手段改进

第二章　土地国情调查

本章研究土地国情调查，包括土地分类、土地调查、土地统计、土地评估等内容。其中土地调查为土地国情调查的核心内容，包括土地利用现状调查、土地权属调查、土地条件调查等。土地统计是依据统计制度和统计科学，对土地要素进行的归纳和概括，包括初次土地统计和变更土地统计等。土地分等、定级与估价统称土地评估，是依据特定的目的，采用适当的方法，通过对土地本质属性的类比与判断，评定土地等级与价格。本章的内容框架如图 2-1 所示。

- 土地国情调查
  - 土地分类
    - 土地分类体系
    - 城市用地分类
    - 土地利用现状分类
  - 土地调查
    - 土地调查的理论与技术程序
    - 土地调查的内容与主要成果
  - 土地统计
    - 土地统计理论与指标体系
    - 土地统计内容、方法与程序
  - 土地分等
    - 城镇土地分等
    - 农用地分等
  - 土地定级
    - 城镇土地定级
    - 农用地定级
  - 土地估价
    - 城镇土地估价
    - 农用地估价
  - 地籍档案管理

图 2-1　本章内容框架结构图

第一节　土 地 分 类

土地分类是开展土地资源调查、登记、统计、评价、利用规划等工作的前提。制定一个科学合理的分类标准，使城乡的土地调查、土地登记、土地统计、土地定级、土地评价、土地规划、土地利用、土地管理等都建立在统一的分类基础之上，将有利于开展各项土地资源管理工作，节省人力、物力。如制定统一的土地分类体系后，土地利用现状调查取得的土地分类面积数据，不仅可以作为土地利用总体规划的基础数据，还可以作为土地登记、统计、定级的基础数据，同时也可作为其他日常土地管理的基础数据，避免由多种分类方式、分类体系互相交叉带来的混乱，提高土地管理效率。

一、土地分类的基本理论

(一)土地分类的概念

土地分类是指按照一定的标准或者分类依据，将土地区分为一个完整的体系，以适用于特定的目标的过程。

首先，土地分类与其他所有的分类一样，必须有一个分类依据。采用不同的分类依据有不同的分类体系，如土地按用途可以分为农用地、建设用地和未利用地；按权属可以分为公有土地和私有土地；按利用土地的功能不同可以分为农村土地和城市土地；按地貌可分为山地、高原、丘陵、平原、盆地等。对不同范围内的土地也可能存在不同的分类体系，如对农村土地，可分为农用地、农村建设用地、其他土地等；对城市建设用地，可分为商业金融用地、住宅用地、工业仓储用地、交通用地、特殊用地等。可见，土地分类依据是土地分类必不可缺的要素。

其次，土地分类必须是完整的，分类土地汇总后则为某一范围内的全部土地。如国有土地和集体所有土地共同构成我国大陆的所有土地，除此之外没有其他所有权主体下的土地。城镇土地和农村土地共同构成某一范围内的全部土地，该范围内不存在非城镇非农村的土地。而如果将土地按用途分为农用地、建设用地两类，则一些实际上未被使用的土地无法归入，则该分类体系不完整，因其不完整，在适用上将存在重大缺陷，需要增加“其他土地”才足以使该分类体系完整。

最后，土地分类必须是为特定目标服务的。不同的目标下，土地可以产生不同的分类体系。如为了查清土地闲置与低效利用的情况，可以将土地按利用效益指标区分为闲置土地、低效土地、均效土地、高效土地等类型；为了查清城镇土地利用现状，可以将城镇土地分为商业金融业用地、工矿仓储用地、市政用地、公共建筑用地、住宅用地、交通用地、特殊用地、水域用地、农用地和其他用地。而为了查清农村土地则可将土地分为耕地、园地、林地、草地、其他农用地、村庄用地、独立工矿用地、交通用地、水利用地、特殊用地、其他用地等。

(二)土地分类的原则

无论按什么标准，服务于什么目标，土地分类都应当坚持以下原则：普适性、针对性、归一性、兼容性等。

1. 普适性

为满足大多数人或者最普遍存在的需求，土地的分类体系应当具有一定的普适性。而要满足大多数人或者最普遍的需求，一般要求土地分类有一套或者若干套基本的或者常规的分类体系。基于这些常规分类体系可以形成全国的或者分区域的土地基本信息数据库。如我国为开展全国性的土地普查工作需要，制定了全国范围内的土地利用现状分类标准体系。这一体系的制定与实施，使全国范围内的土地空间与属性数据可以完全对接融合，极大地方便了全国范围内的土地利用数据统一建库与管理。

2. 针对性

要求土地分类具有普适性，并不是完全抹杀土地分类的针对性。相反，任何一种土地分类都应当有其针对性。只有当土地分类有其针对性时，其适用的程度才会最明显。

如为了查清耕地违法转为建设用地的情况，将全国所有转为建设用地的耕地分为未报批、已报未批、超出批准界线、超出批准面积、超出批准权限、合法转用等类型，执法部门有了这些分类数据后，可以针对每种情况制定应对措施，可大大提高执法效率。

3. 归一性

任何一种分类，其归类标准都应当明确。按照该分类标准，任何一块土地都能对号入座，且只能归入某一类型而不能模棱两可。如在土地利用现状分类时，将水库的归类标准定为：人工修建总库容≥10万立方米常水位岸线以下的水域，则这一归类标准将水库同非人工修建的河流、湖泊区分开来，同时也与蓄水量小于10万立方米的坑塘区分开来。调查人员在面对特定的土地时，参照给定的归类标准，可以将地块唯一地归入某种类型，这种分类标准才是科学的、合理的、有较强实用价值的。

4. 兼容性

由于各种原因，不同区域在不同时间点针对不同目的形成了许多种分类体系。每一种分类体系的形成，都花费了大量的人力、物力、财力。如果这些分类体系仅仅只能为某一目标服务，显然该体系的适用性就会大打折扣。如果能够在不影响特定目标的前提下，兼顾与其他分类体系的兼容性，则可在一定程度上节约人力、物力和财力。建立适当的分类序列是提高兼容性的途径之一。如一级分类主要针对全国宏观需要，二级分类主要针对省级中观需要，三级分类主要针对市域性需要，四级分类主要针对县域性需要，五级分类则为各种微观需要。极端情况下有必要的时候，还允许在最末级分类下再予以添加分类级别并逐级上报备案。这种分类序列法，有助于不同目标不同地域不同时间点的数据，都可在一定的规则下归类汇总，而不会出现交叉重叠或空缺等现象。

(三)土地分类的任务

土地分类的任务主要有以下几个方面：

(1)根据土地的自然和社会经济属性，选择适当的分类依据，对全国所有的地类进行统一划分，形成全国的土地分类标准体系。

(2)根据一定尺度的区域性土地的自然和社会经济特性，选择适当的细分依据，对全国性土地分类标准体系进行适当细化和深化，形成可衔接、可汇总、粗细有度的区域性土地分类标准体系。

(3)严格定义每种土地类型的内涵与外延，使每一地类图斑都能且只能归入分类体系中的某种特定的类型。

(4)在保证土地分类系统的稳定性和延续性的同时，针对不断出现的新问题，适时补正土地分类系统。

二、土地分类的体系

关于土地分类的体系，目前大致可以分成两个大类：一是学术分类体系；二是实践分类体系。学术分类体系主要从土地的自然属性出发，按照地形地貌、土壤、水分、地质、气候、植被等自然分布特征，划分土地类型形成的体系；实践分类体系则是在土地自然属性的前提下，结合人们的实践需要而进行的带有经济社会特征的分类体系。如土地利用现状分类体系、土地价格分类体系、土地利用效益分类体系等。

常见的几种土地分类体系简要介绍如下。

(一)按地貌分类

土地自然分类是一种以土地自然构成要素为依据的土地形态分类。这个分类能表达地表形态的结构框架，大致可以看出主要土地资源类型和土地利用的总体方向。也可叫作土地形态分类系统。土地自然分类总的依据是土地自然特性，但由于土地自然构成要素包括地貌、地质、气候、水文、土壤和植被等，而且相互之间又有复杂的关系，因此在划分不同等级的土地自然类型时，要遵守主导因素的原则，然后考虑其他构成要素的作用。

地貌是土地物质构成中看得见的物质形态，按地貌区分土地，也是一种比较古老的土地分类方法。一般将陆地区分为山地、高原、丘陵、平原、盆地等类型。当然，土地除了陆地以外，还包括水域。如表 2. 1-1 所示。

表 2. 1-1　**土地按地貌进行分类**

一级分类	地形地貌特征
山地	海拔 500 米以上，相对高差较大，由山顶、山谷、鞍部、山脊、陡崖五部分构成
高原	海拔 500 米以上，相对高差较小。我国有四大高原：青藏高原、云贵高原、内蒙古高原、黄土高原
丘陵	海拔 500 米以下，相对高差较小，平地起伏、坡度和缓
平原	海拔 200 米以下，相对高差较小，地势平坦
盆地	四面都是高山，中间低陷的部分。我国四大盆地都分布于我国西部：塔里木盆地、柴达木盆地、准噶尔盆地、四川盆地
水域	包括河流、湖泊、水库、大陆架等常水位以下的区域

(二)按土地利用分类

土地利用分类是指按照人类对土地开发利用的方式为依据对土地进行的分类。土地利用分类一般按土地利用现状的土地覆盖特征、土地利用方式、土地用途、土地经营特点、土地利用效果等为具体标志进行分类。其目的是掌握土地利用现状，反映国家各项管理措施的执行情况和效果，为国家和地区宏观管理和调控服务。

土地利用现状分类的依据常见的有土地功能、土地覆盖、土地用途等。如美国主要以土地功能作为分类的主要依据，英国和德国以土地覆盖作为分类依据，俄罗斯、乌克兰和日本以土地用途作为分类的主要依据。我国目前的土地利用分类体系中，土地利用现状调查采用的土地利用分类体系以土地用途、经营特点、利用方式和覆盖特征为分类依据，城镇地籍调查采用的城镇土地分类以土地用途为分类依据。

(三)按权属分类

不动产权属，本身也有不同的分类体系。如按土地所在的行政辖区不同，可以分为省域土地、市域土地、县域土地、乡(镇)域土地等。而按土地所有权主体不同可以分为国有土地、集体所有土地等。

在土地权属方面，国内常见的是将土地权属分为所有权、使用权和土地他项权利三类。

1. 按土地所有权主体分类

按土地所有权对土地进行分类，我国一般将土地分为国有土地和劳动群众集体所有土地(简称集体所有土地)。我国《宪法》规定，我国经济制度的基础是社会主义公有制，包括全民所有制和劳动群众集体所有制。因此按土地所有权对土地进行分类，我国将土地分为国有土地和劳动群众集体所有土地(简称集体所有土地)。城市的土地属于国家所有，矿藏、水流、森林、山岭等属于国家所有。城市郊区和农村的土地，除法律规定属于国家所有的外，属于集体所有，宅基地、自留地、自留山属于集体所有。

2. 按土地使用权主体分类

由于土地使用权主体的类型非常之多，基本上可以涵盖各种自然人和法人。这一分类方式又可以区分多个体系，如按土地使用权主体是否以盈利为目的，可以区分为不以盈利为目的使用和以盈利为目的使用的土地；按土地使用者是否有本国国籍或者在本国注册，可以区分为本国使用者使用的土地和非本国使用者使用的土地等。

3. 按土地他项权利主体分类

土地他项权利是土地权利体系中除土地所有权和土地使用权以外的权利。土地他项权利是一个开放的概念，随着经济社会发展可能出现新的土地他项权利。目前的土地他项权利主要有土地租赁权、土地抵押权、地役权、地上权、地下权等。

按土地他项权利主体对土地进行分类，也可有多个不同体系，如按土地是否有租赁者，可以区分为已租赁土地和未租赁土地；按是否有抵押权人可区分为已抵押土地和未抵押土地；按土地是否有地役权可以区分为已设地役权土地和未设地役权土地等。

(四)按经济区位分类

按土地所在的经济区位不同，也可以形成不同的分类体系。如我国按经济发展程度不同划分为东、中、西部经济发展区，则对应的土地也可分为东部土地、中部土地和西部土地等。最常见的是将土地区分为城镇土地和农村土地。

(五)按土地评价结果分类

对土地进行评价是土地管理的重要工作之一。土地评价有多种类型，有按自然属性或生产潜力进行评价的，如土地适宜性评价、土地生产力评价等；有按土地价格进行评估的，如城镇基准地价评估、城镇标定地价评估、农村基准地价和标定地价评估等。也有将自然和社会经济属性统筹评估的，如城镇土地分等与定级等。为适应不同的评价目标，也形成了不同的土地评价结果分类体系。

在土地适宜性评价中，人们一般按评价区域内所有土地对某种特定用途的适宜性程度大小，将土地按适宜等级区分为高度适宜、一般适宜、适宜、勉强适宜、不适宜等。

在城镇土地分等中，按城镇的经济条件、社会和自然条件等进行权重配比后，对全国范围内的城镇进行统一评价分等，形成城镇一等地、二等地……等级序列。农村土地分等亦如此。

在城镇土地定级中，按城镇内部各地块的经济、社会和自然条件的一致性和差异性，选择定级因素，并对定级因素进行权重配比后，将城镇内部土地按特定用途分为一级地、二级地……级别序列。如商业一级地、商业二级地……城镇住宅一级地、住宅二级地……城镇工业一级地、工业二级地……等。耕地也可按其生产力分为一级耕地、二级耕地……等。

在城镇土地估价中，也可以按估价结果划分土地类型，如按地价从高到低划出地价等值线并进行等值区域编号，然后描述土地位于地价Ⅰ区、地价Ⅱ区等。农村土地估价也可如此划分土地。

三、我国土地利用分类体系的演变

我国土地利用分类经历了几个不同的发展阶段。

（一）1984年土地利用分类体系

1984年原国家农林牧渔业部为开展农村土地利用现状调查，制定了《土地利用现状调查规程》，规定了土地利用现状分类体系。这个体系不仅涉及耕地、园地、林地、牧草地等在农村中占较大比例的地类，还涉及村庄、城市、独立工矿用地、特殊用地、交通用地等各类建设用地，并将陆地水面统归于水域，将未使用和难以使用的土地统归于未利用地。具有体系较为完整、实用性较强的特点，在2001年前被广泛应用于土地利用现状调查和土地利用总体规划等方面。

此土地利用分类体系适用于土地利用现状调查和变更调查，从1984年发布开始，适用到2001年12月。

1984年的土地利用现状分类及含义如表2.1-2所示。

表2.1-2　**土地利用现状分类及含义(1984—2001年)**

一级类型		二级类型		含义
编号	名称	编号	名称	
1	耕地			种植农作物的土地，包括新开荒地、休闲地、轮歇地、草田轮作地；以种植农作物为主间有零星果树、桑树或者其他树木的土地；耕种三年以上的滩地和海涂。耕地中包括南方宽<1.0米，北方宽<1.0米的沟、渠、路、田埂。不包括地面坡度>60°的梯田坎
		11	灌溉水田	有水源保证和灌溉设施，在一般年景能正常灌溉，用以种植水稻、莲藕、席草等水生作物的耕地，包括灌溉的水旱轮作地
		12	望天田	无灌溉工程设施，主要依靠天然降雨，用以种植水稻、莲藕、席草等水生作物的耕地，包括无灌溉设施的水旱轮作地
		13	水浇地	指水田、菜地以外，有水源保证和灌溉设施，在一般年景能正常灌溉的耕地
		14	旱地	无灌溉工程设施，靠天然降水生长作物的耕地，包括没有固定灌溉设施，仅靠引洪灌溉的耕地
		15	菜地	种植蔬菜为主的耕地，包括温室、塑料大棚用地

续表

一级类型		二级类型		含　义
编号	名称	编号	名称	
2	园地			种植以采集果、叶、根、茎等为主的集约经营的多年生木本和草本作物，覆盖度>50%，或每亩株数大于合理株数70%的土地，包括果树苗圃等用地
		21	果园	种植果树的园地
		22	桑园	种植桑树的园地
		23	茶园	种植茶树的园地
		24	橡胶园	种植橡胶树的园地
		25	其他园地	种植可可、咖啡、油棕、胡椒等其他多年生作物的园地
3	林地			生长乔木、竹类、灌木、沿海红树林等林木的土地，不包括居民绿化用地，以及铁路、公路、河流、沟渠的护路、护岸林
		31	有林地	树木郁闭度>30%的天然、人工林
		32	灌木林地	覆盖度>40%的灌木林地
		33	疏林地	树木郁闭度10%~30%的疏林地
		34	未成林造林地	指造林成活率大于或等于合理造林株数的41%，尚未郁闭但有成林希望的新造林地(一般指造林后不满3~5年或飞机播种后不满5~7年的造林地)
		35	迹地	森林采伐、火烧后，五年内未更新的土地
		36	苗圃	固定的林木育苗地
4	牧草地			生长草本植物为主，用于畜牧业的土地
		41	天然草地	以天然草本植物为主，未经改良，用于放牧或割草的草地，包括以牧为主的疏林、灌木草地
		42	改良草地	采用灌溉、排水、施肥、松耙、补植等措施进行改良的草地
		43	人工草地	人工种植牧草的草地，包括人工培植用于牧业的灌木
5	城镇村及工矿用地			城市、建制镇、村庄及居民点以外的工矿、国防、名胜古迹等企事业单位用地，包括其内部交通、绿化用地
		51	城市	经国务院批准的有市建制居民点，范围指建成市区的面积，不包括市内用于农、林、牧、渔业生产用地
		52	建制镇	按国发〔1984〕165号文件规定建镇标准，经省人民政府批准，有镇建制的居民点，范围为建成镇区的面积，不包括镇内的农、林、牧、渔业生产用地

续表

一级类型		二级类型		含 义
编号	名称	编号	名称	
5	城镇村及工矿用地	53	村庄	农村居民点用地
		54	独立工矿用地	居民点以外独立的各种工矿企业、采石场、砖瓦窑、仓库及其他企事业单位的建设用地，不包括附属于工矿、企事业单位的农副业生产基地
		55	盐田	以经营盐业为目的，包括盐场及附属设施用地
		56	特殊用地	指居民点以外的国防、名胜古迹、风景旅游、墓地、陵园等用地
6	交通用地			居民点以外的各种道路及其附属设施和民用机场用地，包括护路林
		61	铁路	铁道线路及站场用地，包括路堤、路堑、道沟、取土坑和护路林
		62	公路	指国家和地方公路，包括路堤、路堑、道沟和护路林
		63	农村道路	指农村南方宽≥1 米，北方宽≥2 米的道路
		64	民用机场	民用机场及其附属设施用地
		65	港口码头	专供客、货运船泊停靠的场所，包括海运、河运及其附属建筑物，不包括常水位以下部分
7	水域			指陆地水域和水利设施用地，不包括滞洪区和垦殖三年以上的滩地、海涂中的耕地、林地、居民点、道路等
		71	河流水面	天然形成或人工开挖河流常水位岸线以下的面积
		72	湖泊水面	天然形成的积水区常水位岸线以下的面积
		73	水库水面	人工修建总库容≥10 万立方米常水位岸线以下的面积
		74	坑塘水面	天然形成或人工开挖蓄水量<10 万立方米常水位岸线以下的蓄水面积
		75	苇地	生长芦苇的土地，包括滩涂上的苇地
		76	滩涂	包括沿海大潮高潮位与低潮位之间的潮浸地带，河流、湖泊常水位至洪水位之间的滩地；水库、坑塘的正常蓄水位与最大洪水位之间的面积。常水位线一般按地形图，不另行调绘
		77	沟渠	人工修建，用于排污的沟渠，包括渠槽、渠堤、取土坑、护堤林。南方指宽≥1 米，北方指宽≥2 米的沟渠
		78	水工建筑物	人工修建，用于除害兴利的闸、坝、堤路林、水电厂房、扬水站等常水位岸线以上的建筑物
		79	冰川及永久积雪	表层被冰雪常年覆盖的土地

续表

一级类型		二级类型		含　义
编号	名称	编号	名称	
8	未利用地			目前还未利用的土地，包括难利用的土地
		81	荒草地	树木郁闭度<10%，表层为土质，生长杂草，不包括盐碱地、沼泽地和裸土地
		82	盐碱地	表层盐碱聚集，只生长天然耐盐植物的土地
		83	沼泽地	经常积水或渍水，一般生长湿生植物的土地
		84	沙地	表层为沙覆盖，基本无植被的土地，包括沙漠，不包括水系中的沙滩
		85	裸土地	表层为土质，基本无植被覆盖的土地
		86	裸岩、石砾地	表层为岩石或石砾，其覆盖面积>70%的土地
		87	梯田坎	指地面坡度≥60°的梯田坎
		88	其他	指其他未利用土地，包括高寒荒漠、苔原等

(二)1998 年土地利用分类体系

1998 年 8 月 29 日第九届全国人民代表大会常务委员会第四次会议对 1986 年 6 月 25 日第六届全国人民代表大会常务委员会第十六次会议通过的《土地管理法》进行了修订，新法规定："国家实行土地用途管制制度"，"国家编制土地利用总体规划，规定土地用途，将土地分为农用地、建设用地和未利用地。严格限制农用地转为建设用地，控制建设用地总量，对耕地实行特殊保护"，"前款所称农用地是指直接用于农业生产的土地，包括耕地、林地、草地、农田水利用地、养殖水面等；建设用地是指建造建筑物、构筑物的土地，包括城乡住宅和公共设施用地、工矿用地、交通水利设施用地、旅游用地、军事设施用地等；未利用地是指农用地和建设用地以外的土地"。该土地利用规划分类体系将土地分为三个一级类，即农用地、建设用地和未利用地。在一级类下再分设二级类。但它只列举了若干二级类，而没有形成一个有明确含义界定的体系。至于具体的分类方式，《中华人民共和国土地管理法实施条例》(以下简称《土地管理法实施条例》规定："土地分类和划定土地利用区的具体办法，由国务院土地行政主管部门会同国务院有关部门制定。"

(三)2001 年全国土地分类(试行)

2001 年 8 月，原国土资源部根据《土地管理法》和《土地法实施条例》，发布《全国土地分类》(试行)(国土资发〔2001〕255 号)，并于 2002 年 1 月 1 日在全国范围内试行。该分类体系在 1984 年土地利用现状分类体系和 1998 年土地利用三大类分类的基础上，制定了一个城乡统一的土地分类体系，将土地分为 3 个一级类，15 个二级类，71 个三级类。3 个一级类即农用地、建设用地和未利用地；农用地下设耕地、园地、林地、草地、其他农用地 5 个二级类；建设用地下设商业服务业用地、工矿仓储用地、公用设施用地、公共建筑用地、住宅用地、特殊用地、交通用地和水利建设用地 8 个二级类；未利用地下设未利用土地、水面 2 个二级类。

城镇和农村地籍调查直接适用此《全国土地分类》体系。2001 年全国土地分类体系如表 2. 1-3 所示。

表 2. 1-3　**2001 年全国土地分类体系**

一级类		二级类		三级类		含义		
编号	三大类名称	编号	名称	编号	名称			
1	农用地					指直接用于农业生产的土地，包括耕地、园地、林地、牧草地及其他的农业用地		
		11	耕地			指种植农作物、土地，包括熟地、新开发复垦整理地、休闲地、轮歇地、草田轮作地；以种植农作物为主，间有零星果树、桑树或其他树木的土地；平整每年能保证收获一季的已垦滩地和海涂。耕地中还包括南方<1.0 米，北方<2.0 米的沟、渠、路和田埂		
				111	灌溉水田	指有水源保证和灌溉设施，在一般年景能正常灌溉，用于种植水生作物的耕地，包括灌溉的水旱轮作地		
				112	望天田	指无灌溉设施，主要依靠天然降雨，用于种植水生作物的土地的耕地，包括无灌溉的水旱轮作地		
				113	水浇地	指水田、菜地以外，有水源保证和灌溉设施，在一般年景能正常灌溉的耕地		
				114	旱地	指无灌溉设施，靠天然降水种植旱作物的耕地，包括没有灌溉设施，仅靠引洪淤灌的耕地		
				115	菜地	指常年种植蔬菜为主的耕地，包括大棚用地		
		12	园地			指种植以采集果、叶、根、茎等为主的集约经营的多年生木本和草本作物(含其苗圃)，覆盖度大于 50%或每亩有收益的株数达到合理株数的 70%的土地		
				121	果园	指种植果树的园地		
						121K	可调整果园	指由耕地改为果园，但耕地层未被破坏的土地 *
				122	桑园	指种植桑树的园地		
						122K	可调整桑园	指由耕地改为桑园，但耕地层未被破坏的土地 *

续表

<table>
<tr><th colspan="2">一级类</th><th colspan="2">二级类</th><th colspan="2">三级类</th><th colspan="3">含　　义</th></tr>
<tr><th>编号</th><th>三大类名称</th><th>编号</th><th>名称</th><th>编号</th><th>名称</th><th colspan="3"></th></tr>
<tr><td rowspan="16">1</td><td rowspan="16">农用地</td><td rowspan="6">12</td><td rowspan="6">园地</td><td rowspan="2">123</td><td rowspan="2">茶园</td><td colspan="3">指种植茶树的园地</td></tr>
<tr><td>123K</td><td>可调整茶园</td><td>指由耕地改为茶园，但耕地层未被破坏的土地＊</td></tr>
<tr><td rowspan="2">124</td><td rowspan="2">橡胶园</td><td colspan="3">指种植橡胶树的园地</td></tr>
<tr><td>124K</td><td>可调整橡胶园</td><td>指由耕地改为橡胶园，但耕地层未被破坏的土地＊</td></tr>
<tr><td rowspan="2">125</td><td rowspan="2">其他园地</td><td colspan="3">指种植可可、咖啡、油棕、胡椒、花卉、药材等其他多年生作物的园地</td></tr>
<tr><td>125K</td><td>可调整其他园地</td><td>指由耕地改为其他园地，但耕地层未被破坏的土地＊</td></tr>
<tr><td rowspan="10">13</td><td rowspan="10">林地</td><td></td><td></td><td colspan="3">指生长乔木、竹类、灌木、沿海红树林的土地，不包括居民点绿地，以及铁路、公路、河流、沟渠的护路、护岸林</td></tr>
<tr><td rowspan="2">131</td><td rowspan="2">有林地</td><td colspan="3">指树木郁闭度≥20%的天然、人工林地</td></tr>
<tr><td>131</td><td>可调整有林地</td><td>指由耕地改为有林地，但耕地层未被破坏的土地＊</td></tr>
<tr><td>132</td><td>灌木林地</td><td colspan="3">指树木郁闭度≥40%的灌木林地</td></tr>
<tr><td>133</td><td>疏林地</td><td colspan="3">指树木郁闭度≥10%，但<20%的疏林地</td></tr>
<tr><td rowspan="2">134</td><td rowspan="2">未成林造林地</td><td colspan="3">指造林成活率大于或者等于合理造林数的41%，尚未郁闭但有成林希望的新造林地(一般指造林后不满3至5年或飞机播种后不满5至7年的造林地)</td></tr>
<tr><td>134</td><td>可调整未成林造林地</td><td>指由耕地改为未成林造林地，但耕地层未被破坏的土地＊</td></tr>
<tr><td>135</td><td>迹地</td><td colspan="3">指森林采伐、火烧后，五年内未更新的土地</td></tr>
<tr><td rowspan="2">136</td><td rowspan="2">苗圃</td><td colspan="3">指固定的林木育苗地</td></tr>
<tr><td>136</td><td>可调整苗圃</td><td>指由耕地改为苗圃，但耕地层未被破坏的土地＊</td></tr>
</table>

续表

一级类		二级类		三级类		含义
编号	三大类名称	编号	名称	编号	名称	
1	农用地	14	牧草地			指以生长草本植物为主，用于畜牧业的土地
				141	天然草地	指以天然草本植物为主，未经改良，用于放牧或割草的草地，包括以牧为主的疏林、灌木草地
				142	改良草地	指用灌溉、排水、施肥、松耙、补植等措施进行改良的土地
				143	人工草地	指人工种牧草的草地，包括人工培植用于牧业的灌木地
						143 可调整人工草地：指由耕地改为人工草地，但耕地层未被破坏的土地＊
		15	其他农用地			指上述耕地、园地、林地、牧草地以外的农用地
				151	畜禽饲养地	指以经营性养殖为目的的畜禽舍及相应附属设施用地
				152	设施农业用地	指进行工厂化作物栽培或水产养殖的生产设施用地
				153	农村道路	指农村南方宽>1.0米，北方宽≥2.0米的村间、田间道路(含机耕道)
				154	坑塘水面	指人工开挖或天然形成的蓄水量≤10万立方米(不含养殖水面)的坑塘常水位以下的面积
				155	养殖水面	指人工开挖的或天然形成的专门用于水产养殖的坑塘水面及相应附属设施用地
						可调整养殖水面：指由耕地改为养殖水面，但可复耕的土地
				156	农田利用地	指农民、农民集体或其他农业企业等自建或联建的农田排灌沟渠及相应附属设施用地
				157	田坎	主要指耕地中南方宽≥1.0米，北方宽≥2.0米的梯田田坎
				158	晒谷场等用地	指晒谷场及上述用地中未包含的其他农用地

续表

一级类		二级类		三级类		含　　义
编号	三大类名称	编号	名称	编号	名称	
2	建设用地					指建造建筑物、构筑物的土地。包括商业、工矿、仓储、公用设施、公共建筑、住宅、交通、水利设施、特殊用地等
		21	商服用地			指商业、金融业、餐饮旅馆业及其他经营性服务业建筑及相应附属设施用地
				211	商业用地	指商店、商场、各类批发、零售市场及相应附属设施用地
				212	金融保险用地	指银行、保险、证券、信托、期货、信用社等用地
				213	餐饮旅馆业用地	指饭店、餐厅、酒吧、宾馆、旅馆、招待所、度假村等及其相应附属设施用地
				214	其他商服用地	指上述用地以外的其他商服用地，包括写字楼、商业性办公楼和企业厂区外独立的办公用地；旅行社、运动保健休闲设施、夜总会、歌舞厅、俱乐部、高尔夫球场、加油站、洗车场、洗染店、废旧物资回收站、维修网点、照相、理发、洗浴等服务设施用地
		22	工矿仓储用地			指工业、采矿、仓储用地
				221	工业用地	指工业生产及其相应附属设施用地
				222	采矿地	指采矿、采石、采沙场、盐田、砖瓦窑等生产用地及其尾矿堆放地
				223	仓储用地	指用于物资储备、中转的场所及其相应附属设施用地
		23	公用设施用地			指为居民生活和二、三产业服务的公用设施及瞻仰、休憩用地
				231	公共基础设施用地	指给排水、供电、供燃、供热、邮政、电信、消防、公用设施维修、环卫等用地
				232	瞻仰景观休闲用地	指名胜古迹、革命遗址、景点、公园、广场、公用绿地等

续表

一级类		二级类		三级类		含　义
编号	三大类名称	编号	名称	编号	名称	
2	建设用地	24	公共建筑用地			指公共文化、体育、娱乐、机关、团队、科研、设计、教育、医卫、慈善等建筑用地
				241	机关团体用地	指国家机关、社会团体、群众组织、广播电台、电视台、报社、杂志社、通讯社等单位的办公用地
				242	教育用地	指各种教育机构，包括大专院校、中专、职业学校、成人业余教育学校、中小学校、幼儿园、托儿所、党校、行政学院、干部管理学院、盲聋哑学校、工读学校等直接用于教育的用地
				243	科研设计用地	指独立的科研、设计机构用地，包括研究、勘测、设计、信息等单位用地
				244	文体用地	指为公众服务的公益性文化、体育设施用地。包括博物馆、展览馆、文化馆、图书馆、纪念馆、影剧院、音乐厅、少青老年活动中心、体育场馆、训练基地等
				245	医疗卫生用地	指医疗、卫生、防疫、急救、保健、疗养、康复、医药检验、血库等用地
				246	慈善用地	指孤儿院、养老院、福利院等用地
		25	住宅用地			指供人们日常生活居住的房基地(有独立院落的包括院落)
				251	城镇单一住宅用地	指城镇居民的普通住宅、公寓、别墅用地
				252	城镇混合住宅用地	指城镇居民以居住为主的住宅与工业或商业等混合用地
				253	农村宅基地	指农村村民居住的宅基地
				254	空闲宅基地	指村庄内部的空闲旧宅基地及其他的空闲用地

续表

一级类		二级类		三级类		含　义
编号	三大类名称	编号	名称	编号	名称	
2	建设用地	26	交通运输用地			指用于运输通行的地面线路、场站等用地，包括民用机场、港口、码头、地面运输通道和居民点道路及其相应附属设施用地
				261	铁路用地	指铁路线路及场站用地，包括路堤、路堑、道沟及护路林；地铁地上部分及出入口等地
				262	公路用地	指国家和地方公路(含乡镇公路)，包括路堤、路堑、道沟及护路林及其附属设施用地
				263	民用机场	指民用机场及其附属设施用地
				264	港口码头用地	指人工修建的客、货运、捕捞船舶停靠的场所及其相应的附属建筑物，不包括常水位以下的部分
				265	管道运输用地	指运输煤炭、石油和天然气等的管道及其相应设施地面用地
				266	街巷	指城乡居民点内公用道路(含立交桥)、公共停车场
		27	水利设施用地			指用于水库、水工建筑的土地
				271	水库水面	指人工修建总库容≥10万立方米，正常蓄水位以下的面积
				272	水工建设用地	指除农田水利用地以外的人工修建的沟渠(包括渠槽、渠堤、护堤林)、闸、坝、堤路林、水电站、扬水站等常水位岸线以上的水工建筑用地
		28	特殊用地			指军事设施、涉外、宗教、监狱、墓地等用地
				281	军事设施用地	指专门用于军事目的的设施用地，包括军事指挥机关和营房等
				282	使领馆用地	指外国政府及国际组织驻华使领馆、办事处用地
				283	宗教用地	指专门用于宗教活动的庙宇、寺院、道观、教堂等宗教自用地
				284	监教场用地	指监狱、看守所、劳改所、劳教所、戒毒所等用地
				285	墓葬地	指陵园、墓地、殡葬场所及附属设施用地

续表

一级类		二级类		三级类		含　义
编号	三大类名称	编号	名称	编号	名称	
3	未利用地					指农用地和建设用地以外的土地
		31	未利用土地			指目前还未利用的土地，包括难以利用的土地
				311	荒草地	指树木郁闭度≤10%，表层为土质，生长杂草，不包括盐碱地、沼泽地和裸土地
				312	盐碱地	指表层盐碱聚集，只生长天然的耐盐植物的土地
				313	沼泽地	指经常积水或渍水，一般生长湿生植物的土地
				314	沙地	指表层为沙覆盖，基本无植被的土地，包括沙漠，不包括水系中的沙滩
				315	裸土地	指表层为土质，基本无植被覆盖的土地
				316	裸岩石砾地	指表层为岩石或石砾，其覆盖面积≥70%的土地
				317	其他未利用土地	指包括高寒荒漠、苔原等尚未利用的土地
		32	其他土地			指未列入农用地、建设用地的其他水域地
				321	河流水面	指天然形成的或者人工开挖河流常水位岸线以下的土地
				322	湖泊水面	指天然形成的积水区常水位岸线以下的土地
				323	苇地	指生长芦苇的土地，包括滩涂上的土地
				324	滩涂	指沿海大潮高潮位与低潮位之间的潮浸地带；河流、湖泊常水位至洪水位间的土地；时令湖、河洪水位以下的滩地；水库、坑塘的正常蓄水位与最大洪水位之间的滩地。不包括已利用的滩涂
				325	冰川及永久积雪	指表层被冰雪常年覆盖的土地

（四）2001 年全国土地分类（过渡期间适用）

2001 年原国土资源部下发《全国土地分类》（试行）后，由于与 1984 年的土地分类体系存在差异性，如 2001 年《全国土地分类》（试行）体系中有“其他农用地”，“其他农用地”中有三级类“设施农用地”，而这一类土地在 1984 年的体系中并没有。同时，对一些未开展全面地籍调查的区域，也无法按《全国土地分类》（试行）中的二级建设用地类型归类此前的土地调查数据，为了衔接，原国土资源部规定：城镇和村庄地籍调查按《全国土地分类》（试行）体系直接执行，而土地变更调查和全国土地统计年报则执行《全国土地分类》（过渡期间适用）。

《全国土地分类》（过渡期间适用）的整体框架与《全国土地分类》（试行）相同，也是采用三级分类，其中农用地和未利用地与《全国土地分类》（试行）完全相同，建设用地部分进行了适当归并。将商服用地、工矿仓储用地、公用设施用地、公共建筑用地、住宅用地、特殊用地六个二级类和交通运输用地中的三级类街巷，合并为居民点及工矿用地，在其下划分城市、建制镇、农村居民点、独立工矿、盐田和特殊用地六个二级类。

（五）2007 年土地利用现状分类标准

2007 年，为了进一步统一全国的土地利用现状分类，做好第二次全国土地调查工作，我国颁布实施了《土地利用现状分类》（GB/T 21010—2007）。第二次全国土地调查分类即采用的此标准，故也可将其称为“二调分类”。该标准采用土地综合分类方法，确定二级分类体系，共包含 12 个一级类，57 个二级类。一级类主要是依据土地用途、利用方式、经营特点，考虑农、林、水、交通、城市管理等不同部门管理需求划分的，分为耕地、园地、林地、草地、商服用地、工矿仓储用地、住宅用地、公共管理与公共服务用地、特殊用地、交通运输用地、水域及水利设施用地、其他土地 12 大类。二级类是依据自然属性、覆盖特征、用途和经营目的等方面的土地利用差异，对一级类进行的具体细化。2007 年国家《土地利用现状分类》，详见表 2. 1-4。

同时，该分类体系还针对开展农村土地调查中的建设用地与城镇建设用地的不同，要求在农村土地调查中的建设用地，将《土地利用现状分类》中商服用地、工矿仓储用地、住宅用地、公共管理与公共服务用地、特殊用地以及交通用地中的街巷用地、其他土地中的空闲地分别归入城镇村及工矿用地中的城市、建制镇、村庄、采矿用地、风景名胜及特殊用地中。城镇村及工矿用地详见表 2. 1-5。

（六）2017 年土地利用现状分类标准

《土地利用现状分类》（GB/T 21010—2017）为第四版土地利用现状分类，秉持满足生态用地保护需求、明确新兴产业用地类型、兼顾监管部门管理需求的思路，完善了地类含义，细化了二级类划分，调整了地类名称，增加了湿地归类，将在第三次全国土地调查中全面应用。

2017 年版《土地利用现状分类》标准规定了土地利用的类型、含义，将土地利用类型分为耕地、园地、林地、草地、商服用地、工矿仓储用地、住宅用地、公共管理与公共服务用地、特殊用地、交通运输用地、水域及水利设施用地、其他用地等 12 个一级类、72 个二级类，适用于土地调查、规划、审批、供应、整治、执法、评价、统计、登记及信息化管理等。2017 年《土地利用现状分类》，详见表 2. 1-8。

表 2. 1-4　　**土地利用现状分类(GB/T 21010—2007)**

一级类		二级类		含　　义	三大类
类别编码	类别名称	类别编码	类别名称		
01	耕地			指种植农作物的土地，包括熟地、新开发、复垦、整理地、休闲地(轮歇地、轮作地)；以种植农作物(含蔬菜)为主，间有零星果树、桑树或其他树木的土地；平均每年能保证收获一季的已垦滩地和海涂。耕地中还包括南方宽度<1.0米、北方宽度<2.0米固定的沟、渠、路和地坎(埂)；临时种植药材、草皮、花卉、苗木等的耕地，以及其他临时改变用途的耕地	农用地
		011	水田	指用于种植水稻、莲藕等水生农作物的耕地。包括实行水生、旱生农作物轮种的耕地	
		012	水浇地	指有水源保证和灌溉设施，在一般年景能正常灌溉，种植旱生农作物的耕地。包括种植蔬菜等的非工厂化的大棚用地	
		013	旱地	指无灌溉设施，主要靠天然降水种植旱生农作物的耕地，包括没有灌溉设施，仅靠引洪淤灌的耕地	
02	园地			指种植以采集果、叶、根、茎、枝、汁等为主的集约经营的多年生木本和草本作物，覆盖度大于50%或每亩株数大于合理株数70%的土地。包括用于育苗的土地	
		021	果园	指种植果树的园地	
		022	茶园	指种植茶树的园地	
		023	其他园地	指种植桑树、橡胶、可可、咖啡、油棕、胡椒、药材等其他多年生作物的园地	
03	林地			指生长乔木、竹类、灌木的土地，及沿海生长红树林的土地。包括迹地，不包括居民点内部的绿化林木用地，以及铁路、公路、征地范围内的林木，以及河流、沟渠的护堤林	
		031	有林地	指树木郁闭度≥0.2的乔木林地，包括红树林地和竹林地	
		032	灌木林地	指灌木覆盖度≥40%的林地	
		033	其他林地	包括疏林地(指树木郁闭度大于等于0.1小于0.2的林地)、未成林地、迹地、苗圃等林地	

续表

一级类		二级类		含　义	三大类
类别编码	类别名称	类别编码	类别名称		
04	草地			指以生长草本植物为主的土地	
		041	天然牧草地	指以天然草本植物为主，用于放牧或割草的草地	
		042	人工牧草地	指人工种牧草的草地	
		043	其他草地	指树林郁闭度<0.1，表层为土质，生长草本植物为主，不用于畜牧业的草地	未利用地
05	商服用地			指主要用于商业、服务业的土地	建设用地
		051	批发零售用地	指主要用于商品批发、零售的用地。包括商场、商店、超市、各类批发(零售)市场、加油站等及其附属的小型仓库、车间、工场等的用地	
		052	住宿餐饮用地	指主要用于提供住宿、餐饮服务的用地。包括宾馆、酒店、饭店、旅馆、招待所、度假村、餐厅、酒吧等	
		053	商务金融用地	指企业、服务业等办公用地，以及经营性的办公场所用地。包括写字楼、商业性办公场所、金融活动场所和企业厂区外独立的办公场所等用地	
		054	其他商服用地	指上述用地以外的其他商业、服务业用地。包括洗车场、洗染店、废旧物资回收站、维修网点、照相馆、理发美容店、洗浴场所等用地	
06	工矿仓储用地			指主要用于工业生产、物资存放场所的土地	
		061	工业用地	指工业生产及直接为工业生产服务的附属设施用地	
		062	采矿用地	指采矿、采石、采砂(沙)场、盐田、砖瓦窑等地面生产用地及尾矿堆放地	
		063	仓储用地	指用于物资储备、中转的场所用地	
07	住宅用地			指主要用于人们生活居住的房基地及其附属设施的土地	
		071	城镇住宅用地	指城镇用于居住的各类房屋用地及其附属设施用地。包括普通住宅、公寓、别墅等用地	
		072	农村宅基地	指农村用于生活居住的宅基地	

续表

一级类		二级类		含　义	三大类
类别编码	类别名称	类别编码	类别名称		
08	公共管理与公共服务用地			指用于机关团体、新闻出版、科教文卫、风景名胜、公共设施等的土地	建设用地
		081	机关团体用地	指用于党政机关、社会团体、群众自治组织等的用地	
		082	新闻出版用地	指用于广播电台、电视台、电影厂、报社、杂志社、通讯社、出版社等的用地	
		083	科教用地	指用于各类教育、独立的科研、勘测、设计、技术推广、科普等的用地	
		084	医卫慈善用地	指用于医疗保健、卫生防疫、急救康复、医检药检、福利救助等的用地	
		085	文体娱乐用地	指用于各类文化、体育、娱乐及公共广场等的用地	
		086	公共设施用地	指用于城乡基础设施的用地。包括给排水、供电、供热、供气、邮政、电信、消防、环卫、公用设施维修等用地	
		087	公园与绿地	指城镇、村庄内部的公园、动物园、植物园、街心花园和用于休憩及美化环境的绿化用地	
		088	风景名胜设施用地	指风景名胜(包括名胜古迹、旅游景点、革命遗址等)景点及管理机构的建筑用地。景区内的其他用地按现状归入相应地类	
09	特殊用地			指用于军事设施、涉外、宗教、监教、殡葬等的土地	
		091	军事设施用地	指直接用于军事目的的设施用地	
		092	使领馆用地	指用于外国政府及国际组织驻华使领馆、办事处等的用地	
		093	监教场所用地	指用于监狱、看守所、劳改场、劳教所、戒毒所等的建筑用地	
		094	宗教用地	指专门用于宗教活动的庙宇、寺院、道观、教堂等宗教自用地	
		095	殡葬用地	指陵园、墓地、殡葬场所用地	

续表

一级类		二级类		含　义	三大类
类别编码	类别名称	类别编码	类别名称		
10	交通运输用地			指用于运输通行的地面线路、场站等的土地。包括民用机场、港口、码头、地面运输管道和各种道路用地	建设用地
		101	铁路用地	指用于铁道线路、轻轨、场站的用地。包括设计内的路堤、路堑、道沟、桥梁、林木等用地	
		102	公路用地	指用于国道、省道、县道和乡道的用地。包括设计内的路堤、路堑、道沟、桥梁、汽车停靠站、林木及直接为其服务的附属用地	
		103	街巷用地	指用于城镇、村庄内部公用道路(含立交桥)及行道树的用地。包括公共停车场、汽车客货运输站点及停车场等用地	
		104	农村道路	指公路用地以外的南方宽度≥1.0m、北方宽度≥2.0m 的村间、田间道路(含机耕道)	农用地
		105	机场用地	指用于民用机场的用地	建设用地
		106	港口码头用地	指用于人工修建的客运、货运、捕捞及工作船舶停靠的场所及其附属建筑物的用地，不包括常水位以下部分	
		107	管道运输用地	指用于运输煤炭、石油、天然气等管道及其相应附属设施的地上部分用地	
11	水域及水利用设施用地			指陆地水域、海涂、沟渠、水工建筑物等用地。不包括滞洪区和已垦滩涂中的耕地、园地、林地、居民点、道路等用地	
		111	河流水面	指天然形成或人工开挖河流常水位岸线之间的水面，不包括被堤坝拦截后形成的水库水面	未利用地
		112	湖泊水面	指天然形成的积水区常水位岸线所围成的水面	
		113	水库水面	指人工拦截汇积而成的总库容≥10 万立方米的水库正常蓄水位岸线所围成的水面	建设用地
		114	坑塘水面	指人工开挖或天然形成的蓄水量<10 万立方米的坑塘常水位岸线所围成的水面	农用地

续表

一级类		二级类		含　　义	三大类
类别编码	类别名称	类别编码	类别名称		
11	水域及水利用设施用地	115	沿海滩涂	指沿海大潮高潮位与低潮位之间的潮浸地带。包括海岛的沿海滩涂。不包括已利用的滩涂	未利用地
		116	内陆滩涂	指河流、湖泊常水位至洪水位间的滩地；时令湖、河洪水位以下的滩地；水库、坑塘的正常蓄水位与洪水位间的滩地。包括海岛的内陆滩地。不包括已利用的滩地	
		117	沟渠	指人工修建，南方宽度≥1.0m、北方宽度≥2.0m用于引、排、灌的渠道，包括渠槽、渠堤、取土坑、护堤林	农用地
		118	水工建筑用地	指人工修建的闸、坝、堤路林、水电厂房、扬水站等常水位岸线以上的建筑物用地	建设用的
		119	冰川及永久积雪	指表层被冰雪常年覆盖的土地	未利用地
12	其他土地			指上述地类以外的其他类型的土地	
		121	空闲地	指城镇、村庄、工矿内部尚未利用的土地	建设用地
		122	设施农业用地	指直接用于经营性养殖的畜禽舍、工厂化作物栽培或水产养殖的生产设施用地及其相应附属用地，农村宅基地以外的晾晒场等农业设施用地	农用地
		123	田坎	主要指耕地中南方宽度≥1.0m、北方宽度≥2.0m的地坎	未利用地
		124	盐碱地	指表层盐碱聚集，生长天然耐盐植物的土地	
		125	沼泽地	指经常积水或渍水，一般生长沼生、湿生植物的土地	
		126	沙地	指表层为沙覆盖、基本无植被的土地。不包括滩涂中的沙漠	
		127	裸地	指表层为土质，基本无植被覆盖的土地；或表层为岩石、石砾，其覆盖面积≥70%的土地	

表 2. 1-5　**城镇村及工矿用地**

一级		二级		含　义
编码	名称	编码	名称	
20	城镇村及工矿用地			指城乡居民点、独立居民点以及居民点以外的工矿、国防、名胜古迹等企事业单位用地，包括其内部交通、绿化用地
		201	城市	指城市居民点，以及与城市连片的和区政府、县级市政府所在地镇级辖区内的商服、住宅、工业、仓储、机关、学校等单位用地
		202	建制镇	指建制镇居民点，以及辖区内的商服、住宅、工业、仓储、学校等企事业单位用地
		203	村庄	指农村居民点，以及所属的商服、住宅、工矿、工业、仓储、学校等用地
		204	采矿用地	指采矿、采石、采砂(沙)场、盐田、砖瓦窑等地面生产用地及尾矿堆放地
		205	风景名胜及特殊用地	指城镇村用地以外用于军事设施、涉外、宗教、监教、殡葬等的土地，以及风景名胜(包括名胜古迹、旅游景点、革命遗址等)景点及管理机构的建筑用地

注：开展农村土地调查时，对《土地利用现状分类》中 05、06、07、08、09 一级类和 103、121 二级类按本表进行归并。

四、我国城市用地分类

自 2001 年的《全国土地分类》(试行)开始，土地利用分类体系已经适用于全国范围内的所有土地，包括城市和农村。其中关于城市土地，一般包括建设用地如商服用地、工矿仓储用地、城镇住宅用地、公共管理与公共服务用地、特殊用地和交通运输用地中的一部分等，也包括位于城镇内部的河流、湖泊、滩涂、坑塘、沟渠等水域及水利设施用地，还包括位于城镇内部的水田、旱地、菜地、园地、林地、草地等农用地。我国关于城镇用地的分类，除 2001 年后的《全国土地利用分类》(试行)，2007 年、2017 年的《土地利用现状分类》外，还有两个分类体系。

(一)1989 年的城镇土地分类体系

1989 年，原国家土地管理局为开展城镇地籍调查的需要，在《城镇地籍调查规程》里规定了一个城镇土地分类体系，该分类体系采用的也是等级序分法，一级分为 10 大类，二级分为 24 小类。城镇土地利用现状分类及含义如表 2. 1-6 所示。因 2001 年原国土资源部出台《全国土地分类》(试行)并于 2002 年 1 月 1 日起施行，该城镇分类体系于 2001 年 12 月废止。

表 2.1-6 **城镇土地利用现状分类及含义(1989—2001)**

一级类		二级类		含义
编号	名称	编号	名称	
10	商业金融业用地			指商业、服务业、旅游业、金融保险业等用地
		11	商业服务业	指各种商店、公司、修理服务部、生产资料供应站、饭店、旅社、对外经营的食堂、文印腾写社、报刊门市部、蔬菜购销转运站等用地
		12	旅游业	指主要为旅游业服务的宾馆、饭店、大厦、乐园、俱乐部、旅行社、旅游商店、友谊商店等用地
		13	金融保险业	指银行、储蓄所、信用社、信托公司、证券兑换所、保险公司等用地
20	工业、仓储用地			指工业仓库用地
		21	工业	指独立设置的工厂、车间、手工业作坊、建筑安装的生产场地、排渣(灰)场地等用地
		22	仓储	指国家、省(自治区、直辖市)及地方的储备、中转、外贸、供应等各种仓库、油库、材料堆场及其附属设备等用地
30	市政用地			指市政公用设施、绿化用地
		31	市政公用设施	指自来水厂、泵站、污水处理厂、变电所、煤气站、供热中心、环卫所、公共厕所、火葬场、消防队、邮电局(所)及各种管线工程专用地段等用地
		32	绿化	指公园、动植物园、陵园、风景名胜区、防护林、水源保护林及其他公共绿地等用地
40	公共建筑用地			指文化、体育、娱乐、机关、科研、设计、教育、医卫等用地
		41	文、体、娱	指文化馆、博物馆、图书馆、展览馆、纪念馆、体育场馆、俱乐部、影剧院、游乐场、文艺体育团体等用地
		42	机关宣传	指行政及事业机关、党、政、工、青、妇、群众组织驻地、广播电台、电视台、出版社、报社、杂志社等用地
		43	科研、设计	指科研、设计机构用地，如研究院(所)、设计院及其试验室、试验场等用地
		44	教育	指大专院校、中等专业学校、职业学校、干校、党校、中小学校、幼儿园、托儿所、业余进修院校、工读学校等用地
		45	医卫	指医院、门诊部、保健院(站所)、疗养院(所)、救护、血站、卫生院、防治所、检疫站、防疫站、医学化验、药品检验等用地

续表

一级类		二级类		含义
编号	名称	编号	名称	
50	住宅用地			指供居住的各类房屋用地
60	交通用地			指铁路、民用机场、港口码头及其他交通用地
		61	铁路	指铁路及场站、地铁出入口等用地
		62	民用机场	指民用机场及其附属设施用地
		63	港口码头	指专供客、货运船舶停靠的场所用地
		64	其他交通	指车站场、广场、公路、街巷、小区内的道路等用地
70	特殊用地			指军事设施、涉外、宗教、监狱等用地
		71	军事设施	指军事设施用地。包括部队机关、营房、军用工厂、仓库和其他军事设施等用地
		72	涉外	指外国使领馆、驻华办事处等用地
		73	宗教	指专门从事宗教活动的庙宇、教堂等宗教自用地
		74	监狱	指监狱用地(包括监所、看守所)、劳动教育场(所)等用地
80	水域用地			指河流、湖泊、水库、坑塘、沟渠、防洪堤等用地
90	农用地			指水田、菜地、旱地、园地等用地
		91	水田	指筑有田埂(坎)可以经常蓄水，用于种植水稻等水生作物的耕地
		92	菜地	指种植蔬菜为主的耕地。包括温室、塑料大棚等用地
		93	旱地	指水田菜地以外的耕地(包括水浇地和一般旱地)
		94	园地	指种植以采集果、叶、根、茎等为主的集约经营多年生木本和草本作物、覆盖度大于50%或每亩株数大于合理株数的土地，包括树苗圃等用地
00	其他用地			指各种未用土地、空闲地等其他用地

(二)2011年城镇土地分类体系

除了国土管理部门对城镇用地进行分类，城乡规划主管部门根据《中华人民共和国城乡规划法》，为统筹城乡发展，集约节约、科学合理地利用土地资源，制定了《城市用地分类与规划建设用地标准》(GB 50137—2011)，适用于城市总体规划和控制性详细规划的编制、用地统计和用地管理工作。县人民政府所在地的镇及其他有条件的镇亦可参照使用。

根据该标准，城乡用地是指市域范围内所有的土地，包括建设用地与非建设用地。建设用地包括城乡居民点建设用地、区域交通设施用地、区域公用设施用地、特殊用地、采矿用地以及其他建设用地等；非建设用地包括水域、农林用地以及其他非建设用地等。

城市建设用地是指城市内的居住用地、公共管理与公共服务用地、服务业设施用地、工业用地、物流仓储用地、道路与交通设施用地、公用设施用地、绿地与广场用地，如表 2.1-7 所示。

表 2.1-7　**城市建设用地分类表**

代码	用地类别	二级用地类别	三级用地类别
R	居住用地	一类居住用地(R1)	住宅用地(R11)
			服务设施用地(R12)
		二类居住用地(R2)	住宅用地(R11)
			服务设施用地(R12)
		三类居住用地(R3)	住宅用地(R11)
			服务设施用地(R12)
A	公共管理与公共服务用地	行政办公用地(A1)	
		文化设施用地(A2)	图书展览设施用地(A21)
			文化活动设施用地(A22)
		教育科研用地(A3)	高等院校用地(A31)
			中等专业院校用地(A32)
			中小学用地(A33)
			特殊教育用地(A34)
			科研用地(A35)
		体育用地(A4)	体育场馆用地(A41)
			体育训练用地(A42)
		医疗卫生用地(A5)	医院用地(A51)
			卫生防疫用地(A52)
			特殊医疗用地(A53)
			其他医疗卫生用地(A59)
		社会福利设施用地(A6)	
		文物古迹用地(A7)	
		外事用地(A8)	
		宗教设施用地(A9)	

续表

代码	用地类别	二级用地类别	三级用地类别
B	商业服务业设施用地	商业设施用地(B1)	零售商业用地(B11)
			批发市场用地(B12)
			餐饮用地(B13)
			旅馆用地(B14)
		商务设施用地(B2)	金融保险用地(B21)
			艺术传媒用地(B22)
			其他商务设施用地(B29)
		娱乐康体设施用地(B3)	娱乐用地(B31)
			康体用地(B32)
		公用设施营业网点用地(B4)	加油加气站用地(B41)
			其他公用设施营业网点用地(B42)
		其他服务设施用地(B9)	
M	工业用地	一类工业用地(M1)	
		二类工业用地(M2)	
		三类工业用地(M3)	
W	物流仓储用地	一类物流仓储用地(W1)	
		二类物流仓储用地(W2)	
		三类物流仓储用地(W3)	
S	道路与交通设施用地	城市道路用地(S1)	
		城市轨道交通用地(S2)	
		交通枢纽用地(S3)	
		交通场站用地(S4)	公共交通场站用地(S41)
			社会停车场用地(S42)
		其他交通设施用地(S9)	
U	公用设施用地	供应设施用地(U1)	供水用地(U11)
			供电用地(U12)
			供燃气用地(U13)
			供热用地(U14)
			通信设施用地(U15)
			广播电视设施用地(U16)

续表

代码	用地类别	二级用地类别	三级用地类别
U	公用设施用地	环境设施用地(U2)	排水设施用地(U21)
			环卫设施用地(U22)
			环保设施用地(U23)
		安全设施用地(U3)	消防设施用地(U31)
			防洪设施用地(U31)
		其他公用设施用地(U9)	
G	绿地与广场用地	公园绿地(G1)	
		防护绿地(G2)	
		广场用地(G3)	

五、我国现行土地利用现状分类标准

2017 年，国家颁布的《土地利用现状分类》(GB/T 21010—2017)，是现行土地利用分类的国家标准。该标准将土地分为一级 12 大类，二级 72 小类。此处主要介绍 12 个大类的基本含义及其所包含的二级类型。现行土地利用分类国家标准如表 2. 1-8 所示。

(一)耕地

耕地是指种植农作物的土地，包括熟地、新开发、复垦、整理地、休闲地(含轮歇地、轮作地)；以种植农作物(含蔬菜)为主，间有零星果树、桑树或其他树木的土地；平均每年能保证收获一季的已垦滩地和海涂。耕地中还包括南方宽度<1. 0米、北方宽度<2. 0米固定的沟、渠、路和地坎(埂)；临时种植药材、草皮、花卉、苗木等的耕地，临时种植果树、茶树和林木且耕作层未破坏的土地，以及其他临时改变用途的耕地。

耕地的二级类型包括三类：水田、水浇地和旱地。耕地二级地类的划分依据主要是水分条件。

(二)园地

园地指种植以采集果、叶、根、茎、枝、汁等为主的集约经营的多年生木本和草本作物，覆盖度大于 50%或每亩株数大于合理株数 70%的土地。包括用于育苗的土地。

园地的二级地类包括果园、茶园、橡胶园和其他园地四类，园地二级地类的划分依据是种植的作物类型。

(三)林地

土地利用分类国家标准中，林地是指生长乔木、竹类、灌木的土地，及沿海生长红树林的土地。包括迹地，不包括城镇、村庄范围内的绿化林木用地，铁路、公路征地范围内的林木，以及河流、沟渠的护堤林。

林地的二级地类有：乔木林地、竹林地、红树林地、森林沼泽、灌木林地、灌丛沼泽、其他林地。其中，乔木林地是指树木郁闭度≥0.2的林地，不包括森林沼泽；竹林地是指生长竹类植物，郁闭度≥0.2的林地；红树林地是指沿海生长红树植物的林地；森林沼泽是指以乔木森林植物为优势群落的淡水沼泽；灌木林地是指灌木覆盖度≥40%的林地，不包括灌丛沼泽；灌丛沼泽是指以灌丛植物为优势群落的淡水沼泽；其他林地包括疏林地(指树木郁闭度小于0.2大于等于0.1的林地)、未成林地、迹地、苗圃等林地。林地的二级地类划分主要依据是林木的高度与郁闭度。

(四)草地

土地利用分类国家标准中，草地是指以生长草本植物为主的土地。

草地的二级分类包括四类：天然牧草地、沼泽草地、人工牧草地和其他草地。天然牧草地指以天然草本植物为主，用于放牧或割草的草地。沼泽草地是指以天然草本植物为主的沼泽化的低地草甸、高寒草甸；人工草地指人工种植牧草的草地。其他草地指树木郁闭度<0.1，表层为土质，不用于放牧的草地。

(五)商服用地

土地利用分类标准中，商服用地是指主要用于商业、服务业的土地。

商服用地的二级地类主要有零售商业用地、批发市场用地、餐饮用地、旅馆用地、商务金融用地、娱乐用地、其他商服用地。零售用地是指以零售功能为主的商铺、商场、超市、市场和加油、加气、充换电站等的用地。批发市场用地是指以批发功能为主的市场用地；餐饮用地是指包括餐厅、酒吧等的用地；旅馆用地指宾馆、旅馆、招待所、服务型公寓、度假村等用地；商务金融用地指商务服务用地，以及经营性的办公场所用地。包括写字楼、商业性办公场所、金融活动场所和企业厂区外独立的办公场所，信息网络服务、信息技术服务、电子商务服务、广告传媒等用地。娱乐用地是指剧院、音乐厅、电影院、歌舞厅、网吧、影视城、仿古城以及绿地率小于65%的大型游乐等设施用地；其他商服用地指零售商业、批发市场、餐饮、旅馆、商务金融、娱乐用地以外的其他商业、服务业用地。包括洗车场、洗染店、照相馆、理发美容店、洗浴场所、赛马场、高尔夫球场、废旧物质回收站、机动车、电子产品和日用产品修理网点、物流营业网点、居住小区及小区级以下的配套的服务设施等用地。

(六)工矿仓储用地

土地利用分类标准中，工矿仓储用地指主要用于工业生产、物资存放场所的土地。

工矿仓储用地的二级地类有工业用地、采矿用地、盐田、仓储用地。工业用地是指工业生产、产品加工制造、机械和设备修理及直接为工业生产等服务的附属设施用地；采矿用地指采矿、采石、采砂(沙)场、砖瓦窑等地面生产用地，排土(石)及尾矿堆放地；盐田是指用于生产盐的土地，包括晒盐场所、盐池及附属设施用地；仓储用地指用于物资储备、中转的场所用地，包括物流仓储设施、配送中心、转运中心等。工矿仓储用地二级地类的划分依据主要也是营业类型。

(七)住宅用地

土地利用分类标准中，住宅用地是指主要用于人们生活居住的房基地及其附属设施的土地。

住宅用地的二级地类包括城镇住宅用地和农村宅基地。城镇住宅用地是指城镇用于生活居住的各类房屋用地及其附属设施用地，不含配套的服务设施等用地；农村宅基地是指农村用于生活居住的宅基地。住宅用地二级地类的划分依据是所在区域。

(八)公共管理与公共服务用地

土地利用现状分类标准中，公共管理与公共服务用地指用于机关团体、新闻出版、科教文卫、公用设施等的土地。

公共管理与公共服务用地的二级地类有：机关团体用地、新闻出版用地、教育用地、科研用地、医疗卫生用地、社会福利用地、文化设施用地、体育用地、公用设施用地、公园与绿地。其中机关团体用地指用于党政机关、社会团体、群众自治组织等的用地。新闻出版用地是指用于广播电台、电视台、电影厂、报社、杂志社、通讯社、出版社等的用地。教育用地是指用于各类教育的用地，包括高等院校、中等专业学校、中学、小学、幼儿园及其附属设施用地，聋、哑、盲人学校及工读学校用地，以及为学校配建的独立地段的学生生活用地。科研用地指独立的科研、勘察、研发、设计、检验检测、技术推广、环境评估与监测、科普等科研事业单位及其附属设施用地。医疗卫生用地是指用于医疗、保健、卫生、防疫、康复和急救设施等用地，包括综合医院、专科医院、社区卫生服务中心等用地；卫生防疫站、专科防治所、检验中心和动物检疫站等用地；对环境有特殊要求的传染病、精神病等专科医院用地；急救中心、血库等用地。社会福利用地是指为社会提供福利和慈善服务的设施及其附属设施用地，包括福利院、养老院、孤儿院等用地，文化设施用地是指图书展览等公共文化活动设施用地，包括公共图书馆、博物馆、档案馆、科技馆、纪念馆、美术馆和展览馆等设施用地，综合文化活动中心、文化馆、青少年宫、儿童活动中心、老年活动中心等设施用地。体育用地是指体育场馆和体育训练基地等用地，包括室内外体育运动用地、如体育场馆、游泳场馆、各类球场及其附属的业余体校等用地；溜冰场、跳伞场、摩托车场、射击场，以及水上运动的陆域部分等用地，以及为体育运动专设的训练基地用地，不包括学校等机构专用的体育设施用地。公共设施用地是指用于城乡基础设施的用地，包括给供水、排水、污水处理、供电、供热、供气、邮政、电信、消防、环卫、公用设施维修等用地。公园与绿地是指城镇、村庄范围内的公园、动物园、植物园、街心花园、广场和用于休憩、美化环境及防护的绿化用地。公共管理与公共服务用地的二级地类的划分依据主要是服务类型。

(九)特殊用地

土地利用分类标准中，特殊用地是指用于军事设施、涉外、宗教、监教、殡葬、风景名胜等的土地。

特殊用地的二级地类包括军事设施用地、使领馆用地、监教场所用地、宗教用地、殡葬用地、风景名胜设施用地等。军事设施用地是指直接用于军事目的的设施用地。使领馆用地是指用于外国政府及国际组织驻华使领馆、办事处等的用地。监教场所用地是指用于监狱、看守所、劳改场、戒毒所等的建筑用地。宗教用地是指专门用于宗教活动的庙宇、寺院、道观、教堂等宗教自用地。殡葬用地是指陵园、墓地、殡葬场所用地。风景名胜设施用地指风景名胜景点(包括名胜古迹、旅游景点、革命遗址、自然保护区、森林公园、地质公园、湿地公园等）的管理机构以及旅游服务设施的建筑用地，景区内的其他用地按现状归入相应地类。

（十）交通运输用地

土地利用现状分类标准中，交通运输用地是指用于运输通行的地面线路、场站等的土地。包括民用机场、汽车客货运场站、港口、码头、地面运输管道和各种道路以及轨道交通用地。

交通运输用地的二级地类主要有：铁路用地、轨道交通用地、公路用地、城镇村道路用地、交通服务场站用地、农村道路、机场用地、港口码头用地、管道运输用地。其中铁路用地是指用于铁道线路及场站的用地，包括征地范围内的路堤、路堑、道沟、桥梁、林木等用地。轨道交通用地是指用于轻轨、现代有轨电车、单轨等轨道交通用地，以及场站的用地。公路用地是指用于国道、省道、县道和乡道的用地，包括征地范围内的路堤、路堑、道沟、桥梁、汽车停靠站、林木及直接为其服务的附属用地。城镇村道路用地是指城镇、村庄范围内公用道路及行道树的用地，包括快速路、主干路、次干路、支路、专用人行道和非机动车道，及其交叉口等。交通服务场站用地是指城镇、村庄范围内交通服务设施用地，包括公交枢纽及其附属设施用地、公路长途客运站、公共交通场站、公共停车场（含设有充电桩的停车场）、停车楼、教练场等用地，不包括交通指挥中心、交通队用地。农村道路是农村范围内，南方宽度小于等于 8m，大于等于 1.0m，北方宽度小于等于 8m，大于等于 2.0m，用于村间、田间交通运输，并在国家公路网络体系之外，以服务于农村农业生产为主要用途的道路（含机耕道）。机场用地是指用于民用机场、军民合用机场的用地。港口码头用地是指用于人工修建的客运、货运、捕捞及工程、工作船舶停靠的场所及其附属建筑物的用地，不包括常水位以下部分。管道运输用地是指用于运输煤炭、矿石、石油、天然气等管道及其相应附属设施的地上部分用地。

（十一）水域和水利设施用地

土地利用现状分类体系中，水域和水利设施用地是指陆地水域、滩涂、沟渠、水工建筑物等用地，不包括滞洪区和已垦滩涂中的耕地、园地、林地、城镇、村庄、道路等用地。

水域和水利设施用地的二级地类包括河流水面、湖泊水面、水库水面、坑塘水面、沿海滩涂、内陆滩涂、沟渠、沼泽地、水工建筑用地、冰川及永久积雪等。河流水面是指天然形成或人工开挖河流常水位岸线之间的水面，不包括被堤坝拦截后形成的水库区段水面。湖泊水面是指天然形成的积水区常水位岸线所围成的水面。水库水面是人工拦截汇集而成的总库容≥10 万立方米的水库正常蓄水位岸线所围成的水面。坑塘水面是指人工开挖或天然形成的蓄水量<10 万立方米的坑塘常水位岸线所围成的水面。沿海滩涂是指沿海大潮高潮位与低潮位之间的潮浸地带，包括海岛的沿海滩涂，不包括已利用的滩涂。内陆滩涂是指河流、湖泊常水位至洪水位间的滩地；时令湖、河洪水位以下的滩地；水库、坑塘的正常蓄水位与洪水位间的滩地；包括海岛的内陆滩地，不包括已利用的滩地。沟渠是指人工修建，南方宽度≥1.0 米、北方宽度≥2.0 米，用于引、排、灌的渠道，包括渠槽、渠堤、护堤林及小型泵站。沼泽地是指经常积水或者渍水，一般

生长湿生植物的土地，包括草本沼泽、苔藓沼泽、内陆盐沼等，不包括森林沼泽、灌丛沼泽和沼泽草地。水工建筑用地是指人工修建的闸、坝、堤路林、水电厂房、扬水站等常水位岸线以上的建(构)筑物用地。冰川及永久积雪是指表层被冰雪常年覆盖的土地。

(十二)其他土地

土地利用现状分类体系中，其他土地是指前述11类地类以外的其他类型的土地。

其他地类的二级地类包括空闲地、设施农用地、田坎、盐碱地、沙地、裸土地、裸岩石砾地等。其中，空闲地指城镇、村庄、工矿范围内尚未使用的土地，包括尚未确定用途的土地。设施农用地是指直接用于经营性畜禽养殖生产设施及附属设施的用地；直接用于作物栽培或水产养殖等农产品生产的设施用地及其相应附属用地；直接用于设施农业项目辅助生产的设施用地；晾晒场、粮食果品烘干设施、粮食和农资临时存放场所、大型农机具临时存放场所等规模化粮食生产所必需的配套设施用地。田坎梯田及梯状坡地耕地中，主要用于拦蓄水和护坡，南方宽度≥1.0m、北方宽度≥2.0m的地坎。盐碱地是指表层盐碱聚集，生长天然耐盐植物的土地。沙地是指表层为沙覆盖、基本无植被的土地，不包括滩涂中的沙地。裸土地是指表层为土质，基本无植被覆盖的土地；裸石砾地是指表层为岩石或石砾，其覆盖面积≥70%的土地。

我国现行土地利用现状分类标准如表2.1-8所示。

表2.1-8　**土地利用现状分类(GB/T 21010—2017)**

一级类		二级类		含　义	三大类
类别编码	类别名称	类别编码	类别名称		
01	耕地			指种植农作物的土地，包括熟地、新开发、复垦、整理地、休闲地(含轮歇地、轮作地)；以种植农作物(含蔬菜)为主，间有零星果树、桑树或其他树木的土地；平均每年能保证收获一季的已垦滩地和海涂。耕地中还包括南方宽度<1.0米、北方宽度<2.0米固定的沟、渠、路和地坎(埂)；临时种植药材、草皮、花卉、苗木等的耕地，临时种植果树、茶树和林木且耕作层未破坏的土地，以及其他临时改变用途的耕地	农用地
		0101	水田	指用于种植水稻、莲藕等水生农作物的耕地，包括实行水生、旱生农作物轮种的耕地	
		0102	水浇地	指有水源保证和灌溉设施，在一般年景能正常灌溉，种植旱生农作物的耕地。包括种植蔬菜等的非工厂化的大棚用地	
		0103	旱地	指无灌溉设施，主要靠天然降水种植旱生农作物的耕地，包括没有灌溉设施，仅靠引洪淤灌的耕地	

续表

一级类		二级类		含　义	三大类
类别编码	类别名称	类别编码	类别名称		
02	园地			指种植以采集果、叶、根、茎、枝、汁等为主的集约经营的多年生木本和草本作物，覆盖度大于50%或每亩株数大于合理株数70%的土地，包括用于育苗的土地	农用地
		0201	果园	指种植果树的园地	
		0202	茶园	指种植茶树的园地	
		0203	橡胶园	指种植橡胶的园地	
		0204	其他园地	指种植桑树、橡胶、可可、咖啡、油棕、胡椒、药材等其他多年生作物的园地	
03	林地			指生长乔木、竹类、灌木的土地，及沿海生长红树林的土地，包括迹地，不包括城镇、村庄范围内的绿化林木用地，铁路、公路、征地范围内的林木，以及河流、沟渠的护堤林	
		0301	乔木林地	指树木郁闭度≥0.2的林地，不包括森林沼泽	
		0302	竹林地	指生长竹类植物，郁闭度≥0.2的林地	
		0303	红树林地	指沿海生长红树植物的林地	
		0304	森林沼泽	以乔木森林植物为优势群落的淡水沼泽	
		0305	灌木林地	指灌木覆盖度≥40%的林地，不包括灌丛沼泽	
		0306	灌丛沼泽	以灌丛植物为优势群落的淡水沼泽	
		0307	其他林地	包括疏林地（指树木郁闭度小于0.2，大于等于0.1的林地）、未成林地、迹地、苗圃等林地	
04	草地			指以生长草本植物为主的土地	
		0401	天然牧草地	指以天然草本植物为主，用于放牧或割草的草地，包括实施禁牧措施的草地，不包括沼泽草地	
		0402	沼泽草地	指以草本植物为主的沼泽化的低地草甸、高原草甸	
		0403	人工牧草地	指人工种牧草的草地	
		0404	其他草地	指树林郁闭度<0.1，表层为土质，不用于放牧的草地	未利用地

续表

一级类		二级类		含义	三大类
类别编码	类别名称	类别编码	类别名称		
05	商服用地			指主要用于商业、服务业的土地	建设用地
		0501	零售用地	以零售功能为主的商铺、商场、超市、市场和加油、加气、充换电站等的用地	
		0502	批发市场用地	以批发功能为主的市场用地	
		0503	餐饮用地	饭店、餐厅、酒吧等用地	
		0504	旅馆用地	宾馆、旅馆、招待所、服务型公寓、度假村等用地	
		0505	商务金融用地	指商务服务用地，以及经营性的办公场所用地，包括写字楼、商业性办公场所、金融活动场所和企业厂区外独立的办公场所，信息网络服务、信息技术服务、电子商务服务、广告传媒等用地	
		0506	娱乐用地	指剧院、音乐厅、电影院、歌舞厅、网吧、影视城、仿古城以及绿地率小于65%的大型游乐等设施用地	
		0507	其他商服用地	指零售商业、批发市场、餐饮、旅馆、商务金融、娱乐用地以外的其他商业、服务业用地。包括洗车场、洗染店、照相馆、理发美容店、洗浴场所、赛马场、高尔夫球场、废旧物质回收站、机动车、电子产品和日用产品修理网点、物流营业网点及居住小区及小区级以下的配套的服务设施等用地	
06	工矿仓储用地			指主要用于工业生产、物资存放场所的土地	
		0601	工业用地	指工业生产、产品加工制造、机械和设备修理及直接为工业生产服务的附属设施用地	
		0602	采矿用地	指采矿、采石、采砂(沙)场、砖瓦窑等地面生产用地，排土(石)及尾矿堆放地	
		0603	盐田	指用于生产盐的土地，包括晒盐场所、盐池及附属设施用地	
		0604	仓储用地	指用于物资储备、中转的场所用地，包括物流仓储设施、配送中心、转运中心等	

续表

一级类		二级类		含　　义	三大类
类别编码	类别名称	类别编码	类别名称		
07	住宅用地			指主要用于人们生活居住的房基地及其附属设施的土地	
		0701	城镇住宅用地	指城镇用于居住的各类房屋用地及其附属设施用地，不含配套的商业服务设施用地	
		0702	农村宅基地	指农村用于生活居住的宅基地	
08	公共管理与公共服务用地			指用于机关团体、新闻出版、科教文卫、风景名胜、公共设施等的土地	
		0801	机关团体用地	指用于党政机关、社会团体、群众自治组织等的用地	
		0802	新闻出版用地	指用于广播电台、电视台、电影厂、报社、杂志社、通讯社、出版社等的用地	
		0803	教育用地	指用于各类教育用地，包括高等院校、中等专业学校、中学、小学、幼儿园及其附属设施用地，聋、哑、盲人学校及工读学校用地，以及为学校配建的独立地段的学生生活用地	
		0804	科研用地	指独立的科研、勘察、研发、设计 、检验检测、技术推广、环境评估与监测、科普等科研事业单位及其附属设施用地	
		0805	医疗卫生用地	指医疗、保健、卫生、防疫、恢复和急救设施地。包括综合医院、专科医院、社区卫生服务中心等用地；卫生防疫站、专科防治所、检验中心和动物检疫站等用地；对环境有特殊要求的传染病、精神病等专科医院用地；急救中心、血库等用地	
		0806	社会福利用地	指为社会提供福利和慈善服务的设施及其附属设施用地，包括福利院、养老院、孤儿院等用地	
		0807	文化设施用地	指图书展览等公共文化活动设施用地，包括公共图书馆、博物馆、档案馆、科技馆、纪念馆、美术馆和展览馆等设施用地、综合文化活动中心、文化馆、青少年宫、儿童活动中心、老年活动中心等设施用地	

续表

一级类		二级类		含　　义	三大类
类别编码	类别名称	类别编码	类别名称		
08	公共管理与公共服务用地	0808	体育用地	指体育场馆和体育训练基地等用地。包括室内外体育运动用地，如体育场馆、游泳场馆、各类球场及其附属的业余体校等用地；溜冰场、跳伞场、摩托车场、射击场，以及水上运动的陆域部分等用地，以及为体育运动专设的训练基地用地，不包括学校等机构专用的体育设施用地	
		0809	公共设施用地	指用于城乡基础设施的用地，包括供水、排水、污水处理、供电、供热、供气、邮政、电信、消防、环卫、公用设施维修等用地	
		0810	公园与绿地	指城镇、村庄范围内的公园、动物园、植物园、街心花园、广场和用于休憩、美化环境及防护的绿化用地	
09	特殊用地			指用于军事设施、涉外、宗教、监教、殡葬、风景名胜等的土地	建设用地
		0901	军事设施用地	指直接用于军事目的的设施用地	
		0902	使领馆用地	指用于外国政府及国际组织驻华使领馆、办事处等的用地	
		0903	监教场所用地	指用于监狱、看守所、劳改场、戒毒所等的建筑用地	
		0904	宗教用地	指专门用于宗教活动的庙宇、寺院、道观、教堂等宗教自用地	
		0905	殡葬用地	指陵园、墓地、殡葬场所用地	
		0906	风景名胜设施用地	指风景名胜景点(包括名胜古迹、旅游景点、革命遗址、自然保护区、森林公园、地质公园、湿地公园等)的管理机构以及旅游服务设施的建筑用地，景区内的其他用地按现状归入相应地类	
				指用于运输通行的地面线路、场站等的土地。包括民用机场、汽车客货运场站、港口、码头、地面运输管道和各种道路以及轨道交通用地	

续表

一级类		二级类		含　义	三大类
类别编码	类别名称	类别编码	类别名称		
10	交通运输用地	1001	铁路用地	指用于铁道线路及场站的用地，包括征地范围内的路堤、路堑、道沟、桥梁、林木等用地	
		1002	轨道交通用地	指用于轻轨、现代有轨电车、单轨等轨道交通用地，以及场站的用地	
		1003	公路用地	指用于国道、省道、县道和乡道的用地，包括征地范围内的路堤、路堑、道沟、桥梁、汽车停靠站、林木及直接为其服务的附属用地	
		1004	城镇村道路用地	指城镇、村庄范围内公用道路及行道树用地，包括快速路、主干路、次干路、支路、专用人行道和非机动车道，及其交叉口等	
		1005	交通服务场站用地	指城镇、村庄范围内交通服务设施用地，包括公交枢纽及其附属设施用地、公路长途客运站、公共交通场站、公共停车场(含设有充电桩的停车场)、停车楼、教练场等用地，不包括交通指挥中心、交通队用地	
		1006	农村道路	指农村范围内，南方宽度小于等于8米，大于等于1米，北方宽度小于等于8米，大于等于2米，用于村间、田间交通运输，并在国家公路网络体系之外，以服务于农村农业生产为主要用途的道路(含机耕道)	农用地
		1007	机场用地	指用于民用机场、军民合用机场的用地	建设用地
		1008	港口码头用地	指用于人工修建的客运、货运、捕捞及工程、工作船舶停靠的场所及其附属建筑物的用地，不包括常水位以下部分	
		1007	管道运输用地	指用于运输煤炭、矿石、石油、天然气等管道及其相应附属设施的地上部分用地	
11	水域及水利用设施用地			指陆地水域、滩涂、沟渠、水工建筑物等用地。不包括滞洪区和已垦滩涂中的耕地、园地、林地、城镇、村庄、道路等用地	
		1101	河流水面	指天然形成或人工开挖河流常水位岸线之间的水面，不包括被堤坝拦截后形成的水库水面	未利用地

续表

一级类		二级类		含　义	三大类
类别编码	类别名称	类别编码	类别名称		
11	水域及水利用设施用地	1102	湖泊水面	指天然形成的积水区常水位岸线所围成的水面	未利用地
		1103	水库水面	指人工拦截汇积而成的总库容≥10万立方米的水库正常蓄水位岸线所围成的水面	农用地
		1104	坑塘水面	指人工开挖或天然形成的蓄水量<10万立方米的坑塘常水位岸线所围成的水面	
		1105	沿海滩涂	指沿海大潮高潮位与低潮位之间的潮浸地带。包括海岛的沿海滩涂，不包括已利用的滩涂	未利用地
		1106	内陆滩涂	指河流、湖泊常水位至洪水位间的滩地；时令湖、河洪水位以下的滩地；水库、坑塘的正常蓄水位与洪水位间的滩地。包括海岛的内陆滩地，不包括已利用的滩地	
		1107	沟渠	指人工修建，南方宽度≥1.0米、北方宽度≥2.0米，用于引、排、灌的渠道，包括渠槽、渠堤、护堤林及小型泵站	农用地
		1108	沼泽地	指经常积水或渍水，一般生长湿生植物的土地，包括草本沼泽、苔藓、内地盐等，不包括森林沼泽、灌丛沼泽和沼泽草地	未利用地
		1109	水工建筑用地	指人工修建的闸、坝、堤路林、水电厂房、扬水站等常水位岸线以上的建(构)筑物用地	建设用地
		1110	冰川及永久积雪	指表层被冰雪常年覆盖的土地	未利用地
12	其他土地			指上述地类以外的其他类型的土地	
		1201	空闲地	指城镇、村庄、工矿范围内尚未使用的土地，包括尚未确定用途的土地	建设用地
		1202	设施农业用地	指直接用于经营性畜禽养殖生产设施及附属设施用地；直接用于作物栽培或水产养殖等农产品生产的设施及附属设施用地；直接用于设施农业项目辅助生产的设施用地；晾晒场、粮食果品烘干设施、粮食和农资临时存放场所、大型农机具临时存放场所等规模化粮食生产所必需的配套设施用地	农用地

续表

一级类		二级类		含　义	三大类
类别编码	类别名称	类别编码	类别名称		
		1203	田坎	指梯田及梯状坡地耕地中，主要用于拦蓄水和护坡，南方宽度≥1.0米、北方宽度≥2.0米的地坎	农用地
		1204	盐碱地	指表层盐碱聚集，生长天然耐盐植物的土地	
12	其他土地	1205	沙地	指表层为沙覆盖、基本无植被的土地，不包括滩涂中的沙漠	未利用地
		1206	裸土地	指表层为土质，基本无植被覆盖的土地，不包括滩涂中的沙地	
		1207	裸岩石砾地	指表层为岩石或石砾，其覆盖面积≥70%的土地	

备注：本标准中可归入"湿地类"的土地利用分类类型包括：水田(0101)、红树林地(0303)、森林沼泽(0304)、灌丛沼泽(0306)、沼泽草地(0402)、盐田(0603)、河流水面(1101)、湖泊水面(1102)、水库水面(1103)、坑塘水面(1104)、沿海滩涂(1105)、内陆滩涂(1106)、沟渠(1107)、沼泽地(1108)。

六、我国土地利用现状分类的改进

土地利用分类是土地分类中最为广泛、最为重要的分类类型。土地利用分类运用于土地管理工作中的各个方面，包括土地基础信息的调查、日常地籍管理、土地登记、土地统计、土地分等定级、土地估价、土地利用规划、土地利用动态监测等。一个科学的土地利用分类体系对土地管理工作而言非常重要且十分必要。

(一)土地利用分类存在的问题

(1)单一用途地块，不能单一归类。

现行的土地利用分类标准并非十全十美。

耕地一般都有适宜耕作的土壤、水分、热量、光照等条件。而较好的自然条件不仅适合种植粮食作物，同时也适合种草、种果树和其他树木或者变成坑塘，同一块土地既可以用来种植粮食作物，又可以用来种植果树、桑树或者其他树木，这使耕地、园地、林地、草地的划分在一定程度上缺乏自然条件差异性基础。而且人工种植受经济社会环境变化的影响会很大。例如，当种苹果的经济效益大于种植小麦时，人们会将小麦地变成苹果园；当种树的经济收益大于种粮食时，人们也会将耕地改为林地；当养牛羊的收入高于种果树或者种水稻蔬菜时，人们也可能将耕地改为草地；当养鱼的经济效益高于种植水稻时，人们倾向于将耕地挖成鱼塘。所以，当调查者面对一大片耕地，其中夹杂着一片果树苗圃或者草地或者鱼塘时，总是会想该不该算入耕地的范畴。此时，经常出现的情况是一部分人按现状分别归入耕地、园地、坑塘，一部分人则可能将之全部归入耕地。这说明，该耕地定义本身存在一定的模糊性和易变性。同时，由于农业生产用地的相似性，农用地中其他地类的划分同样也存在一定的模糊性和易变性。再如耕地中规定“平均每年能保证收获一季的已垦滩地和海涂”为耕地，但出现某内陆滩涂前5年每年复种指数达到3，而近10年无人耕种，那该滩涂属于耕地呢，还是属于内陆滩涂？估计调查者一看现状，直接归于内陆滩涂，而该滩涂的使用权人则会坚持认为属于耕地。

从园地概念中可以看出，园地与耕地的典型区别在于种植作物的种类不同，耕地上种植的基本上都是1年内可收割甚至可以多次收割的作物，而园地上种的是多年生的木本或草本作物，区别于未利用地的要点在于覆盖度或者合理株数。园地中的多年生草本作物，有时难以跟草地区别开来。园地中的育苗用地，也很难与耕地以及林地中的未成林造林地区分开。当调查者站在一片生长期不到一年的青苗圃前，有人将之归入耕地，有人将之归入园地，也有人将之归入未成林造林地或者草地。如果该苗圃长势欠佳，还可能有人将之归入荒草地、裸土地之中。

就如前面所言，耕地、园地、林地、草地的分类标准中，有可能出现一块土地可划入不同的利用类型的情况，不能完全单一归类。

(2)复合用途地块，不能单一归类。

由于种种原因，很多地块在同一时点并不仅仅只有一种用途。如某地块上建有一幢高层建筑，该建筑的地下1~2层为仓库，地下3~4层为停车场，地面第1~6层为零售兼批发市场，第7~8层为影院，第9~11层为室内滑冰场、网球中心、健身馆，第12~14层为餐饮，第15~19层为某行政单位办公场所，第20~25层为某医院设的医疗及体检中心，第26~30层为住宅。那么，在土地利用现状调查时，该地块该归入哪一地类？显然，目前的土地利用分类标准没法给出适当的答案。如果该建筑物的楼顶利用先进科技种植了大棚蔬菜，且该地块的单位面积蔬菜产量不低于相同面积的纯耕地。那么，该宗地究竟属于建设用地，还是农用地？

不仅建设用地存在复合用途难以归类的问题，农用地也可能存在这一问题，如一水塘内，既种有莲藕，也养有鱼类，还负责蓄水以利灌溉，则该水塘该算耕地，还是算坑塘呢？显然也不是只能单一归类。

(3)因季节变换，不同用途的地块，难以单一归类。

在农作物收割后的季节，如秋季和冬季，纬度较高地域的耕地特别是旱地的地表状况与人工草地的地表状况有极大的相似性。一个普通的调查人员极可能无法用肉眼分辨出耕地与人工草地的分界线而将两者混同一种用途，从而不能按其实际存在的差异分别归入不同的类型。同样，种植多年生草本作物的园地在秋冬季的地表状况与收割后的耕地差别也不大，也很容易混同。特别是当使用遥感影像判读地表覆盖状况时，耕地、园地、林地、草地有时难以精确划分。

（二）土地利用分类的改进

1. 应当明确土地利用分类的目标

我们对土地利用进行分类，最高级别的目的是什么？这一目的下，再细分哪些目的？这一目标体系能否满足我们的经济、社会发展需要，是否符合客观规律？只有从源头挖掘出科学规律并据以制定目标体系，才是制定科学、合理的土地利用分类体系的前提。

一般而言，我们的土地利用目标，是保证土地经济效益、社会效益和生态效益在某种权重配比下的最大化。既然如此，那我们的土地利用目标，就可直接以效益目标进行权衡，并按目标等级下设二级三级以至更多级别的目标。

如果我们以满足人体热量需要为第一目标，则一级地类的划分，可以从单位农产品的热量值着手，按单位农产品的热量值对农产品进行等级划分，种植第一等级农产品的土地归入第一类；种植第二等级农产品的土地归入第二类，依此类推。当满足人体的热量需要后，如果第二目标是满足房屋需要，则根据人们对房屋的需求，将房屋区分为生活用房、生产用房、服务用房、其他用房等类型，然后再按二级目标进行划分。设定其他目标的，都可以依此类推。

2. 应当研究制定合理的分类依据

现行的土地利用分类体系，一级分类的基本依据大致可以说是利用土地后的产品的类型。对土地加以开发利用后，收获的是农林畜牧产品的归入农用地；收获的是建筑空间或者构筑空间的归入建设用地；收获的是水或者水产品的归入水域和水利设施用地；无所收获的归入其他土地。这一分类依据有其科学性和合理性。

但是，耕地、园地、林地、草地收获的产品，对人类的功能有一定的相似性，即为人类提供生存必需的物质与能量。无论初级产品是稻谷、麦子、红薯还是蔬菜、水果、肉类、蛋类、奶类，经人类食用消化后，都转化为人体所需的物质、热量及排泄物。且农产品种类虽受土地自然条件影响较大，但同时受社会经济条件的影响也比较大，产品转换也可能比较频繁。因此，按种植的作物品种对土地进行分类，有较大的不确定性。要让农用地块能准确归类，可以考虑引入作为农业用途时的障碍因子为分类依据，如将农用地分为瘠薄农用地、缺水农用地、高寒农用地等。

3. 应当引入空间分层理念

建设用地中，按建筑空间和构筑空间对人类的功能，分为商服用地、工矿仓储用地、住宅用地、公共管理与公共服务用地、特殊用地、交通用地。这一分类依据并没有考虑到同一地块可能存在的多种用途或者立体式用途。当土地作为一个空间被灵活使用时，这一分类依据就明显存在平面局限性了。

要突破分类依据上的平面局限性，必须引入空间分层分类的概念。可以按土地空间层次利用的情况，分层分别归入相应的土地利用类型。

第二节　土地调查

一、土地调查的基本理论

(一)土地调查的概念

土地调查是指为达到特定的目标，调查者按照一定的规则，采取适当的技术途径，对特定范围内地块的位置、界址、权属、用途、等级、价格等要素进行属性调查和空间定位，并按一定规则形成调查成果的过程。

土地调查应当有特定目标，并围绕该目标形成相应的工作方案和技术方案。根据《第二次全国土地调查技术规程》(TD/T 1014—2007)，土地调查的目的是：全面查清土地利用状况，掌握真实的土地基础数据，建立和完善土地调查、统计和登记制度，实现土地调查信息的社会化服务，满足经济社会发展及国土资源管理的需要。

土地调查应有一定的规则。不同的人对相同的情势可能有不同的判断。如果没有规则，则这种判断大多建立在调查者自身的知识结构与识别能力之上。而由于个人的知识结构与识别能力千差万别，也就会使判断结果千差万别。必须给定一些无论在何种知识结构与识别能力下，都能得到一致的结论的规则。如在宅基地调查过程中，有一块土地，残留有破垣断墙，看得出以前建有房屋，但现在里面已经被种上了蔬菜，那么，调查人员得判断，这该不该算宅基地？如果没有给定的规则，则有人会判断成宅基地，有人会判断为菜地，从而使调查口径不一，成果较难通过一致性检验。同时，空间定位规则中最重要的一项是测量允许误差，只有在给定的允许误差以内，定位成果才算合格。

土地调查一般在特定的行政辖区范围内进行，如某县(市)、某地(市)等。如果是全国性的土地调查，按照《第二次全国土地调查技术规程》，其基本调查单位是完整的县级行政辖区，再经统计汇总形成市(地)、省(自治区、直辖市)和全国土地调查成果。

土地调查一般应包括属性调查与空间定位。土地调查不同于其他资产调查，也有别于其他资源调查。土地具有位置固定性的特点，因此，土地调查可以将任何地块按地理坐标进行空间定位，同时将该地块的界址、权属、土地利用状况、面积、等级、价格、历史与未来等方面的属性数据进行添附，然后与周围地块关联后，形成一个完整的土地信息系统。

(二)土地调查的任务

土地调查的任务是查清、定位各土地调查单元的地籍要素。这些要素包括位置、界址、权属、利用状况、等级、价格等。

在不同的调查区域，针对不同的土地特征，调查测量任务会有所差异。根据《第二次全国土地调查技术规程》(TD/T 1014—2007)，土地调查的基本任务包括四个方面：农村土地调查、城镇土地调查、基本农田调查、土地调查数据库与管理系统建设。

1. 农村土地调查

农村土地调查指逐地块实地调查土地的地类、面积和权属，掌握各类用地的分布和利用状况，以及国有土地使用权和集体土地所有权状况。

2. 城镇土地调查

城镇土地调查指调查城市、建制镇内部每宗土地的地类、面积和权属，掌握每宗土地的位置和利用状况，以及土地的所有权和使用权状况。

3. 基本农田调查

基本农田调查指依据基本农田划定和调整资料，将基本农田地块落实至土地利用现状图上，掌握全国基本农田的数量、分布和保护状况。

4. 土地调查数据库与管理系统建设

土地调查数据库及管理系统建设指建立国家、省、市(地)、县四级集影像、图形、地类、面积和权属于一体的土地调查数据库及管理系统。

(三)土地调查的原则

不同目的下的土地调查，可能会需要坚持不同的原则。但有些原则，无论在何种目的下，无论由谁去开展，都应当坚持。这些原则包括实地逐单元调查、依法调查、统一规范调查、误差控制、成果检验等。

1. 实地逐单元调查

为保证调查成果的客观真实，从调查工作方案和技术方案设计到调查成果验收，都要实事求是，不得弄虚作假。外业调查时务必逐图斑逐宗地进行实地调查，并做好相应的调查记录，填写调查手簿，保证实地、数据、图件的一致性。

为保证土地调查成果的客观真实，除将实地调查列为必须遵守的原则外，还要有一套行之有效的办法来保证，调查记录实地校核，测量成果抽样检验等。

2. 依法调查

土地调查应当符合国家法律、法规、规程等的要求。如土地利用现状调查必须符合《土地利用现状调查规程》和《土地利用分类》国家标准，土地权属调查必须符合《中华人民共和国民法通则》(以下简称《民法通则》)、《土地管理法》《土地管理法实施条例》《中华人民共和国物权法》(以下简称《物权法》)、《不动产登记暂行条例》等的规定。房屋、林木调查还必须符合房屋、林木调查测量方面的法律、法规和规程。如果不按法律、法规、规程等的要求进行调查，可能直接导致成果无效甚至更严重的后果。

3. 统一规范调查

土地调查往往是一个涉及面广，耗资巨大的工程，而且通常会分区、分片、分乡(镇)、分县进行调查。如果各调查区域内的调查工作不统一，将导致调查成果无法无缝对接，或侥幸对接，内部数据也难以通过一致性检验。因此，调查、测量、面积量算、图件制作必须符合统一规范。

统一调查原则体现在统一组织、统一培训、统一设计与制作调查表格、统一调查单元、统一底图要求、统一测量误差控制标准、统一成果检验标准等，应贯穿在调查工作全过程中。

4. 误差控制

误差控制是测量中的一项十分重要的工作，每一图斑的测量误差都必须控制在允许的范围内。包括平面控制测量、碎部测量等，都要保证精度。超过允许误差的，都为不合格，应重新测量。误差控制是保证调查成果准确性的主要途径之一。

5. 成果检验

应当制定统一的成果检验标准，并逐项对成果进行检验。当成果出现不合格的情况时，对不合格的类型进行整改，直到合格为止。没有监管和检验就没有质量保证。

(四)土地调查的分类

通常情况下，不同的调查目的，不同的分类依据等可以对应不同的调查分类。如按照调查对象是局部还是全部，土地调查可以分为抽样调查与普查；按土地调查的详细程度可以分为详查与概查；按土地调查的区域不同可分为城镇土地调查与农村土地调查等；按土地调查的主导内容不同可以分为土地利用现状调查、土地权属调查、土地条件调查等。

1. 按调查对象的范围分为抽样调查与普查

抽样调查是指按照一定的样本选择原则，随机抽取一定比例的样本进行调查，并用抽样调查成果反映全局成果的一种调查方式。

普查是对调查区域内的全部土地进行的普遍性调查。只要该土地符合给定的条件，就纳入调查对象范围，无遗漏，无取舍。

2. 按调查详细程度分为详查与概查

土地详查是指对调查的土地单元的所有信息进行相对全面、彻底、精确的调查；概查则是指对土地调查单元的信息进行较为粗疏的估算。详查的成果可以用于建立一个精准的数据库和信息系统，而概查的成果往往用于对细节要求较低的宏观决策或者战略规划。

3. 按调查的区域分为农村土地调查和城镇土地调查

城镇土地和农村土地在权属、利用、效益、管理等方面存在较大的差异。城镇土地以建设用地为主，地块相对较小，使用权主体相对密集，土地利用效益较高，管理更为细致。而农村土地以农用地为主，地块相对较大，使用权主体相对较少，土地利用效益相对较低，管理更为粗放。城镇和农村土地存在的上述差异，使对应的土地调查也有所不同。

农村土地调查包括线状地物调查、图斑调查、零星地物调查等，针对某些用地的特殊性再开展深度调查，如对基本农田进行基本农田调查。

城镇土地调查包括权属调查、界址调查、地籍平面控制测量、界址点测量、面积量算等。

4. 按调查内容不同分为土利用现状调查(地类调查)、土地权属调查和土地条件调查

根据《土地管理法实施条例》，土地调查分为三类：土地利用现状调查(地类调查)、土地权属调查和土地条件调查。

土地利用现状调查是指以县级行政区为调查单位，以地块图斑为调查单元，对辖区内的所有地块图斑的权属、位置、用途、面积等要素进行调查测绘和面积量算，并逐级

汇总最终形成全国性土地利用现状数据的过程。其核心成果是土地分类面积数据与土地利用现状图。

土地权属调查是指以宗地为调查单元，调查者对每一宗地的权属、位置、用途、面积、等级、价格等进行调查，对界址进行测量，并量算界线内面积的过程。土地权属调查的核心成果是权属界线、权属面积与地籍图。

土地条件调查是指对一定范围内的土地的自然、经济、社会各要素进行的调查。其中土地自然条件调查包括对土地的地形地貌、高程、坡度、坡向、土壤、植被、水文、气候、矿产等要素进行的调查；土地经济条件调查则包括对城镇用地面积、商服繁华程度、交通便利程度、基础设施配套程度、土地利用效益高低、利用土地的节约集约程度以及规划要素、技术水平等进行的调查；土地社会条件调查则主要是对人口数量、人口结构、人口分布、人口素质、就业情况以及社会稳定、安全等方面的调查。

(五)土地调查的数理基础

跟土地调查有关的理论基础包括比例尺、数学基础、界线来源、控制面积等。

1. 比例尺

比例尺是反映实地距离与图上距离之比的以 1 为分子的规范化分值。根据《第二次全国土地调查技术规程》，农村土地调查以 1∶10 000 比例尺为主，荒漠、沙漠、高寒等地区可采用 1∶50 000 比例尺，经济发达地区和大中城市城乡结合部，可根据需要采用 1∶2 000 或 1∶5 000 比例尺，城镇土地调查宜采用 1∶500 比例尺。

2. 数学基础

数学基础包括平面坐标系统、高程系统、投影方式、计量单位等。

根据《第二次全国土地调查技术规程》，农村土地调查采用“1980 西安坐标系”。城镇土地调查自行确定。高程系统则采用“1985 国家高程基准”。投影方式中，标准分幅图采用高斯-克吕格投影。1∶500、1∶2 000 标准分幅图或数据按 1.5°分带(可任意选择中央子午线)。1∶5 000、1∶10 000 标准分幅图或数据按 3°分带。1∶50 000 标准分幅图或数据按 6°分带。

计量单位、长度单位采用米(m)，面积计算单位采用平方米(m^2)，面积统计汇总单位采用公顷(hm^2)和亩。

3. 界线来源

根据《第二次全国土地调查技术规程》，界线来源有如下要求：

(1)国界采用国家确定的界线。

(2)香港和澳门特别行政区界、台湾省界采用国家确定的界线。

(3)陆地(含海岛)与海洋的分界线，采用国家确定的界线。

(4)县级及县级以上行政区域界线采用全国陆地行政区域勘界成果确定的界线。乡镇级行政区域界线，采用各县(市、区)最新确定的界线。行政界线仅用于面积统计汇总，与之不相符的权属界线予以保留。

4. 控制面积

图幅理论面积计算可以按下列公式计算，也可从理论控制面积表中直接查询。

$$P=\frac{4\pi b^2\Delta L}{360\times 60}\left[A\sin\frac{1}{2}(B_2-B_1)\cos B_m-B\sin\frac{3}{2}(B_2-B_1)\cos 3B_m+C\sin\frac{5}{2}(B_2-B_1)\cos 5B_m-D\sin\frac{7}{2}(B_2-B_1)\cos 7B_m+E\sin\frac{9}{2}(B_2-B_1)\cos 9B_m\right]$$

计算图幅理论面积 P 时，有关常数及保留的位数按给定数值计算：

$\pi=3.1415926536$；

式中，

a—— 椭球长半轴，$a=6378140\text{m}$；

α—— 扁率，$\alpha=1/298.257$；

b—— 椭球短半轴，$b=6356755.29\text{m}$。

式中，

$e^2=(a^2-b^2)/a^2$；

$A=1+(3/6)e^2+(30/80)e^4+(35/112)e^6+(630/2304)e^8$；

$B=(1/6)e^2+(15/80)e^4+(21/112)e^6+(420/2304)e^8$；

$C=(3/80)e^4+(7/112)e^6+(180/2304)e^8$；

$D=(1/112)e^6+(45/2304)e^8$；

$E=(5/2304)e^8$；

ΔL—— 图幅东西图廓的经差(单位：弧度)；

(B_2-B_1)—— 图幅南北图廓的纬差(单位：弧度)，$B_m=(B_1+B_2)/2$。

采用计算机计算时，所有数据类型应定义为双精度。

图幅理论面积计算结果以平方米为单位，保留一位小数。各种比例尺标准分幅图经差、纬差见表 2.2-1。

表 2.2-1 **各种比例尺标准分幅图经差、纬差表**

比例尺	1∶100 万	1∶50 万	1∶25 万	1∶10 万	1∶5 万	1∶2.5 万	1∶1 万	1∶5000
经差	6°	3°	1°30′	30′	15′	7′30″	3′45″	1′52.5″
纬差	4°	2°	1°	20′	10′	5′	2′30″	1′15″

依据行政界线、调查底图的比例尺等制作“图幅理论面积与控制面积接合图表”。国家以省为基本单位，省以县为基本单位编制。境界线用相应符号表示。接合表的基本内容一般包括经纬度、图幅编号、图幅理论面积、界内外控制面积、界内横向累加值、界内纵向累加值。横向累加值之和与纵向累加值之和应相等并为界内总面积。

行政区域控制面积为本行政区域内所有整幅和破幅图幅面积之和。破幅面积是以图幅理论面积为控制计算的图幅内本方椭球面面积。图幅界内外控制面积之和应等于该图幅的理论面积。不同比例尺图接边时，大比例尺控制面积不变(视为“真值”)，小比例尺图控制面积等于该图幅理论面积减去大比例尺图幅控制面积。

二、土地调查的一般程序

（一）前期准备

包括组织准备、资料准备和仪器设备准备。成立领导班子，举办培训班，落实调查人员，收集有关资料，编制调查表格，准备调查所需图件、仪器、工具和设备等。

1. 制定方案

各地根据本地区实际情况，制定土地调查工作方案和技术方案。主要内容包括基本情况、资料情况、技术路线、技术方法、技术流程、时间安排、经费预算、组织实施、质量控制及主要成果等。

2. 人员培训

在开展土地调查前，应对参加调查的人员进行技术培训，规范调查程序，统一调查方法和要求等。

3. 开展试点

一般而言，为检验土地调查方案的可行性，保证土地调查工作的顺利推进，使土地调查成果符合设计标准，应当在大规模全面开展调查工作前，进行试点。

4. 资料准备

包括基础地理资料、遥感资料、界线资料、土地权属资料、已有的土地调查资料、基本农田划定和调整资料、土地管理资料和各种表格等。

基础地理资料包括近期地形图、DEM，以及各等级测量控制点等资料。遥感资料包括近期航空、航天遥感资料。界线资料包括国界线、陆地（含海岛）与海洋的分界线、行政区域界线等资料。土地权属资料包括《土地权属界线协议书》《土地权属界线争议原由书》，以及宗地权属来源和土地登记等资料。已有土地调查资料包括已有的土地调查图件、表格、文本和数据库等。基本农田划定和调整资料包括县级、乡级基本农田地块划定和调整的图件、表格、文件、说明等资料。土地管理有关资料包括土地利用总体规划、农用地转用、土地开发整理复垦等资料。各种有关土地权属、位置、界址、用途、面积、等级、价格、人口、经济等的相关表格。

5. 仪器设备准备

包括全站仪、GPS 接收机、钢尺、计算机、外设和软件系统，以及交通运输工具等。

（二）外业调查

外业调查工作包括农村土地调查和城镇土地调查。农村土地调查与城镇土地调查的内容和要求有所不同。应当按照国家统一的调查规范，选择并制作调查底图，设计调查表格，按操作规范进行野外调查。如农村土地调查以地块图斑为调查单元，内容除各地类与权属调查外，还包括基本农田调查和梯田坎调查，而城镇地籍调查以宗地为调查单元，内容除涉及地类、土地权属外，还需进行城镇地籍测量、制作地籍图等。

外业调查过程中或者完成后，需做好以下工作：

1. 底图标绘

外业调查完成后，调查底图应完整标绘全部调查信息，包括行政界线、权属界线、地类及其界线、线状地物及宽度、补测地物，以及编号和注记等。

2. 手簿填写

土地调查记录手簿应记载图斑地类、权属，以及有关线状地物权属、宽度等信息。地物补测应绘制草图，并在备注栏予以说明。

3. 田坎系数计算

1）耕地坡度分级

耕地分5个坡度级（上含下不含）。坡度≤2°的视为平地，其他分为梯田和坡地两类。耕地坡度分级及代码见表2.2-2。

表2.2-2 **耕地坡度分级及代码**

坡度分级	≤2°	2°~6°	6°~15°	15°~25°	>25°
坡度级代码	Ⅰ	Ⅱ	Ⅲ	Ⅳ	Ⅴ

农村土地调查数据库建成后，应用DEM生成坡度图，计算不同坡度级的耕地面积。

2）耕地田坎系数测算

坡度大于2°时，测算耕地田坎系数。

田坎系数由省（区、市）统一组织测算，测算方案及结果报自然资源部备案。

按耕地分布、地形地貌相似性等特征，对完整省（区、市）辖区分区。区内按不同坡度级和坡地、梯田类型分组，选择样方、测算系数。样方应均匀分布，每组数量不少于30个，单个样方不小于0.4 hm^2。

根据实测样方中的田坎面积，计算样方田坎系数，即田坎面积占扣除其他线状地物后样方面积的比例（%）。

当同组样方田坎系数相对集中、最大值不超过最小值的30%时，取其算术平均数作为该组田坎系数。

原有的田坎系数，经核实符合要求，可继续使用。

4. 海岛测量

对大潮平均高潮线以上面积大于等于500m^2、不与大陆相连的海岛进行调查与统计。海岛范围调查至零米等深线。

有常住居民的海岛，应实地调查。其他海岛，调查底图覆盖到的，调绘至底图上。调查底图覆盖不到的，依据相关资料确定其位置（经纬度），仅对海岛的名称（无名称的可编号）、地类和面积等进行统计。

（三）基本农田上图

农村土地调查中，应当调查已划定的基本农田范围内的地类、位置、面积和分布等状况。

基本农田上图的基本程序是：

(1)扫描基本农田划定和调整图件。

(2)以农村土地调查土地利用现状图为基础对扫描图件进行纠正。

(3)逐个基本农田地块矢量化，并以行政村为单位，从左到右、自上而下，由“J1”开始顺序编号，并按规定的数据结构进行属性编辑。

(4)在农村土地调查数据库中建立基本农田数据层。

(5)将基本农田数据层与土地利用地类图斑层叠加，计算基本农田地块中各地类的面积。

(四)数据库和管理系统建设

根据国家制定的数据库和管理系统建设标准，将前期准备好的资料、外业调查成果，按照数据库和管理系统建设要求进行整理入库和管理。根据我国《第二次全国土地调查技术规程》的要求，数据库及管理系统建设包括农村土地调查数据库、城镇土地调查数据库及管理系统建设。

(五)统计汇总与成果整理

按照土地调查规程及工作方案、技术方案，对数据库里的各类信息进行统计汇总。

数据建库和管理系统完成后，应当对整个调查过程中形成的各种原始资料、中间成果、加工成果、最终成果等分类进行整理，并按要求存档备查。

1. 面积统计

面积统计的基本要求如下：以县级行政辖区为单位，统计行政界线范围内的土地(含飞入地)。农村土地调查各地类面积之和(不含海岛)等于辖区控制面积。海岛面积单独统计。农村土地调查与城镇土地调查全部完成后，土地利用现状分类和权属性质等按土地利用分类标准进行地类统计。因小数位取舍造成的误差应强制调平。

面积统计包括农村土地面积统计、城镇土地面积统计、专项面积统计等。农村土地面积统计包括通过农村土地调查获取的土地利用现状分类、权属性质、耕地坡度分级和基本农田等统计；城镇土地面积统计包括通过城镇土地调查获取的土地利用现状分类和权属性质等统计；专项面积统计包括工业、基础设施、金融商业服务、开发园区，以及房地产用地等的统计。

2. 数据汇总

数据汇总工作包括接边、汇总、成果整理三项。

1)接边

当行政界线两侧明显地物接边误差小于图上 0.6mm、不明显地物接边误差小于图上 2.0mm 时，双方各改一半接边；否则双方应实地核实接边。

地类等属性不一致时，应根据 DOM 及外业调查结果接边；无法接边的，应实地核实接边。

不同比例尺的接边，依大比例尺调查结果接边。

2)汇总

在县级土地统计基础上，逐级开展市(地)级、省级和全国汇总。无县级归属的海岛参与省级汇总。

3）成果整理

成果整理包括图件制作与报告编写等工作。

（六）检查验收

检查验收是保证土地调查成果质量的重要环节。只有严格按照检查验收的操作规范对土地调查成果进行严格查验，才能尽可能避免土地调查中出现的主观、客观问题，减少错误，控制误差。检查验收分自检、预检、验收和核查确认等步骤，一般由县级负责自检，省级负责预检和验收，全国级负责核查确认。

检查验收分土地调查成果的检查验收与汇总成果的检查验收两个方面。

1. 土地调查成果的检查验收

调查成果检查的内容包括以下方面：

（1）调查底图制作方法、纹理特征、光谱特征和精度等；

（2）权源材料、手续、界址点位置、界线走向、权属界线协议书，以及调查表等；

（3）地类划分、图斑界线、线状地物及其宽度、田坎系数，以及外业调查记录手簿等；

（4）地籍测量控制网、权属界址点，以及其他地籍要素精度等；

（5）基本农田地块的位置及范围等；

（6）土地调查数据库结构、内容、精度、逻辑关系、功能及运行情况等；

（7）统计汇总数据、各种图件及文字报告等。

调查成果检查的基本要求有以下方面：

（1）自检。内外业需全面检查。

（2）预检与验收。内业全面检查农村土地调查数据库中图斑、线状地物与DOM的一致性。外业抽查不少于20%的不一致图斑和线状地物、全部补测地物，以及不少于5个行政村的权属界线。内业抽检城镇土地调查成果的30%～50%，外业抽查城镇土地调查成果的比例视内业抽检情况确定，一般为3%～5%。

（3）核查确认。内业全面检查农村土地利用数据库中图斑、线状地物与DOM的一致性。外业抽查不少于5%的不一致图斑、线状地物和补测地物。

权属界线准确无误，外业抽查正确率达到95%以上的视为合格成果。

2. 汇总成果的检查验收

市（地）级、省级汇总成果实行自检和上级验收的检查制度。

汇总成果的检查内容主要包括接边、数据汇总，以及数据库结构、内容、功能和运行情况等。

三、土地调查的主要内容

土地调查内容因所调查的对象不同而有不同。《第二次全国土地调查技术规程》按调查区域不同，将土地调查内容区分为农村土地调查内容和城镇土地调查内容。无论是农村土地调查还是城镇土地调查，其基本内容都包括了权属调查和地类调查。作为土地权属调查与地类调查的补充，还有土地条件调查。

（一）土地权属调查

土地权属调查是土地调查的重要组成部分。调查的目的是查清每一宗地的位置、权属、界址等基本情况，满足土地登记的需要。土地权属调查按其调查范围不同可以分为城镇土地权属调查和农村土地权属调查；按其调查对象不同可以分为建设用地权属调查和农用土地权属调查；按其调查的时点、区域等不同可以分为初始土地权属调查和变更土地权属调查。

农村土地权属调查是对集体土地所有权，以及公路、铁路、河流和国营农、林、牧、渔场、企事业单位等用地权属状况的调查。城镇土地权属调查是对城市、建制镇内部每宗土地的位置、权属、界址和地类等的调查。

1. 调查单元

土地权属调查的调查单元是宗地。凡被权属界址线封闭的土地为一宗地。包括集体土地所有权宗地和国有土地使用权宗地。同一所有者的集体土地被铁路、公路，以及国有河流、沟渠等线状地物分割时，应分别划分宗地。有争议土地，且一时难以调处解决的，可将争议土地单独划“宗”，待争议调处后划入相关宗地或单独划宗。

2. 宗地编号、地籍编号

农村土地调查前，一般应以县级行政区为单位，采用乡（镇）、行政村、宗地三级编号，宗地号按从左到右、自上而下，由“1”开始顺序编号。

在城镇土地调查中，地籍编号以县级行政区为单位，按街道、街坊、宗地三级编号。从左到右、自上而下，由“1”开始顺序编号。

同一街道、街坊、宗地被两幅以上基本地籍图分割时，应注记同一地籍号。

在已开展或完成地籍调查的地区，无论宗地是否分割或合并，原宗地号不再使用。分割后的各宗地以原编号的支号顺序编列；数宗地合并后的宗地号以原宗地号中的最小号加支号表示。

3. 界址点调查

以宗地为单位，界址点按顺时针方向由“1”开始顺序编号，界址点坐标可用图解或实测坐标。

4. 界线确认

（1）已完成指界或土地登记，界址未发生变化的可不重新指界。

（2）界址发生变化的或未开展权属调查的地区，界址应实地调查。实地调查时，应由本宗地及相邻宗地使用者到现场共同指界。单位使用的土地，应由法人代表出席指界，并出具身份证明和法人代表身份证明书；个人使用的土地，应由户主出席指界，并出具身份证明和户籍簿。法人代表或户主不能亲自出席指界的，由委托代理人指界，并出具身份证明及委托书。两个以上土地使用者共同使用的宗地，应共同委托代表指界，并出具委托书及身份证明。经双方认定的界址，应由双方指界人在地籍调查表上签字盖章。所有界址点要按规定设置界标。宗地有两个以上土地使用者时，要查清各自使用部分和共同使用部分的界线。

（3）已确权登记的，经复核存在错误或界线调整的，有关各方法定代表人或委托代理人应共同指界，重新签订《土地权属界线协议书》。资料手续不完善的，应补办手续。经复核无误的，不再重新调查、指界和签字。

(4)有争议的界线，应依法予以调处，签订《土地权属界线协议书》。难以调处的，划定工作界线，签订《土地权属界线争议原由书》。

(5)违约缺席指界的，如一方违约缺席，以另一方所指界线确定；如双方违约缺席，根据权源材料和实际使用状况确定界线；指界人认定界址后不签字的，按违约处理。调查结果以书面形式送达违约方。违约方在15日内未提出异议或未提出重新指界的，按调查结果认定权属界线。

(6)已征收但未明确土地使用者的，按征收界线确定国有土地使用权界。

(二)地类调查

地类调查是对每块土地的地类、位置、范围等分布和利用状况的调查。地类调查包括线状地物调查、图斑调查、零星地物调查与地物补测等。

利用DOM和已有土地调查成果等资料，按现状实地调查地类及其界线。地类调查至《土地利用现状分类》的二级类。

1. 线状地物调查

线状地物包括河流、铁路、公路、管道用地、农村道路、林带、沟渠和田坎等。

线状地物宽度大于等于图上2mm的，按图斑调查。

线状地物宽度小于图上2mm的，调绘中心线，用单线符号表示，称为单线线状地物(以下未做特殊说明的线状地物指单线线状地物)，并按要求在宽度均匀处实地量测宽度，精确至0.1m；当宽度变化大于20%时，应分段量测宽度。

在以系数扣除田坎的地区，田坎不调绘。但作为权属界线和行政界线的田坎应调绘其准确位置，不参与面积计算。

2. 图斑调查

单一地类地块，以及被行政界线、土地权属界线或线状地物分割的单一地类地块为图斑。

明显界线与DOM上同名地物的移位不得大于图上0.3mm，不明显界线不得大于图上1.0mm。

最小上图图斑面积：城镇村及工矿用地为图上4.0mm^2，耕地、园地为6.0mm^2，林地、草地等其他地类为15.0mm^2。

3. 零星地物调查

零星地物是指耕地中小于最小上图图斑面积的非耕地，或非耕地中小于最小上图图斑面积的耕地。零星地物可不调查。对零星地物较多地区，可根据本地区实际情况自行制定具体调查方法，开展调查。

4. 地物补测

补测实地相对DOM发生变化的部分。

补测的地物点相对邻近明显地物点距离限差，平地、丘陵地不得大于图上0.5mm，山地不得大于图上1.0mm。

（三）土地条件调查

土地条件调查包括土地自然条件调查和土地社会经济条件调查。

1. 土地自然条件调查

土地自然条件调查包括对地形地貌、土壤、植被、气候、水文、其他自然资源等状况进行的调查。这类调查目前没有专门的规程，也没有专门进行调查，通常引用其他专项调查的成果。如地形地貌、土壤、水分、植被等直接引用农业区位调查成果。土壤条件还可直接引用土壤调查的成果；气候条件可引用天气预报或者其他气候统计分析成果；地质条件可引用地质调查成果，矿产状况可引用矿产资源勘探成果等。社会经济条件则可直接来源于社会经济调查统计成果，如国民经济与社会统计年鉴等。

（1）地形地貌。包括对土地的地貌形态、高程、坡度、坡向等进行调查。

（2）土壤。对土壤的物理和化学性状进行调查，包括对土壤质地、土层厚度、土层构造、土壤养分、土壤障碍层、土壤 pH 酸碱度、土壤侵蚀等进行调查。

（3）植被。植被调查的主要内容是植被群落、草层高度、产草量、草类、草质等。

（4）水文。包括对地表水和地下水进行调查。地表水调查的主要内容是地表年径流量及其季节分布；地下水调查的主要内容是地下水流量、埋深、水质等。

（5）气候。包括光、温、水、热等方面的调查。调查内容包括年日照时数、大于等于 0℃积温量、大于等于 10℃积温量、年降水量、年蒸发量、干燥度、湿度等。

（6）其他自然资源。其他自然资源调查包括对矿产资源、能源资源等进行的调查。如对有色金属、稀有金属、非金属矿、水能、风能等情况进行的调查。

2. 土地社会经济条件调查

（1）区位条件。主要内容是区域所在地的外部经济和社会环境条件。包括周围区域的经济发展状况、本区域与周围区域的物质和能量交换状况，本区域的发展前景等。

（2）交通条件。包括铁路、公路、水运、航空等方面的便利程度。

（3）经济发展状况。主要对调查区域的国民生产总值、国内生产总值、人均年纯收入状况、人均年可支配收入状况、基础设施配套情况、公用设施配套情况等进行的调查。

（4）社会发展状况。主要对调查区域的人口数量、质量、结构、流动性等进行的调查，同时对社会稳定性、安全性、舒适性、和谐程度等进行的调查。

（5）技术发达程度。主要对调查区域的农业、工业、其他产业中技术利用状况、先进生产技术和工艺的引进率等进行的调查。

四、土地调查的技术要点

（一）遥感影像的选择

遥感资料的选择包括航空遥感资料选择和航天遥感资料选择。

1. 航空遥感资料

航空遥感资料又分为胶片相机和数码相机摄影资料。基于胶片相机航空摄影时，DOM 比例尺与摄影比例尺的对应关系见表 2. 2-3。

表 2.2-3 **DOM 比例尺与摄影比例尺的对应关系**

DOM 比例尺	摄影比例尺
1∶500	1∶2 000~1∶3 000
1∶1 000	1∶4 000~1∶6 000
1∶2 000	1∶8 000~1∶12 000
1∶5 000	1∶10 000~1∶20 000
1∶10 000	1∶20 000~1∶50 000

基于数码相机航空摄影时，DOM 比例尺与数码相机像素地面分辨率的对应关系见表 2.2-4。

表 2.2-4 **DOM 比例尺与数码相机像素地面分辨率对应关系**

DOM 比例尺	数码相机像素地面分辨率(m)
1∶500	优于 0.04
1∶1 000	优于 0.08
1∶2 000	优于 0.16
1∶5 000	优于 0.4
1∶10 000	优于 0.8

2. 航天遥感资料

当选择航天遥感影像数据时，要求航天遥感影像应层次丰富、纹理清晰、色调均匀、反差适中，云量覆盖应小于 10%，且不能覆盖城乡结合部等重点地区，侧视角一般小于 15°，最大不能超过 25°。

根据 DOM 比例尺选择相应空间分辨率的航天遥感数据，对应关系见表 2.2-5。

表 2.2-5 **DOM 比例尺与航天遥感数据空间分辨率对应关系**

DOM 比例尺	1∶5 000	1∶10 000	1∶50 000
图像空间分辨率	不低于 1m	不低于 2.5m	不低于 10.0m

(二) DOM 制作

DOM(Digital Orthophoto Map，数字正射影像图)的制作应当符合一定的技术精度要求。

1. DOM 精度要求

DOM 应当按照要求的平面位置精度和镶嵌精度等进行制作。

平面位置精度控制要求：DOM 地物点相对于实地同名点的点位中误差，不得大于

表2.2-6的规定。特殊地区可放宽0.5倍，规定两倍中误差为其限差。

表2.2-6　　**DOM平面位置精度要求**

DOM比例尺	平地、丘陵地(m)	山地、高山地(m)
1∶500	0.30	0.40
1∶1 000	0.60	0.80
1∶2 000	1.20	1.60
1∶5 000	2.50	3.75
1∶10 000	5.00	7.50
1∶50 000	25.00	37.50

利用航空影像制作DOM时，像片或影像之间镶嵌限差见表2.2-7。

表2.2-7　　**像片或影像的镶嵌限差**

DOM比例尺	平地、丘陵地(m)	山地、高山地(m)
1∶500	0.1	0.15
1∶1 000	0.2	0.3
1∶2 000	0.4	0.6
1∶5 000	1.0	1.5
1∶10 000	2.0	3.0
1∶50 000	10.0	15.0

利用卫星影像制作DOM时，景与景之间的镶嵌限差见表2.2-8。利用不同分辨率影像(包括航空影像和卫星影像)制作DOM时，二者之间的镶嵌限差见表2.2-8。

表2.2-8　　**景与景的镶嵌限差**

DOM比例尺	平地、丘陵地(m)	山地、高山地(m)
1∶2 000	1.0	1.6
1∶5 000	2.5	4.0
1∶10 000	5.0	8.0
1∶50 000	25.0	40.0

2. DOM制作

航空DOM的制作依据国家航空摄影测量及正射影像图制作相关标准，制作航空

DOM。有条件时制作相应比例尺的 DEM(Digital Elevation Model，数字高程模型)。

航天 DOM 制作时，平面控制点采用 GPS(Global Position System，全球定位系统)等仪器实测，或从大于 DOM 比例尺的现有 DOM、地形图上采集。高程控制则采用近期相应比例尺 DEM 为高程控制。DEM 应满足《基础地理信息数字成果 1∶5 000 1∶10 000 1∶25 000 1∶50 000 1∶100 000数字高程模型》(CH/T 9009.2—2010)。不同 DOM 比例尺与 DEM 比例尺对应关系见表 2.2-9。

表 2.2-9 **不同 DOM 比例尺与 DEM 比例尺对应关系**

DOM 比例尺	DEM 比例尺
1∶5 000	1∶10 000
1∶10 000	1∶10 000 或 1∶50 000
1∶50 000	1∶50 000

图像处理以景为单元，采用物理模型或有理函数模型进行几何纠正。重采样方法采用双线性内插或三次卷积，重采样像元大小同原始遥感影像。融合影像要求纹理清晰、光谱信息畸变小，无重影、模糊等现象。重叠区的影像纹理应一致。当影像时相相同或相近时，色彩应趋于一致。

3. DOM 分幅与整饰

DOM 按标准比例尺图幅进行分幅，分幅与编号执行《国家基本比例尺地形图分幅与编号》(GB/T 13989—2012)，叠加界线、注记等有关信息，并参照《遥感影像平面图制作规范》(GB 15968—2008)进行图廓整饰，整理形成调查底图。

(三)地籍测量

地籍测量是测量每宗土地的权属界址点、界址线、其他地籍要素、位置、形状等，计算面积，以及编制地籍图和宗地图。

1. 城镇地籍平面控制测量

城镇地籍平面控制测量网可利用已有的等级控制网加密建立。地籍平面控制网测量应遵照《全球定位系统城市测量技术规程》(CJJ/T 73—2010)和《城市测量规范》(CJJ/T 8—2011)。

2. 地籍测量

地籍测量包括界址点测量、地籍图、宗地图与面积计算。

1)界址点测量

界址点测量一般采用解析法，界址点精度及适用范围见表 2.2-10。

对分割的宗地，分割点在原界址线上时，可分别测量申请者埋设的界标距两界址点距离后，计算分割点坐标；或按分段长度，展绘分割点于图上。

分割点在宗地内部时，依申请者埋设的分割界桩测量分割点的坐标，或根据与相关地物的关系距离确定分割点位。

表 2.2-10　**界址点精度及适用范围**

类别	界址点对邻近图根点点位误差(cm)		界址点间距允许误差(cm)	界址点与邻近地物点关系距离允许误差(cm)	适用范围
	中误差	允许误差			
一	±5	±10	±10	±10	街坊外围界址点及街坊内明显的界址点
二	±7.5	±15	±15	±15	街坊内部隐蔽的界址点及村庄内部界址点

注：界址点对邻近图根点点位误差系指用解析法勘丈界址点应满足的精度要求；界址点间距允许误差及界址点与邻近地物点关系距离允许误差系指各种方法勘丈界址点应满足的精度要求。

2)地籍图、宗地图

地籍图内容包括各级行政界线、地籍平面控制点、地籍编号、界址点及界址线、街道名称、门牌号、在宗地内能注记下的单位名称、河流、湖泊及其名称，以及必要的建构筑物和地类号等。

宗地图是土地证书和宗地档案的附图，内容包括本宗地号、地类号、宗地面积、界址点及界址点号、界址边长；邻宗地号及邻宗地界址示意线等。宗地过大或过小时，宗地图比例尺可适当调整。

3)面积计算要求

以宗地为单位，利用界址点坐标计算面积。共用宗地内，各自使用的土地有明显范围的，先划分各自使用界线，并计算其面积，剩余部分按建筑面积分摊。

一宗地分割成数宗地，其分割后宗地面积之和应与原宗地面积相符。如存在不符值时，其误差按分割宗地面积比例配赋。

(四)面积计算

1. 图斑面积及图斑地类面积

用图斑拐点坐标计算图斑面积，应用公式(2-1)将高斯平面坐标换算为相应椭球的大地坐标，应用公式(2-2)计算图斑椭球面积。

1)坐标变换

$$y' = y - 500000 - \text{带号} \times 1000000$$

$$E = K_0 x$$

$$B_f = E + \cos E(K_1 \sin E - K_2 \sin^3 E + K_3 \sin^5 E - K_4 \sin^7 E)$$

$$B = B_f - \frac{1}{2}(V^2 t)\left(\frac{y'}{N}\right)^2 + \frac{1}{24}(5 + 3t^2 + \eta^2 - 9\eta^2 t^2)(V^2 t)\left(\frac{y'}{N}\right)^4 - \frac{1}{720}(61 + 90t^2 + 45t^4)(V^2 t)\left(\frac{y'}{N}\right)^6$$

$$L = \left(\frac{1}{\cos B_f}\right)\left(\frac{y'}{N}\right) - \frac{1}{6}(1 + 2t^2 + \eta^2)\left(\frac{1}{\cos B_f}\right)\left(\frac{y'}{N}\right)^3$$

$$+\frac{1}{120}(5+28t^2+24t^4+6\eta^2+8\eta^2t^2)\left(\frac{1}{\cos B_f}\right)\left(\frac{y'}{N}\right)^5$$

$$+\text{中央子午线经度值(弧度)} \tag{2-1}$$

式中，$t=\tan B$；

$\eta^2=e'^2\cos^2 B$；

$N=C/V$，$V=\sqrt{1+\eta^2}$；

K_0，K_1，K_2，K_3，K_4 为与椭球常数有关的量。

2）面积计算

$$S=2b^2\Delta L\left[A\sin\frac{1}{2}(B_2-B_1)\cos B_m-B\sin\frac{3}{2}(B_2-B_1)\cos 3B_m+C\sin\frac{5}{2}(B_2-B_1)\cos 5B_m-D\sin\frac{7}{2}(B_2-B_1)\cos 7B_m+E\sin\frac{9}{2}(B_2-B_1)\cos 9B_m\right] \tag{2-2}$$

其中，A，B，C，D，E 为常数，按下式计算：

$e^2=(a^2-b^2)/a^2$；

$A=1+(3/6)e^2+(30/80)e^4+(35/112)e^6+(630/2304)e^8$；

$B=(1/6)e^2+(15/80)e^4+(21/112)e^6+(420/2304)e^8$；

$C=(3/80)e^4+(7/112)e^6+(180/2304)e^8$；

$D=(1/112)e^6+(45/2304)e^8$；

$E=(5/2304)e^8$；

式中，a—— 椭球长半径(单位：米)；

b—— 椭球短半径(单位：米)；

ΔL—— 图块经差(单位：弧度)；

(B_2-B_1)—— 图块纬差(单位：弧度)；

$B_m=(B_1+B_2)/2$。

用图斑面积减去实测线状地物，按系数扣除的田坎和其他应扣除的面积计算图斑地类面积。

2. 线状地物面积

采用图上计算的长度和外业测量的宽度计算线状地物面积。

3. 田坎面积

实测的田坎面积计算方法同线状地物。

按系数扣除的田坎面积等于耕地图斑面积和图斑内实测的线状地物面积之差与田坎系数的乘积。

五、土地调查数据库与管理系统建设

数据库和管理信息系统建设有赖于数据库建库标准和管理信息系统建设标准的先行。在统一的数据库和管理信息系统建设标准下，可构建上下级可衔接，地域空间可拼接，分类数据可汇总的数据库和管理系统。

根据《第二次全国土地调查技术规程》，目前我国土地调查数据库和管理系统分农村土地调查数据库与管理系统和城镇土地调查数据库与管理系统两个类型。

(一)农村土地调查数据库与管理系统

1. 基本内容

农村土地调查数据库的基本内容包括土地权属、土地利用、基本农田、基础地理、影像、DEM 等信息。

2. 总体要求

农村土地调查数据库及管理系统建设的总体要求是：以完整县级辖区为单位建立农村土地调查数据库；系统以 GIS 平台为基础，满足各级数据库之间的互联互通和同步更新；系统应满足矢量、栅格和与之关联的属性数据的管理，具有数据输入、编辑处理、查询、统计、汇总、制图、输出，以及更新等功能。

3. 系统构建

县级农村土地调查数据库的建库工作内容包括：图形数据采集、拓扑关系构建、属性数据采集、分幅数据接边、数据检核入库等。

1)图形数据采集

参照农村土地调查记录手簿，矢量化调查底图上的权属界线、地类图斑界线和线状地物等。明显界线与 DOM 上同名地物的移位不得大于图上 0.2mm。

2)拓扑关系构建

检查点、线、面之间的相互关系，并进行拓扑处理，建立拓扑结构。

3)属性数据采集

按规定的数据结构输入属性数据，并进行校验和逻辑错误检查。

4)分幅数据接边

分幅采集的矢量数据，图廓线两侧明显地物接边误差小于图上 0.6mm、不明显地物接边误差小于图上 2.0mm 时，可直接按照影像接边，否则应实地核实后接边。接边后图廓线两侧相同要素的图形、属性数据应保持一致。

5)数据检核入库

检查数据完整性、准确性、逻辑一致性，以及数据分层和文件命名的规范性等，将满足要求的导入数据库。

上级对下级上报的数据库进行检查、接边、组织和整合后逐级导入上级数据库，可形成市(地)级、省级、国家级农村土地调查数据库。

(二)城镇土地调查数据库与管理系统

1. 基本内容

城镇土地调查数据库主要包括土地权属、土地登记、土地利用、基础地理、影像等信息。

2. 总体要求

系统以 GIS 平台为基础，满足土地登记需要。

系统应满足矢量、栅格和与之关联的属性数据的管理，具有数据输入、编辑处理、查询、统计、汇总、制图、输出以及更新等功能。

3. 城镇土地调查数据库

1)图形数据采集

检查已有的电子数据，包括野外采集的数据和已建数据库，导入数据库；对纸质地籍图，通过矢量化采集数据。

2)图形数据编辑处理

包括图形编辑、坐标系变换、图幅接边及拓扑关系建立等。

3)属性数据采集

根据外业调查结果录入属性信息，与图形数据挂接。

扫描纸质申请书、调查表、审批表、土地证，以及权属来源证明文件等资料，并与属性信息挂接。审批表等电子文件可直接挂接。

4)数据检核与入库

检查数据完整性、准确性、逻辑一致性，以及数据分层和文件命名的规范性等，满足要求地转入数据库。

六、土地调查的主要成果

无论哪类土地调查，调查成果最终都体现为4种类型：文字报告、表格、图件及数据库与管理系统。

(一)县级土地调查成果

县级土地调查成果主要包括：

(1)调查底图及《农村土地调查记录手簿》。

(2)地籍平面控制测量、地籍测量原始记录。

(3)土地权属有关成果。

(4)田坎系数测算成果。

(5)图幅理论面积与控制面积接合图表。

(6)土地调查数据库及管理系统。

(7)统计汇总表。

(8)土地利用现状图、地籍图、宗地图。

(9)基本农田、耕地坡度分级等专题图。

(10)工作报告、技术报告、成果分析报告及有关专题报告等。

(二)汇总成果

在县级土地调查的基础上，通过接边和数据汇总，可得到市(地)级、省级、国家级土地调查成果。包括以下方面：

(1)市(地)级、省级、国家级数据库及管理系统。

(2)市(地)级、省级、国家级汇总数据。

(3)市(地)级、省级、国家级土地利用现状图。

(4)市(地)级、省级、国家级基本农田等专题图。

(5)市(地)级、省级、国家级工作报告、技术报告、成果分析报告及有关专题报告等。

第三节 土地统计

土地统计是依据《中华人民共和国统计法》(以下简称《统计法》)和《土地管理法》,以及其他有关的行政法规制定的一项土地管理措施。

一、土地统计的基本理论

(一)土地统计的概念

土地统计是国家对土地数量、质量、分布、利用和权属状况进行调查、汇总后形成的资料，采用适当的统计分析方法，进行统计分析并提供土地统计成果的过程。作为一项国家制度，我国现行的土地统计是国家统计的重要组成部分，是以认识土地、揭示土地的发展规律，改进土地的分配与利用，保证社会经济稳定发展为目的所进行的统计设计、调查、整理和分析。

土地调查与土地统计通常密不可分，一般先通过调查获得必要的基础数据，再采用适当的统计方法，选择适当的指标，对特定的时间、空间序列调查数据计算平均数、众数、标准差、方差，或者根据调查样本建立时空分析模型进行时空模拟等。

(二)土地统计的原则

土地统计是一项严肃而细致的工作，要做好土地统计工作，应当遵循以下原则:

1. 真实

统计的各项资料内容，应是土地真实现状的写照，否则就会失去其科学性、实用性。实事求是地反映实地现状，是土地统计的根本基础，只有根据真实的统计信息，才能得出土地管理的科学结论。

2. 有据

土地统计是我国基本国情统计的重要组成部分，要建立在真实可靠的基础之上，土地初始统计必须以土地利用现状调查的成果为基本依据，对于土地权属应当依据具有法律效力的土地登记凭证或其他具有相当行政效力的批示及文件；对于土地质量、分布等资料，则应分别依据于土壤、水文、地质、气候等专业调查资料及测绘图件资料。日常土地统计则应依据于土地变更原始记录及有关批文。

3. 严密

土地统计的主要理论基础是辩证唯物主义和历史唯物主义，主要工具是数学和计算机，它们都是严密的科学，因此土地统计工作也必须十分严密。

4. 系统

土地统计在内容、方法、组织和制度上，均由许多相互联系、相互制约的因素组成，它们的共同作用，形成了土地统计系统工作，这就要求用系统观念来统筹土地统计工作。

(三)土地统计的任务

土地统计的任务主要包括以下三个方面：

(1)分析时空土地数据的个体类别，研究个体规模、分布及其时空变化规律。

这是最基本的统计任务。针对每个跟土地有关的个体进行多维统计分析，寻求个体变化的自然和经济社会规律。如针对某区域内的耕地进行统计分析，可知该区域内耕地的数量、质量、分布、耕种模式、单位面积产量等要素的历史及现状，并据此预测其发展趋势。再如对某区域的建设用地进行统计分析，可知该区域内建设用地的种类、规模、布局、用地效益等要素的历史与现状，并采用适当的方法预测其未来发展趋势。

(2)分析时空土地数据之间的关系，研究土地系统内个体与其他个体、个体与群体之间的相关规律。

任何一个个体都不是孤立存在的。个体的地位与作用都会在群体中体现。个体一方面以自己的特性独立存在，同时又与其他个体之间产生某种关联，成为群体的一部分。某种类型土地或者某宗地可以是一个独立的个体，同时也是构成土地总体的一部分。某种类型的土地要素变化，也将引起土地系统内其他土地类型的要素的响应与改变。因此，应当对个体与群体之间进行统计分析，以寻找相互之间的作用规律。如某区域内的耕地数量、质量、产量、布局等要素发生变化，会使该区域内建设用地的数量、布局、集约程度、产品类型、效益等要素产生响应性变化。同时，一个区域的建设用地发生变化，相应范围内的耕地也会产生响应性变化。研究个体与其他个体的关系，以及个体与群体，部分与总体之间的相关性，是揭示复杂社会关系的需要。

(3)分析时空土地数据与其他自然资源、经济社会数据的相关关系，研究土地与其他自然资源、经济社会之间的相互作用机制。

土地是自然系统中的一部分，同时也是社会经济系统中的一部分。土地内部自成体系，同时又与其他自然资源构成自然资源系统，与社会经济环境共同构成人地系统。对土地的自然和社会经济数据进行统计分析，寻求土地与其他自然资源、社会经济资源之间的互动规律，有利于促进人地关系的和谐。

随着科学技术的进步和经济社会的发展，土地统计的任务也会随之发展。

(四)土地统计的分类

土地统计按其时间和内容的不同，可以分为初始土地统计和日常(变更)土地统计，按其开展土地统计的主体不同可以分为国家土地统计和基层土地统计。还可依据其他分类方式进行不同分类。

1. 初始土地统计与日常土地统计

1)初始土地统计

初始土地统计是以某一特定时间为起点，依据一定的技术规范对特定范围内的土地的数量、质量、分布、权属、利用状况的数量表现所进行的首次较系统的记载和分析。初始土地统计是土地统计工作的起点，是在某一时点上首次开展的土地统计，该时间的数据为该年统计数据的初始值。初始土地统计的任务是设计土地统计文件，把有关土地面积、质量、分布、权属、利用状况的数据和图表，按全国统一规范要求分别载入土地统计表和册，逐级汇总分析统计资料，并按规定提供统计成果。

2) 日常土地统计

日常土地统计也称经常土地统计。初始土地统计完成后，随着时间的推移，土地的自然、经济、社会状况不断发生变化，使原始资料日渐缺乏现势性。因此，必须经常地、系统地将土地数量、质量、权属、利用类型发生的变化及时反映在土地统计资料中去，为此进行的对初始统计资料的更新、补充和修正统计即为日常土地统计。进行日常土地统计的目的是保证土地统计资料的准确性和现势性。其主要任务是，首先查明一定时期内土地数量、质量、分布、权属、利用类型所发生的变化，并载入土地统计文件；其次是改正初始土地统计中出现的错误和补充遗漏的资料。

2. 国家土地统计和基层土地统计

1) 国家土地统计

国家土地统计是指县级以上土地行政主管部门会同同级统计部门共同开展的土地统计。国家土地统计是国家社会经济统计的重要组成部分。包括设计土地统计的有关制度和方法；按国家制定的统一报表制度定期完成年报和汇总工作；检查和监督国家各项土地政策的执行情况，为国家制定的有关政策提供科学、全面、准确的土地信息。

2) 基层土地统计

基层土地统计是指乡(镇)土地管理所、村级生产单位，以及其他非农业建设的用地单位等开展的土地统计。包括专题调查、年报、土地统计原始调查记录表的建立和管理等。

3. 平面统计与空间统计

通常情况下的统计，都是对一系列数据进行模拟分析与预测，这种主要针对数据而与地理空间要素无关的统计，称之为平面统计。当统计发展到一定阶段，人们开始研究数据之间的空间关系，将数据与空间关系结合起来进行统计分析，这类统计就是空间统计。

二、土地统计的指标体系

土地统计指标是反映土地总体现象数量特征的科学概念及其具体数值的统一。它反映了一定时间和地点的土地总体现象的客观现实，是研究土地问题的基本依据之一。指标名称和指标数值是土地统计指标的有机整体。按照指标数值的计量单位的不同，统计指标可以分为实物指标和价值指标；按其说明的总体现象内容的不同，统计指标可以分为数量指标、质量指标、权属指标和利用指标等。

一个统计指标只能反映土地的某一侧面，要说明土地的各个侧面和现象之间的联系，还必须建立科学的土地统计指标体系。

(一) 土地条件统计指标体系

土地条件统计指标包括土地面积、土地自然条件方面的指标、社会经济条件方面的指标。

1. 土地面积

包括辖区土地总面积、农用地总面积、建设用地总面积、未利用地总面积、国有土地面积、集体所有土地面积、土地使用权面积，以及不同时期的土地增减动态变更面积等。

2. 土地自然条件方面的指标

包括地形地貌、土壤、植被、气候、水文、矿产资源等方面的数量统计指标。如绝对高程、相对高程、坡度、土层厚度、土壤养分、土壤质地、土壤 pH 值、土壤侵蚀程度、≥10℃积温、日照时长、干燥度、无霜期、地下水埋深、降水量、蒸发量、地表径流量等。

3. 社会经济条件方面的指标

包括国民生产总值、国内生产总值、单位面积产量、单位面积产值、产投比、年均纯收入、级差收入、人均耕地占有量、人口密度、人均粮食消费水平指标等。

(二)土地利用统计指标体系

土地利用统计指标体系包括土地利用程度、土地集约经营程度和土地利用效益指标体系。

1. 土地利用程度统计指标

土地利用程度统计指标包括土地利用率、土地农业利用率、垦殖指数、复种指数、森林覆盖率、草原载畜量、建设用地闲置率等指标。其中：土地利用率是指已利用的土地面积占土地总面积的百分比；土地农业利用率是指农用地面积占土地总面积的百分比；垦殖指数是指耕地面积占土地总面积的百分比；复种指数是指耕地年度播种面积占耕地总面积的比例；森林覆盖率是指有林地占土地总面积的百分比；草原载畜量是指单位草原喂养的标准牲畜量。建设用地闲置率是指闲置建设用地面积占建设用地总面积的百分比等。

2. 土地集约经营程度统计指标

土地集约经营程度统计指标包括单位面积拥有的马力数、有效灌溉面积比率、单位面积化肥施用量、单位面积耗电量、单位面积耗工量、建筑密度、建筑容积率等。其中，建筑密度是指特定权属或利用范围内，建筑物的基底面积占总用地面积的百分比；建筑容积率是指特定权属或利用范围内，建筑物总建筑面积占总用地面积的比例。

3. 土地利用效益统计指标

土地利用效益统计指标包括单位面积产量指标、单位面积产值指标、单位面积产投比、单位面积纯收入等指标。

(三)土地生态统计指标体系

土地生态统计指标体系包括水土流失量、地质灾害频次、气候灾害频次、大气环境质量、水环境质量、土壤环境质量、废气处理率、废水处理率、固体废弃物处理率等。

三、土地统计的一般程序

(一)土地统计设计

土地统计设计是指在进行土地统计工作之前，根据土地的性质和统计研究的目的，对整个统计工作的各个方面和各个环节所作的全面安排。土地统计设计是对统计工作对象总体的定性认识和定量认识的连接点，是保证整个土地统计工作顺利进行的必要条件。

土地统计设计的成果主要有土地统计指标体系、土地统计分类目录、统计调查方案等各种方案。这里我们主要介绍土地统计调查方案的拟订。

1. 调查目的的确定

调查目的是统计调查中最重要、最根本的问题。设计调查目的时，要充分考虑土地管理各个方面的需要，尽量满足社会各方面对土地状况的信息需要。

2. 确定调查对象

调查目的明确后，就为确定调查对象提供了依据。调查对象是指需要进行调查的那个社会现象的总体，它由许多性质相同的调查单位所组成。如土地利用现状调查的对象即为所有的县和县级市、区范围内的所有土地。

3. 拟订调查项目和编制调查表

土地调查项目的拟订，应取决于调查目的和土地的特点，要少而精，并能满足实现调查目的的需要。调查项目的提法要具体明确，使其答案有确定的表现形式。要重视同类调查项目和统计口径与历史同类调查项目之间的衔接。

土地统计调查项目，应当按照一定的逻辑顺序及答案所需要空间的大小，合理地安排在一份调查表上，并把调查结果记录其中。调查表可以是一览表，也可以是单一表。为了准确填写调查表，常需要附上填表说明，对调查项目的内容、填写方法、填表注意事项加以解释。

4. 确定调查时间和地区

土地统计调查获取的资料，有的是在某时点上的土地状态，有的反映某段时期内土地发展过程的结果，明确规定调查资料所属时点或时期，就成为保证统计资料准确性的重要条件。搜集和报送资料的调查时间要尽量缩短，以保证资料的及时性。调查地点也应当明确，以符合土地位置固定的特点。

5. 制定调查的组织实施计划

基本完成整个调查方案的设计后，还应编制经周密考虑的组织实施计划，作为组织上保证调查工作顺利开展的重要依据。主要内容包括由什么机构组织领导工作；参加调查的单位和人员，调查的方式、方法、时间和地点；调查前的思想、组织、文件和开支准备等。

（二）土地统计调查

土地统计调查是根据统计设计已经拟订的目的和要求，运用各种调查的组织形式和方法，有组织、有计划地向调查单位搜集土地统计原始资料的工作过程。土地统计必须根据土地资源的特点，按照一致性、保密性、准确性、及时性和全面性的标准进行工作。

（三）土地统计整理

土地统计整理是指根据土地统计研究的目的，对土地统计调查取得的各种原始资料，用科学的方法予以加工整理，使之系统化、条理化，成为反映土地资料总体特征的综合资料。在土地统计调查表制定的同时，一般也拟好了统计整理用的土地综合表及其编制说明，土地统计整理主要按照综合表的要求开展工作。通过对土地调查原始资料的逻辑检查和计算检查，发现和解决问题。同时，按照综合表的要求确定应整理的指标和具体分组，并对各项指标进行汇总整理和必要的加工计算。最后把汇总整理的结果编制成统计表。

1. 统计分组

列宁指出："未经分组的笼统资料特别无用，最易使人产生误解。"在土地统计中，应当进行统计分组，说明土地要素及土地所代表各种关系的本质和内在联系，为合理利用土地，优化用地结构提供依据。

统计分组应当选择科学的分组标志。土地统计分组标志的选择，应当根据土地统计的目的、国民经济和社会发展对土地的需求，找出最本质的具有代表性的因素作为分组的依据。

2. 土地统计表

土地统计调查获得的土地原始资料，经过汇总整理后，按一定的项目顺序载入规定的表格内，这种表格即为土地统计表。土地统计表是土地统计设计的主要内容，是统计调查搜集和登记资料的重要工具，是汇总和积累资料的良好方式，是统计分析和运用的必要手段，因此，广义上的土地统计表是统计调查表、原始记录表、统计台账、统计综合表和统计分析表的总称。它既简明扼要地记载、积累、提供土地状况及其变化资料，反映土地现象间的内在联系，又为制订国民经济计划，进行土地管理决策提供了依据。

土地统计表的编制必须目的明确、内容准确，并遵守以下规则：

(1)各种标题要力求准确、简明扼要，反映出资料的基本内容、时间和地点。

(2)逻辑安排表中各指标的顺序，如土地总面积指标在前，各地类面积指标在后。

(3)数字的填写要工整、清楚、位数对准，4位数以上，从个位起每3位注上分节逗号，如有相同数字应当全部填写，不得用"同上""同左"等字样或符号"……"代替。没有数字的表格内要从左下至右上用"/"表示，当缺少资料时，用"……"标明，表示不为漏填。书写有误需要更正时，要先在错误数字上画两条横线，再将正确数字写在原数字的上方，并加盖修正印章。

(4)表格的编号栏全国采用统一的编码系统，以便应用计算机建立土地信息库，如土地利用现状分类面积表的编号为01，表内各栏目的编号为0100，0101，0111等。

(5)统计表一般采用开口式，表的左右两端不画竖线，上下表框画粗线，其他均为细线。

(6)表中统一用一种计量单位时，可在表上端注明，如计量单位不统一，则应分别在标题栏注明。

(7)统计表的右上方应有表号、制表机关、批准机关和批准文号。在表的下方应注明资料来源、制表单位、制表负责人等，如有注解，也应写在表的下方。

土地统计表的基本内容包括以下几个方面：一是报表目录，指各种不同统计报表的一览表，用以明确各种报表的填报单位、调查对象、报送时间和程序等；二是表式，是统计表的具体格式，包括填报的指标项目和其他内容；三是填表说明，用以明确填表范围、填写方法和有关注意事项。

3. 土地统计图

土地统计图一般可以分为两大类：一是地籍图，反映土地的权属、位置、面积、用途、质量等级等要素的地籍图；二是统计分析图，反映土地统计数量特征，包括频率曲线图、柱图等。

地籍图记载了各土地权属单位的实地位置、范围界线和地类界线，是土地统计的重要文件之一。土地统计图反映了土地的利用现状及动态变化，记录了不同质量等级土地的界线和面积，是量算行政区域、土地权属单位总面积和地类面积、地类变化面积的依据。根据土地管理和规划工作的需要，地籍图包括土地测量控制点、行政界、权属界、地类界；地块；土地使用单位面积统计表；图幅序号、编号及四个角点的坐标值；比例尺、指北标志、图例；土地统计图编制日期、单位、编制者的签名盖章等内容。

土地统计分析图是进行土地统计分析的重要辅助手段。根据土地管理需要，对其专项要素或多种要素进行绘图示意，将统计资料借助几何图形的点、线、面积、体积、密度等形象反映，以便更直接地说明土地问题。

(四)土地统计分析

1. 确定统计分析的目的和要求

分析因目的不同而各异，分析的要求则指分析的深度、广度、口径、准确性、及时性等要求。土地统计分析要做到目的明确、要求具体、主次分明、界限清楚。

2. 检查评价资料，做必要的再分组和整理

土地统计搜集到的资料有多种来源。来源不同，情况各异，因此必须对资料的准确性程度进行认真的检查和评价，弄清所用资料的调查、整理过程是否符合自己土地统计分析的目的和要求，必要时进行再分组和整理。在运用统计整理后的资料进行统计分析之前，要先对其进行严肃认真的鉴别和评价，才能恰如其分地使用资料，使得最后的分析结论较能实事求是地符合客观实际。

3. 对资料进行分析

运用各种分析方法和指标体系对统计资料进行深入的分析研究，常用的土地统计分析方法主要有综合指标分析法、时间序列法、统计指数分析法、相关分析法和平衡分析法等，并形成一套方法体系。综合指标分析中采用的综合指标主要包括总量指标、相对指标、平均指标等。时间序列分析包括动态比较、动态平均、长期趋势、季节变动分析等。统计指数分析包括综合指数、平均指数、指数体系因素分析等。相关分析包括直线相关系数的测定、直线回归分析、估计标准误差等。平衡分析包括平衡表的列制和平衡法的运用等。不同的统计分析方法起着不同的作用，从不同的角度反映着土地的情况，在实际分析中，不能孤立地运用统计分析方法，要综合采用各类方法。

4. 总结经验教训，提出解决问题的建议

通过对统计资料的分析，认真做好系统全面的总结工作，要对所分析的土地问题作

出实事求是的结论，对成功的经验予以总结，对失败的教训予以剖析，并对存在的各类问题提出切实可行的积极建议，达到土地统计分析的目的。

（五）土地统计成果的上报

土地统计整理分析工作完成后，应当将有关资料予以归档保存，并根据国家有关规定，将所要求的统计表、统计图、统计分析报告等予以上报。土地统计报表制度是我国土地统计的一项重要制度，是基层单位和各级土地管理部门按照统一规定的指标含义、统计报表格式和报送程序，定期向国家报送土地统计资料的制度。统计截止日期为当年的 12 月 31 日，各省、自治区、直辖市应在次年 2 月底以前汇总数据审核后，分县上报。

（六）土地统计成果的发布

土地统计资料是基本国情资料的重要组成部分，土地统计成果是编制国民经济和社会发展计划的重要依据，是制定国家有关政策法规的基础。土地统计成果资料应当定期公布，让全民了解土地基本国情，认清土地基本国情，自觉地合理利用土地资源，保护和改善土地资源。

四、土地统计的主要内容

土地统计的基本项目是土地利用类型，它采用全国统一的土地分类体系，以宗地为基本调查单元，对宗地的权属、质量、分布、利用状况及其变化规律，进行全面系统的记载、整理、分析与研究。这些因素的质与量的变化，最终通过土地统计指标和指标体系来体现。

（一）土地权属

土地权属包括国家土地所有权、集体土地所有权、国家土地使用权、集体土地使用权，以及土地抵押权、土地租赁权等他项权利。对土地权属进行统计，就是要调查辖区内各宗地的权属性质、权属来源、权属流转状况等，并按规定的要求进行统计，形成相应的系统的统计资料。

（二）土地位置

调查宗地地理位置、范围界线和四至，并测绘成图，以图件和文字予以表述。

（三）土地面积

土地面积包括土地权属面积、土地分类面积、土地总面积等。土地权属面积是指各宗地的面积、权属类型面积等；土地分类面积是指按全国统一的分类体系调查、量算的面积；土地总面积是指辖区内全部土地资源的面积。

（四）土地利用状况

土地利用状况包括各类土地利用程度、利用效益、利用动态变化，以及土地利用中存在的问题与对策等。土地利用程度包括农用地利用程度和建设用地利用程度。农用地利用程度通常用土地利用率、土地垦殖率、森林覆盖率、草场载畜量等指标反映；建设用地利用程度通常用建筑密度、容积率等指标来反映。土地利用效益包括经济效益、生态效益和社会效益。土地利用经济效益通常用单位面积产值或产量来反映；土地利用生态效益通常用植物光能利用率、植物对光温水资源的利用率、土壤侵蚀的面积与程度、土壤沙化、荒漠化、盐碱化面积与程度、草原退化与恢复面积与程度、污染的类型与程度、抗御自然灾害的能力等指标来反映；土地利用的社会效益通常用年人均产值、年劳均产值、年人均纯收入、年人均粮食消费水平、产品的商品化率等指标来反映。土地利用动态变化是指对各类用地在数量、质量等方面的历史变化。土地利用中存在的问题与对策是对历年来利用土地的经验分析与总结。

(五)土地质量等级

土地质量等级是土地适宜性评价和土地分等定级的成果。应当通过对土地自然和社会经济条件的分析，评价土地对某一特定用途的适宜性与限制程度、类型，并使评价结果等级化。对土地质量等级进行统计，主要是统计各类用地的适宜等级及其相应面积。

(六)土地市场状况

土地市场状况包括土地供需、土地价格等方面。土地供需状况通常通过供给量、需求量等指标来反映。土地价格是宗地权利经济价值的体现。土地价格按不同的分类依据有不同的体系。如按照土地价格适用的广泛性程度不同可分基准地价和标定地价；按价格形成机制不同分为政府定价和市场价等，按价格形成形式不同可分为拍卖价、协议价、招标价、挂牌价等。对土地价格按时间、按空间、按地类等进行统计分析，有利于客观研究土地市场供需情况，调整土地供应政策，促进经济社会和谐发展。

五、土地统计的技术要点

(一)数据搜集方法

变量是指相对于其他事物而言，经常发生变化的事物。变量的基本特征是从一次观察到下一次观察会出现不同的结果。把观察到的结果记录下来就是数据。

数据按其表现形式不同可以分为定量数据与定性数据。定量数据是指用明确的数值来表述观察结果，定量数据可以通过数值来反映该变量的大小与变量之间的差异。定性数据的最大特点是只能反映变量的属性特征，而不能说明具体量的大小及差异。属性数据又可分为分类数据和顺序数据。分类数据一般只能区分事物，而不能用来区分事物之间的大小、差异。顺序数据虽然可以比较绝对大小，但不能反映出变量相互之间的相对大小。数据按其来源不同还可以分为观察数据和实验数据等。常见的数据搜集方法有以下两种：

1. 实地调查

实地调查可分为普查与抽查。普查是指在规定时点，按照规定要求，采用规定程序，选择适当的方法对特定范围内的特定事项进行的一次性的全面性的调查。如全国的人口普查，第二次土地利用现状调查等，都属于普查的范围。适用于搜集某些不能或者不宜采用定期统计报表的方式进行统计的资料。一般用于摸清重大的国情、国力。抽样调查是一种非全面调查，是指采用一定的抽样方法，从调查对象的总体中抽取一定数量的样本进行观察，并据此推断调查对象总体特征的过程。抽样的方法有多种，常见的有随机抽样、等距抽样等。

2. 数据挖掘

数据挖掘一般是指从大量的现有数据中通过算法搜索隐藏于其中信息的过程。数据挖掘通常与计算机科学有关，并通过统计、在线分析处理、情报检索、机器学习、专家系统和模式识别等诸多方法来探索、提取新的数据信息。

(二)统计指标

土地统计指标是用来反映土地总体现象数量特征的科学概念及其具体数值表现的统一。它反映了一定时间和地点的土地总体现象的客观现实，是研究土地问题的基本依据之一。指标名称、计量单位、计算方法、指标值等是土地统计指标的有机整体。按照指标数值的计量单位的不同，统计指标可以分为实物指标和价值指标；按照其说明的现象内容是否与其他体系不同，统计指标可以分为个体指标和相对指标等；按照其表达方式不同，可以分为定量指标与定性指标等；按照尺度不同可以分为宏观指标、中观指标和微观指标等。

(三)统计表

统计表是反映统计资料的表格，是对统计指标加以合理叙述的形式，它使统计资料条理化，简明清晰，便于检查数字的完整性和准确性以及对比分析。统计表从形式上看，由标题、横行、纵栏、数字等部分组成。从内容上看，由主辞和宾辞两部分组成。主辞是统计表所要说明的对象，是由总体、总体各组、总体各单位的名称所构成。宾辞是说明主辞的统计指标的名称及数字资料。

(四)统计图

统计图是根据统计数字，用几何图形、事物形象和地图等绘制的各种图形。它具有直观、形象、生动、具体等特点。统计图可以使复杂的统计数字简单化、通俗化、形象化，使人一目了然，便于理解和比较。因此，统计图在统计资料整理与分析中占有重要地位，并得到广泛应用。

(五)统计模型

统计模型指以概率论为基础，采用数学统计方法建立的模型。有些过程无法用理论分析方法导出其模型，但可通过试验测定数据，经过数理统计法求得各变量之间的函数关系，称为统计模型。常用的数理统计分析方法有最大事后概率估算法、最大似然率辨识法等。常用的统计模型有一般线性模型、广义线性模型和混合模型。统计模型的意义在于对大量随机事件的规律性做推断时仍然具有统计性，因而称为统计推断。常用的统计模型软件有 SPSS、SAS、Stata、SPLM、Epi-Info、Statistica 等。

(六)统计检验

统计检验亦称“假设检验”，是根据抽样结果，在一定可靠性程度上对一个或多个总体分布的原假设作出拒绝还是接受结论的程序。决定常取决于样本统计量的数值与所假设的总体参数是否有显著差异。

(七)统计预测

统计预测是对事物的发展趋势和在未来时期的数量表现作出推测和估计的理论和技术。统计预测以自然现象和社会现象发展规律为依据，以充分的统计资料和最新信息为基础，以统计方法和数学方法为手段，配合适当的数学模型，通过推理和计算，找出该事物数量变化的规律性，对事物的未来情况从数量上作出比较肯定的推断，即从该事物未来可能出现的多种数量表现中，指出在一定概率保证下的可能范围。

(八)空间统计分析

空间统计学主要是以区域化变量理论为基础，以变异函数为基本工具来研究那些分布于空间中并呈现出一定程度的相关性、连续性和随机性的自然现象的科学。

传统统计学是以概率论为基础的一门研究随机现象统计规律的应用数学学科。

空间数据分析与传统数据分析的差异主要表现在以下方面：传统统计中，数据之间是独立的，但空间数据间并非独立，而是在多维空间中具有某种空间相关性，且在不同的空间分辨率下呈现出不同的相关程度。空间自相关的存在，不能满足经典统计学所要求的样本独立性的假设。此外，大多数空间问题仅有一组观测值，没有重复观测数据，因此对空间现象的了解与描述是极为复杂的，且这些现象在空间上的变化不是随机的，而传统统计是建立在数据的随机性上的统计方法，因此不适合用于空间分析。

空间统计分析中，相关分析可以检测两种现象的变化是否存在相关性，若所分析的统计量为不同观察对象的同一属性变量，则称之为空间自相关，空间自相关反映的是一个区域单元上某一属性与邻近区域单元上同一属性的相关。度量空间自相关的全局指标有 Moran 指数和 Geary 系数。Moran 指数反映的是空间邻接或空间邻近的区域单元属性值的相似程度，Geary 系数与 Moran 指数存在负相关关系。

除上述空间自相关分析，空间分析还常用到克里格插值法。克里格插值法是建立在半变异函数理论分析基础上的，是对有限区域内的区域化变量取值进行无偏最优估计的一种方法。

六、土地统计的管理体制

根据《统计法》的有关规定，国家实行统一领导和以行政管辖区为单位的分级负责相结合的管理体制。

(1)国务院土地行政主管部门主管全国土地统计工作。

国务院土地行政主管部门依法统一主管全国的土地统计工作，会同国家统计部门共同制定、发布土地统计报表制度及其有关规定。每年定期汇总省、自治区、直辖市人民政府土地行政主管部门上报的年度土地统计报表上的有关数据，并进行必要的整理和分析，为国家提供准确的土地统计数据资料，并对全国的土地利用情况进行检查和监督。

(2)省、自治区、直辖市人民政府土地行政主管部门主管本辖区的土地统计工作。

省、自治区、直辖市人民政府土地行政主管部门按规定定期完成各年度土地统计报表的汇总和上报工作，并进行必要的土地统计整理和分析，为省级政府各部门提供准确的土地数据及其分析资料，对本辖区内的土地利用情况进行检查和监督。同时，在完成国家土地统计制度规定的任务的前提下，编制地方相应的统计报表和办法，但不得与国家土地统计报表制度的要求和规定相矛盾。

(3)县级人民政府土地行政主管部门负责本县的土地统计工作。

县级人民政府土地行政主管部门负责本县的土地统计报表的汇总和上报工作，进行本级土地统计成果的整理、分析和提供利用等工作。在国家土地统计管理体制中，县级政府是国家的基本行政单位，它直接领导各土地使用单位，具体组织安排全县的土地利用和生产分布，我国的土地统计工作以县为基本的统计范围，所有属于同一县的土地，均在该县统计范围之内。跨县飞地在相邻两县的统计中也应加以反映。同一飞地在插入县内作为插花地统计，计入县界范围内的土地总面积；在飞出县内作为飞地统计，不计入土地总面积。县级以下各乡(镇)村及县内各独立用地单位的基层土地统计工作，由县级人民政府土地行政主管部门组织乡(镇)自然资源管理所负责进行。分别完成各自范围内全部土地的统计工作，上报县级土地行政主管部门。各县境内的铁路、国家公路，依据土地登记资料，由县级人民政府土地行政主管部门直接统计。

(4)上级土地行政主管部门负责指导、监督和帮助下级土地管理部门开展工作。

各级人民政府要对土地行政主管部门执行国家土地统计制度进行领导和监督。为了及时准确地完成各级土地统计工作，县级以上人民政府土地行政主管部门应设专门的统计机构，配备相应的具有统计知识的专职人员，目前尚未设立专门机构的单位，也必须指定专门人员负责报表的填报和审核工作。为了确保土地统计资料反映同一时期的统计内容，土地统计年度为自元月一日至同年十二月三十一日。每年应按规定日期由县级人民政府土地行政主管部门逐级向上填报，各省、自治区、直辖市务必于次年2月底前报送中央。

第四节　土 地 评 估

本节在分析确定土地评估类型体系、土地评估的常规事项后，简略介绍土地自然适宜性评价、土地生产潜力评价，以及土地分等、土地定级、土地估价、开发区节约集约用地评价等。

一、土地评估的类型体系

(一)土地评估的类型体系

土地评估的体系划分有不同的依据，按土地评估内容不同可分为综合性评估和专项评估；按评估成果的表达方式不同可分为等级评估和价格评估；按评估范围不同分为全域评估、地类评估、宗地/地块评估等。

土地评估类型体系如表2.4-1所示。

(二)土地评估的一般原则

1. 综合分析原则

土地评估应对影响评估结果的各种经济、社会、自然因素进行综合分析，按综合差异确定土地评估成果。

2. 主导因素原则

应当重点分析对土地评估结果具有重要作用的因素，突出主导因素的影响。

表 2.4-1　**土地评估类型体系表**

评估范围	评估对象	评估内容	评估结果	评估类型名称
全域	城镇土地	综合评估	等级	城镇土地分等
				城镇土地定级
			价格	城镇基准地价评估/标定价格评估
		专项评估	等级	节约和集约用地评价
				土地利用现状/潜力评价
				土地规划实施评价
				……
			价格	住宅/工业/商业用地价格评估……
	农用地	综合评估	等级	农用地分等
				农用地定级
			价格	农用地基准地价估价/标定价格评估
		专项评估	等级	土地整治潜力评价
				土地适宜性评价
				土地生产潜力评价
				土地利用现状评价
				……
			价格	耕地/园地/林地/草地/其他农用地价格评估……
地类	地类一	综合评估	等级	商业用地分等定级
				工业用地分等定级
				住宅用地分等定级
				……
			价格	商业用地基准地价评估
				工业用地基准地价评估
				住宅用地基准地价评估
				……
		专项评估	等级	耕地生产潜力评价
				耕地适宜性评价
				……
			价格	地类一利用价值评估……
	地类二	……	……	……

续表

评估范围	评估对象	评估内容	评估结果	评估类型名称
宗地/地块	宗地	综合评估	等级	
			价格	宗地地价评估
				宗地利用成本-效益评价
				……
		专项评估	等级	项目开发可行性评价
			价格	出让价/租赁价/抵押价评估
				交易价/课税价评估
				楼面地价评估
				……
	地块	……	……	……

3. 地域分异原则

土地评估结果要符合评估范围内土地本身的经济特征，充分考虑评价区域宏观地理位置，掌握土地区位条件和土地特性的分布与组合规律，分析由于区位条件不同形成的土地质量差异，类似地块的评估结果应当类似，评估结果与区域经济发展水平也保持相对一致。

4. 土地收益差异原则

土地评估结果应符合区域和城镇内部的土地收益分布规律。能反映不同区域土地自然质量条件、土地利用水平、社会经济水平的差异对区域土地生产力水平的影响，也应反映对区域土地收益水平的影响。

5. 定量与定性分析相结合原则

土地评估应当尽量将定性的、经验性的分析进行量化，以定量为主。确实难以量化或者无须量化的，可以适当采取定性分析方法。

6. 跟踪检验原则

在土地评估工作中，应对每一步成果进行必要的检验，并进行专家咨询、论证，确保成果与实际情况相符。通常检查验收都分为自行检验、互相检验和专门检验等不同的类型。

（三）土地评估的一般内容与程序

1. 准备工作

土地评估的准备工作主要包括立项、确定目标、工作人员及相应的物质条件的配备、基础数据的收集与工作计划的制定等。

2. 明确土地评估类型与要求

确定土地评估类型及要求是评估过程的基本组成部分。

3. 划分土地评价单元

土地评价单元是土地评价对象的最小单位，划分土地评价单元应当坚持单元内部的一致性、单元之间的差异性原则，即同一单元内部的基本属性应当相似，相邻单元之间的属性应当具有较明显的差异。土地评价单元划分的基本依据是：评价对象的变异程度、评价目标的精度要求、土地调查所能达到的程度等。

4. 选择参评因素因子，并确定各因素因子权重值

参评因素因子的选择应当坚持两个原则：一是主导因子原则，即对于一定的地区一定的土地利用方式而言，应当根据各因素的影响程度，选择影响大的因子；二是稳定性原则，应当选择持续影响土地生产力的稳定因子，主要对评价单元的稳定影响因子进行评价。采用专家打分法、因素成对比较法、层次分析法等对各因素因子的权重进行赋值。

5. 计算评价结果

通过评估目的与要求，利用评价单元因素因子的性状进行比较，量化有关数据，计算评价结果。

6. 成果整理、验收、归档

土地评估完成后，应当根据要求编制评估报告，整饰评估成果图，整理过程资料，待验收通过后，按照要求予以归档。

7. 成果更新

土地评估完成后，应当视市场发展状况适时更新。

此处以农用地分等工作为例，其流程见图 2. 3-1。

(四)土地评估的一般方法

1. 因素因子选择及其权重确定方法

土地评估的因素因子选择通常可以参照相关规程给定的指标体系及约束条件，结合当地的实际情况，通过特尔菲测定法(又称专家打分法)、主成分分析法选定。

因素权重值可单独选用特尔菲测定法、因素成对比较法或层次分析法确定，也可以用特尔菲测定法结合其他两种方法来确定。

1)特尔菲测定法

对各因素进行 2~3 轮次的专家打分，并按下列公式计算权重值：

$$W_i = E_i/100$$

其中：W_i——第 i 个因素或者因子的权重值；

E_i——第 i 个因素或者因子经过多轮专家打分后的均值。

运用特尔菲测定法时，要求如下：专家应是熟悉城镇土地状况和社会经济发展状况等有关行业的技术、管理专家以及高层次决策者，专家总体权威程度较高，总数为 10~40 人；专家打分应当根据相应工作的背景材料和打分说明进行，并在不协商的情况下独立打分；从第二轮打分起，打分应参考上一轮打分的结果进行；打分轮次为 2~3 轮。

2)因素成对比较法

对所选因素或因子进行相对重要性的两两比较。赋值，计算权重。

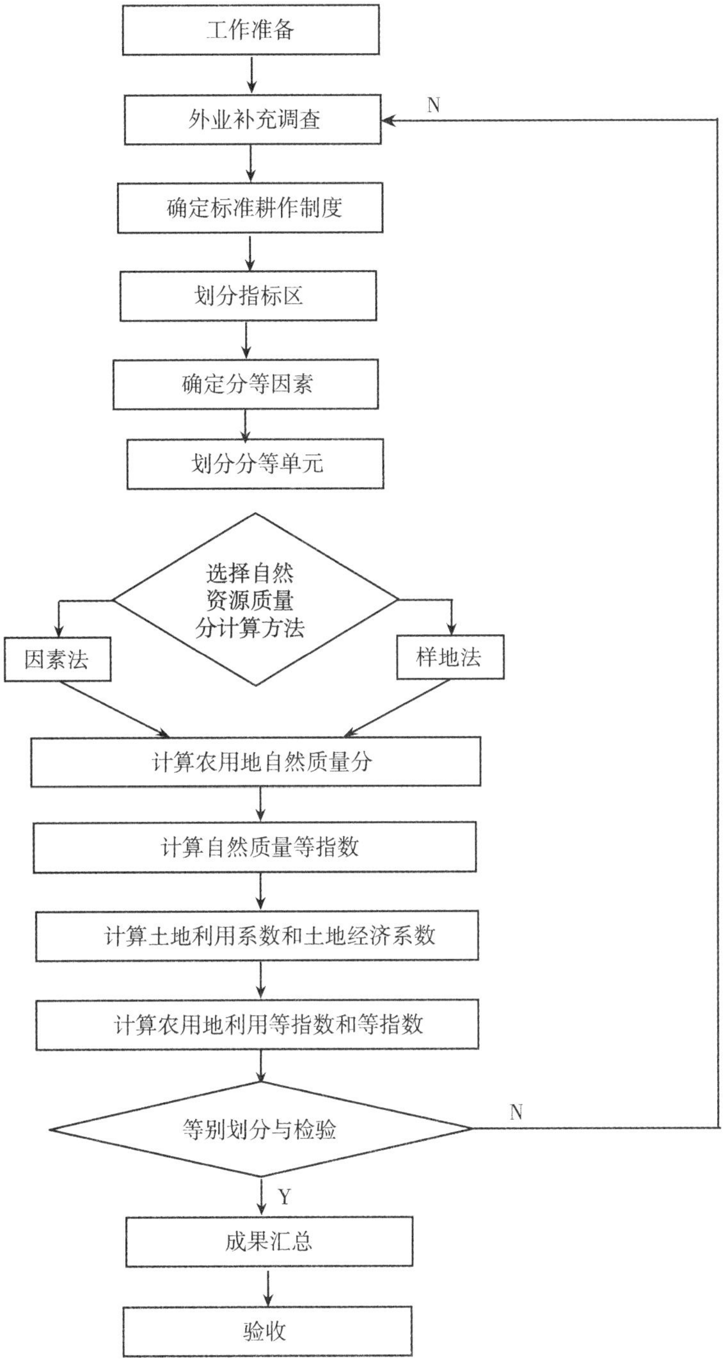

图 2.3-1 农用地分等工作流程图

要求如下：对比结果要符合 A 因素大于 B 因素，B 因素大于 C 因素，则 A 因素大于 C 因素的传递关系；对因素所赋的值应在 0~1 范围内，同时两因素之和等于 1。

3）层次分析法（AHP 方法）

对因素或因子的相对重要性进行判断，组成判断矩阵，计算权重值。因素的相对重要性判别最好使用特尔菲测定的数据，判断性矩阵应当通过一致性检验。

2. 因素因子指标值的计算方法

因素因子指标值应当进行标准化处理。标准化处理的基本方法有位序标准化、极差标准化等。

1）位序标准化

位序标准化的基本公式：

$$Y_{ij} = 100 \cdot X_{ij}/n$$

其中，Y_{ij}—— 第 i 个评估对象的第 j 项因子分值；

X_{ij}—— 各评估对象按第 j 项因子分值大小进行排序，X_{ij} 是排序后第 i 个评估对象的位序。

2）极差标准化

极差标准化的基本公式：

$$Y_{ij} = 100 \cdot a(j) \cdot (X_{ij} - X_j)/(X_{\max} - X_{\min})$$

其中，Y_{ij}—— 第 i 个评估对象的第 j 项因子分值；

$a(j)$，X_j—— 当第 j 项因子指标与土地利用效益正相关时，$a(j) = 1$，且 $X_j = X_{\min}$；当第 j 项因子指标与土地利用效益负相关时，$a(j) = -1$，且 $X_j = X_{\max}$；

X_{ij}—— 第 i 个评估对象的第 j 项指标值；

$X_{\max}$—— 各评估对象的 X_{ij} 指标的最大值；

$X_{\min}$—— 各评估对象的 X_{ij} 指标的最小值。

3. 因素因子作用分值计算方法

因素因子的作用分计算方法通常有作用分相对值法、作用分衰减法等。如果因素对土地的影响只跟因素的指标值有关，称为面状因素，面状因素应首先计算其指标值，作用分的计算可以采用相对值法。

1）作用分相对值法

作用分相对值法的计算公式如下：

$$E_i = 100 \cdot (X_i - X_{\max})/(X_{\max} - X_{\min})$$

其中，E_i——i 指标值的作用分；

X_i——i 指标值；

$X_{\max}$——i 指标值的最大值；

$X_{\min}$——i 指标值的最小值。

2）作用分衰减法

若因素对土地的影响既与因素涉及的设施规模有关，又与距设施的相对距离有关，称为点、线状因素。点、线状因素应按规模或类型计算设施本身的功能分，再计算设施对空间上各点产生的作用分。点线设施边界范围内各点的因素作用分一致，都为该设施相应功能的功能分；边界范围以外的各点，根据不同因素及其影响随距离变化的特性不同，以因素的功能分按相应的衰减法计算各个相对距离上的作用分。不同的因素作用分适用的衰减规律有所不同，通常采用指数衰减法或距离衰减法。

4. 评价单元划分方法

土地评估时，评价单元的划分方法因评价目标、评价区域范围、参评因素等的不同而采取不同的评价单元划分方法。如城镇土地分等一般以特定的评价对象的行政界线级别划分评价单元；城镇土地定级一般采用主导因素判定法、叠置法、网格法等。

(五)土地评估的一般成果

土地评估的成果通常包括文字、图件、表格、数据库和信息系统等。

文字成果包括评估工作任务书、工作方案、技术方案、成果报告等文字资料；

图件成果包括评估工作底图、中间成果图、最终的土地评估成果图等图件；

表格成果包括评估基础工作表、中间成果表、最终成果表等表格资料；

数据库和信息系统成果包括土地评估过程中形成的数据库、信息系统等电子软件成果。

二、土地自然适宜性评价

土地的自然适宜性是指某种作物或土地利用方式对一定地区土地的自然条件的适宜程度。评价某种作物或土地利用方式对土地的自然条件的适宜程度的过程，就是土地资源的自然适宜性评价，简称土地适宜性评价。

(一)土地适宜性的分级方法

土地适宜性的分级是指根据土地对不同的作物或土地利用方式的适宜程度，将土地进行分级。分级方法大致可以概括为两类：一是根据不同的用途分为宜农、宜林、宜牧、宜渔等；二是根据作物或土地利用方式的适宜程度分为适宜、较适宜、勉强适宜、不适宜等。

联合国粮农组织于 1976 年制定的《土地评价纲要》，将土地适宜性分为适宜性纲(order)、适宜性级(class)、土地适宜性亚级(subclass)、土地适宜性单元(unit)四级。它包括定性的和定量的、当前的和潜在的适宜性分级，而且对可能选择的每一种土地用途都可分别进行适宜性分级。如某一地块对农业、林业、牧业都适宜，就应当对宜农、宜林、宜牧性进行分级。

1. 土地适宜性纲

土地适宜性纲反映土地适宜性的各类，表示针对所考虑的土地用途将土地分为适宜、不适宜两类。纲有两个，分别用 S 和 N 表示。

S 纲，表示适宜，这类土地对所考虑的土地用途持续利用能产生足以抵偿投入的收益，而且没有破坏土地资源的危险。

N 纲，表示不适宜，这类土地对所考虑的土地用途不能持续利用。

2. 土地适宜性级

土地适宜性级反映纲内的适宜性和程度。在适宜纲内，级的数目一般可分为 3 级，最多不超过 5 级，分别采用 S1、S2、S3 等表示。

S1 级，表示高度适宜，土地对某种用途的持续利用没有限制，或只有较小的限制，它不会明显降低土地产量或收益，也不会使投入超出可接受的程度。

S2 级，表示中度适宜，土地对某种用途的持续利用有中等程度的限制性，这些限制会减少土地产量或收益，并需增加投入，但还可以使产出高于投入。

S3 级，表示勉强适宜，土地对某种特定用途的持续利用有严重的限制，因此将降低产量和收益，并增加所需投入，其收支勉强可以平衡。

在不适宜纲内，通常分为两级：N1 和 N2 级。

N1 级，表示暂不适宜，土地具有短期能克服的限制性，但在目前的技术成本下，不能改变这种限制性。限制性的严重程度是在现有的既定方法下，不能保持土地有效地持续利用。

N2 级，表示永久不适宜，土地限制性非常严重，在既定方法下永无持续利用的可能性。

3. 土地适宜性亚级

土地适宜性亚级反映土地受限制的种类。S1 级(高度适宜)没有亚级，S2 级(中度适宜)以后有亚级，如 S2m 表示受土壤水分限制，S2o 表示受土壤通气性限制，S3e 表示土壤抗侵蚀性差，N1m 表示土壤水分条件过差等。

4. 土地适宜性单元

土地适宜性单元反映亚级内的局部差异性。亚级内所有的单元具有级水平的相同适宜性程度和亚级水平的相似限制性各类，单元与单元之间在限制性程度上存在一定的差别，这种差别足以影响土地利用或者经营管理。

联合国粮农组织(FAO)的土地适宜性评价分级系统见表 2.4-2。

(二)土地适宜性评价方法

土地适宜性评价方法有很多，如主观综合法、经验判断法、最小因子法、回归分析法等。

1. 主观综合法

主观综合法要求评价者对评价地区和土地利用方式的生态、技术要求有较为丰富的知识。先将评价单元的有关土地性质的数值与参评因子分级表进行对比，采用对号入座的方式，得出各参评因子的适宜性等级；再在单项评价的基础上，由评价者根据其对评价地区的认识，分析评价用途对土地性质的要求，确定单元的适宜性等级。

2. 经验判断法

经验判断法可以分为经验判断指数和法、指数乘积法和指数乘积开方法等。所谓经验判断指数和法，即将各参评因子按照其对土地评价用途的适宜性作用的大小，依据经验或统计进行分级并赋值，通过各参评因子的指数和评定土地的适宜性等级；经验判断指数乘积法和指数乘积开方法在原理和步骤上与指数和法基本一致，只在评价单元指数计算时，不求因子的指数和而求因子的指数乘积或乘积开方。

表 2.4-2　　　　　联合国粮农组织(FAO)土地适宜性评价分级系统

order(序号)	class(级)	sub-class(亚级)	unit(单元)
S	S1		
	S2	S2m	S2m-1
			S2m-2
			…
		S2o	S2o-1
			…
		…	…
	S3	S3o	S3o-1
			…
		S3e	S3e-1
			…
	…	…	…
N	N1	N1m	N1m-1
			…
		…	…
	N2	N2me	N2me-1
			…
		…	…

经验判断法的基本程序如下：

1)确定参评因子的权重

运用经验判断法时，参评因子的权重确定方法一般有两种：经验判断法和主因子分析法。

经验判断法通常请不少于 10 个熟悉土地评价的专家或技术人员在各自独立的环境下，根据其经验判定各参评因子的权重，经汇总后，求出各参评因子的平均权重作为其最终权重。所有参评因子的权重之和为 1。

主因子分析法是将影响土地质量的诸多因子进行标准化处理，通过计算各因子的特征值和特征向量，按特征值的大小确定主因子，一般情况下，特征值的大小反映相应的因子包括的数据信息的大小，能反映出数据信息量 80%以上的因子可以确定为主因子，主因子的权重根据特征值的累积贡献率确定。

2)确定参评因子等级指数

在编制参评因子适宜等级表时，赋予不同适宜程度的参评因子以一定的分值，最佳适宜时分值为100分，其他依次递减。各参评因子等级指数，可根据经验赋值确定。

3）计算各参评因子指数和、指数乘积、指数乘积开方

将各参评因子权重与相应的等级指数相乘求积，得出各因子的指数，再将各因子指数相加，得到指数和；或者将各因子指数相乘，得到指数乘积；或者将各因子指数乘积后开方，得到指数乘积开方值。

4）确定评价单元的适宜性等级

将所有评价单元对指定用途的各参评因子指数和、指数乘积或指数乘积开方值按大小排列，根据当地的实际情况确定各适宜等级的数值范围，据此评判各评价单元的适宜等级。

3. 最小因子法

最小因子法是指在通过比较得出各参评因子的单项适宜性等级后，将最低的单项适宜性等级作为单元的适宜性等级。

最小因子法的基本程序如下：

1）确定每个评价因子的适宜性等级

单因子的适宜性等级一般根据土地用途的要求，对该因子的值分为不同的区间段，而每一区间段对应一定的适宜性等级。如表2.4-3所示。

表2.4-3　**某种土地用途的参评因子的分级表**

适宜性等级	评价因子						
	有效土层厚度(cm)	土壤质地	土壤盐渍化程度	土壤污染程度	土壤有机质含量(%)	土壤pH值	土壤距障碍层深度(cm)
S1	≥100	壤土	无	无	≥2.0	6.5~7.5	≥60
S2	60~100	黏土	轻度	轻度	2.0~0.5	7.5~8.5 5.5~6.5	30~60
S3	30~60	沙土	中度	中度	<0.5	8.0~9.0	20~30
N1	20~30	砾石土	重度	重度		9.0~9.4	<20
N2	<20					≥9.4	

2）地块评价因子指标值的获取

通过土地自然和社会经济条件调查获取评价单元各评价因子的指标数值。如通过调查，得到评价单元各因子的指标数值如表2.4-4所示。

3）确定评价单元各因子的适宜性等级

通过对照比较，确定评价单元的每个评价因子的适宜性等级。如将上述参评因子适宜性分级表与评价单元的指标值表一对照，得出评价单元内各参评因子的适宜性等级，见表2.4-5。

表 2. 4-4　　**评价单元各参评因子指标值表**

评价单元	评价因子						
	有效土层厚度(cm)	土壤质地	土壤盐渍化程度	土壤污染程度	土壤有机质含量(%)	土壤pH 值	土壤距障碍层深度(cm)
U1	120	壤土	无	无	2. 2	6. 8	80
U2	80	黏土	轻度	轻度	1. 2	6. 1	15
…	…	…	…	…	…	…	…

表 2. 4-5　　**评价单元参评因子的适宜性等级**

评价单元	评价因子						
	有效土层厚度(cm)	土壤质地	土壤盐渍化程度	土壤污染程度	土壤有机质含量(%)	土壤pH 值	土壤距障碍层深度(cm)
U1	S1	S1	S1	S1	S1	S1	S1
U2	S2	S2	S2	S2	S2	S2	S3
…	…	…	…	…	…	…	…

4)确定评价单元的适宜性等级

对评价单元的评价因子的适宜性等级进行比较，选最小的适宜性等级作为这个评价单元的评价结果。如上述评价单元 U1 的各评价因子均为 S1 级，则该单元的适宜性等级为 S1 级；评价单元 U2 的最低适宜性等级为 S3 级，则该评价单元的适宜性等级为 S3 级。

4. 回归分析法

回归分析法包括回归分析指数法、指数乘积法和乘积开方法。回归分析法与经验判断法的主要区别在于参评因子的选择及其权重的确定方法不同。前者是根据土地质量与土地生产力之间的相关关系建立回归模型，通过回归分析确定参评因子及其权重；后者则通过经验判断来确定参评因子及其权重。

三、土地资源生产潜力评价

土地资源的生产潜力是指在一定的自然条件或社会经济条件下，土地生产对人类有用的生物产品或经济产品的潜在能力。土地资源的生产潜力评价就是对此潜在能力的评价。

土地生产潜力评价的方法一般可分为定性评价和定量评价两类。定性评价一般根据土地对各种作物或土地利用方式的自然限制的强弱程度，将土地的生产潜力分为若干等级。典型的定性土地生产潜力评价方法有美国的土地生产潜力评价系统；定量的土地资源生产潜力评价是指通过建立数学模型或作物生长动态模拟模型来计算土地的生产潜力，如莫斯(Moss)模型和GOSSYM作物生长动态模拟模型等。

本节主要介绍美国土地生产潜力评价系统，该系统是美国农业部土壤保持局根据美国的土壤调查成果对美国土地资源生产潜力进行评价的系统。

(一)土地生产潜力的分级

美国土地生产潜力评价系统将土地生产潜力分为潜力级、潜力亚级和潜力单元三级。

1. 土地生产潜力级

按照土地对农业利用方式的限制性种类、强度和需要改良的管理措施等情况，以及长期作为某种利用方式而导致土地退化的危险性，对土地生产潜力级进行分类，共分8个潜力级，其中Ⅰ级最好，适宜于所有的土地利用方式。土地在利用时受到的限制性与危险性逐级增强，防止土地退化所需的投入逐级增加。从Ⅰ级到Ⅳ级，除了种植农作物，还都适宜于用作草地、林地、野生生物保护区等。

Ⅰ级，在利用上基本无限制性，在正常的管理水平下，适宜各种植物，且产量高。

Ⅱ级，在利用上有一定的限制性，适宜多种植物，但减少了作物选择的余地，或者要求增加一定的保护措施。

Ⅲ级，在利用上有严重的限制性，利用后有较大的风险，种植作物的选择余地更小，需要专门的保土措施。

Ⅳ级，在利用上有十分严重的限制性，可能只适宜种植两三种常见作物，且产量很低，一定时期后还可能发生土地退化、产量降低的现象。因此，在作物选择上有很大的限制，在利用方式上有严格的要求。

Ⅴ级，地势平坦，没有或很少有侵蚀的危险，但有其他不可排除的限制因素，无法进行农业耕作，但当用作草场、牧场、林地、野生生物保护区时，没有或很少有永久性限制。

Ⅵ级，由于存在严重的不可克服的限制性因素，不宜耕作，但经过一定的改良后，可用作牧场，在一定的管理条件下，可作为草场、牧场、林地或野生生物保护区。

Ⅶ级，有严重的不可克服的限制性因素，无法将其改良为草场或牧场，只能用作放牧、林地、野生生物保护区。

Ⅷ级，主要为岩石、裸山、沙滩、河流冲积物、尾矿地等，难以用作牧地、林地，只可用作野生动物放养地、水源涵养地、风景游乐地等。

2. 土地生产潜力亚级

在土地潜力级下，根据土地利用的限制性因素的种类，续分亚级。其中，Ⅰ级没有限制，因此也没有亚级。对农业生产而言，土壤与气候对农业起支配作用的限制性因子是相同的，一般有土壤侵蚀因子、土壤过湿因子、根系限制因子(如土层薄、硬结层，持水量低、干旱、盐化、碱化等)、气候限制因子(如过冷、干旱、霜雹等)。相应地，亚级共四级，e(侵蚀限制因子)、w(过湿限制因子)、s(根系限制因子)、c(气候限制因子)。

3. 土地生产潜力单元

土地生产潜力单元是在土地潜力亚级的基础上，根据内部相似性和外部差异性特征，划分的范围较小、性质更为均一的土地单元。

(二)土地生产潜力评价方法

1. 潜力级的评定

潜力级评定的基本程序如下：首先，确定评价单元的主要限制因素及其限制程度；然后，比较各限制因素的限制性程度，采用“最小因子法”确定该评价单元的潜力级。

2. 潜力亚级的评定

土地生产潜力亚级主要依据土地限制因子的种类来评定。一般而言，土地的生产潜力亚级也由限制性最大的因子决定。如土壤盐化是最严重的限制因子，则其亚级为s(根系限制因子)。

3. 潜力单元的评定

主要依据实际的经营管理方式和水平，以及实际的生产力水平或产量，将实际的经营管理和产量等接近的土地，确定为一个潜力单元。

四、城镇土地分等定级

城镇土地分等定级是为全面掌握我国城镇土地质量及利用状况，科学管理和合理利用城镇土地，促进城镇土地节约集约利用，为国家和各级政府制定各项城镇土地政策和调控措施，为城镇土地价格评估、土地税费征收、建设用地经济评价以及城市规划、土地利用规划、土地利用计划的制订提供的科学依据的活动。

(一)城镇土地分等

城镇土地分等是通过对影响城镇土地质量的经济、社会、自然等各项因素的综合分析，揭示城镇土地质量的地域差异，运用定量和定性相结合的方法对城镇土地进行分类排除，评定城镇土地分等的活动。

城镇土地分等反映城镇之间土地质量的地域差异。城镇土地分等一般分层次进行。全国的城镇土地分等，重点考虑对全国范围内重要的设市城市划分土地等；省、自治区的城镇土地分等，重点考虑对省、自治区内的城市和县城镇划分土地等；直辖市的城镇土地分等，重点考虑对市区、地级和县级人民政府驻地所在城镇划分土地等。城市所辖的空间上与主城区分隔的实体(如独立工矿区、开发区等)，宜在分等基础上，经综合平衡划定等别。国家和省(自治区、直辖市)根据需要，对跨不同行政区域的城镇进行分等。不同层次的分等工作应相互衔接。

(二)城镇土地定级

城镇土地定级是指根据城镇土地的经济、自然两方面的属性及其在社会经济活动中的地位、作用，对城镇土地使用价值进行综合分析，揭示城镇内部土地质量的地域差异，评定城镇土地级别的活动。

城镇土地定级有综合定级和分类定级两种类型。综合定级指对影响城镇土地质量的各种经济、社会、自然因素进行综合分析与评价，按评价结果的差异划分土地级。分类定级是指分别对影响城镇某类型用地质量的各种经济、社会、自然因素进行分析与评价，按分类评价结果的差异划分土地级。分类定级包括商服用地定级、住宅用地定级、工矿仓储(工业)用地定级等。

城镇土地定级主要分析现状土地的差异，必要时，应当考虑城市规划等其他因素对土地级别的影响。市区常住人口在50万以上的城市，应进行综合定级和分类定级。其他城镇应进行综合定级，必要时可同时进行分类定级。还可开展城市规划模拟定级。

五、农用地分等定级

(一)农用地分等

农用地分等是指根据农用地的自然属性和经济属性，对农用地的质量优劣进行综合、定量评定，并划分等别的活动。农用地分等成果要求在全国范围内具有可比性。

农用地分等定级的基本内容与技术方法、技术流程等参见《农用地分等定级规程》，农用地分等中有一些基本概念，分别介绍如下：

1)农用地等

农用地等是指在全国范围内，按照标准耕作制度，在自然质量条件、平均土地利用条件、平均土地经济条件下，根据规定的方法和程序进行的农用地质量综合评定，划分出的农用地等别。

2)基准作物

基准作物是理论标准粮的折算基准，指全国比较普遍的主要粮食作物，如小麦、玉米、水稻，按照不同区域生长季节的不同，进一步区分的春小麦、冬小麦、春玉米、夏玉米、一季稻、早稻和晚稻等7种粮食作物。

3)产量比系数

产量比系数是以国家指定的基准作物为基础，按当地各种作物单位面积实际产量与基准作物实际产量之比。

4)土地利用系数

土地利用系数是用来修正土地的自然质量，使达到接近土地的实际产出水平的系数，计算公式：$K_{Lj} = Y_j / Y_{j,\max}$($K_{Lj}$为某样点的第$j$种指定作物土地利用系数；$Y_j$为样点的第$j$种指定作物单产；$Y_{j,\max}$为第$j$种指定作物的省级二级区内最高单产)。

5)产量-成本指数

产量-成本指数，计算公式为：$a_j = Y_j / C_j$(a_j为第j种指定作物的"产量-成本"指数，单位为千克/元；Y_j为样点的第j种指定作物实际单产，单位为千克/公顷；C_j为样点的第j种指定作物实际成本，单位为元/公顷)。

6)土地经济系数

土地经济系数，计算公式为：$K_{cj} = a_j / A_j$(K_{cj}为样点的第j种指定作物土地经济系数；a_j为样点第j种指定作物"产量-成本"指数；A_j为第j种指定作物"产量-成本"指数的省级二级区内最大值)。

7)标准耕作制度

标准耕作制度(standard farming system)：在当前的社会经济水平、生产条件和技术水平下，有利于生产或最大限度发挥当地土地生产潜力，未来仍有较大发展前景，不造成生态破坏，能够满足社会需求，并已为(或将为)当地普遍采纳的农作方式。由于各地养地方式难以统一，因此标准耕作制度主要指种植制度。

8)光温生产潜力

光温生产潜力：在农业生产条件得到充分保证，水分、CO_2供应充足，其他环境条件适宜的情况下，理想作物群体在当地光、热资源条件下，所能达到的最高产量。

9)气候生产潜力

气候生产潜力：在农业生产条件得到充分保证，其他环境因素均处于最适状态时，在当地实际光、热、水气候资源条件下，农作物群体所能达到的最高产量。即在光温生产潜力基础上进一步考虑降水的限制作用后，农作物的理论产量。

10)标准样地及标准样地体系

标准样地：在一定的栽培管理技术条件下，区域内农作物产量水平最高的若干农用地分等单元。一般情况下，标准样地的农业生产条件最好，它们在本区域内所处位置的气候、地形地貌、土壤、灌溉与排水等条件的综合特征最优。

标准样地体系：农用地分等标准样地的分级体系与用于描述农用地分等标准样地特征的因素体系的总和。

(二)农用地定级

根据农用地的自然属性和经济属性，对农用地的质量优劣进行综合、定量评定，并划分级别的活动。农用地定级成果要求在县域范围内具有可比性。

六、城镇土地估价

(一)城镇土地估价的主要概念

1. 土地估价

土地估价是指由土地估价师根据估价目的和待估土地状况，遵循估价原则，按照一定的估价程序，在全面调查和综合分析影响地价因素的基础上，选用适宜的估价方法，对待估土地在估价期日的价格进行估算和判定的行为。

土地估价可以分为宗地地价评估和区域性地价评估两类。宗地地价评估是以宗地个体为对象，选择适宜的估价方法，评估判定待估宗地的价格；区域性地价评估是以特定区域为对象，利用宗地评估方法和统计学方法，在对大量宗地地价样点统计分析处理的基础上，评估判定待估区域在公开市场下的区域平均价值。

2. 土地价格(地价)

土地价格，简称地价，是土地权利和预期收益的购买价格，即地租的资本化。

在城镇土地估价中，地价是指在市场条件下形成的，一定年期建设用地使用权的权利价格，其空间内涵包括地表及地上、地下的一定范围，也可依据权属划分单独界定为地下空间使用权价格或空中使用权价格。

3. 公示地价

公示地价是指以维护经济和市场平稳健康发展为目标，遵循公开市场价值标准评估，并经政府确认、公布实施的地价。包括基准地价、标定地价和课税地价等。

4. 基准地价

基准地价是指在土地利用总体规划确定的城镇建设用地范围内，对平均开发利用条件下，不同级别或不同均质地域的建设用地，按照商服、住宅、工业等用途分别评估，并由政府确定的，某一估价期日法定最高作用年期土地权利的区域平均价格。

5. 标定地价

标定地价是政府为管理需要确定的，标准宗地现状开发利用、正常市场条件下，于某一估价期日法定最高使用年期土地权利的区域平均价格。

标准宗地是指在均质区域内确定的，其深度、宽度、形状、用途、开发利用状况等特征在该区域内具有代表性，使用状况相对稳定，能够起示范及比较标准作用的宗地。

6. 课税地价

课税地价是指为课税需要，以基准地价、标定地价为基础测算，并由政府确定的，作为计税依据的土地价格。

7. 地价指数

地价指数是指特定区域内，某一用途、某一时期的地价水平相对于某一基准日期地价水平的变动比指数。

8. 估价期日

土地估价过程中需根据市场关系和估价需要进行一些基本条件设定，估价期日的设定就属于基本条件设定之一。估价期日是指估价结果对应的日期，通常具体到某年某月某日。在土地估价过程中，估价期日由委托人确定，或者由委托人与估价师商定。

9. 标准深度及里地线

标准深度是指随着土地与道路距离的增加，道路对上地利用价值影响为零时的深度。里地线是指各标准深度的连线。

(二)城镇土地估价的原则

1. 替代原则

土地估价应以相邻地区或类似地区功能相同或相近、条件相似的土地市场交易价格为依据，估价结果不得明显偏离具有替代性质的土地客观价格。

2. 最有效利用原则

土地估价应当以待估宗地的最有效利用为前提。判断土地的最有效利用以土地利用是否符合其自身利用条件、法律法规政策及规划限制、市场要求和最佳利用程度等为依据。

3. 预期收益原则

土地估价应以待估宗地在正常利用条件下的未来客观有效的预期收益为依据。

4. 供需原则

土地估价要以市场供需决定土地价格为依据，并充分考虑土地供需的特殊性和土地市场的地域性。

5. 贡献原则

不动产总收益是由土地及其他生产要素共同作用的结果，土地价格可以根据土地对不动产收益的贡献大小确定。

(三)城镇土地价格的影响因素

城镇土地价格的影响因素一般分为三类：一般因素、区域因素和个别因素。

1. 一般因素

一般因素是指影响城镇地价总体水平的自然、社会、经济和行政因素等。主要包括地理位置、自然条件、人口、行政区划、城镇性质、城镇发展过程、社会经济状况、土地制度及住房制度、土地利用规划及计划、国民和社会发展规划等。

2. 区域因素

区域因素是指影响城镇内部区域之间地价水平的因素。主要包括商服繁华程度或者集聚程度以及区域在城镇中的位置、交通条件、公用设施及基础设施状况、区域环境条件、规划及土地使用限制和自然条件等。

3. 个别因素

个别因素是指宗地自身的地价影响因素，包括宗地自身的自然条件、开发程度、形状、长度、宽度、面积、土地使用限制和宗地临街条件等。

(四)城镇土地估价的类型

1. 基准地价评估

利用市场交易资料或利用收益资料评估不同类型用地的基准地价，编制基准地价修正系数表和因素指标说明表。基准地价修正系数表是采用替代原理建立的，反映基准地价、宗地地价及其影响因素之间的相关关系的表格体系。编制基准地价在不同因素条件下修正为宗地地价的系数体系，以便于在宗地条件调查的基础上，根据相应的修正系数，快速、高效地评估出宗地地价。基准地价修正系数表分为级别或区域基准地价修正系数表和路线价修正系数表两种。编制基准地价修正系数表的同时，要编制与各种修正系数对应的因素指标说明表。

2. 宗地地价评估

明确估价目的、待估宗地、估价期日、价格内涵、估价日期等事项后，收集宗地自身的资料，影响价格的因素资料，土地交易资料，图件资料及其他相关资料，选择至少两种以上适宜的估价方法、测算宗地价格。

3. 不同用途地价评估

在土地估价中，土地用途可分为以下基本类别：住宅用地、工矿仓储用地、商服用地、公共管理与公共服务用地、交通运输用地等。对于具混合用途的待估土地，应分别界定各用途的构成比例。

评估不同用途的土地价格，应对影响土地价格的一般因素、区域因素和个别因素进行深入分析，分析价格影响因素时，应根据不同土地的利用及其对各类影响因素的敏感程度，有所选择和侧重。

选择估价方法时，在有充足市场交易资料或收益资料的情况下，宜选用市场比较法、收益还原法、剩余法等进行评价；对缺乏充足市场资料和收益资料的情况下，可根据实际情况选择成本逼近法、公示地价系数修正法等进行评估，但对商服用地，慎选成本逼近法和基准地价系数修正法，对中心城市的商服用地，不宜采用成本逼近法。

4. 不同权利地价评估

不同权利的土地价格评估包括出让土地使用权评估、授权经营土地使用权评估、作价出资（入股）土地使用权评估、土地租赁权评估、地役权评估以及设有附加权利的土地使用权评估（如设有租赁权、地役权等）、建设用地空间权利评估（如地下空间权、地上空间权）等。

（五）城镇土地估价的主要方法

1. 市场比较法

市场比较法是在收集与待估土地同一供需圈内已成交的土地案例的基础上，将已成交土地与待估土地进行因素比较，对已交易土地的成交价进行修正后得到待估土地价格的评估方法。市场比较法的理论依据是替代原理，即在正常的市场条件下，具有相似条件和使用价值的商品，在交易双方具有同等市场信息的情况下，具有替代性，应有相似的价格。

市场比较法适用于地产市场发达，有充足可比交易实例的地区。市场比较法除可直接用于评估土地的价格或土地租金外，还可用于其他估价方法中有关参数的求取。

市场比较法的基本公式如下：

$$P = P_B \cdot A \cdot B \cdot C \cdot D \cdot E$$

式中，P—— 待估宗地价格；

P_B—— 比较实例价格；

A—— 待估宗地交易情况指数除以比较实例宗地交易情况指数；

B—— 待估宗地估价期日地价指数除以比较实例宗地交易日期地价指数；

C—— 待估宗地区域因素条件指数除以比较实例宗地区域因素条件指数；

D—— 待估宗地个别因素条件指数除以比较实例宗地个别因素条件指数；

E ——待估宗地年期修正指数除以比较实例宗地年期修正指数。

2. 收益还原法

收益还原法是基于土地经济学中的预期收益原理，将待估宗地未来正常年纯收益（地租），以一定的土地还原利率还原，以此估算待估土地价格的方法。

收益还原法适用于有现实收益或潜在收益的土地估价。

收益还原法的基本公式如下：

$$P = \sum_{i=1}^{n} \frac{a_i}{(1 + r_i)}$$

式中，P—— 土地收益价格；

a_i—— 第 i 年末土地年纯收益（或地租）；

r_i—— 第 i 年土地还原利率。

3. 剩余法

剩余法又称假设开发法、倒算法、残余法或余值法等。其理论依据是地租理论。是指在估算开发完成后不动产正常交易价格的基础上，扣除建筑物建造费用和与建筑物建造、买卖有关费用(或房屋现值及有关税费)后，以价格余额来确定估价对象土地价格的一种方法。

剩余法适用于评估现有不动产中地价的单独评估，或用于具有投资开发或再开发潜力的土地估价。

剩余法评估现有不动产中所含土地价格时，其基本公式是

$$P = P_r - P_h - T$$

式中，P—— 土地价格；

P_r—— 不动产交易价格；

P_h—— 房屋现值；

T—— 交易税费。

用剩余法评估待开发土地的价格时，其基本公式是：

$$P = A - B - C$$

式中，P—— 土地价格；

A—— 不动产总价；

B—— 开发项目总体的开发成本；

C ——客观开发利润。

4. 成本逼近法

成本逼近法是以取得和开发土地所耗费的各项费用之和为主要依据，再加上一定的利润、利息、应缴纳的税金和土地所有权收益来确定土地价格的估价方法。其基本理论依据是经济学上等量资本应获取等量收益的投资原理。

成本逼近法一般适用于新开发土地或土地市场欠发育、交易实例少的地区的土地价格评估。

成本逼近法的基本公式是：

$$V = E_a + E_d + T + R_1 + R_2 + R_3$$

$$V = V_E + R_3$$

式中，V—— 土地价格；

E_a—— 土地取得费；

E_d—— 土地开发费；

T—— 税费；

R_1—— 利息；

R_2—— 利润；

R_3—— 土地增值；

V_E ——土地成本价格。

5. 公示地价系数修正法

公示地价系数修正法是利用已有的公示地价，将待估宗地的区域因素、个别因素等与公示地价评估时确定的区域因素、个别因素等进行比较，确定相应的修正系数，据此

测算待估宗地价格的地价评估方法。包括基准地价系数修正法、路线价法和标定地价系数修正法等。公示地价系数修正法的基本理论依据是替代原理。

公示地价系数修正法适用于已有公示地价的区域，且涉及国有土地资产处置或土地资产抵押时，所采用的公示地价应当具有现势性、可比性，待估宗地的估价期日跟公示地价的期日不宜过长(一般距基准地价、路线价的期日不超过 3 年，距标定地价的期日不超过 1 年)。当区域内同时存在基准地价和路线价时，里地线以内的宗地，应采用路线价法评估。

(1)基准地价系数修正法的公式

以基准地价系数修正法评估土地价格的公式如下：

$$P = P_{1b} \cdot (1 \pm \sum K_i) \cdot K_j + D$$

式中，P—— 待估宗地价格；

P_{1b}—— 某一用途、某级别(均质区域)的基准地价；

$\sum K_i$—— 宗地地价修正系数；

K_j—— 估价期日、容积率、土地使用年期等其他修正系数；

D—— 土地开发程度修正值。

(2)路线价法的基本公式

$$P = u \cdot \mathrm{dv} \cdot K_1 \cdot K_2 \cdot \cdots \cdot K_i \cdot \cdots \cdot K_n$$

式中，P—— 待估宗地价格；

u—— 待估宗地所属路段的路线价；

dv—— 深度指数；

K_j—— 宗地形状修正、容积率修正等其他修正系数。

(3)标定地价修正法的基本公式

$$P = P_s \cdot A \cdot B \cdot C \cdot D$$

式中，P—— 待估宗地价格；

P_s—— 标定地价；

A—— 待估宗地交易情况指数；

B—— 待估宗地估价期日地价指数/标准地价期日地价指数；

C—— 待估宗地个别因素条件指数/标准宗地个别因素条件指数；

D ——待估宗地年期修正指数。

七、农用地估价

农用地估价的原理、技术方法、技术流程等，与城镇土地估价相似，此处不再赘述。只介绍农用地估价中特有概念、特殊原则以及影响因素。

(一)农用地估价的基本概念

1. 农用地宗地

农用地宗地是指权属明确、界线清楚、用途一致、相对独立或连片的农用地地块。

2. 基准地块

基准地块是在农用地均质地域内设定的，其自然、社会经济等条件在该区域内具有代表性，使用状况相对稳定的地块，具有代表性、中庸性和稳定性。

3. 农用地价格

农用地价格是指在正常市场条件下，于特定期日，由农用地的自然因素、社会经济因素和特殊因素等决定的价格。

4. 农用地宗地价格

农用地宗地价格是指具体某一宗农用地在正常市场条件下特定期日的价格。

5. 农用地基准地价

农用地基准地价是指县(市)政府根据针对农用地不同级别或不同均质地域，按照不同利用类型，分别评估确定的某一估价期日的平均价格。

(二)农用地估价的原则

农用地估价原则与城镇土地估价原则基本上是一致的，都要遵循预期收益原则、替代原则、贡献原则、供需原则、变动原则、估价时点原则等的原则。有所区别的是，农用地估价强调估价对象地块的合理有效利用，即在一定的社会经济条件下，农用地的利用方式需要能充分发挥其土地的效用，产生良好的经济效益，而且要保持土地质量不下降，并对其周围的土地利用不会造成负面影响或危害，即保证农用地的持续、有效、合法使用。而城镇土地估价则坚持以待估宗地的最有效利用为前提。

(三)农用地价格的影响因素

农用地价格影响因素主要包括自然因素、社会经济因素和特殊因素。

1. 自然因素

影响农用地价格的自然因素是指影响农用地生产力的各种自然条件，包括≥10℃有效积温、降雨量、降雨均衡度、无霜期、湿度、灾害性气候状况、地形坡度、土壤质地、有效土层厚度、土壤障碍层深度、土壤有机质含量、土壤盐渍化程度、地下水埋深、田块大小、地块形状等。

2. 社会经济因素

影响农用地价格的社会经济因素是指影响农用地效益的社会经济发展条件、土地制度和交通条件等，包括区域城市化水平、城市规模、农业生产传统、人均土地指标(人均耕地、人均农用地)、农民人均收入水平、单位土地投入资本量、单位土地投入劳动量、农产品市场供求、农田基本设施状况、农机应用方便度、土地利用规划限制、交通通达度等。

3. 特殊因素

影响农用地价格的特殊因素是指影响农用地生产力和收益所独有的条件或不利因素，如气候条件、土壤条件、环境条件、环境污染状况等。

八、开发区土地集约利用评价

开发区土地集约利用是指以符合有关法规、政策、规划为导向，通过增加对土地的投入，改善经营管理，挖掘土地利用潜力，提高开发区土地利用效率和经济效益的一种开发经营模式。

开发区土地集约利用评价是指对开发区土地利用现状进行调查、分析，评价土地集约利用程序，测算土地集约利用潜力的过程，其内容包括开发区土地利用现状调查、土地评价类型划分和集约利用程度测算三个方面。

(一)开发区土地利用现状调查

开发区土地利用现状调查是集约利用程度评价和潜力测算的基础性工作。调查的内容包括开发区主区及发展方向区的基本信息、用地状况、用地效益、管理绩效、土地供应状况和典型企业情况等。

(二)开发区土地评价类型划分

根据开发区主区内工矿仓储用地、住宅用地占已建成城镇建设用地的比例状况，一般将开发区划分为工业主导型开发区和产城融合型开发区。根据《开发区土地集约利用评价规程》(2014年)，开发区主区内工矿仓储用地占已建成城镇建设用地的比例大于30%且住宅用地占已建成城镇建设用地的比例小于25%时，划为工业主导型开发区。当开发区主区内工矿仓储用地占已建成城镇建设用地的比例≤30%或者住宅用地占已建成城镇建设用地的比例≥25%时，划为产城融合型开发区。保税区、出口加工区、保税港区、保税物流园区、综合保税区等海关特殊监管区域统一划为工业主导型开发区。

(三)开发区土地集约利用程度测算

在用地调查的基础上，依据开发区土地集约利用评价指标体系开展程度评价，计算开发区土地利用集约度分值。集约度分值在0~100之间。分值越大，集约利用程度越高。

1. 评价指标的确定

开发区土地集约利用程度评价，应根据不同评价范围(主区和发展方向区)和评价类型(工业主导型和产城融合型)，从土地利用状况、用地效益和管理绩效这三个方面开展。程度评价指标体系包括目标、子目标和指标三个层次。

工业主导型开发区土地集约利用评价指标体系如表2.4-6所示。

产城融合型开发区土地集约利用评价指标体系如表2.4-7所示。

2. 评价指标权重的确定

评价指标权重应当依据不同评价范围和评价类型以及目标、子目标、指标对开发区土地集约利用的影响程度确定。指标权重值的确定方法有特尔菲测定法、因素成对比较法、层次分析法等。

3. 评价指标理想值的确定

理想值为开发区土地集约利用各评价指标在评价时点时应达到的理想水平。理想值的确定方法有目标值法、经验借鉴法、专家咨询法等。

目标值法：结合国民经济和社会发展规划、土地利用总体规划、城乡规划等相关规划，以及有关用地标准、行业政策等，在分析土地利用现状的基础上，确定指标理想值；

经验借鉴法：参考相关开发区土地集约利用先进水平，确定指标理想值；

表 2.4-6 **工业主导型开发区土地集约利用评价指标体系**

目标	子目标	指标			
		主区	指标属性	发展方向区	指标属性
土地利用状况	土地利用程度	土地供应率	正向相关	土地开发率	正向相关
		土地建成率	正向相关		
	用地结构状况	工业用地率	正向相关	工业用地率	正向相关
	土地利用强度	综合容积率	正向相关	综合容积率	正向相关
		建筑密度	正向相关	建筑密度	正向相关
		工业用地综合容积率	正向相关	工业用地综合容积率	正向相关
		工业用地建筑系数	正向相关	工业用地建筑系数	正向相关
用地效益	产业用地投入产出效益	工业用地固定资产投入强度	正向相关	工业用地固定资产投入强度	正向相关
		工业用地地均税收	正向相关	工业用地地均税收	正向相关
管理绩效	土地利用监管绩效	土地闲置率	负向相关	土地闲置率	负向相关

表 2.4-7 **产城融合型开发区土地集约利用评价指标体系**

目标	子目标	指标			
		主区	指标属性	发展方向区	指标属性
土地利用状况	土地利用程度	土地供应率	正向相关	土地开发率	正向相关
		土地建成率	正向相关		
	土地利用强度	综合容积率	正向相关	综合容积率	正向相关
		建筑密度	正向相关	建筑密度	正向相关
用地效益	综合用地效益	综合地均税收	正向相关	综合地均税收	正向相关
		人口密度	正向相关	人口密度	正向相关
管理绩效	土地利用监管绩效	土地闲置率	负向相关	土地闲置率	负向相关

专家咨询法：选择一定数量熟悉城市、开发区经济社会发展和土地利用状况的专家，提供相关材料，咨询确定指标理想值。

4. 评价指标的标准化

将现状值与理想值进行对比，量化评价指标的实现程度。

5. 集约度分值计算

集约度分值采用评价指标加权求和法进行计算。

(四)开发区土地集约利用潜力测算

开发区土地集约利用潜力分为扩展潜力、结构潜力、强度潜力和管理潜力4种类型。扩展潜力是指截至评价时点，开发区评价范围内尚可供应用于建设的土地面积，分为尚可供应土地面积和尚可供应工矿仓储用地面积，根据扩展潜力可推算开发区内尚可供地年数。结构潜力是指开发区评价范围内已建成城镇建设用地中，通过用地结构调整可增加的工矿仓储用地面积(产城融合型开发区不进行结构潜力测算)。强度潜力是指开发区评价范围内已建成城镇建设用地中，根据土地利用强度指标现状值与相应理想值的差距换算形成的用地面积。管理潜力是指开发区评价范围内通过处置有偿使用且已到期但未处置土地和闲置土地，可挖潜的土地面积。

第五节　地 籍 档 案

一、地籍档案的相关概念

(一)档案

档案，是指过去和现在的国家机构、社会组织以及个人从事政治、军事、经济、科学、技术、文化、宗教等活动直接形成的对国家和社会有保存价值的各种文字、图表、声像等不同形式的历史记录。

(二)地籍档案

地籍档案，是指在土地分类、土地调查、土地统计、土地评估等地籍专项业务活动中形成的具有保存和利用价值的文字、图表、声像、电子文件等不同形式和载体的历史记录。

二、地籍档案的归档与组卷

(一)归档

地籍文件材料实行形成部门立卷归档制度。在办理地籍专项业务过程中，应当按照规定的归档范围和档案保管期限要求，及时收集和整理相应文件材料；档案机构应当做好归档指导工作，确保地籍档案的完整、准确、系统。

地籍专项业务活动中形成的文件材料，应当结合业务工作实际，进行定期或实时归档。

在地籍专项业务活动中形成的电子文件，应当按照《中央办公厅、国务院办公厅关于印发〈电子文件管理暂行办法〉的通知》(厅字〔2009〕39号)和《电子文件归档和管理规范》(GB/T 18894)的要求进行整理归档，并对归档电子文件的形成机构、技术特征、内容结构及其管理过程等背景信息与元数据进行相应归档。

(二)组卷

地籍业务档案应当按照形成规律和特点进行组卷，采用“类别-年度-保管期限”的方法对地籍业务文件材料进行分类、整理和排列，并及时编制归档文件案卷目录、卷内目录、备考表等。档案机构应当对接收的档案及时进行核查和入库管理。

三、地籍档案的保管与销毁

(一)保管

地籍业务档案保管库房应当符合国家有关规定要求，具备防火、防盗、防高温、防潮、防尘、防光、防虫、防磁和防有害气体等保管条件，以维护档案的完整与安全。

地籍业务档案的保管期限分为永久、30年和10年三类。

(二)销毁

各级国土资源主管部门应当成立档案鉴定小组，对保管期满的档案及时进行鉴定。

鉴定小组由档案机构和形成档案的业务部门有关人员组成。对保管期满，不再具有保存价值、确定销毁的档案，应当清点核对并编制档案销毁清册，经过必要的审批手续后按照规定销毁。

销毁档案应当由两人以上监督进行。监督人员要在销毁清册上签名，并注明销毁的方式和时间。销毁清册永久保存。

四、地籍档案的利用

各级国土资源档案机构应当积极开发档案信息资源，满足各项工作对业务档案的利用需求。各级国土资源主管部门应当建立健全档案利用制度，并为档案利用创造条件，简化手续，提供方便。利用档案时应当按照规定办理手续，并及时做好利用登记。

档案管理人员应当认真检查归还档案，如发现有短缺、涂改、污损情况，要及时报告并追查。

五、地籍档案的保密与安全

涉及国家秘密的业务档案的管理，应当予以保密。

档案管理人员应做好国土资源业务档案实体安全、信息安全等检查工作，及时消除安全隐患，认真记录检查、整改情况。

本章小结

本章主要介绍了土地管理基础信息的来源方式。土地管理针对的是各种类型的土地的位置、权属、用途、面积、质量等级、价格等要素。而要获得这些要素信息，必须进行土地分类，经过土地调查、土地统计、土地等级评估、土地价格评估等途径。在这些基础信息的收集、整理、归档、保存、利用、更新过程中，应当采取各种可能的措施，保证基础土地信息的统一、真实、系统、全面、完整性。

（1）土地分类。土地分类是基础土地信息收集的首要工作。科学、合理、系统、可行的土地分类体系的构建与利用，是土地权属、土地市场、土地利用、土地保护等各项工作顺利开展的保障。目前我国主要对土地利用现状分类进行了规范。

（2）土地调查。土地调查一般分为土地权属调查、土地利用现状调查、土地条件调查三种。土地权属调查利用以宗地为调查单元，包括宗地权属调查与地籍测量。在不动产统一管理政策下，土地权属调查不再单独开展，而是与房屋、森林、林木、海洋等结合在一起，开展的是不动产权籍调查。而在不动产权调查中，调查单元的划分、分类编码等跟土地权属调查存在明显不同（见第三章第三节）。土地利用现状调查是以县为单位，以地块为调查单元，对县级行政区域内的土地利用情况进行的调查与测量。土地条件调查则是对自然和社会经济状况的调查。根据社会经济发展的不同要求，每种土地调查的调查具体原则、内容体系、调查方法等也有不同。

（3）土地统计。土地统计是根据分类调查成果，按统计学原理，对各类指标进行的统计工作。目前土地统计工作不仅有常规的土地数理统计分析，还延伸到土地空间统计。数理统计学、空间统计学的原理与方法广泛运用于土地管理的各项工作。

（4）土地评估。土地分等、定级、估价、适宜性评价、生产潜力评价、节约和集约利用评价等，都属土地评估的范畴，通过对土地的自然、社会、经济、政治、生态等各方面因素的考量，评价土地对于特定群体、特定用途、特定条件的质量等级或价值。

（5）地籍档案。对地籍管理工作中形成的各种应当予以归档的资料，进行归档、组卷、保管、利用，并按要求开展鉴定、销毁等工作，防止档案泄密。

第三章　土地权属管理

土地权属管理是针对土地的权属开展的管理活动，这一章节是对土地的产权有关问题进行的管理活动的介绍，包括土地权属确认、不动产登记、土地权属流转、土地权属终止与收回等。本章的内容框架结构如图 3-1 所示。

- 土地权属管理
  - 土地权属确认
    - 土地权属确认的依据与原则
    - 不动产权籍调查
    - 土地权属争议的处理
  - 不动产登记
    - 不动产登记类型和登记的权利类型
    - 不动产登记的内容和程序
    - 不动产登记信息的共享与保护
  - 土地权属流转
    - 土地所有权流转
    - 国有建设用地使用权流转
    - 集体建设用地使用权流转
    - 农用地承包经营权流转
  - 土地权属终止与收回
    - 土地权属终止
    - 土地权属收回

图 3-1　本章内容框架结构图

第一节　土地权属管理概论

土地权属管理是指国家行政机关通过各种手段对土地权属关系进行调整，以维护土地所有制，保护土地所有者和使用者的合法权益，规范土地权属流转，发挥市场对土地资源的优化配置作用，促进土地资源的合理利用。

土地权属特性是土地资产的本质特性之一。土地权属是土地的一个根本问题。土地资产管理的核心是土地权属管理。

一、土地权利的相关概念

(一) 权力、权利、权益

1. 权力

关于权力的内涵与特征，国内外的观点很多，“权力”体现为“权力的使用者对另一行为者行为、态度、信念和偏好的影响”（大卫·鲍德温，2001）；“权力意味着做事情、控制他者、让他者做本来不愿意做的事情的能力”（约瑟夫·奈，2005）；汉斯·摩根索把权力界定为“人支配他人的意志和行动的控制力”（汉斯·摩根索，2006）；福柯认为，“权力是各种力量关系的集合”（米歇尔·福柯，2010）；马克斯·韦伯认为，“权力意味着在一种社会关系里哪怕是遇到反对也能贯彻自己意志的任何机会”（马克斯·韦伯，1997）；文晓明等认为，权力是一种力量，“为了协调人们之间的利益关系，按照某种原则分配利益，维护社会秩序，社会就需要某种强制性的制约力量……这种力量就是权力”（文晓明等，2004）。

关于权力的分类，约翰·米尔斯海默从军事角度，认为国家有两种权力：军事权力和潜在权力。军事权力是指一个国家的陆海空军事力量；潜在权力指的是用来构筑军事权力的经济要素（约翰·米尔斯海默，2008）。约瑟夫·奈把权力区分为“硬权力”和“软权力”，“硬权力”是指利用威胁或奖励的手段，让别人做他们不愿意做的事情的能力，“软权力”是利用影响力和吸引力而获得想要的结果的能力，其特点是通过吸引而不是强迫实现目标（Roberto Keohane，1998）。除对权力的宏观进行了分类外，在一些学科领域，对权力的划分更为细致。

权力研究对象包括权力的运行、权力的制衡与权力监督等方面。在权力运行上，目前研究文献较多的是关于权力运行的公开、透明、规范，防止腐败。“权力只有在公开、透明和规范的环境下运行，实现“阳光作业”，才能够充分发扬民主，防止权力行使过程中的随意性，促使各级领导干部和公务人员正确行使权力”（李宝芹，2008）。“权力被滥用、以权谋私得以发生的一个重要原因就是权力运行不规范、权力内部缺乏有效制约”（何永红等，2003）。权力的制约就是指“权力所有者运用民主与法制手段，通过各种有效途径，对权力行使者进行一定的限制与约束”（张亚娟，2005）。陆德山认为权力制约的特点有三个：第一个特点是“权力制约关系必须有两个或两个以上的国家权力才能形成”；第二个特点是“权力制约关系是横向的”；第三个特点是“权力制约关系是双向的”（陆德山，2000）。关于权力监督，基本含义是指“从旁察看、监视，检察并督促，防止并纠正错误”，“政治权力监督，是指为保证政治权力在所担负职权的正当范围内和轨道上运行，对其进行监督、检查、调节、控制、纠正等一系列活动的总称”[1]。制约和监督，既有联系又有区别。“监督与制约的相通之处，就在于它们同属于权力控制的机制，都是为了规制权力的运行而设置的”（侯少文，2003），同时两者也有明显的区别，不能混为一谈，区别在于“制约是以分权为前提的”，而“权力监督是以授权为前提的”，“权力制约不是单向，而是互向的，多向的。而权力监督则是单向的”。在权力制约与监督的机制方面，洛克提出了分权理论，孟德斯鸠提出了分权与制衡理论，如孟德斯鸠提出将国家权力分为立法权、行政权和司法权三部分，将其分别授予不同的机关。“要防止滥用权力，就必须以权力约束权力”（孟德斯鸠，《论法的精神（上册）》，1961）。除上述三权分立与制衡外，体制外的制约与监督近年来发展迅速。体制外的制约与监督手段有：社会公众监督、新闻舆论监督、利益集团监督和政党监督[1]等。

2. 权利

关于权利的内涵，也有很多种不同的观点，张文显分析了国内外关于权利的各种学说，总结了权利的不同概念，包括资格说、自由说、利益说、规范说、选择说等(张文显，1998)。资格说认为“权利是指法律关系的主体具有自己这样行为(或不这样行为)，或要求他人这样行为或不这样行为的能力或资格”。自由说认为“权利的本质即自由”，规范说认为“权利是法律所保障或允许的能够做出一定行为的尺度”(范进学，2003)。权利与权力是两个不同的概念，有许多观点认为，权力是一个政治概念，一般是指有权支配他人的强制之力，它总是和服从联结在一起。权力包括两层含义：一是政治上的强制力量，像立法权、司法权、行政权等国家权力；二是职责范围内的支配力量，有了一定职务就有了相应的某种权力。而权利是一个法律概念，一般指法律赋予人们的权力和利益，即自身拥有的维护利益之权。也有人认为：权力相对于“公”，权利相对于“私”，将国家行使立法权、行政权、司法权视为“公权力”，而公民依法享有的各种权力并由此带来的利益称为“私权利”。

近年来，我国关于权利的理论在法律法规制定中占据了重要地位。权利本位论已成为权利立法的核心理论；“权利义务的相互关系体现为权利立法与义务立法的相互对应”(张鹏，2013)。在公共管理领域，越来越多的人认为，政府权力与公民权利的融合是发展趋势之一。

3. 利益

利益与权利也是两个不同的概念，如范进学指出：“从目的与手段上看，利益往往是权利的目的，权利往往是获得利益的手段”，“从价值论上看，权利具有道德价值，利益具有功利或经济价值，因而权利属于道德的范畴，利益属于经济的范畴”[76]。我国《宪法》第五十一条规定：“中华人民共和国公民在行使自由和权利的时候，不得损害国家的、社会的、集体的利益和其他公民的合法的自由和权利。”权利高于利益，但政府为了公共利益而侵犯公民权利的时候，政府不是以权利而是以利益与公民的权利相抗衡，从法理上而言并不公平，应当慎重选择。

4. 权益

权益是权利与利益的结合，既包括权利，又包括利益。

(二)土地所有权

所有权是指权利人对所有物享有永久、充分且最全面的支配权。

土地所有权是指土地所有者依法或依约定对特定范围内的土地享有的占有、使用、收益和处分等永久、充分且最全面的支配性权利。土地所有权一般由宪法予以规定。土地所有权是土地所有制的法律表现形式。与我国土地所有制的两种形式相对应，我国的土地所有权包括国家土地所有权和集体土地所有权两类。

在我国，土地所有权具有以下特点：

1. 主体的特定性

根据我国《宪法》《土地管理法》的规定，土地只能为国家、集体所有。国家和集体以外的任何单位、个人都不能成为土地所有权主体。国家所有的土地的所有权由国务院代表国家行使。

2. 交易的限制性

根据我国法律规定，土地所有权不能以任何形式交易。土地所有权的买卖、赠与、互易，以及将土地所有权作为投资，均属非法。

3. 权属的稳定性

由于主体的特定性和交易的限制性，我国的土地所有权处于高度稳定的状态。除国家为了社会公共利益的需要，可以对集体所有的土地实行征收外，土地所有权的归属状态不能改变。

4. 权能的分离性

在土地所有权高度稳定的情况下，为实现土地资源的有效利用，法律需要将土地使用权从土地所有权中分离出来，使之成为一种相对独立的物权并且能够交易。因此，土地使用权制度在我国土地法乃至物权法体系中占据重要地位。

(三)土地使用权

土地使用权是指在土地所有权与使用权分离的情况下，土地使用者依照法律或者契约对特定的土地享有的占有、使用、收益和部分处分的权利。其中“部分处分的权利”取决于土地所有者的意志。土地使用权可以与土地所有权合一，也可以从土地所有权中分离出来成为独立的权利，如我国国有建设用地使用权，不是由所有权主体“国家”实际享有国有土地的使用权，而是通过出让、租赁、作价出资(入股)、授权经营、划拨等方式让渡给有需要的单位或者个人。土地使用权是用益物权的一种。

在我国，土地使用权具有以下特性：

1. 派生性

土地使用权的派生性，是指土地使用权是土地所有权的享用权能在一定条件下与所有权相分离而形成的一种权利。土地所有权的积极权能包括占有、使用、收益和处分权能，这些权能在土地所有者未作为时，完全归一于土地所有权。当土地所有者在不丧失其所有权的情况下，将所有权的一部分权能如占有权、使用权、收益权，乃至部分处分权暂时或长久地让渡于他人时，就从土地所有权中派生出土地使用权。

2. 从属性

土地使用权的从属性，是指土地使用权的发生以所有权的行使为前提，它的存续亦受到所有权的制约。表现在以下几个方面：

第一，土地使用权的发生，需要有所有权人的设定行为。设定行为是指土地所有权人有设立土地使用权的意思，并依照法律规定的程序，对特定相对人授予土地使用权的行为。根据我国有关法律规定，土地使用权的设立通常包括两个步骤，一是土地所有权人设立土地使用权的意思表示；二是办理土地登记。

第二，土地使用权附有一定的义务。如合理利用土地的义务，不得任意改变土地用途的义务，缴纳有关税费的义务，办理有关登记的义务等。此外，在不同的情况下，法律和行政管理规章还规定特别的义务，如划拨土地使用权不得转让、出租、抵押，通过出让方式取得的国有土地使用权，未按规定的期限和条件进行开发前，不得转让等。

第三，土地使用权受到所有权一定程度的限制。我国的土地使用权，无论是国有土地使用权，还是集体土地使用权，受到所有者的干预程度是很高的。

土地使用权的从属性并不意味着所有权人及其代表可以任意干预或限制土地使用权人的权利行使。我国土地使用权制度建设的方向，应该是在明确土地使用权人的义务和完善土地法律法规，规范土地管理的前提下，相对地强化土地使用权的法律地位，发挥使用权的经济职能。

3. 直接性

土地使用权的直接性是指权利直接附着于标的物，权利人能够直接、现实地占有和使用该标的物。土地使用权不是对人的请求权，而是对土地的支配权。土地使用权人实现对土地的占有、使用、收益，不依赖于他人的任何给付义务或者其他积极义务的履行。

土地使用权的直接性使它具有排他的地位，即排斥他人在未经土地使用权人的许可并无其他法律依据的情况下，对土地行使占有、使用、收益、处分权利。当使用权人对其使用的土地的享用权益受到侵犯时，土地使用权人有权请求法律保护，包括请求停止侵害、排除妨碍、消除危险、返还财产、恢复原状和赔偿损失等。

4. 可转让性

土地使用权的可转让性是指土地使用权可以依照一定的合法方式和程序转移给其他人。土地使用权人有权以转让、出租、抵押等方式处分其土地使用权。我国法律规定，通过出让方式取得的国有土地使用权，按照出让合同规定的条件和期限投资开发、利用土地后，可以转让、出租和抵押；划拨土地使用权在办理有关手续前，不得转让、出租和抵押；集体土地使用权不得转让、出租用于非农业建设。

5. 有期性

土地使用权的有期性是指土地使用权的期限一般由法律予以规定。

关于城镇国有土地使用权的最高使用年限，我国《城镇国有土地使用权出让和转让暂行条例》规定，居住用地的使用权最高出让年限为 70 年；工业用地为 50 年；商业、旅游业、娱乐业用地 40 年；教育、科技、文化、体育、卫生用地 50 年；综合及其他用地 50 年。

对农村农用地的承包经营年限，我国《土地管理法》第十四条规定："农民集体所有的土地由本集体经济组织的成员承包经营，从事种植业、林业、畜牧业、渔业生产。土地承包经营期限为三十年。"第十五条规定："农民集体所有的土地，可以由本集体经济组织以外的单位或者个人承包经营，从事种植业、林业、畜牧业、渔业生产。发包方和承包方应当订立承包合同，约定双方的权利和义务。土地承包经营的期限由承包合同约定。"

（四）地役权

地役权是指土地所有权人或使用权人为提高自己的不动产效益，按照合同约定，对他人的不动产加以利用的权利。其中，他人的不动产为供役地，自己的不动产为需役地。

(五)土地抵押权

土地抵押是指土地使用权人在法律规定的范围内，以不转移占有的方式，将土地使用权作为债务履行担保，以取得资金支持的行为。当抵押人到期不能履行债务时，抵押权人有权依法处分该土地使用权，并从处分所得中优先受偿。

土地抵押权就是指土地抵押关系中，抵押权人对作为抵押物的土地使用权和地上建筑物、其他附属物所享有的以处分权和优先受偿权为中心的一系列权利。它是一种担保物权，具有担保物权的功用和效力，它的目的是通过土地权益归属的变动来实现对债权的保障，而不是直接满足对土地利用的需求。因此，土地抵押权不具有对土地占有、使用的权能，也不包含对土地使用权人正常使用行为的限制。

(六)土地发展权

关于土地发展权，目前主要有两种观点，一种观点认为土地发展权源于国家管制权。依据现有文献，土地发展权作为一项制度首次出现于 1947 年的英国城乡规划法。依据该法的规定，1947 年以后，英国境内所有私有土地的发展权将被“国有化”，私有土地只能在现有用途范围内进行利用，且只拥有该法通过时的土地使用价值。私人若想变更土地用途，必须向规划当局申请许可。如果许可被批准，任何由此引起的土地增值都需要支付开发费，具体数额依照用途变更后土地增值的额度进行计算(巴里·卡林沃思等，2011)。由该“土地发展权国有模式”推论，“土地发展权不太可能是土地所有权的派生权利，其产生于国家管制权对土地开发利用的限制。土地利用若不受限制，即无需所谓土地发展权”，“土地发展权与国家管制权的‘限制’相伴而生，它力图平衡和解决土地开发增值的分配，以促进土地资源的有效利用，最终达到保护历史古迹、环境、城市开敞空间、粮食安全等目的”(陈柏峰，2012)。

另一种观点认为土地发展权源于土地所有权，如刘永湘、杨明洪认为，土地发展权是一种相对独立的物权，但这种物权是从土地所有权中分离出来的，是土地所有权人或土地使用权人改变土地现有用途或者提高土地利用程度的权利(刘永湘等，2003)。

二、土地权利的分类体系

关于土地权利的分类，目前并无统一的分类体系。在罗马法中，土地权利包括土地所有权、地役权、永佃权、地上权、典当权和抵押权。随着社会经济的发展，人们在物权的基础上发展了债权。相对于物权和债权等财产权利，在私法研究领域，通常将民事权利分为“财产权利”和“人身权利”。通常情况下，人们都将土地权利归于财产权利类。人们对土地享有的权利，指的是土地“产权”，即土地财产权。

(一)物权、债权

2007 年《物权法》规定，物权是“指权利人依法对特定的物享有直接支配和排他的权利，包括所有权、用益物权和担保物权”。不动产物权的设立、变更、转让和消灭，应当依法办理登记，物权的取得和行使，不得损害公共利益和他人的合法权益。在我国，土地所有权分国家土地所有权和集体土地所有权；土地用益权分土地承包经营权、建设用地使用权、宅基地使用权、地役权；土地担保权主要指土地抵押权。

债权是得请求他人为一定行为(作为或不作为)的民法上权利。本于权利义务相对原则，相对于债权者为债务，即必须为一定行为(作为或不作为)的民法上义务。债权是一种典型的相对权，债权人只能向特定的债务人主张权利，不得向债务人以外的第三个人主张权利。跟土地有关的债权如土地租赁权、土地借用权等。

(二)土地所有权、土地使用权、土地他项权

我国关于土地权利的分类，见诸法律的有1982年12月4日通过的《宪法》，规定了土地所有权和土地使用权两类，土地所有权分为国家所有权和农民集体土地所有权；土地的使用权可以依照法律的规定转让。1986年4月12日的《民法通则》规定了土地所有权、土地使用权、农村土地承包经营权等土地权利。历次修订的《土地管理法》规定的土地权利也包括土地所有权、土地使用权、农村土地承包经营权。

在理论研究中，还有一种常见的土地权利分类体系模式，是将土地权利分为所有权、使用权和他项权三类。其中土地他项权则是土地权利中除土地所有权和使用权之外的所有权利。凡不属于土地所有权和土地使用权，而在土地法上需要加以确认和保护的土地权利，都可列入土地他项权利。他项权利的主体具有特定性，他项权利拥有者必须是与土地所有者或使用者有着密切联系的单位和个人，如邻里关系、土地使用权租赁关系、土地使用权抵押关系、地上附着物权属关系等。但关于他项权的范围，不同的人在不同的背景下有不同的观点。比较传统的观点是：他项权应当是指土地财产权利中，除所有权与使用权以外的其他权利，土地他项权与土地所有权、土地使用权一起，应归于财产权利的范畴。但是，除财产权外，人们还有人身权、政治权、经济权、环境权等。以人为中心来划分土地权利，则土地他项权应当包括除土地所有权、使用权以外的围绕土地产生或者跟土地有关的人身权、政治权、经济权、环境权等，此时的土地他项权就远远超出了财产权利的范畴。这个权利体系所包含的权利，较前述物权法体系中的“所有权、用益物权、担保物权”而言，含义要宽广很多，即使只将“土地他项权定义为土地财产权利中除土地所有权和使用权以外的财产权利”，范围依然较《物权法》的规定要广，因它还包括了租赁权、借用权、发展权等多项权利。

在我国，土地他项权利具有以下特点：第一，土地他项权利是在他人土地上享有的权利。土地他项权利主体是土地所有者、使用者以外的，与土地所有人、使用人之间存在着某种法律关系的民事主体。第二，土地他项权利不受一物一权的限制。在同一土地上，只能有一个所有权，并且这个所有权只能派生一个土地使用权，但这并不妨碍在同一土地上设立多种甚至多个同种的他项权利。第三，土地他项权利是对土地所有权、使用权的一种限制。表现为他项权利人对土地的某种利用权利，或者他项权利人请求土地所有人、使用权人对土地的某种利用权利，或者他项权利人请求土地所有人、使用人在利用该土地时为某种行为或不为某种行为的权利。第四，土地他项权利是长期存续的权利，一般情况下应当予以登记。

我国法律、法规已有明确规定的土地他项权利，主要有以下几种：地役权、租赁权、抵押权、空中权、地下权等。

（三）地下权、地表权、空中权

随着生产力的不断发展，人类对土地的利用由平面利用发展到立体利用。19世纪中叶前，城镇化程度不高，土地利用主要以平面利用为主。19世纪中叶以后，随着工业化和城镇化，人口集聚形成较大城市，人类对土地的利用由地表逐步扩展到地下和空中。相应地，土地权利也由地表权扩展到地下权和空中权。

美国是较早进行土地立体权利立法的国家之一。美国各州中最早进行土地立法权利立法的是伊利诺伊州。1927年，伊利诺伊州制定了“关于铁道上空空间权的转让与租赁法”。1958年，美国议会确认州与州之间的高速道路的上空和下部空间可以单独利用。1962年，美国联邦住宅局制定的《住宅法》规定，空间权可以成为抵押物。1973年，俄克拉何马州制定《俄克拉何马州空间法》，明确规定空间可以为物，能够成为所有、让渡、租赁、担保、继承之标的（刘国臻等，2013）。

地下权主要指在他人土地的地面以下埋设管道、电缆或者建造并维持地下设施的权利。空中权主要指以他人土地为依托，在其上空建造并维持某种建筑物、工作物的权利。

三、土地权属管理的任务

（一）维护基本经济制度

我国实行土地的社会主义公有制。为了维护土地公有制，保护国家对国有土地，各农民集体对其所有的土地行使其合法的土地所有权，土地行政主管部门必须通过确认国家土地所有权、集体土地所有权，排斥其他任何单位或个人的土地所有权，达到维护土地所有制的目的。

（二）保护土地权属人的合法权益

土地权属人是指依法享有土地权利的法人或公民。在我国，土地权属人可以分为三类：土地所有者、使用者和他项权利拥有者。明确土地产权、调解土地权属争议是保护土地所有者、使用者和他项权利拥有者的合法权益的有效措施。

（三）规范土地权属流转，发挥市场对土地资源的优化配置作用

土地权属流转是建设社会主义市场经济体制的需要。在我国，土地所有权不能进入市场流转。但是，土地使用权可能依法流转。土地使用权市场流转一般可以分为两级：一级使用权流转指土地所有者通过土地使用权出让、租赁、作价出资（入股）、联营等方式，将土地使用权从土地所有权中分离出来，提供给土地使用者；二级流转是指从一级市场取得土地使用权的土地使用者，通过转让、出租等方式将土地使用权再转移给其他土地使用者。国家土地行政机关通过对一级、二级土地使用权权属流转进行审查、批准和监督，以规范土地使用权流转，发挥市场对土地资源的优化配置作用。

（四）促进土地资源的合理利用

明确土地权属，依法管理土地权属变更，规范土地权属流转市场，有利于发挥土地所有者、使用者合理利用土地的积极性。土地所有者、使用者为了在较长时期内获取较大土地收益，应当采取措施合理利用土地。如对农用地，采取措施培肥地力，改良土壤，维护排灌工程设施；对建设用地，采取措施按照规定用途开发建设，减少闲置、浪费土地的行为发生。

（五）促进土地收益的合理分配

土地收益应当在国家、集体、企事业单位和个人之间合理分配。

当土地所有者与土地使用者分离时，土地收益应当通过土地出让金、土地使用费、土地租金等方式在土地所有者与土地使用者之间合理分配。土地所有者应当获得因其对土地所有权的垄断带来的收益，土地使用者应当得到其对土地的投入创造的收益。

国家向土地所有者、土地使用者提供了公共产品和服务，因此，国家也应当参与土地收益的分配。土地所有者、土地使用者应当通过纳税等方式归还因公共产品、公共服务的提升创造的那部分土地收益。

因土地本身的稀缺性，土地价格随着经济社会发展和时间推移总是呈波浪式上升。这部分土地增值跟土地所有者的所有权垄断、土地使用者的投入等没有直接关系，也跟公共产品、公共服务没有直接关系。因社会经济发展与时间推移带来的土地增值，应当在国家、土地所有者、土地使用者之间合理分配。

这些收益的分配一般在土地权利保有和流转中发生，规范对土地权利的保有和流转中的各个环节，以促进土地收益的合理分配。

四、土地权属管理的内容

（一）确认并保护土地权属

对土地所有者的所有权，土地使用者的使用权，土地他项权利拥有者的他项权利等进行确认，是维护土地所有制，保护土地所有者、使用者合法权益的基本措施。国家行政机关通过对土地权属关系的调查，土地登记等手段，对土地权属进行确认，建立土地权属卡、图、表、册，并向土地权属人颁发相关的权属证书，以维护土地产权人的合法权益。

（二）管理土地权属变更

随着土地有偿使用制度和土地市场的不断发展，土地权属变更管理已成为土地权属管理的一项十分重要的内容。依法管理土地权属变更包括对土地权属人、土地权利内容、权属指向的宗地的变化情况进行调查、登记、换发权属证书、注销权属证书等工作。

（三）调处土地权属争议

土地权属争议是指两个或两个以上的单位或者个人，对同一宗土地各据理由，主张权属，根据双方理由难以确认土地权属的情况。因政策法规制度变动、人员流动、证据损毁、历史变迁等多种原因，总会存在土地权属不清的情况，在不同主体之间产生土地权属争议。调查处理土地权属争议就是以事实为依据，以法律为准绳，通过对有争议的权属进行调查、对争议各方进行调解，化解矛盾，最终确认土地权属。调查处理土地权属争议有利于解决不同主体之间的矛盾，促进社会和谐稳定，是土地权属管理的重要内容。

（四）查处土地权属违法行为

土地权属违法行为是指土地所有者、使用者、管理者，以及其他单位和个人在土地权属调查、登记、统计、价格评估、流转、终止等方面的违反有关法律、法规的行为。依法查处土地权属违法行为是指县级以上人民政府土地行政主管部门对违反土地管理法律、法规的行为进行监督检查，在监督检查中发现权属违法行为时，依法进行处理。这也是维护土地所有制，保护土地所有者、使用者和他项权利拥有者的合法权益的必要措施。

五、土地权属管理制度

为了维护土地所有制，保护土地权属人的合法权益，规范土地权属流转，促进土地资源合理利用，我国有关法律、法规规定，国家建立以下制度，强化土地权属管理：

（一）土地权属调查制度

我国《土地管理法》规定："国家建立土地调查制度"，"县级以上人民政府自然资源主管部门会同同级有关部门进行土地调查。土地所有者或者使用者应当配合调查，并提供有关资料"。

（二）土地权属争议调处制度

我国《土地管理法》规定："土地所有权和使用权争议，由当事人协商解决；协商不成的，由人民政府处理"，"单位之间的争议，由县级以上人民政府处理；个人之间、个人与单位之间的争议，由乡级人民政府或者县级以上人民政府处理"，"当事人对有关人民政府的处理决定不服的，可以自接到处理决定通知之日起三十日内，向人民法院起诉"，"在土地所有权和使用权争议解决之前，任何一方不得改变土地利用现状"。

（三）不动产登记发证制度

《土地管理法》规定："土地的所有权和使用权的登记，依照有关不动产登记的法律、行政法规执行"，"依法登记的土地的所有权和使用权受法律保护，任何单位和个人不得侵犯"。

《不动产登记暂行条例》规定："国家实行不动产统一登记制度"，"不动产登记机构应当按照国务院国土资源主管部门的规定设立统一的不动产登记簿"，"不动产登记机构完成登记，应当依法向申请人核发不动产权属证书或者登记证明"等。

（四）土地权属统计制度

土地统计是指对一定区域内的土地权属、面积、质量、用途等状况进行统计。《土地管理法》规定："国家建立土地统计制度。县级以上人民政府统计机构和自然资源主管部门依法进行土地统计调查，定期发布土地统计资料。土地所有者或者使用者应当提供有关资料，不得拒报、迟报，不得提供不真实、不完整的资料。"

（五）土地权益价格评估与申报制度

《中华人民共和国城市房地产管理法》（以下简称《城市房地产管理法》）第三十三条规定："基准地价、标定地价和各类房屋的重置价格应当定期确定并公布。具体办法由国务院规定。"第三十四条规定："国家实行房地产价格评估制度。房地产价格评估，应当遵循公正、公平、公开的原则，按照国家规定的技术标准和评估程序，以基准地价、标定地价和各类房屋的重置价格为基础，参照当地的市场价格进行评估。”第三十五条规定：“国家实行房地产成交价格申报制度。房地产权利人转让房地产，应当向县级以上地方人民政府规定的部门如实申报成交价，不得瞒报或者作不实的申报。”

(六)土地税收制度

土地税是指国家以土地为课税对象，凭借政治权力从土地所有者或土地使用者手中无偿地、强制地取得部分土地收益。征收土地税是保证国家财政收入，抑制土地投机，引导土地利用方向调整，促进土地合理利用的重要措施。税制由征税对象、纳税人、税率、税的附加与减免、纳税期限、征收形式和违章处理等要素构成。

第二节　土地权利制度

土地权利制度是指土地权利的规范性规定。一般包括土地所有制、土地使用制、地役权制度等。

一、土地所有制

土地所有制是指对土地所有权的规范性规定。一般可分为公有制、私有制、混合所有制等。

(一)我国的土地所有制

土地是资源，是重要的生产资料。土地所有制是经济制度的重要组成部分。根据我国宪法的规定，中华人民共和国社会主义经济制度的基础是生产资料的社会主义公有制，即全民所有制和劳动群众集体所有制。我国《土地管理法》规定：“中华人民共和国实行土地的社会主义公有制，即全民所有制和劳动群众集体所有制”。

我国1950年颁发的《土地改革法》，核心内容就是分配土地权利，特别是分配农村土地权利。《土地改革法》并没有将土地所有权收归国有，而是确认农民的土地所有权，给农民颁发土地所有证。但土地私有制与建设社会主义，实行“社会主义公有制”的建国思想有出入，因此在此后的一段时间，土地权利的变革主要集中在私有土地的公有化，通过《高级农业生产合作社示范章程》(1956年6月30日)、《关于人民公社的十八个问题》(1959年4月)、《农村人民公社工作条例修正草案》(1962年9月27日)以及相关政府的实施，将农村的农民土地私有制逐步转变为农村土地集体所有制，而城市市区的土地则归国家所有。形成了国家所有和集体所有共存的局面。1982年，我国颁发了《国家建设征收土地条例》，初步规定了国家为了社会公共利益的需要，可以对集体土地实行征收。1986年，我国颁布了《土地管理法》，规定了土地所有权、土地使用权的确认与登记。此后逐步开展土地权属调查、登记、发证等工作，土地权利类型也从重视土地所有权向重视土地所有权、土地使用权、土地他项权利转变。

(二)我国的国有土地

根据1998年12月24日国务院第12次常务会议通过的《土地管理法实施条例》，下列土地属于国家所有：

(1)城市市区的土地；

(2)农村和城市郊区中已经依法没收、征收、征购为国有的土地；

(3)国家依法征收的土地；

(4)依法不属于集体所有的林地、草地、荒地、滩涂及其他土地；

(5)农村集体经济组织全部成员转为城镇居民的，原属于其成员集体所有的土地；

(6)因国家组织移民、自然灾害等原因，农民成建制地集体迁移后不再使用的原属迁移农民集体所有的土地。

(三)我国的集体土地

理论上而言，我国大陆的土地，除了国有，就是集体所有。我国集体土地所有制的由来过程大致如下。

1947年的《土地法大纲》第六条规定：“中国共产党领导下的土地革命，使乡村中一切地主的土地及公地，由乡村农会接收，连同乡村中其他一切土地，按乡村全部人口，不分男女老幼，统一平均分配，在土地数量上抽多补少，质量上抽肥补瘦，使全乡村人民均获得同等的土地，并归各人所有”。第十条规定，“乡村全部人口”包括贫农、中农、富农、地主、乡村工人、自由职业者、乡居的解放军和民主政府及人民团体的工作人员、乡居的国民党的官兵人员的家属、甚至乡居的汉奸卖国贼及内战罪犯的家属。第十一条规定，分配给人民的土地，由政府发给土地所有证，并承认其自由经营、买卖及在特定条件下出租的权利。土地制度改革以前的土地契约及债约，则一律缴销。

1950年前后，我国通过《土地改革法》，明确指出土地改革的目的是废除地主阶级封建剥削的土地所有制，实行农民的土地所有制，借以解放农村生产力，发展农业生产，为新中国的工业化开辟道路。《土地改革法》第二条规定：“没收地主的土地、耕畜、农具、多余的粮食及其在农村中多余的房屋”，第三条规定：“征收祠堂、庙宇、寺院、教学、学校和团体在农村中的土地及其他公地”，第十条规定：“所有没收和征收得来的土地和其他生产资料，除本法规定收归国家所有者外，均由乡农民协会接收，统一地、公平合理地分配给无地少地及缺乏其他生产资料的贫苦农民所有。对地主亦分给同样的一份，使地主也能依靠自己的劳动维持生活，并在劳动中改造自己”。第十四条规定：“分配土地时，得以乡为单位，根据本乡的土地情况，酌量留出小量土地，以备本乡情况不明的外出户和逃亡户回乡耕种，或作本乡土地调剂之用。此项土地，暂由乡人民政府管理，租给农民耕种。但所留土地最多不得超过全乡土地的百分之一”。第十五条规定：“分配土地时，县以上人民政府得根据当地土地情况，酌量划出一部分土地收归国有，作为一县或数县范围内的农事试验场或国营求救农场之用。此项土地，在未举办农场以前，可租给农民耕种”。第三十条规定，“土地改革完成后，由人民政府发给土地所有证，并承认一切土地所有者自由经营、买卖及出租其土地的权利。土地制度改革以前的土地契约，一律作废”。

完成土地改革以后，紧接着开始了农业合作化运动。遵循自愿互利、典型示范和国家帮助的原则，采取三个互相衔接的步骤和形式，从组织带有社会主义萌芽性质的临时互助组和常年互助组，发展到以土地入股、统一经营为特点的半社会主义性质的初级农业生产合作社，再进一步建立土地和主要生产资料归集体所有的完全社会主义性质的高级农业生产合作社。到1956年底，参加初级社的农户占总农户的96.3%，高级社的达到总农户总数的87.8%，基本上实现了完全的社会主义改造，完成了由农民个体所有制到社会主义集体所有制的转变。

1962年颁发的《高级农业生产合作章程》第十三条规定，“入社的农民必须把私有的土地和耕畜、大型农具等主要生产资料转为合作社集体所有”。明确将农民所有的土地转为合作社集体所有。而合作社从低级到高级，形成“三级所有，队为基础”的集体土地所有制。后行政编制发生改变，生产队、生产大队、公社逐步转变为村民小组、村和乡(镇)，原生产队、生产大队、公社所有的土地也逐步转变为村民小组集体、村集体、乡(镇)集体所有。

二、土地使用制

土地使用制是指土地使用者使用土地的程序和条件。使用土地的程序是指土地使用者从土地所有者手中取得土地使用权的程序。使用土地的条件是指土地所有者和使用者之间约定的开发、利用、保护、改善以及土地权属流转的条件。

(一)国有土地使用制

国有土地分为国有建设用地、国有农用地和国有未利用地。

1. 国有建设用地使用制

国有城镇建设用地使用制，中华人民共和国成立以来，我国城镇土地使用制大致经历了从无偿、无限期、不可流转到有偿、有限期、可以流转两个阶段。中华人民共和国成立初到1990年《城镇国有土地使用权出让和转让暂行条例》颁布为第一阶段，这一阶段的城镇国有土地一般以无偿、无限期划拨方式提供给土地使用者，取得土地使用权的程序如下：申请用地—审查批准—划拨土地—颁发国有土地使用证。

1990年《城镇国有土地使用权出让和转让暂行条例》颁布后，我国城镇国有土地使用制度开始发生明显改变，城镇国有土地使用权逐步采用有偿、有限期方式提供给土地使用者。

1998年《土地管理法》规定：“国家依法实行国有土地有偿使用制度。但是，国家在法律规定的范围内划拨国有土地使用权的除外”，“建设单位使用国有土地，应当以出让等有偿使用方式取得”。

《土地管理法实施条例》规定：“国有土地有偿使用的方式包括：(一)国有土地使用权出让；(二)国有土地租赁；(三)国有土地使用权作价出资或者入股”。

2. 国有农用地使用制

国有农用地使用制，根据《土地管理法》的规定：“国家依法实行国有土地有偿使用制度”，“国有土地可以由单位或者个人承包经营，从事种植业、林业、畜牧业和渔业生产”。也就是说，国有农用地以有偿承包的方式提供给土地使用者。

3. 国有未利用地使用制

国有未利用地使用制，我国采取“谁开发，谁使用”原则。

《土地管理法》的规定：“开发未确定使用权的国有荒山、荒地、荒滩从事种植业、林业、畜牧业、渔业生产的，经县级以上人民政府依法批准，可以确定给开发单位或者个人长期使用。”

开发国有未利用地用于农业生产的，其使用期限参照农用地承包期限，因此，国有未利用地一般为无偿有限期开发使用。

(二)农村集体所有土地使用制

农村集体土地可以分为三类：集体农用地、集体建设用地和集体未利用地。

1. 集体农用地使用制

集体农用地使用制，中华人民共和国成立以来也大致经历了三个不同的阶段：中华人民共和国成立初期到实行家庭联产承包责任制时期为第一阶段，这一阶段的集体农用地，主要由农业生产合作社内的社员共同经营，不需向农业生产合作社支付任何费用，所得收益除向国家上交一部分外，其余收益在农业生产合作社内部平均分配。

第二阶段是实行家庭联产承包责任制至 2018 年底，这一阶段，原农业生产合作社的农用地，包括耕地、园地、林地、牧草地和其他农用地，以户为单位，按人数分配给农户，由农户自主经营，收益除向国家上交一部分，向集体上交一部分外，其余收益归农户所有。取得承包经营权不需要支付费用。2002 年 8 月 29 日第九届全国人民代表大会常务委员会第二十九次会议通过了《农村土地承包法》，该法规定：“国家实行农村土地承包经营制度”，“农村土地承包采取农村集体经济组织内部的家庭承包方式，不宜采取家庭承包方式的荒山、荒沟、荒丘、荒滩等农村土地，可以采取招标、拍卖、公开协商等方式承包”，“国家依法保护农村土地承包关系的长期稳定”，“农村土地承包后，土地所有权性质不变。承包地不得买卖”，“农村集体经济组织成员有权依法承包由本集体经济组织发包的农村土地”，“任何组织和个人不得剥夺和非法限制农村集体经济组织成员承包土地的权利”。“国家保护承包方依法、自愿、有偿地进行土地承包经营权流转”。

第三阶段是 2019 年，修订后的《农村土地承包法》生效后，除了巩固和完善以家庭承包经营为基础、统分结合的双层经营体制外，强调了农用地所有权、承包权、经营权的三权分置。修订后的《农村土地承包法》规定：“承包方承包土地后，享有土地承包经营权，可以自己经营，也可以保留土地承包权，流转其承包地的土地经营权，由他人经营”，“国家保护承包方依法、自愿、有偿流转土地经营权，保护土地经营权人的合法权益，任何组织和个人不得侵犯”，“维持土地的农业用途，未经依法批准不得用于非农建设”。

2019 年修订后的《土地管理法》，在关于农用地承包经营权方面，与修订后的《农村土地承包法》一致，规定：农民集体所有和国家所有依法由农民集体使用的耕地、林地、草地，以及其他依法用于农业的土地，采取农村集体经济组织内部的家庭承包方式承包，不宜采取家庭承包方式的荒山、荒沟、荒丘、荒滩等，可以采取招标、拍卖、公开协商等方式承包，从事种植业、林业、畜牧业、渔业生产。家庭承包的耕地的承包期为三十年，草地的承包期为三十年至五十年，林地的承包期为三十年至七十年；耕地承包期届满后再延长三十年，草地、林地承包期届满后依法相应延长。国家所有依法用于农业的土地可以由单位或者个人承包经营，从事种植业、林业、畜牧业、渔业生产。发包方和承包方应当依法订立承包合同，约定双方的权利和义务。承包经营土地的单位和个人，有保护和按照承包合同约定的用途合理利用土地的义务。

2. 集体建设用地使用制

本集体或者集体内部的成员需要使用集体土地从事建设的，应当提出申请，经依法批准后，获得建设用地使用权。农村集体经济组织使用乡(镇)土地利用总体规划确定的建设用地兴办企业或者与其他单位、个人以土地使用权入股、联营等形式共同举办企业的，应当持有关批准文件，向县级以上地方人民政府自然资源主管部门提出申请，按照省、自治区、直辖市规定的批准权限，由县级以上地方人民政府批准；其中，涉及占用农用地的，依法办理农用地转用审批手续。乡(镇)村公共设施、公益事业建设，需要使用土地的，还须经乡(镇)人民政府审核。农村村民住宅用地，则由乡(镇)人民政府审核批准，涉及占用农用地的应办理农用地转用审批手续。

土地利用总体规划、城乡规划确定为工业、商业等经营性用途，并经依法登记的集体经营性建设用地，土地所有权人可以通过出让、出租等方式交由单位或者个人使用，并应当签订书面合同，载明土地界址、面积、动工期限、使用期限、土地用途、规划条件和双方其他权利义务。

集体经营性建设用地出让、出租等，应当经本集体经济组织成员的村民会议三分之二以上成员或者三分之二以上村民代表的同意。

通过出让等方式取得的集体经营性建设用地使用权可以转让、互换、出资、赠与或者抵押，但法律、行政法规另有规定或者土地所有权人、土地使用权人签订的书面合同另有约定的除外。

集体经营性建设用地的出租，集体建设用地使用权的出让及其最高年限、转让、互换、出资、赠与、抵押等，参照同类用途的国有建设用地执行。

集体建设用地的使用者应当严格按照土地利用总体规划、城乡规划确定的用途使用土地。

土地利用总体规划制定前已建的不符合土地利用总体规划确定的用途的建筑物、构筑物，不得重建、扩建。

3. 集体未利用地开发制

集体未利用地开发制，我国《土地管理法》规定：国家鼓励单位和个人按照土地利用总体规划，在保护和改善生态环境、防止水土流失和土地荒漠化的前提下，开发未利用的土地；适宜开发为农用地的，应当优先开发成农用地。国家依法保护开发者的合法权益。

开垦未利用的土地，必须经过科学论证和评估，在土地利用总体规划划定的可开垦的区域内，经依法批准后进行。禁止毁坏森林、草原开垦耕地，禁止围湖造田和侵占江河滩地。根据土地利用总体规划，对破坏生态环境开垦、围垦的土地，有计划有步骤地退耕还林、还牧、还湖。

三、地役权制度

地役权制度是对地役权的规范性规定。

我国 2007 年施行的《中华人民共和国物权法》对地役权做了规定。如"设立地役权，当事人应当采取书面形式订立地役权合同"，"地役权自地役权合同生效时设立。当事人要求登记的，可以向登记机构申请地役权登记；未经登记，不得对抗善意第三人"，"地役权的期限由当事人约定，但不得超过土地承包经营权、建设用地使用权等用益物权的剩余期限"，"地役权不得单独转让"，"地役权不得单独抵押"等。

地役权与相邻权是既有联系又有区别的两种权利。相邻关系是指不动产的相邻各方在处理相互权利冲突时，本着道德和理性的精神，对他人权利的行使加以容忍或者对自己权利的行使加以克制的行为准则的总称。相邻权是基于相邻关系而产生的一方对他方享有的请求权。相邻权的适用范围，不仅包括相邻土地之间的关系，而且包括相邻建筑物，甚至同一建筑物的相邻单元之间的关系。

现有的相邻权中，凡是以在他人土地上的一定行为为内容并长期存续的权利，属于地役权。地役权是指为自己的土地利用需要，而对他人土地加以支配的权利，包括在他人土地上实施一定行为或者限制土地所有人、使用权人在其土地上实施一定行为的权利。我国《民法通则》第 83 条以及最高人民法院《关于贯彻执行〈中华人民共和国民法通则〉若干问题的意见》规定所列的相邻权中，主要有两种地役权，即通行权和排水权。通行权是指人、畜和车辆不受妨碍地通过他人土地的权利。排水权是指向他人土地或者经由他人土地排放自己土地之水的权利。地役权人行使权利时，应当尊重土地所有人、使用人的合法权益，尽量避免损害的发生。因行使地役权而不得不造成损害的，应本着公平原则，给予适当的补偿。因行使地役权的方式不当或者对避免损害的发生欠缺必要的注意的，应当对所造成的损失承担赔偿责任。

根据《中华人民共和国物权法》和原国土资源部《产业用地政策实施工作指引》，在已有使用权人的土地、建筑物、构筑物上布设新能源汽车充电设施、无线通信基站、分布式光伏发电设施等小型设施的情形，都属于地役权范围。

四、土地租赁制度

土地租赁权是指承租人在按期支付租金的条件下对土地进行占有和使用的权利。对土地租赁权，我国有关的法律法规的主要规定如下：

(一)土地租赁权的取得

根据《城镇国有土地使用权出让和转让暂行条例》规定，国有土地使用权出租必须签订租赁合同，租赁合同不得与有关的法律法规相冲突。也就是说，土地租赁权的取得方式只有一种，就是合同取得。在法律许可的范围内，承租人与土地所有权人或者土地使用权人订立土地租赁合同。土地租赁合同必须采用书面形式，并履行登记。

（二）土地租赁权的期限

土地租赁的期限，由当事人在合同中约定。法律、行政规章对土地租赁期限有规定的，合同中规定的期限不得超过该土地使用权的最终期限。通过出让方式取得的土地使用权的租赁期限，不得超过出让合同规定的土地使用年限扣减已使用年限后的剩余年限。

（三）土地租赁权的效力

土地租赁权的效力主要指土地租赁权人的权利和义务。

土地租赁权人的权利，一般包括以下几个方面：一是对土地的占有权和使用权。土地租赁权人有占有、使用所租用的土地并由此获得收益的权利。二是续租权。续租权包括法定续租权、约定续租权以及优先承租权等。法定续租权是指法律规定的期满续租的权利，如在合同规定的租赁期限不到法定最低的租赁期限的情况下，合同到期时，承租人有权要求租赁期限自动延长至法定最低期限；约定续租权是指当事人以合同或事后协议的方式设定期满续租的权利；优先承租权是指合同到期后，出租人继续出租的，租赁权人享有同等条件下的优先租赁权。三是优先购买权。在租赁权存续期间，出租人转让该土地的，承租人享有同等条件下的优先购买权。四是转租权。租赁权人可以将其租赁的土地，临时或者长期转租与他人，但必须征得出租人的同意并且不得借机牟取暴利。

土地租赁权人的义务，一般包括以下几个方面：一是按期缴纳租金；二是合理利用和保护所租赁的土地；三是转让租赁权时必须征得出租人的同意；四是尊重同一土地上其他权利人的合法权益等。

（四）土地租赁权的终止

土地租赁权可以因各种原因而消灭，如租赁期满，未续租或续租未达成协议而终止，因国家征收土地而导致的租赁终止等。

五、土地抵押制度

根据《城镇国有土地使用权出让和转让暂行条例》以及《中华人民共和国担保法》（以下简称《担保法》）、《中华人民共和国物权法》（以下简称《物权法》）的有关规定，目前，我国土地抵押制度的构成主要包括以下几个方面：

（一）土地抵押权的设定

土地抵押权只能依法律行为设定。土地抵押权的设定属于法律行为，必须签订土地抵押合同，并办理土地抵押登记。抵押合同应当符合《中华人民共和国合同法》（以下简称《合同法》）《担保法》《物权法》的有关规定，不得与之相冲突。依据《物权法》，可以抵押的土地包括以下三类：建筑物和其他土地附着物；建设用地使用权；以招标、拍卖、公开协商等方式取得的荒地等土地承包经营权。同时，《物权法》规定不得抵押土地的情况有以下几类：一是土地所有权；二是耕地、宅基地、自留地、自留山等集体所有的土地使用权，但法律规定可以抵押的除外；三是所有权、使用权不明或者有争议的财产；四是依法被查封、扣押、监管的财产。以建筑物抵押的，该建筑物占用范围内的建设用地使用权一并抵押。建设用地使用权抵押后，该土地上新增的建筑物不属于抵押财产。以建设用地使用权抵押的，该土地上的建筑物一并抵押。抵押土地、建筑物和其他附着物的，应当办理抵押登记，抵押权自登记时设立。

(二)土地抵押权的效力

根据我国有关法律法规的规定，土地抵押权的效力主要体现在以下几个方面：一是在抵押期间，该土地使用权的转让，未经通知抵押权人，不得生效；二是在抵押期间，抵押人的行为足以导致土地使用权的价值减少或者土地使用权丧失的，抵押权人有权予以制止；三是在抵押期间，抵押人到期不履行债务时，抵押权人有权请求人民法院依法实施扣押，并自扣押之日起对由该土地产生的收益享有收取权；四是抵押人到期未清偿债务时，抵押权人有权以折价抵偿的方式取得该土地使用权，或者通过拍卖、变卖方式将该土地使用权予以转让，并由转让价款中优先受偿；五是在破产清算中，抵押权人享有不依破产程序优先就抵押物获得清偿的权利；六是土地使用权的价值因第三人行为而受损害的，抵押权人有权以抵押人名义向第三人请求赔偿的权利。

(三)土地抵押权的实现

根据《城镇国有土地使用权出让和转让暂行条例》规定，抵押人到期未能履行债务或者在抵押合同期间宣告解散、破产的，抵押权人有权依照法律、法规和抵押合同的规定处分抵押财产。并从处分抵押财产所得中优先受偿。《物权法》规定，抵押权人应当在主债权诉讼时效期间行使抵押权。同一财产向两个以上债权人抵押的，拍卖、变卖抵押财产所得的价款依照下列规定清偿：(1)抵押权已登记的，按照登记的先后顺序清偿；顺序相同的，按照债权比例清偿；(2)抵押权已登记的先于未登记的受偿；(3)抵押权未登记的，按照债权比例清偿。

(四)土地抵押权的终止

土地抵押权因债务清偿而终止，也可因其他原因而终止。

六、空中权和地下权制度

关于空中权，我国没有专门法规予以规定，但在一些具体的法律法规中，有相关的规定，如《中华人民共和国电力法》(以下简称《电力法》)第16条和第53条规定的电力设施维持权，即在他人土地上架设、使用、维护输电线路和变电设施，并排除土地所有人、使用人实施任何可能危及电力设施安全的建筑、种植、堆放等行为的权利，就具有空中权的性质。

关于地下权，我国目前也无专门法规予以规定，地下权的成立是以地表土地使用权已经确定且与空中、地下权利主体不一致为条件的，如在他人土地的地面以下修建隧道、地下铁道、地下商场、地下人防工程等。

第三节　土地权属确认

一、土地权属确认的相关概念

(一)土地权属确认

土地权属确认是指有资质的土地权属调查单位，对特定宗地的权属主体，包括所有权主体、使用权主体、土地他项权利主体等进行确认的行为。

(二)土地权属争议

土地权属争议是指两个或两个以上的单位或者个人对未经确权的同一块土地各据理由，主张权属，根据各方理由难以解决的土地权属矛盾。土地权属争议发生在个人之间、个人与单位之间、单位与单位之间。发生争议的土地权利涉及土地所有权、使用权，以及土地他项权利。

(三)土地侵权

土地侵权是指在土地权属明确的情况下，未经权属人同意，侵犯土地权属人的合法土地权益的行为。

土地权属争议与土地侵权的主要区别表现在以下方面：

(1)产生的前提不同。土地权属争议产生的前提是土地权属不明；而土地侵权行为产生的前提是土地权属明确。

(2)处理方式不同。土地权属争议的处理方式通常由当事人协商解决，协商不成的，可申请有权机关处理。而土地侵权行为的处理方式则是双方协商解决，协商不成的，受害方可直接向人民法院起诉。

(3)救济方式不同。土地权属争议各方对有权机关下达的处理决定不满的，可申请行政复议或提起行政诉讼；土地侵权中，受害人对人民法院的判决不服的，只能提起诉讼。

(4)最后结果不同。土地权属争议，经调查、调解、处理后，达成土地权属方面的一致意见，据此意见可办理土地权属登记，确认土地权属。土地侵权，经审理、判决后，过错方应当通过停止侵害、排除妨碍、消除危险、返还财产、恢复原状、赔偿损失、支付违约金、消除影响、恢复名誉、赔礼道歉等方式承担相应的法律后果。

(四)宗地

宗地是指由土地权属界线封闭的地块或者空间。

(五)宗海

宗海是指由权属界线封闭的同类型用海单元。

(六)不动产单元

不动产单元是指权属界线固定封闭，且具有独立使用价值的空间。

(七)地籍区

地籍区是指在县级行政辖区内，以乡镇、街道办事处为基础结合明显线性地物划分的不动产管理区域。根据实际情况，可以行政村、街坊为基础将地籍区再划分为若干个地籍子区。

(八)不动产权籍调查

不动产权籍调查是指依照不动产权利人的申请和由政府统一组织，通过权属调查和不动产测量，查清不动产的权属、位置、界址、面积、用途、等级、价格等基本情况，形成数据、图件、表册等调查资料，为不动产登记、核发证书等提供依据的一项技术性工作。

二、土地权属确认的依据

土地权属确认的法律法规依据有宪法、法律、行政法规、地方性法规、规章等。

（一）宪法

《宪法》是一国的根本大法，位于法的效力层级的最高层。《宪法》关于土地权利的规定，主要体现在对土地所有权、土地使用权等权利的主体、客体、主要的权利义务关系等方面。

《宪法》第九条第一款规定："矿藏、水流、森林、山岭、草原、荒地、滩涂等自然资源，都属于国家所有，即全民所有；由法律规定属于集体所有的森林和山岭、草原、荒地、滩涂除外。"第十条规定："城市的土地属于国家所有"，"农村和城市郊区的土地，除由法律规定属于国家所有的以外，属于集体所有；宅基地和自留地、自留山，也属于集体所有。国家为了公共利益的需要，可以依照法律规定对土地实行征收或者征用并给予补偿。任何组织或者个人不得侵占、买卖或者以其他形式非法转让土地。土地的使用权可以依照法律的规定转让。一切使用土地的组织和个人必须合理地利用土地。"

（二）法律

"法律"有广义与狭义之分。广义的"法律"是指一切具有立法权限的国家机关制定的规范性文件，狭义的"法律"专指由全国人民代表大会及其常务委员会制定的规范性文件。此处用的是狭义上的法律。

由全国人民代表大会及其常务委员会制定的跟土地权利有关的法律主要有《民法通则》《物权法》《中华人民共和国农村土地承包法》（以下简称《农村土地承包法》）、《中华人民共和国担保法》《中华人民共和国土地管理法》《中华人民共和国城市房地产管理法》《中华人民共和国海域使用管理法》（以下简称《海域使用管理法》）、《中华人民共和国矿产资源法》（以下简称《矿产资源法》）、《中华人民共和国渔业法》（以下简称《渔业法》）、《中华人民共和国森林法》（以下简称《森林法》）、《中华人民共和国草原法》（以下简称《草原法》）、《中华人民共和国水法》（以下简称《水法》）、《中华人民共和国领海及毗连区法》（以下简称《领海及毗连区法》）、《中华人民共和国专属经济区和大陆架法》（以下简称《专属经济区和大陆架法》）等。这些法律在不违背《宪法》的前提下，规定了建设用地、耕地、林地、草原、矿产资源、内陆水域、海洋、海岛、建筑物、构筑物等不动产的所有权、使用权、承包经营权、地役权、抵押权等。

《民法通则》中关于土地所有权、土地使用权和相邻权的规定，是确认土地所有权、使用权、土地他项权利的基本依据。《民法通则》规定："集体所有的土地依照法律属于村农民集体所有，由村农业生产合作社等农业集体经济组织或者村民委员会经营、管理。已经属于乡（镇）农民集体经济组织所有的，可以属于乡（镇）农民集体所有"，"国家所有的土地，可以依法由全民所有制单位使用，也可以依法确定由集体所有制单位使用，国家保护它的使用、收益的权利；使用单位有管理、保护、合理利用的义务"，"公民、集体依法对集体所有的或者国家所有由集体使用的土地的承包经营权，受法律保护。承包双方的权利和义务，依照法律由承包合同规定"。"国家所有的森林、山岭、草原、荒地、滩涂、水面等自然资源，可以依法由全民所有制单位使用，也可以依法确定由集体所有制单位使用，国家保护它的使用、收益的权利；使用单位有管理、保护、合理利用的义务”，“国家所有的矿藏，可以依法由全民所有制单位和集体所有制单位开采，也可以依法由公民采挖。国家保护合法的采矿权”，“公民、集体依法对集体所有的或者国家所有由集体使用森林、山岭、草原、荒地、滩涂、水面的承包经营权，受法律保护。承包双方的权利和义务，依照法律由承包合同规定”。

《物权法》中关于不动产登记的内容，以及对土地所有权、土地承包经营权、建设用地使用权、宅基地使用权、地役权、抵押权的规定，同样也是开展土地权属确认工作的基本依据。

（三）行政法规

行政法规是指由国务院制定的规范性文件。跟不动产权利有关的行政法规主要有《不动产登记暂行条例》（以下简称《条例》）、《中华人民共和国城镇国有土地使用权出让和转让暂行条例》（以下简称《城镇国有土地使用权出让和转让暂行条例》）、《国有土地上房屋征收与补偿条例》《土地储备管理法》《土地复垦条例》《土地调查条例》等。这些行政法规主要规定了土地权利的确认、土地权利的取得与流转、土地权利收回、土地登记等专门事项。

《城镇国有土地使用权出让和转让暂行条例》中关于城镇国有土地使用权出让、转让、出租、抵押，以及城镇国有土地使用权划拨、土地使用权的收回等规定，是确认城镇国有土地使用权的重要依据。依法通过出让、转让、出租、抵押、划拨等方式取得的城镇国有土地使用权，应当依法予以确认，受国家法律保护。

（四）地方性法规，自治条例和单行条例

地方性法规是指由省、直辖市人民代表大会及其常务委员会，以及设区的市人民代表大会及其常务委员会制定的只在其行政辖区内有效的规范性文件。

民族自治地方的人民代表大会有权依照当地民族的政治、经济和文化的特点，制定自治条例和单行条例。

（五）规章

规章包括国务院部门规章和地方政府规章两类。跟土地权属管理有关的国务院部门规章主要是原国土资源部制定的规章，有《不动产登记暂行条例实施细则》（以下简称《实施细则》）、《土地权属争议调查处理办法》《土地登记资料公开查询办法》《在京中央国家机关用地土地登记办法》《确定土地所有权和使用权的若干规定》《招标拍卖挂牌出让国有建设用地使用权规定》《协议出让国有土地使用权规定》《土地复垦条例实施办法》《土地调查条例实施办法》《闲置土地处置办法》，等等。这些部门规章主要规定了土地权属登记的具体程序与要求、特殊情况下的土地权属确认、流转与收回等事项。地方政府规章则是有权的地方政府制定的只在本行政区域内有效的规章。

（六）最高人民法院的司法解释

最高人民法院的司法解释，是指由最高人民法院对审判工作中具体应用法律、法令问题的解释。跟土地权利有关的司法解释有《最高人民法院关于办理申请人民法院强制执行国有土地上房屋征收补偿决定案件若干问题的规定》《最高人民法院关于人民法院执行设定抵押的房屋的规定》《最高人民法院关于审理涉及国有土地使用权合同纠纷案件适用法律问题的解释》《最高人民法院关于破产企业国有划拨土地使用权应否列入破产财产等问题的批复》等。

三、土地权属确认的原则

(一)国有土地确认的原则

1. 城市土地国有化原则

我国城市土地国有化是随着城市资本主义工商业的社会主义改造进行的。但直到1982年我国宪法才明确规定:“城市的土地属于国家所有”。1986年《土地管理法》进一步明确为:“城市市区的土地属于全民所有即国家所有”。

但是,城市和城市市区的概念和范围,目前法律还没有明文规定。城市作为一种自然的、区域性的概念,与郊区农村在地域上有着不可分割的联系。城市作为一个社会的、经济上的概念,它随着社会、经济的发展,范围可以不断扩大。无论从自然特征还是从经济发展程序上来说,城市与郊区农村之间没有一个明显的界线,因此,在实地划定城市或城市市区的确切范围很难。

对城市的一般解释是指由国务院批准成立的,有市建制的行政区域。但是,以行政区划范围作为城市国有土地的范围是不合理的。目前,比较普遍的观点就是,应该把城市市区理解为“城市建成区”。城市建成区是指已进行城市配套建设,具备城市功能、基本连片的区域。

城市建成区是一个动态的概念,其范围不断向外扩展。城市新的建成区,一般是占用郊区农村的土地发展起来的。其中集体所有的土地由全民所有制和城市集体所有制单位使用的,都应是经过征收的,这部分土地依照法律规定属于国家所有。但也有一部分仍由原农民集体自用,或者由原集体和其他单位联合使用,未经过征收。对于这部分位于城市建成区范围内而又未经征收的集体土地,其所有权应当如何确认呢?对此有两种不同观点:一种观点认为,这部分土地应当属于国家所有。因为法律规定:“城市市区的土地属于国家所有”,根据法律规定,农民集体所有的土地只能存在于城市郊区和农村,城市郊区和农村的土地转为城市土地,其性质已经改变,应确认为国家所有。虽然这部分土地没有经过土地征收,未向原农民集体支付征地补偿安置费用,但是,这部分土地与其他城市土地一样,经国家进行城市基础设施和公用设施建设,其投资数量一般远远超过征地费用,可以看作为征收土地的一种形式,农民集体土地使用中已经享受到了巨大的效益,得到了失去土地所有权的补偿。第二种观点认为,这部分由原农民继续使用的土地,不管是建设用地还是农业用地,其集体所有的性质并没有通过法律事实来改变,因此应当仍然属于集体所有。

2. 国有土地所有权性质不可变更原则

国有土地可以由农民集体长期使用,但不能因此而改变土地所有权的性质。1957年《中华人民共和国水土保持暂行纲要》(以下简称《水土保持暂行纲要》)第十四条规定："农业生产合作社如果愿意在国有荒山荒地，采用水土保持措施以发展农、林、牧业生产，可以提出使用土地的面积、界址和经营方案，经县人民委员会批准后长期使用"。《土地管理法》第四十条规定："开发未确定使用权的国有荒山、荒地、荒滩从事种植业、林业、畜牧业、渔业生产的，经县级以上人民政府依法批准，可以确定给开发单位或者个人长期使用"。

对于国家建设征收集体土地后，由于各种原因又退还给集体使用的土地，原国家计委、国家建委 1973 年 6 月在《关于贯彻执行国务院有关在基本建设中节约用地的指示的通知》中指出："对于征而不用、多征少用、早征迟用的土地，都要退还当地人民公社和生产队耕种。退还时不要收回土地补偿费，但土地所有权仍属于国家"。也就是说，已经征收过的土地，无论退还给原集体或拨给其他农民集体使用，其国有土地的性质不得改变。

（二）农村土地中，国有土地与集体所有土地的划分原则

我国《宪法》规定："农村和城市郊区的土地除有法律规定属于国家所有的以外，属于集体所有"，"宅基地和自留地、自留山，也属于集体所有"。法律规定属于国家所有的农村土地，主要包括国家征收的土地，《土地改革法》和《城市郊区改革条例》规定没收、征收、征购为国有的土地。

关于农村中国家和集体土地所有权的划分问题，《宪法》第九条第一款规定："矿藏、水流、森林、山岭、草原、荒地、滩涂等自然资源，都属于国家所有，即全民所有；由法律规定属于集体所有的森林和山岭、草原、荒地、滩涂除外"。《民法通则》第七十四条第一款规定，集体所有的财产包括法律规定属于集体所有的土地和森林、山岭、草原、荒地和滩涂。而所谓法律规定属于集体所有的土地，是按照《土地改革法》分配给农民个人所有的土地，是通过集体化和公有制产生的。1956 年《高级农业生产社示范章程》第二条规定："农业生产合作社按照社会主义的原则，把社员私有的土地和耕畜、大型农具等主要生产资料转为合作社集体所有"，是集体土地产生的法律依据，也是集体土地所有权的起源。农民个人私有的土地是集体所有土地的来源。由于私有土地转为集体土地一般无案可查，可以通过确定入社前是否属于私有土地来决定是否属于集体土地。

入社农民的私有土地，是土地改革后得的，根据《土地改革法》第三十条和内务部 1950 年《关于填发土地房产所有证的批指示》都颁发了土地所有证。土地改革时颁发的土地所有证，是入社前的私有土地的证明和可以入社成为集体土地的法律依据。土地改革完成后没有颁发土地所有证，没有分配给农民私有的土地，应当确定为国有土地。

关于 20 世纪 50 年代存在的即未加分配，也未收归国有的公有、公用的土地，一般认为，如果土地改革时期明确把某一范围的土地给某一村或乡公有，有据可查的，可以认为属于该村或乡农民集体所有，否则应视作国有土地。

在划分农村国有土地和集体土地的界限时，1962 年《农村人民公社工作条例修正草案》（以下简称《六十条》）也是一个重要依据。《六十条》规定："生产队范围内的土地，都归生产队所有"，根据该规定，凡 1962 年时位于生产队范围内的土地都应属于集体所有，农村和城市郊区中除了已经征收的土地外，一律为集体所有。但土地改革时划定的国有土地，属于国家财产，没有证明已经确定给农民集体的，仍应属于国家所有。

（三）国家建设征收集体土地、集体之间使用土地的权属确认原则

贯彻《六十条》以前，1958 年修改颁布了《国家建设征收土地办法》，但从当时的历史情况看，这个办法没有得到认真执行。此期间，国家建设征收集体土地，大量是无偿的或基本无偿的，手续也极不完善。集体之间占用土地特别是公社占用大队的土地，公社、大队占用生产队的土地，更是无偿调拨。针对这种现象，1960 年 11 月中共中央发出了《关于农村人民公社当前政策问题的紧急指示信》，要求："坚决反对和彻底纠正一平二调的错误"，要求公社、县及县以上机关和企业、事业单位平调生产队的土地及其他财产，都必须认真清理，坚决退还。1962 年 9 月，《六十条》规定："生产队范围内的土地，都归生产队所有"，这样，以生产队为基本单位的农村集体土地的范围基本确定下来。此前国家建设征收的集体土地，集体之间使用的土地，使用到现在的，已不在生产队的范围，应按现在的使用情况确定权属。

（四）集体所有土地之间的划分原则

集体所有的土地最初是本集体的农民入社带来的土地，但 20 世纪 50 年代末、60 年代初，由于农村集体土地所有制的频繁变动，私有土地入社时的农业生产合作社的界线已不能反映现实集体的权属范围。1962 年《六十条》确定的集体土地范围，也因集体土地的界线和集体土地所有权主体本身的改变而发生了变化。引起土地权属变化的主要因素有以下几个方面：

（1）村、队、社、场合并和分割等管理体制的变化；

（2）由于土地开发、国家征收土地、集体兴办企业或者自然灾害等原因进行过土地调整；

（3）由于行政区域变动和农田基本建设等原因重新划定土地所有权界线。

集体土地所有权的变化往往与国家政策有关，应充分考虑到引起集体土地所有权变化的历史背景，尽量维护现有的土地权属状况。一般应按目前集体实际占有的土地的界线确定不同集体之间的土地权属。

（五）重复征收和划拨土地使用权的确认原则

一定范围内的土地被几个单位重复征收或先后划拨给几个单位使用的情况是引起土地争议的重要原因。一般情况下，土地使用者正常使用的土地不可能划给其他单位使用，主要是先前的使用者征而未用、征多用少，或拨而未用、拨多用少，造成土地闲置造成的。这种情况下的土地按实际情况确定给后来的单位使用是合理的。如果先前土地使用者是被迫撤销或迁移，后又恢复或迁回，原土地已被划给其他单位使用的，则应按政策要求和土地利用现状确定是否返还土地使用权。

（六）界线与面积不吻合时的确权原则

一宗地的权属界线清楚、合法，实际用地面积与批准用地面积不符的，一般情况下，应按界线确定的土地权属面积确认土地权属。这是由于面积的准确性主要取决于测量方法、精度要求以及测绘人的素质等因素，而且权属界线相比之下较为稳定和客观。

土地权属登记，简称土地登记，是指根据权利人的申请，由指定的专门机构对其申请进行审核，对符合条件的土地权利进行登记，并给权属人颁发确权凭证的过程。

四、不动产权籍调查

土地权属调查是确认土地权属的主要手段。土地权属调查通常属于不动产权籍调查的组成部分。当宗地上没有房屋等建筑物、构筑物以及森林、林木等定着物时，则为纯粹的土地权属调查，可参见第二章第二节内容中的“土地权属调查”；当土地上定着有建筑物、构筑物、森林、林木时，则为不动产权籍调查。此处介绍不动产权籍调查。

(一)不动产权籍调查的依据

不动产权籍调查涉及了土地、房屋、森林、海洋等自然资源与非自然资源。不动产权籍调查的主要依据有以下方面：

(1)土地利用现状分类国家标准；

(2)地籍调查规程；

(3)房产测量规范；

(4)森林资源规划设计调查技术规程；

(5)农村土地承包经营权调查规程；

(6)海籍调查规范；

(7)无居民海岛使用测量规范；

(8)不动产登记条例；

(9)不动产权籍调查技术方案(试行)。

(二)不动产权籍调查的单元

(1)地籍调查的基本单元是宗地；

(2)房产测量的基本单元是幢、户；

(3)林权调查的基本单元是林班、小班；

(4)农村土地承包经营权调查的基本单元是承包地块；

(5)海籍调查的基本单元是宗海；

(6)无居民海岛的基本调查单元是用岛区块。

(三)不动产权籍调查的内容

不动产权籍调查的主要内容包括以下方面：

(1)宗地信息：包括权利人、权利类型、权利性质、用途、界址、面积、四至等；

(2)宗海信息：包括权利人、项目性质、用海类型、用海方式、面积、使用期限等；

(3)房屋等建筑物、构筑物信息：包括权利人、坐落、项目名称、房屋性质、房屋结构、房屋用途、建筑面积、构筑物类型、共有情况、幢号、户号、总套数、总层数、所在层次、建成年份、专有建筑面积、分摊建筑面积等。针对宗地内的建筑物区分所有权的共有部分，还应查清其权利人、构(建)筑物名称、构(建)筑物数量或者面积、分摊土地面积等；

(4)森林、林木信息：权利人、坐落、造林年度、林班、小班、面积、起源、林种、主要树种、株数、共有情况等。

(四)不动产权籍调查的程序

1. 前期准备

(1)资料收集整理分析；

(2)拟订工作方案与技术方案；

(3)发放指界通知书；

(4)计算测量放样数据；

(5)到相关部门查询相关资料和数据。

2. 外业调查测量

(1)划分地籍区—地籍子区—宗地(海)—定着物单元—不动产单元。

(2)对不动产单元进行分类编码。

(3)不动产权属调查。包括核实和调查不动产权属和界址状况，绘制不动产单元草图，填写不动产权属籍调查表等。

(4)不动产测量。包括控制测量、界址测量、宗地(海)图测绘、房产分户图测绘、面积量算、撰写不动产测量报告等。

3. 成果入库与归档

(1)成果审查入库。包括文字、表格、图件成果等的检查和入库。

(2)成果整理归档。包括按统一规格整理、立卷、组卷、编目、归档等工作。

4. 不动产权籍调查数据库与管理系统建设

以现有的地(海)籍数据库为基础，对接和整合土地、房产、海域、土地承包经营权、森林等各类不动产登记数据，实现不动产权籍调查成果一体化、系统化管理。

五、土地权属争议处理

对权属明确的宗地，可直接对宗地进行登记即可确认土地权属。但如果宗地存在土地权属争议时，须先依法对争议进行调查处理后，方可确认土地权属。

(一)土地权属争议的成因

土地权属争议的起因，包括内部和外部原因两方面。内部原因主要是指导致土地权属争议的土地权利人自身原因和土地自然性状原因，外部原因包括权利所处的法律法规、政策、行政、经济、工程技术环境等因素。

1. 内部原因

(1)土地权利人的权利保护意识淡薄，未适时采取法律、行政、经济或者工程手段宣示产权，以致土地权利边界不清或者土地权利、义务不清；或者权利人丢失如遗嘱、公证书、契约、合同等权利凭证导致权属纠纷。

(2)地块的自然性状发生改变，未及时登记或以其他方式明示这种改变，导致土地权属争议。如土地因滑坡、塌陷、泥石流导致界桩被毁或者权属边界模糊产生权属纠纷。

(3)因土地权利流转未及时办理登记而产生土地权属争议，如土地因征收、置换、出让、转让、抵押等发生土地权属变更，未依法办理登记或未留有足够证据证明其土地权利流转，而产生土地权属争议。

(4)因土地权利分割，无书面协议或者未办理登记，如兄弟分家、夫妻离异等原因，未将土地权利适时分割并办理登记，带来土地权属争议。

(5)其他土地权利人自身原因或土地自身原因。

2. 外部原因

(1)法律法规、政策因素。关于土地权利保护的法律法规不足或者法律法规滞后，或者因政策变动得不彻底或者政策自身的反复，导致土地权属关系变动频繁，易产生土地权属争议。

(2)行政因素。因行政管理机关的机构设置、管理职责权限划分、管理的内容程序措施不到位等，也容易带来土地权属争议。如我国在《土地管理法》颁布实施以前，土地管理工作由不同行政管理机构分散式管理，存在部门分工不清、权责不明、协作不强、管理不力等现象，产生土地权属管理不全面、不完整、不规范等问题，导致土地权属争议。

(3)经济因素。在经济快速增长阶段，由于建设用地的需求十分旺盛，且建设用地的利用效益远远超过农用地，致使大量的集体农用地私下转为建设用地并提供给有需要的单位或者个人实际使用，城中村的房地产私下转让给有需要的城镇居民或者外来人员等，因这些私下转让都不符合同一时期《土地管理法》及其他相关法律法规的规定，这些交易都未办理审批手续，也不能办理土地权属登记，随着时间推移，容易产生权属纠纷。

(4)工程技术因素。土地权属的确认过程需要工程技术手段的支撑。因技术手段不科学，也会带来权属纠纷。如宗地界址和面积测量，宗地图的成图及其与周围界址点的拼接，都需要测量与地图制图技术。不同的测量工具，不同水准的测量技术人员，不同的工作平台，都直接影响测量精度。采用高精度手段形成的测量成果与采用低精度手段形成的测量成果之间的差异，常成为土地权属争议的起因。

(二)土地权属争议的类型

土地权属争议的类型可以分为两大类：一是纯土地权属争议；二是跟房产、林木等结合在一起不能分开的不动产权属纠纷。

1. 纯土地权属争议

纯土地权属争议又分为土地纠纷、土地权利人纠纷、土地权利混合纠纷。土地纠纷是指权属人明确无争议，但土地的位置、界址、面积等要素跟他人的土地有争议或者冲突，如边界争议、面积争议等。土地权利人纠纷则是土地本身的位置、界址、面积都没有争议，但有两个或者两个以上的单位个人主张权利。土地权利混合纠纷则是指土地权利人与土地本身两个方面都有争议。

2. 不动产权属纠纷

此处所言的不动产权属纠纷不是单纯的土地权属争议，而是指由房产、森林、林木的权属纠纷连带产生土地权属争议，两者难以分割处置的不动产权利纠纷。

不动产权属纠纷包括因房产所有权及其对应范围的土地权属争议；房产所有权及其对应范围的林木所有权纠纷；林木所有权及其对应范围的土地权属争议等类型。

（三）土地权属争议的调处原则

土地权属争议调处的原则，包括合法、合约、合理、及时，有利于争议双方矛盾的解决，有利于土地的合理利用等。

1. 合法

无论是纯土地权属争议，还是混杂房产、森林、林木等纠纷的不动产权属纠纷，有权机关在进行调查、调解、处理过程中都要坚持合法的原则。合法原则包括由法定机关，按照法定权限，依法定内容、程序、方式处理的土地权属争议。

2. 合约

土地权属争议的产生原因多样，现行法律法规不能解决所有土地权属争议问题。当权属争议方有关于被争议地块的合同、协议、契约、承诺书之类的书面约定时，应当在鉴别这些书面约定材料的真假后，根据真实的书面约定材料判断、处理土地权属争议。当既无法可依，也无书面约定时，还要借助于乡规民约。乡规民约虽无明确的法律效力，但因其被大部分乡民认可，是大部分乡民的道德准则和行为规范，依乡规民约处理权属纠纷，容易得到广大乡民的认可和支持，不失为一种处理老大难的土地权属争议的方式。

3. 合理

当无法、无约可依时，合理就成为一项重要的原则。合理包括立场的公正，过程的公平，程序的公开，结果的公益等方面。立场的公正是指处理权属纠纷，应当坚持中间人的立场，坚持大众认可的较为普世的价值判断，不偏私，不歧视。公平则在不偏私的前提下，还含有“平等”之意，即争议方在争议解决时的法律地位平等、权益保护的诉求平等、权益获得保护的机会平等、不满处理结果的救济途径平等，同等情况同等对待，不得任意实施差别化待遇。公开则指不隐瞒、不遮掩，当事人享有同等的知情权，并能接受来自社会各界正常的监督。公益则是指处理结果是建立在最小损害的原则之上的，调处土地权属争议，应当在充分、全面衡量争议各方权益的基础上，选择对争议各方损害最小的方式进行。

4. 及时

及时原则是对处理土地权属争议的时间上的要求，及时是指在规定期限内用相对较短的时间完成某项特定任务。如原国土资源部 2010 年修订的《土地权属争议调查处理办法》规定：“对申请人提出的土地权属争议的申请，国土资源行政主管部门应当依照本办法第十条的规定进行审查，并在收到申请书之日起 7 个工作日内提出是否受理的意见”，“认为应当受理的，在决定受理之日起 5 个工作日内将申请书副本发送被申请人。被申请人应当在接到申请书副本之日起 30 日内提交答辩书和有关证据材料。逾期不提交答辩书的，不影响案件的处理”，“认为不应当受理的，应当及时拟定不予受理建议书，报同级人民政府作出不予受理决定”。

5. 有利于争议双方矛盾的解决

当坚持合法、合约、合理的方式，还是无法解决争议各方的矛盾，则在充分调查争议各方的真实意愿的基础上，从实际出发，尊重历史，面对现实，选择争议各方最愿意接受的方式处理土地权属争议。土地权属争议应当首先由争议各方协商解决。内部协商不成的，可以选择争议各方都认可的德高望重的人担当中间人进行劝说调解，或者申请由争议各方共同认可的合法机构或者特定人员负责处理纠纷等。

6. 有利于土地的合理利用

处理土地权属争议过程中，应当坚持有利于土地的合理利用原则。即在纠纷解决之前，应当维持土地利用现状，土地利用者应当保护土地资源，任何一方不得破坏土地利用条件或者破坏土地上的附着物，不得影响生产和在有争议的土地上兴建建筑物和其他附着物。擅自在有争议的土地上兴建建筑物和其他附着物的，主管部门有权责令其停止施工。

（四）土地权属争议的调处程序

土地权属争议的调查处理基本程序是：申请—受理—调查—调解—下达处理决定——不服处理决定的救济。

1. 申请

土地权属争议的申请是指土地权属争议申请人要求自然资源主管部门接受处理土地权属争议的行为。申请人主张土地权属，要求行政机关处理土地权属争议，首先要自己提出申请，不提出申请，有权机构一般不主动处理。特殊情况下，如人民政府交办的土地权属争议案件，自然资源主管部门应当直接承办，可不需当事人申请。

申请人申请人民政府处理土地权属争议，应当提交书面申请书。申请书应当载明下列事项：一是申请人和对方当事人的姓名或名称、地址、邮政编码、法定代表人姓名、职务；二是请求的事项、事实和理由；三是有关证据；四是证人的姓名、工作单位或者住址、邮政编码。

委托代理人申请的，应当提交授权委托书，授权委托书必须写明委托事项和权限。

2. 受理

土地权属争议的受理是指有权机关依据争议管辖的规定对申请人的申请决定收案审理的行为。

有权机关接到当事人的处理申请后，应当予以必要的审核，对符合规定条件的案件，应当予以受理。有权机关决定受理后，应当及时指定承办人员，承办人员应当通晓业务，具有一定的法律政策水平及办案能力。承办人员与案件处理有利害关系的，应当申请回避；当事人认为承办人员与案件处理有利害关系的，有权请求该承办人员回避。承办人员是否回避，由受理案件的自然资源主管部门决定。

决定不受理的，应当在决定不受理之日起 10 日内书面通知申请人，并说明理由。

3. 调查

土地权属争议调查是指承办人员对争议事实进行查证的行为，调查的目的在于弄清案件事实。证据通常有以下几种：一是人民政府颁发的土地权属证书；二是人民政府或者主管部门批准征收、划拨、出让、租赁、作价出资(入股)土地的文件；三是争议双方当事人依法达成的书面协议；四是人民政府或者司法机关处理争议的文件或者附图；五是证人证言等。

处理土地权属争议必须以事实为依据，以法律为准绳。在调查期间，土地权属争议双方当事人对各自提出的事实和理由负有举证责任。当事人应当及时向受理机关提供有关证据。承办人员在办理过程中，为了查清案件事实，可以向有关单位和个人调查取证。被调查的单位和个人有义务协助进行调查取证，并如实提供有关证明或者材料。在办案过程中，受理机关认为有必要对有争议的土地进行实地调查的，在实地调查时，应当通知当事人及有关人员在现场。必要时，可以邀请有关部门派人协助调查。

受理机关对调查所得证据应当予以核实，对当事人提供的证据必须经过查证，查证属实的证据方可作为认定事实的根据。

4. 调解

土地权属争议的调解是指在查明事实、分清是非和双方自愿的基础上，通过说服教育和劝导当事人，促使当事人以协商方式达成协议的行为。用调解的方法解决纠纷，是处理涉及民事权益纠纷的行之有效的办法之一，也是处理土地权属争议案件的一贯做法。调解对解决纠纷，减少行政诉讼，防止人民内部矛盾的激化有重要作用。调解应当符合自愿、合法原则，不得强迫。受理机关对受理的土地权属争议案件，应当在查清事实、分清责任的基础上进行调解。

对经过调解达成协议的，应当制作调解书。调解书经双方当事人签名或者盖章，调处人署名并加盖受理机关的印章后生效，具有法律效力，可以作为土地登记的依据。

调解未达成协议的，受理机关应当及时提出处理意见，报人民政府作出处理决定。

5. 处理

土地权属争议的处理是指受理机关对受理的土地权属争议，在查清事实的基础上，如果调解未达成协议的，在规定期限内提出处理意见报人民政府作出处理决定。

处理土地权属争议，要严格依照法律规定，正确适用法律，以法律和行政法规为依据。处理土地权属争议应当下达处理决定，处理决定应当包括以下内容：一是当事人的姓名或者名称、法定代表人的姓名、职务、地址；二是争议的事实、理由和要求；三是处理决定的事实和适用的法律、法规等依据；四是处理结果；五是不服决定时申请行政复议和向人民法院起诉的期限等。

当事人对有关人民政府下达的处理决定不服的，根据《行政复议条例》和《中华人民共和国行政诉讼法》(以下简称《行政诉讼法》)的有关规定，可以申请行政复议，也可向人民法院起诉。申请人不服行政复议决定的，可以向人民法院起诉。期满未申请复议也未起诉的，处理决定书即发生法律效力，并作为土地登记的依据。

当事人拒不履行发生法律效力的处理决定的，按照《行政诉讼法》的有关规定，由受理机关报请作出处理决定的人民政府提出《强制执行申请书》，送交有管辖权的人民法院，申请人民法院强制执行。

第四节　土地权属登记

经土地权属调查、土地争议调处后的宗地，权利主体可持法定资料，依照法定程序，向土地权属法定登记机构提出登记申请，由登记机构将须登记的事项记录于登记簿，并向土地权属人发放土地权属证书。土地权属登记是保护土地权属人的合法权益的必要法律措施。但由于土地通常与房屋、森林、林木定着在一起，根据我国法律，土地与土地定着物由指定机构统一进行不动产登记，不动产登记包含了土地登记，本处介绍不动产登记。

一、不动产登记的相关概念

（一）土地登记

土地权属登记，简称土地登记，是指根据权利人的申请，由指定的专门机构对其申请进行审核，对符合条件的土地权利进行登记，并给权属人颁发确权凭证的过程。

（二）不动产登记

不动产登记，是指不动产登记机构依法将不动产权利归属和其他法定事项记载于不动产登记簿的行为。此处的不动产是指土地、海域以及房屋、林木等土地定着物。

（三）自然资源登记

自然资源登记是指依照法律法规的规定，对水流、森林、山岭、草原、荒地、滩涂以及探明储量的矿产资源等自然资源的所有权统一进行确权登记。

二、不动产登记的依据

开展不动产登记的依据主要有以下几个：

（一）物权法

《物权法》第九条规定："不动产物权的设立、变更、转让和消灭，经依法登记，发生效力；未经登记，不发生效力，但法律另有规定的除外"，并对不动产登记的机构、登记机构的职责、不动产登记簿和不动产权属证书的效力、不动产登记的基本类型等做了规定。

（二）不动产登记暂行条例及其实施细则

《不动产登记暂行条例》及《实施细则》是开展不动产统一登记的基本依据。该《条例》及其《实施细则》对不动产登记的类型、权利类型、登记材料、登记程序、登记簿、登记信息的共享与保护等都做了规定。不动产登记须按照此《条例》及其《实施细则》规定开展。

（三）自然资源统一确权登记办法

《自然资源统一确权登记办法（试行）》（国土资发〔2016〕192 号）（以下简称《办法》）规定要按照资源公有、物权法定和统一确权登记的原则，对水流、森林、山岭、草原、荒地、滩涂以及探明储量的矿产资源等自然资源的所有权统一进行确权登记。该《办法》规定了自然资源登记原则、登记机构、自然资源登记簿、自然资源登记一般程序，国家公园、自然保护区、湿地、水流等自然资源登记，登记信息管理与应用等。

对水流、森林、山岭、草原、荒地、滩涂以及探明储量的矿产资源等自然资源的所有权统一进行确权登记时，应当以此《办法》为依据。

三、不动产登记的原则

(一)依法

不动产登记是确认不动产权利的一项法律措施。通过不动产登记形成的登记资料具有法律效力，颁发的不动产权属证书或者登记证明是国家对不动产所有者、使用者和他项权利拥有者的权益保护凭证。因此，必须严肃对待不动产登记，由法定机构依法定原则、要求、内容、程序、形式办理登记，依法定方式共享登记信息，并依法保证信息安全。

(二)统一

不动产登记应当依照有关的法律法规的规定，由指定的统一的登记机构，按照统一的内容、格式，对规定的事项进行登记，形成统一的、稳定连续的、全面的不动产登记资料。

(三)连续

市场经济下，不动产权利总是处于一个动态变化过程中，如土地使用权、土地租赁权、土地抵押权经常发生流转，因此不动产登记是一个持续性、动态性的工作。应当根据权利人或者其代理人的申请，更新不动产登记簿，保证不动产登记与现实情况的一致性。同时在登记管理过程中，还要保证不动产权利变化的历史过程记录的相对完整性。

(四)便民

不动产登记是行政管理工作的组成部分，是实现行政机关的社会服务功能的一项措施，应当为广大人民群众提供便捷的服务，因此，不动产登记过程坚持为民服务、方便群众的原则。

四、不动产登记的类型

根据不动产在流转、收回过程中发生的各种情况，可以将不动产登记分为以下类型：

(1)首次登记。指不动产单元内的不动产权利的第一次登记。这种登记分两种情况，第一种是由政府统一组织，在某一时点开始对行政管辖区内的所有不动产单元开始的全面的普遍性的登记；第二种情况是尚未登记过的不动产单元的第一次登记。

(2)变更登记。因权利人姓名、名称或者不动产单元的自然状况发生变化，而申请的不动产登记。

(3)转移登记。因不动产权利的设立、变更、转让等发生不动产权利转移而申请的不动产登记。

(4)注销登记。因不动产灭失、不动产权利被终止或者权利人放弃不动产权利导致不动产权利丧失时办理的不动产登记。

(5)更正登记。因上一次不动产登记事项中存在错误，而申请更正的不动产登记。

(6)异议登记。因利害关系人对他人已登记的不动产事项存有不同的意见，由利害关系人提出应予重新审核、变更的不动产登记。

(7)预告登记。是指当事人签订买卖房屋或者其他不动产物权的协议后，为保障将来实现物权，按照约定向登记机构申请的不动产登记。预告登记后，未经预告登记的权利人同意，处分该不动产的，不发生物权效力。

(8)查封登记。人民法院、人民检察院、公安机关等有权机关依法限制不动产权利，嘱托不动产登记机构依据其生效法律文书或其他嘱托文件进行登记的，适用查封登记。查封期间，查封机关解除查封的，不动产登记机构应当根据其嘱托文件办理注销查封登记。

五、不动产登记的权利类型

根据《不动产登记暂行条例》，下列不动产权利，按规定应当办理登记：

(1)集体土地所有权；

(2)房屋等建筑物、构筑物所有权；

(3)森林、林木所有权；

(4)耕地、林地、草地等土地承包经营权；

(5)建设用地使用权；

(6)宅基地使用权；

(7)海域使用权；

(8)地役权；

(9)抵押权；

(10)法律规定需要登记的其他不动产权利。

六、不动产登记单元

不动产登记单元是指权属界线封闭且具有独立使用价值的空间。

没有房屋等建筑物、构筑物以及森林、林木定着物的，以土地、海域权属界线封闭的空间为不动产单元。

有房屋等建筑物、构筑物以及森林、林木定着物的，以该房屋等建筑物、构筑物以及森林、林木定着物与土地、海域权属界线封闭的空间为不动产单元。

此处所称房屋，包括独立成幢、权属界线封闭的空间，以及区分套、层、间等可以独立使用、权属界线封闭的空间。

七、不动产登记的内容

不动产登记的内容通常包括以下三个方面：不动产单元的自然状况；不动产单元的权属状况；不动产权利限制与提示等事项。

1. 不动产单元的自然状况

不动产单元的自然状况包括不动产单元的位置、界址、空间界限、面积、用途等状况。

2. 不动产单元的权属状况

不动产单元的权属状况包括权利主体、权利类型、权利内容、权利来源、权利期限、权利变化状况等。权利主体是指权利的拥有者；权利类型是指应予登记的不动产的权利类型；权利内容是指具体的权利义务；权利来源是指通过何种方式取得的权利，如城镇国有土地使用权的取得方式有出让、转让、租赁等方式；权利期限是指根据权利合同获得的权利拥有年限；权利变化状况是指权利设立、分立、增立他项权利等方面的变化。

3. 不动产权利限制与提示等事项

对不动产权利限制的情况包括司法机关的限制、行政机关的限制和民事双方约定的限制等。对不动产权利的提示包括对一些特定事项的说明等。

八、不动产登记的程序

不动产登记的基本程序是：申请—受理—查验—实地查看或调查—填写登记簿—核发不动产权属证书或者登记证明。

1. 申请

不动产权利人要求有权机关保护自己的合法权益时必须有明确的意思表示，即由当事人或者其代理人到不动产登记机构办公地点填写不动产登记申请表，按指定的材料目录和样式提交真实材料，申请办理不动产登记。申请分双方共同申请和单方申请。因买卖、设定抵押权等申请不动产登记的，应当由当事人双方共同申请。

2. 受理

不动产登记机构收到不动产登记申请材料后，对属于登记职责范围，申请材料齐全、符合法定形式，或者申请人按照要求提交全部补正申请材料的，应当受理并书面告知申请人；申请材料存在可以当场更正的错误的，应当告知申请人当场更正，申请人当场更正后，应当受理并书面告知申请人；申请材料不齐全或者不符合法定形式的，应当当场书面告知申请人不予受理并一次性告知需要补正的全部内容；申请登记的不动产不属于本机构登记范围的，应当当场书面告知申请人不予受理并告知申请人向有登记权的机构申请。

3. 查验

不动产登记是一项严肃的法律行为，必须对登记事项进行必要的查验。受理申请后，由登记负责人对不动产的界址、空间界限、面积、权属来源等材料与不动产单元的实况的一致性，有关证明材料、文件与申请登记的内容的一致性，以及登记申请的合法性等进行查验。

4. 实地查看或调查

对房屋等建筑物、构筑物所有权首次登记，在建建筑物抵押权登记，因不动产灭失导致的注销登记等情况，不动产登记机构可以进行实地查看。对可能存在权属争议，或者可能涉及他人利害关系的登记申请，不动产登记机构可以向申请人、利害关系人或者有关单位进行调查。对违反法律、行政法规规定的，或者存在尚未解决的权属争议的，或者申请登记的不动产权利超过规定期限的情形，都不得办理不动产登记。

5. 填写登记簿

不动产登记机构应当依法将各类登记事项准确、完整、清晰地记载于不动产登记簿。任何人不得损毁不动产登记簿，除依法予以更正外不得修改登记事项。不动产登记机构应当指定专人负责不动产登记簿的保管，并建立健全相应的安全责任制度。采用纸质介质不动产登记簿的，应当配备必要的防盗、防火、防渍、防有害生物等安全保护设施；采用电子介质不动产登记簿的，应当配备专门的存储设施，并采取信息网络安全防护措施。不动产登记簿由不动产登记机构永久保存。不动产登记簿损毁、灭失的，不动产登记机构应当依据原有登记资料予以重建。

6. 核发不动产权属证书或者登记证明

登记事项自记载于不动产登记簿时完成登记。不动产登记机构完成登记，应当依法向申请人核发不动产权属证书或者登记证明。

九、不动产登记信息的共享与保护

各级不动产登记机构登记的信息应当纳入统一的不动产登记信息管理基础平台，确保国家、省、市、县四级登记信息的实时共享。不动产登记有关信息与住房城乡建设、农业、林业、海洋等部门审批信息、交易信息等应当实时互通共享。国土资源、公安、民政、财政、税务、工商、金融、审计、统计等部门应当加强不动产登记有关信息互通共享。权利人、利害关系人可以依法查询、复制不动产登记资料，不动产登记机构应当提供。有关国家机关可以依照法律、行政法规的规定查询、复制与调查处理事项有关的不动产登记资料。不动产登记机构、不动产登记信息共享单位及其工作人员应当对不动产登记信息保密；涉及国家秘密的不动产登记信息，应当依法采取必要的安全保密措施。查询不动产登记资料的单位、个人应当向不动产登记机构说明查询目的，不得将查询获得的不动产登记资料用于其他目的；未经权利人同意，不得泄露查询获得的不动产登记资料。

第五节　土地权属流转

土地权属流转是指土地权利在不同主体之间的转移。土地权属流转是土地权利主体处分土地权利的方式，通过土地权属的流转，可实现土地资源在不同行业、不同部门、不同单位、不同个体之间的重新配置。

一、土地权属流转的相关概念

（一）国有土地使用权出让

国有土地使用权出让是指国家作为土地所有者，将国有土地使用权在一定年限内让与土地使用者，由土地使用者向国家支付国有土地使用权出让金的行为。国有土地使用权出让是土地使用者有偿获得国有土地使用权的一种典型方式。

（二）国有土地使用权转让

国有土地使用权转让是指国有土地使用权人，将国有土地使用权再转移的行为，包括出售、交换、赠与、继承等行为。

（三）土地使用权租赁/出租

土地使用权租赁/出租，是指土地所有权人或者使用权人作为出租人，将其权利范围内的特定土地使用权连同地上建筑物、构筑物出租给承租人使用，由承租人支付租金的行为。

（四）土地使用权抵押

土地使用权抵押是指土地使用权人将其权利范围内特定的土地连同地上建筑物、构筑物抵押给债权人作为债权履行担保的行为。

（五）土地使用权作价出资（入股）

土地使用权作价出资（入股）是指土地权利人以其权利范围内一定年期的土地使用权作价，作为出资投入新设企业，该土地使用权由新设企业持有，可以根据规定转让、出租或者抵押。土地使用权作价出资（入股）形成的权利人的股权，由土地权利人或者其委托的单位或者个人持有。

国有土地使用权作价出资（入股）是指国家以一定年期的国有土地使用权作价，作为出资投入新设企业，该土地使用权由新设企业持有，可以依照土地管理法律、法规的规定转让、出租、抵押。土地使用权作价出资（入股）形成的国家股股权，按照国有资产投资主体由有批准权的人民政府自然资源主管部门委托有资格的国有股权持股单位统一持有。

（六）国有土地使用权授权经营

国有土地使用权授权经营是指以划拨土地使用权的价值作为评估价值授权给经国务院批准设立的国家控股公司、国有独资公司、集团公司予以经营管理，授权经营的土地使用权在使用年期内可依法作价出资（入股）、租赁，或在集团公司直属企业、控股企业、参股企业之间转让，但改变用途或向集团公司以外的单位或个人转让时，应报经自然资源主管部门批准，并补缴土地使用权出让金。

（七）国有土地使用权划拨

国有土地使用权划拨是指国家作为土地所有者，将一定范围内的土地使用权以非市场竞争方式，非按市场价格提供给特定的土地使用者的行为。国有土地使用权划拨时，用地单位支付的不是国有土地使用权有偿使用费，而是取得该国有土地使用权的必要的行政成本费用。因此通常认为国有土地使用权划拨是不以盈利为目的的公益性单位无偿取得国有土地使用权的方式。

（八）土地征收

土地征收是指国家为了公共利益的需要，按照法定权限和程序批准，并向被征地的农民集体和农民等支付补偿后，将集体所有的土地变为国有土地的行为。土地征收是土地所有权主体发生转移。

（九）土地征用

土地征用是指国家为了抢险、救灾等紧急事件或临时使用需要，将农民集体所有的土地征来临时使用，待险情、灾情结束后再返还给原土地所有者、使用者的行为。因土地征用给原农民集体及原土地使用者造成损失的，国家应当予以补偿。险情、灾情结束后确需长期使用的，应当按照规定的权限、程序经批准并支付补偿后实施土地征收。

二、土地权属流转的分类

依据不同的分类标准，土地权属流转（以下简称土地流转）可以分为以下不同的类型。

（一）公有土地流转、私有土地流转

在土地既有公有又有私有的情况下，按土地所有权主体的不同，土地权属的流转可分为公有土地流转和私有土地流转。公有土地流转指公有土地的权利发生转移，私有土地流转指私有土地的权利发生转移。

（二）土地所有权流转、土地使用权流转、土地他项权利流转

按流转的权利类型不同，土地流转可分为土地所有权流转、土地使用权流转、土地他项权利流转。土地所有权流转是指土地所有权发生转移，土地使用权流转是指土地使用权发生转移，土地他项权利流转是指除土地所有权、土地使用权以外的其他权利发生转移。

在我国，土地所有权除了因征收发生转移外，不允许进入土地市场流转。但是，土地使用权、土地他项权利可以依法流转。

（三）农用地流转、建设用地流转、其他土地流转

按流转的客体用途不同可以分为农用地流转、建设用地流转和未利用地流转。农用地流转是指现状或规划的农用地的权利发生转移；建设用地流转是指现状或者规划的建设用地权利发生转移；其他土地流转是指农用地、建设用地以外的土地权利发生转移。

（四）一级流转、二级流转

按土地权属流转的层次不同可以分为土地一级流转、土地二级流转。所谓土地一级流转是指从原始权利拥有者手中取得土地权利，也称土地权利的原始取得；土地二级流转是指从非原始权利人处取得土地权利，也称土地使用权的继受取得。

具体到我国，土地使用权的流转分类体系如表 3.5-1 所示。

表 3.5-1　　**我国土地权属流转类型体系表**

土地权利主体	土地权利类型	土地用途	流转层级	土地权属流转类型
国有土地	土地所有权			我国禁止国家土地所有权流转
	土地使用权	建设用地	一级	国有建设用地使用权出让、租赁、作价出资(入股)、授权经营、划拨等
			二级	国有建设用地使用权转让
		农用地		由国有农场、林场经营管理单位经营管理，也可对外承包
		其他土地	一级	国有其他土地使用权出让
			二级	国有其他土地使用权转让、出租、抵押等
	土地他项权利			国有土地使用权抵押、国有土地使用权出租等
集体所有土地	土地所有权			集体土地所有权通过土地征收变为国家土地所有权
	土地使用权	农用地	一级	农村集体经济组织内部的家庭联产承包，其他单位或个人的合同承包
			二级	农用地转包、互换、转让等
		建设用地	一级	集体建设用地使用权的出让、租赁、作价出资、联营、联建等
			二级	集体建设用地使用权的转让等
		其他土地	一级	荒山、荒沟、荒丘、荒滩使用权等的承包
			二级	荒山、荒沟、荒丘、荒滩使用权的转包、出租、互换等
	土地他项权利			集体建设用地使用权的抵押、出租；集体未利用地的抵押、出租；集体农用地承包经营权的出租、出借；其他他项权利流转

三、国有建设用地使用权的流转

(一)国有建设用地使用权出让

1. 国有土地使用权出让的方式

国有建设用地使用权的一级流转是指土地使用者从国家手中取得土地使用权(原始取得)。根据我国《土地管理法》《城市房地产管理法》《城镇国有土地使用权出让和转让暂行条例》《招标拍卖挂牌出让国有土地使用权规定》等的有关规定，我国国有建设用地使用权的出让方式有招标、拍卖、挂牌、协议等。

1)招标

招标出让国有土地使用权，是指市、县国土资源管理部门发布招标公告或者发出投标邀请书，邀请特定或者不特定的法人、自然人和其他组织参加国有土地使用权投标，根据投标结果确定土地使用者的行为。其基本程序如下：首先由自然资源主管部门根据出让土地的具体要求，发出招标通告或通知；然后由有投标意向的投标者在规定的时间到规定地点向规定单位提交保证金，投放标书。自然资源主管部门会同有关部门聘请专家组成评标委员会，主持开标、评标和决标工作。不具备投标者资格的标书，不符合招标文件规定的标书，以及超过截止日期送达的标书，评标委员会有权决定其无效。评委会对有效的标书进行评审，决定中标者，签发决定书后，最后由自然资源主管部门按照标书标明的地址对中标者发出中标通知书。

2）拍卖

拍卖出让国有土地使用权，是指市、县自然资源主管部门发布拍卖公告，由竞买人在指定时间、地点进行公开竞价，根据出价结果确定土地使用者的行为。其基本程序如下：首先，由自然资源主管部门以公告的形式或其他方式发布拍卖公告，具有竞价资格的单位或者个人到拟定地点领取编码牌及其他有关资料，然后在规定时间、规定地点参加拍卖。在拍卖底价基础上，竞价者举牌示意出价，价高者得。得主与市、县人民政府自然资源主管部门签订国有土地使用权出让合同，双方按合同规定履行各自的义务，享受各自权利。

3）挂牌

挂牌出让国有土地使用权，是指市、县自然资源主管部门发布挂牌公告，按公告规定的期限将拟出让宗地的交易条件在指定的土地交易场所挂牌公布，接受竞买人的报价申请并更新挂牌价格，根据挂牌期限截止时的出价结果或现场竞价结果确定土地使用者的行为。其基本程序是：在挂牌公告规定的时间和交易场，出让人将宗地的地块情况、最新报价情况等信息挂牌公告，并不断接受新的报价、更新显示挂牌报价。在挂牌公告规定的挂牌截止日次日，按照挂牌文件规定确定是否成交，并确定竞得人。竞得人与出让人签订成交确认书，缴纳定金，在按规定缴纳全部出让金后取得国有建设用地使用权。

4）协议

协议是指土地使用权出让方和土地使用权受让方通过协商方式确定土地使用权出让的条件和价款。协议方式的基本特点是受让方没有他方参与竞争。根据《协议出让国有土地使用权规范（试行）》，出让国有土地使用权，除依照法律、法规和规章的规定应当采用招标、拍卖或者挂牌方式外，方可采取协议方式，主要包括以下情况：

（1）供应商业、旅游、娱乐和商品住宅等各类经营性用地以外用途的土地，其供地计划公布后同一宗地只有一个意向用地者的；

（2）原划拨、承租土地使用权人申请办理协议出让，经依法批准，可以采取协议方式，但《国有土地划拨决定书》、《国有土地租赁合同》、法律、法规、行政规定等明确应当收回土地使用权重新公开出让的除外；

（3）划拨土地使用权转让申请办理协议出让，经依法批准，可以采取协议方式，但《国有土地划拨决定书》、法律、法规、行政规定等明确应当收回土地使用权重新公开出让的除外；

(4)出让土地使用权人申请续期，经审查准予续期的，可以采用协议方式；

(5)法律、法规、行政规定明确可以协议出让的其他情形。

2. 国有土地使用权出让的最高年限

土地使用权出让最高年限按下列用途确定：

(1)居住用地七十年；

(2)工业用地五十年；

(3)教育、科技、文化、卫生、体育用地五十年；

(4)商业、旅游、娱乐用地四十年；

(5)综合或者其他用地五十年。

土地使用权的最高出让年限并不等于土地使用者取得的使用年限。土地使用者取得的使用年限应当不超过上述规定年限，可以低于上述规定年限。

3. 国有土地使用权出让的要求

国有土地使用权出让有以下要求：

(1)必须签订国有土地使用权出让合同。土地使用权出让合同应当按照平等、自愿、有偿的原则。由市、县人民政府自然资源主管部门(出让方)与土地使用者签订。

(2)土地使用者必须按期支付出让金。土地使用者应当在签订土地使用权出让合同后六十日内，支付全部土地使用权出让金。逾期未全部支付的，出让方有权解除合同，并可请求违约赔偿。

(3)出让方必须按期提供土地使用权。出让方应当按照合同的规定，提供出让的土地使用权。未按合同规定提供土地使用权的，土地使用者有权解除合同，并可请求违约赔偿。

(4)必须办理土地登记。土地使用者支付全部土地使用权出让金后，应当依照规定办理土地登记，领取国有土地使用证，取得国有土地使用权。

(5)土地使用者应当按照土地使用权出让合同的规定和城市规划的要求，开发、利用、经营土地。未按合同规定的期限和条件开发、利用土地的，市、县人民政府自然资源主管部门应当予以纠正，并根据情节可以给予警告、罚款直至收回土地使用权的处罚。

(6)土地使用者需要改变土地使用权出让合同规定的土地用途的，应当征得原出让方同意并经自然资源主管部门和城市规划部门批准，重新签订土地使用权出让合同，调整土地使用权出让金，并办理登记。

(7)通过出让方式取得的国有建设用地使用权，在按规定要求开发并达到可转让标准后，可以转让、出租或者抵押。

(二)国有建设用地使用权租赁

国有土地使用权租赁是指国家作为国有土地的出租人，将土地使用权在一定年限让出租给承租人使用，并由承租人向国家支付租金的行为。国有土地使用权租赁也是土地有偿使用的一种方式，是出让方式的补充。

1. 国有土地使用权租赁方式

国有土地租赁，要以采用招标、拍卖或者双方协议的方式，有条件的，必须采取招标、拍卖方式。采用双方协议方式出租国有土地的租金，不得低于出租底价和按国家及省规定的最低地价折算最低租金标准，协议出租结果要报上级自然资源主管部门备案，并向社会公开披露，接受上级自然资源主管部门和社会的监督。

2. 国有土地使用权租赁期限

国有土地租赁可以根据具体情况实行短期和长期租赁。对短期使用或用于修建临时建筑物的土地，应实行短期租赁，短期租赁年限一般不超过 5 年；对需要进行地上建筑物、构筑建设后长期使用的土地，应实行长期租赁，具体租赁期限由合同约定，但按照《合同法》规定，最高不得超过 20 年。

3. 国有土地使用权租赁要求

(1)应当签订国有土地租赁合同。租赁合同的内容应当包括出租方、承租方，出租宗地的位置、范围、面积、用途，租赁期限、土地使用条件，土地租金标准、支付时间和支付方式，土地租金标准调整的时间和调整幅度，出租方和承租方的权利和义务等。

(2)国有土地租赁，承租人取得承租土地使用权。承租人在按租赁合同约定支付剩余年期的土地租金并完成开发建设后，经签订合同的原自然资源主管部门同意，可将剩余年期的承租土地使用权转租、转让或抵押。承租土地使用权转租、转让或抵押，须依法办理变更登记。

(3)在租赁合同约定的使用年期内，承租土地出让，承租人有优先受让权。

(4)土地使用权租赁合同约定的使用年限期满，承租人需要继续使用土地的，可申请续期，重新办理租赁审批手续。未按规定申请续期或者虽申请续期但未获批准的，承租土地使用权由国家依法无偿收回，其地上建筑物、其他附着物所有权由国家无偿取得，或要求承租人拆除地上建筑物、构筑物，恢复土地原状。

(5)承租人未按合同约定开发建设、未经出租方同意转让、转租或不按合同约定按时交纳土地租金的，出租方可以解除合同，依法收回承租土地使用权。

(三)国有建设用地使用权作价出资(入股)

国家以土地使用权作价出资或入股是指国家以一定年期的国有土地使用权作价，作为出资投入需要使用该宗地的企业，该土地使用权由使用该宗地的企业持有，可以依照土地管理法律、法规关于出让土地使用权的规定转让、出租、抵押。土地使用权作价出资或入股形成的国家股权，按照国有资产投资主体由有批准权的人民政府自然资源主管部门委托有资格的国有股权持股单位统一持有。自然资源主管部门应与国有股权持股单位签订委托持股合同。

(四)国有建设用地使用权授权经营

国家根据需要，可以一定年期的国有土地使用权作价后，授权给经国务院批准设立的国家控股公司、作为国家授权投资机构的国有独资公司和集团公司经营管理。国有土地使用权授权经营，应由国务院自然资源主管部门审批，并发放国有土地使用权经营管理授权书。被授权的国家控股公司、作为国家授权投资机构的国有独资公司和集团公司凭授权书，可以向其直属企业、控股企业、参股企业以作价出资(入股)方式配置土地，企业应持土地使用权经营管理授权书和有关文件，按照规定办理土地变更登记手续。

被授权经营土地使用权的国家控股公司、国有独资公司、集团公司必须接受授权部门的监督管理。被授权的企业必须对土地资产保值、增值情况提供年度报告；对企业土地股权的年度变化情况以及对土地资产处置的文件及时报授权部门备案；授权部门每年要对企业经营土地资产的情况和执行土地管理法律、法规的规定进行监督检查，企业违反土地管理法律、法规的规定以及超越授权经营的权限和范围使用土地或处置土地资产的，授权部门有权依法予以查处，并追究当事人的法律责任。

国有土地使用权也可在国务院自然资源主管部门批准后，由省级人民政府自然资源主管部门作价授权给省属企业经营。

根据国家产业政策，须由国家控股的关系国计民生、国民经济命脉的关键领域和基础设施性行业企业或大型骨干企业，改造或改组为有限责任公司、股份有限公司以及组建企业集团的，可以采取国家以土地使用权作价出资或入股的方式提供国有建设用地使用权。

(五)国有土地使用权划拨

国有土地使用权划拨是指国家以无偿的方式将土地使用权提供给土地使用者。划拨区别于上述三种方式的根本之处在于土地使用者不需向国家支付土地使用权有偿使用费。

对国有土地使用权划拨，我国法律法规严格规定了划拨国有土地使用权划拨对象，同时对划拨土地使用权的处置也做了较为严格的限制。

1. 国有土地使用权的划拨对象

根据2019年修订后的《土地管理法》，建设单位使用国有土地，应当以出让等有偿使用方式取得，但是，下列建设用地，经县级以上人民政府依法批准，可以以划拨方式取得：

(1)国家机关用地和军事用地；

(2)城市基础设施用地和公益事业用地；

(3)国家重点扶持的能源、交通、水利等基础设施用地；

(4)法律、行政法规规定的其他用地。

2. 划拨土地使用权的处置

根据有关法律法规，通过划拨方式取得的土地使用权不得转让、出租和抵押。特殊情况下，划拨土地使用权需要转让、出租、抵押的，经市、县人民政府自然资源主管部门批准，并符合以下条件时，划拨土地使用权及其地上建筑物、其他附着物所有权可以转让、出租和抵押。

(1)土地使用者为公司、企业、其他经济组织和个人；

(2)领有国有土地使用证；

(3)具有地上建筑物、其他附着物的合法的产权证明；

(4)依法签订土地使用权出让合同，向当地市、县人民政府补交土地使用权出让金或者以转让、出租、抵押所获收益抵交土地使用权出让金。

对未经批准擅自转让、出租、抵押划拨土地使用权的单位和个人，市、县人民政府自然资源主管部门应当没收其非法收入，并根据情节处以罚款。

无偿取得划拨土地使用权的土地使用者，因迁移、解散、撤销、破产或者其他原因停止使用土地的，市、县人民政府应当无偿收回其划拨土地使用权，并予以出让。

对划拨土地使用权，市、县人民政府根据城市建设发展需要和城市规划的要求，可以无偿收回，并可依法出让。无偿收回划拨土地使用权时，对其地上建筑物、其他附着物，市、县人民政府应当根据实际情况给予适当补偿。

(六)国有建设用地使用权转让

国有土地使用权转让是指国有土地使用者将土地使用权再转移的行为。

1. 国有土地使用权转让的方式

国有土地使用权转让的方式主要有出售、交换、赠与、继承等。

国有土地使用权出售是指国有土地使用者把符合国家法律规定的国有土地使用权与地上建筑物、其他附属物的所有权转移给他人，并由他人支付相应的价款的行为。国有土地使用权出售中，买卖双方是平等的民事主体，双方按照平等、自愿、有偿的原则达成买卖协议，通过签订土地使用权转让合同明确双方的权利和义务。

国有土地使用权交换是指国有土地使用权人将其直接支配的国有土地使用权换取另一方当事人所有的物或土地使用权的行为。交换的基本特征是以物易物。双方当事人通过签订国有土地使用权转让合同，明确双方在国有土地使用权交换中的权利和义务。

国有土地使用权赠与是指国有土地使用者自愿以无偿方式转移其拥有的合法国有土地使用权的行为。国有土地使用权赠与时，双方当事人应当签订国有土地使用权转让合同，明确双方的权利和义务。赠与必须符合国家有关法律法规。

国有土地使用权继承是指国有土地使用者死亡后，由其合法继承人继承其国有土地使用权的行为。国有土地使用权继承以原国有土地使用者的死亡为前提，不受出让合同规定的开发程度和条件以及投资额等方面的限制。继承者的法律地位由国家有关法律确定，其他单位和个人不得继承。

2. 国有土地使用权转让的要求

国有土地使用权转让的要求主要有：

(1)未按土地使用权出让合同规定的期限和条件投资开发、利用土地的，土地使用权不得转让。

(2)土地使用权转让应当签订转让合同。

(3)土地使用权转让时，土地使用权出让合同和登记文件中载明的权利、义务随之转移。

(4)土地使用者通过转让方式取得的土地使用权，其使用年限为土地使用权出让合同规定的使用年限减去原土地使用者已使用年限后的剩余年限。

(5)土地使用权转让时，其地上建筑物、其他附着物所有权随之转让。

(6)地上建筑物、其他附着物的所有人或者共有人，享有该建筑物、附着物使用范围内的土地使用权。土地使用者转让地上建筑物、其他附着物所有权时，其使用范围内的土地使用权随之转让，但地上建筑物、其他附着物作为动产转让的除外。

(7)土地使用权和地上建筑物、其他附着物所有权转让，应当依照规定办理过户登记。土地使用权和地上建筑物、其他附着物所有权分割转让的，应当经市、县人民政府自然资源主管部门和房产管理部门批准，并依照规定办理过户登记。

(8)土地使用权转让价格明显低于市场价格的，市、县人民政府有优先购买权。土地使用权转让的市场价格不合理上涨时，市、县人民政府可以采取必要的措施。

(9)土地使用权转让后，需要改变土地使用权出让合同规定的土地用途的，应当征得出让方同意并经自然资源主管部门和城市规划部门批准，重新签订土地使用权出让合同，调整土地使用权出让金，并办理登记。

四、国有农用地使用权的流转

(一)国有农用地的一级流转

国有农用地的一级流转是指国有农用地使用者从国家手中取得土地使用权。国有农用地一级流转的方式目前主要采用授权经营等方式由国家指定国有制农业生产单位负责经营管理。国有农用地由国有农业生产单位经营管理的，一般只能从事种植业、林业、畜牧业、渔业生产。

(二)国有农用地的二级流转

国有农用地的二级流转是指国有农用地的经营管理者将土地承包经营权转移给其他单位或者个人的行为。国有农用地的承包经营权可以转让、出租和抵押。国有农用地转让、出租、抵押时双方应当订立合同，规定双方的权利。

五、国有未利用地开发权的流转

(一)国有未利用地开发权的一级流转

(1)谁开发，谁使用。国有未利用地的原始取得，一般采取“谁开发，谁使用”原则。《土地管理法》规定：“开发未确定使用权的国有荒山、荒地、荒滩从事种植业、林业、畜牧业、渔业生产的，经县级以上地方人民政府依法批准，可以确定给开发单位或者个人长期使用”。

(2)承包。《土地管理法》规定：“国有土地可以由单位或者个人承包经营，从事种植业、林业、畜牧业、渔业生产”，国有未利用地也不例外。

(二)国有未利用地开发权的二级流转

国有未利用地开发权的二级流转是指开发未确定土地使用权的国有荒山、荒地、荒滩的单位和个人，将其开发后的土地使用权再转移。转移的方式主要有转包、出租、抵押等。这与农用地经营权的让渡、出租和抵押相似。

六、集体土地所有权征收

(一)土地征收的前提

土地征收的前提是“为社会公共利益需要”，只有在为了社会公共利益，需要使用集体土地的情况下，才能对集体所有的土地实行征收。

一般情况下，“为社会公共利益需要”可以理解为“不以盈利为目的”，或者为“非盈利”。“为社会公共利益需要使用土地的”可以理解为“为实现国家统治功能，提供社会公共产品和服务而需要使用土地的”，如国家机关和军事用地，一些以改善和保障民生为主要目的的项目用地等。

2019 年修订后的《土地管理法》规定：为了公共利益的需要，有下列情形之一，确需征收农民集体所有的土地的，可以依法实施征收：

(1) 军事和外交需要用地的；

(2) 由政府组织实施的能源、交通、水利、通信、邮政等基础设施建设需要用地的；

(3) 由政府组织实施的科技、教育、文化、卫生、体育、生态环境和资源保护、防灾减灾、文物保护、社区综合服务、社会福利、市政公用、优抚安置、英烈保护等公共事业需要用地的；

(4) 由政府组织实施的扶贫搬迁、保障性安居工程建设需要用地的；

(5) 在土地利用总体规划确定的城镇建设用地范围内，经省级以上人民政府批准由县级以上地方人民政府组织实施的成片开发建设需要用地的；

(6) 法律规定为公共利益需要可以征收农民集体所有的土地的其他情形。

(二) 土地征收的程序

征收土地的程序如下：

(1) 县级以上地方人民政府拟申请征收土地的，应当开展拟征收土地现状调查和社会稳定风险评估，并将征收范围、土地现状、征收目的、补偿标准、安置方式和社会保障等在拟征收土地所在的乡(镇)和村、村民小组范围内公告至少三十日，听取被征地的农村集体经济组织及其成员、村民委员会和其他利害关系人的意见。

(2) 多数被征地的农村集体经济组织成员认为征地补偿安置方案不符合法律、法规规定的，县级以上地方人民政府应当组织召开听证会，并根据法律、法规的规定和听证会情况修改方案。

(3) 拟征收土地的所有权人、使用权人应当在公告规定期限内，持不动产权属证明材料办理补偿登记。县级以上地方人民政府应当组织有关部门测算并落实有关费用，保证足额到位，与拟征收土地的所有权人、使用权人就补偿、安置等签订协议；个别确实难以达成协议的，应当在申请征收土地时如实说明。

(4) 相关前期工作完成后，县级以上地方人民政府方可申请征收土地。

(5) 征收土地申请依照法定程序批准后，由县级以上地方人民政府予以公告并组织实施。

(三) 土地征收的审批权限

征收下列土地的，由国务院批准：(1) 永久基本农田；(2) 永久基本农田以外的耕地超过三十五公顷的；(3) 其他土地超过七十公顷的。

征收上述规定以外的土地的，由省、自治区、直辖市人民政府批准，并报国务院备案。征收农用地的，应当依法先行办理农用地转用审批。其中，以国务院批准农用地转用的，同时办理土地征收审批手续，不再另行办理征地审批；经省、自治区、直辖市人民政府在征地审批权限内批准农用地转用的，同时办理征地审批手续，不再另行办理征地审批，超过征地批准权限的，应当按照上述批准权限另行办理征地审批。

(四)土地征收的补偿安置

征收土地应当给予公平、合理的补偿，保障被征地农民原有生活水平不降低、长远生计有保障。

征收土地应当依法及时足额支付土地补偿费、安置补助费以及农村村民住宅、其他地上附着物和青苗等的补偿费用，并安排被征地农民的社会保障费用。

征收农用地的土地补偿费、安置补助费标准由省、自治区、直辖市通过制定公布区片综合地价确定。制定区片综合地价应当综合考虑土地原用途、土地资源条件、土地产值、土地区位、土地供求关系、人口以及经济社会发展水平等因素，并至少每三年调整或者重新公布一次。

征收农用地以外的其他土地、地上附着物和青苗等的补偿标准，由省、自治区、直辖市制定。对其中的农村村民住宅，应当按照先补偿后搬迁、居住条件有改善的原则，尊重农村村民意愿，采取重新安排宅基地建房、提供安置房或者货币补偿等方式给予公平、合理的补偿，并对因征收造成的搬迁、临时安置等费用予以补偿，保障农村村民居住的权利和合法的住房财产权益。

县级以上地方人民政府应当将被征地农民纳入相应的养老等社会保障体系。被征地农民的社会保障费用主要用于符合条件的被征地农民的养老保险等社会保险缴费补贴。

七、集体建设用地使用权流转

(一)集体建设用地使用权的一级流转

集体建设用地的一级流转是指集体建设用地使用者从集体手中取得土地使用权。集体让渡建设用地使用权的方式主要有配拨、联营、入股等。

1. 集体建设用地使用权一级流转的方式

1)集体建设用地的配拨

集体建设用地的配拨是根据国家法律法规的规定，由集体在依法批准后将其建设用地使用权让渡给特定的使用者，用于乡镇企业建设、农民建住宅或者乡(镇)村公共设施和公益事业建设。

2)集体以建设用地作为条件与他人联营

集体以建设用地使用权作为联营条件，与他人共同兴办企业。集体与企业单位应当订立联营合同，规定双方的权利，以及联营各项条件，集体与单位的分红比例等。这是集体有偿提供土地使用权的一种方式。

3)集体以建设用地作价入股

集体将建设用地使用权作价，作为股份制企业的一定股份，并按土地使用权股份占企业总股份的比例，参与企业分红。集体与股份制企业应当订立合同，规定双方的权利和义务，并明确股本和股息的分配、支付方式等。这也是集体有偿提供建设用地使用权的一种方式。

2. 集体建设用地使用权一级流转的要求

根据我国法律法规的有关规定，集体建设用地使用权的一级流转必须满足以下要求：

(1)乡镇企业、乡(镇)村公共设施、公益事业、农村村民住宅等乡(镇)村建设，应当按照村庄和集镇规划，合理布局，综合开发，配套建设；建设用地，应当符合乡(镇)土地利用总体规划和土地利用年度计划，并依法办理审批手续。

(2)兴办乡镇企业的建设用地，必须贯彻节约用地原则，对其用地面积要严格控制。省、自治区、直辖市可以按照乡镇企业的不同行业和经营规模，分别规定用地标准。

(3)农村村民一户只能拥有一处宅基地，其宅基地的面积不得超过省、自治区、直辖市规定的标准。人均土地少、不能保障一户拥有一处宅基地的地区，县级人民政府在充分尊重农村村民意愿的基础上，可以采取措施，按照省、自治区、直辖市规定的标准保障农村村民实现户有所居。农村村民出卖、出租住房后，再申请宅基地的，不予批准。国家允许进城落户的农村村民依法自愿有偿退出宅基地，鼓励农村集体经济组织及其成员盘活利用闲置宅基地和闲置住宅。

(4)农民集体所有的土地的使用权不得出让、转让或者出租用于非农业建设；但是，符合土地利用总体规划并依法取得建设用地的企业，因破产、兼并等情形致使土地使用权依法发生转移的除外。

(5)在土地利用总体规划制定前已建的不符合土地利用总体规划确定的用途的建筑物、构筑物，不得重建、扩建。

(6)土地利用总体规划、城乡规划确定为工业、商业等经营性用途，并经依法登记的集体经营性建设用地，土地所有权人可以通过出让、出租等方式交由单位或者个人使用，并应当签订书面合同，载明土地界址、面积、动工期限、使用期限、土地用途、规划条件和双方其他权利义务。集体经营性建设用地出让、出租等，应当经本集体经济组织成员的村民会议三分之二以上成员或者三分之二以上村民代表的同意。

3. 集体建设用地使用权一级流转的审批

集体建设用地使用权的一级流转，不论采用何种方式，不论是否有偿，都应按照国家法律法规规定的程度和权限，报有批准权的人民政府审批。集体作为土地所有者，可以让渡其土地使用权，但必须置于国家监督和管理之下。集体建设用地使用权一级流转的审批权限见后续章节。

(二)集体建设用地使用权的二级流转

集体建设用地的二级流转是指集体建设用地使用者将集体建设用地使用权再转移。

通过出让等方式取得的集体经营性建设用地使用权可以转让、互换、出资、赠与或者抵押。集体经营性建设用地的出租，集体建设用地使用权的出让及其最高年限、转让、互换、出资、赠与、抵押等，参照同类用途的国有建设用地。

八、集体农用地使用权的流转

集体农用地的一级流转是指集体农用地使用者从集体手中取得农用地使用权。

(一)集体农用地使用权的一级流转

1. 集体农用地一级流转的方式

集体农用地一级流转的方式主要有承包经营、农地使用权入股等方式。

1)承包经营

集体农用地承包经营是指集体将农用地使用权承包给本集体经济内部的成员经营，或按法定程序报批后，将农用地使用权承包给本集体经济组织以外的单位或者个人经营。

(1)由本集体经济组织内部的成员承包经营。

根据《土地管理法》和《农村土地承包法》等的规定，国家实行农村土地承包制度，农村土地承包采取农村集体经济组织内部的家庭承包方式，不宜采取家庭承包方式的荒山、荒沟、荒丘、荒滩等农村土地，可以采取招标、拍卖、公开协商等方式承包。农村集体经济组织成员有权依法承包由本集体经济组织发包的农村土地。任何组织和个人不得剥夺和非法限制农村集体经济组织成员承包土地的权利。国家依法保护农村土地承包方式的长期稳定，保护承包方的土地承包经营权，任何组织和个人不得侵犯。

集体农用地由本集体内部的成员承包经营时，一般采取家庭承包方式，不宜采用家庭承包方式的荒山、荒沟、荒丘、荒滩等农村土地，可以通过招标、拍卖、公开协商等方式承包。

(2)由本集体经济组织以外的单位或者个人承包经营。

《土地管理法》规定，农民集体所有的土地，可以由本集体经济组织以外的单位或者个人承包经营，从事种植业、林业、畜牧业、渔业生产。

2)农用地使用权入股

农用地使用权入股是指农民集体经济组织将其农用地使用权作价，作为农业企业的资源股，并依法律和合同的规定按比例从农业企业盈利中分取红利。这是一种较新型的集体农用地一级流转方式。

2. 集体农用地一级流转的要求

根据有关法律法规的规定，集体农用地的一级流转有如下要求：

1)必须订立合同

土地承包经营时，发包方和承包方应当订立合同。农民集体以农用地使用权入股时，集体经济组织与农业企业也应当订立合同，规定双方的权利和义务。承包合同一般包括以下条款：发包方、承包方的名称，发包方负责人和承包方代表的姓名、住所；承包土地的名称、坐落、面积、质量等级；承包期限和起止日期；承包土地的用途；发包方和承包方的权利和义务；违约责任等。

2)必须符合法定程序

在土地承包经营期限内，对个别承包经营者之间承包的土地进行适当调整的，必须经村民会议三分之二以上成员或者三分之二以上村民代表同意，并报乡(镇)人民政府和县级人民政府农业行政主管部门批准。

农民集体所有的土地由本集体经济组织以外的单位或个人承包经营的，必须经村民会议三分之二以上成员或者三分之二以上村民代表的同意，并报乡(镇)人民政府批准。

3)土地承包经营权可以流转

集体农用地的承包经营权可以依法、自愿、有偿进行流转。

3. 集体农用地一级流转的年限

耕地的承包期为30年。草地的承包期为30年至50年。林地的承包期为30年至70年；特殊林木的林地承包期，经国务院林业行政主管部门批准可以延长。农用地的具体承包经营期限，在上述规定期限内由承包合同约定。

4. 集体农用地使用权一级流转的程序

1)集体农用地使用权承包经营的程序

(1)本集体经济组织成员的村民会议选举产生承包工作小组；

(2)承包工作小组依照法律、法规的规定拟订并公布承包方案；

(3)依法召开本集体经济组织成员的村民会议，讨论通过承包方案；

(4)公开组织实施承包方案；

(5)签订承包合同。

2)集体农用地股份合营的程序

(1)股份制农业企业向集体经济组织发出合营意向书；

(2)农村集体经济组织召开村民会议或者村民代表大会，决定是否与之合营，决定合营的，确定合营条件；

(3)农业企业与村民代表协商合营有关事项；

(4)协商达成协议的，签订合营合同。

(二)集体农用地使用权的二级流转

集体农用地的二级流转是指集体农用地承包经营者或合营企业将农用地使用权再转移的行为。

1. 集体农用地二级流转的方式

1)转包

转包是指集体农用地的承包者将其土地承包经营权部分或全部发包给他人的行为。双方应当签订合同，并报原发包方备案。转包时的转包费、租金、转让费等，应当由当事人双方协商确定。流转的收益归承包方所有。

2)出租

出租是指集体农用地的承包经营者作为出租人，将其土地承包经营权部分或全部租赁给他人，并由他人支付租金的行为。出租人和承租人应当订立合同，约定双方的权利义务，并报原发包方备案。

3)互换

互换是指集体农用地承包者之间根据需要将其承包经营的特定土地相互交换。互换承包经营的土地时，双方应当签订合同，并报原发包方备案。

4)转让

转让是指集体农用地的承包经营者将其土地承包经营权再转移的行为。转让与转包不同。转包指土地承包者作为发包人将土地承包经营权让渡给他人。承包期满后，将之收回。转让是指土地承包者将承包经营权完全让渡与他人，自己与原发包在该土地上的承包关系终止。双方订立转让合同，转让合同中约定的转让年限为该承包地一级流转合同规定的年限扣减已使用年限后的剩余年限。采取转让方式流转的，应当报原发包方同意。

5)入股

入股指承包方之间为发展农业经济，可以自愿联合将土地承包经营权入股，从事农业合作生产。

2. 集体农用地二级流转的要求

集体农用地二级流转应当满足以下要求：

(1)平等协商、自愿、有偿，任何组织和个人不得强迫或者阻碍承包方进行土地承包经营权流转；

(2)不得改变土地所有权的性质和土地的农业用途；

(3)流转的期限不得超过承包期的剩余期限；

(4)受让方必须有农业经营能力；

(5)在同等条件下，本集体经济组织成员享有优先权。

九、集体未利用地开发权的流转

(一)集体未利用地开发权的一级流转

集体未利用地的一级流转是指集体未利用地开发者从集体手中取得使用权。

集体未利用地一级流转的主要方式为承包经营。《土地管理法》规定："农民集体所有的土地由本集体经济组织的成员承包经营，从事种植业、林业、畜牧业、渔业生产"。《农村土地承包经营法》规定，不宜采取家庭承包方式的荒山、荒沟、荒丘、荒滩等农村土地，可以通过招标、拍卖、公开协商等方式承包，也可以将土地承包经营权折股分给本集体经济组织的成员后，再实行承包经营或者股份合作经营。

(二)集体未利用地开发权的二级流转

集体土地使用权的二级流转是指集体未利用地开发者将其使用权再转移的行为。通过承包方式取得的集体未利用地使用权，经依法登记取得土地承包经营权证或者林权证等证书的，其土地承包经营权可以依法采取转让、出租、入股、抵押或者其他方式流转。通过招标、拍卖、公开协商等方式取得的未利用地承包经营权，该承包人死亡，其应得的承包收益，依照继承法的规定继承，在承包期内，其继承人可以继续承包。

十、土地他项权利流转

土地他项权利流转包括土地他项权利的设立与土地他项权利的转移。

(一)土地他项权利的设立

1. 土地使用权出租

土地使用权的出租是指土地使用者作为出租人，将土地使用权随同地上建筑物、其他附着物出租给承租人使用，由承租人向出租人支付租金的行为。

土地使用权出租应当符合以下条件：

(1)土地使用权出租，出租人与承租人应当签订租赁合同。租赁合同不得违背国家法律、法规和土地使用权出让合同的规定。

(2)通过出让方式取得的国有土地使用权出租，出租人必须继续履行土地使用权出让合同。

(3)土地使用权和地上建筑物、其他附着物出租，出租人应当依照规定办理登记。

2. 土地使用权抵押

土地使用权抵押是指国有土地使用者在法律许可的范围内，以不转移占有的方式将土地使用权作为债务履行担保而抵押给贷款人的行为。

土地使用权抵押应当符合以下条件：

(1)土地使用权抵押时，其地上建筑物、其他附着物随之抵押。地上建筑物、其他附着物抵押时，其使用范围内的土地使用权随之抵押。

(2)土地使用权抵押，抵押人与抵押权人应当签订抵押合同。抵押合同不得违背国家法律、法规和土地使用权出让合同的规定。

(3)土地使用权和地上建筑物、其他附着物抵押，应当依照规定办理抵押登记。

(4)抵押人到期未能履行债务或者在抵押合同期间宣告解散、破产的，抵押权人有权依照国家法律、法规和抵押合同的规定处分抵押财产。因处分抵押财产而取得土地使用权和地上建筑物、其他附着物所有权的，应当依照规定办理过户登记。

(5)处分抵押财产所得，抵押权人有优先受偿权。

(6)抵押权因债务清偿或者其他原因而消灭的，应当依照规定办理注销抵押登记。

根据我国《物权法》规定，以下财产不得抵押：①土地所有权；②耕地、宅基地、自留地、自留山等集体所有的土地使用权，但法律规定可以抵押的除外；③学校、幼儿园、医院等以公益为目的的事业单位、社会团体的教育设施、医疗卫生设施和其他社会公益设施；④所有权、使用权不明或者有争议的财产；⑤依法被查封、扣押、监管的财产等。

3. 其他土地他项权利的设立

包括地役权、空中权、地下权等各种除土地所有权和土地使用权以外的权利的设立。

(二)土地他项权利的转移

1. 土地承租权的转移

土地承租权的转移是指土地使用权的承租人将其土地承租权再转移的行为。如国有土地租赁，承租人取得承租土地使用权。承租人在按规定支付土地租金并完成开发建设后，经自然资源主管部门同意或根据租赁合同约定，可将承租土地使用权转租、转让或抵押。承租土地使用权转租、转让或抵押，必须依法登记。承租人将承租土地转租或分租给第三人的，承租土地使用权仍由原承租人持有，承租人与第三人建立了附加租赁关系，第三人取得土地的他项权利。承租人转让土地租赁合同的，租赁合同约定的权利义务随之转给第三人，承租土地使用权由第三人取得，租赁合同经更名后继续有效。地上房屋等建筑物、构筑物依法抵押的，承租土地使用权可随之抵押，但承租土地使用权只能按合同租金与市场租金的差值及租期估价，抵押权实现时土地租赁合同同时转让。

2. 土地抵押权的转移

土地抵押权的转移是指抵押权人将土地抵押权再转移的行为。目前法律未对此做明确的规定。

3. 其他土地他项权利的转移

包括空中权、地下权、地役权等的转移等。

第六节　土地权属终止与收回

土地权属的终止包括土地所有权的终止、土地使用权的终止、土地他项权利的终止。在我国，土地所有权的终止仅有集体土地所有权因国家征收而终止；土地使用权终止包括国有土地使用权终止和集体土地使用权终止；土地他项权利终止包括土地租赁权的终止和土地抵押权的终止等。

一、土地权属终止的概念

土地权属终止是指土地权属主体变更为新的权属主体，而终止原权属主体对特定范围内的土地享有的特定权利的行为。

土地权属终止可以分为两类：一类是权属主体自愿、主动让渡土地权利而发生土地权属终止；另一类是根据法律法规或者合约，迫使土地权属主体让出土地权利而发生土地权属的终止。土地权属终止的原因既可能是产权人自己的意愿，也可能是自然原因，还可能是政策、法规、经济等原因。

二、土地所有权终止

土地所有权终止，可以分为土地所有权买卖、土地所有权征收、土地所有权互换等类型。在存在土地私有制的国家，土地所有权一般允许买卖。土地公有制国家则通常不允许买卖土地所有权，但可能存在土地所有权征收、土地所有权互换、土地所有者弃权等，因而发生原土地所有者的土地所有权终止的情况。

(一)土地所有权征收

在我国，土地所有权的终止，仅指集体土地所有权因国家征收而终止。我国《宪法》和《土地管理法》都规定，国家为了社会公共利益的需要，可以对集体所有的土地实行征收。《土地管理法实施条例》明确规定，国家依法征收的土地属于国有。集体土地所有者因土地征收而丧失被征收的土地的所有权。

(二)土地所有权互换

这种土地所有权置换，理论上既可能发生在国有土地与集体土地之间，也可能发生在不同的农民集体之间，比较常见的是发生在不同的农民集体之间，如不同的村民小组之间。

(三)土地所有者弃权

土地所有者放弃其土地所有权的情况比较少见。但在发生重大自然灾害，或者恶劣自然条件或者移民政策要求等情况下，原土地所有者依法或者依约定放弃其土地使用权。如我国《土地管理法实施条例》规定："下列土地属于国家所有……(五)农村集体经济组织全部成员转为城镇居民的，原属于其成员集体所有的土地；(六)因国家组织移民、自然灾害等原因，农民成建制地迁移后不再使用的原属于迁移农民集体所有的土地"。

三、土地使用权终止

(一)国有建设用地使用权终止的情形

国有土地使用权的终止是指国家依法收回国有建设用地、国有农用地使用权，以及未利用地开发单位的土地使用权的行为。

根据《土地管理法》的有关规定，有下列情形之一的，由有关人民政府土地行政主管部门报经原批准用地的人民政府或者有批准权的人民政府批准，可以收回国有土地使用权：

(1)为公共利益需要使用土地的；

(2)为实施城市规划进行旧城区改建，需要调整使用土地的；

(3)土地出让等有偿使用合同约定的使用期限届满，土地使用者未申请续期或者申请续期未获批准的；

(4)因单位撤销、迁移等原因，停止使用原划拨的国有土地的；

(5)公路、铁路、机场、矿场等经核准报废的。

对因公共利益需要使用土地、为实施城市进行旧城区改建，需要调整使用土地，需要收回国有土地使用权的，对土地使用权人应当给予适当补偿。

除了上述五种常规的收回国有建设用地使用权的行为外，《土地管理法》及有关法规还规定了以下情况可以收回土地使用权：一是无不可抗原因闲置土地连续超过两年的，经原批准用地机关批准可以收回国有土地使用权；二是不按规定用途使用土地的，按情节严重程度可以处以警告直至收回土地使用权的处罚。

(二)国有农用地承包经营权终止的情形

国有农用地承包经营权可以因以下原因终止：

(1)按合同约定的承包经营权到期，承包者未申请续期或者续期未得到批准的；

(2)承包经营权虽未到期，但因不可抗力导致无法继续承包经营的；

(3)因农用地转用或者其他原因导致无法继续承包经营的；

(4)法律法规规定的其他情况。

(三)集体建设用地使用权终止的情形

集体土地使用权的收回是指集体经济组织为了公共利益的需要或者合同的约定，将其让渡的土地使用权收回的行为。有下列情形之一的，农村集体经济组织报经原批准用地的人民政府批准，可以收回土地使用权：

(1)为乡(镇)村公共设施和公益事业建设，需要使用土地的。这种情况下，应当给原土地使用者一定的补偿。

(2)不按照批准的用途使用土地，情节严重的。

(3)因撤销、迁移等原因停止使用土地的。

(四)集体农用地承包经营权终止的情形

集体农用地承包经营权终止的原因主要有以下方面：

(1)承包期内，本集体内部的承包方全家迁入设区的市，转为非农业户口的，应当将承包的耕地和草地交回发包方。承包方不交回的，发包方可以收回承包的耕地和草地。

(2)承包期内，本集体因自然灾害严重毁损承包地等特殊情形对个别农户之间承包的耕地和草地需要适当调整的，必须经本集体经济组织成员的村民会议三分之二以上成员或者三分之二以上村民代表的同意，并报乡(镇)人民政府和县级人民政府农业等行政主管部门批准后，可调整收回部分耕地和草地重新发包。

(3)承包期内，承包方可以自愿将承包地交回发包方，自行终止农用地承包经营权。

(4)承包方有稳定的非农职业或者有稳定的收入来源的，经发包方同意，可以将全部或者部分土地承包经营权转让给其他从事农业生产经营的农户，由该农户同发包方确立新的承包关系，原承包方与发包方在该土地上的承包关系即行终止。

(5)本集体以外的单位或者个人承包经营的，承包经营权到期，承包方未申请续期或者申请续期未获得发包方同意的，农用地承包经营权终止。

(6)农用地因被征收等原因无法继续承包用于农业用途的，农地承包经营权终止。

(7)其他法律法规规定的终止集体农用地承包经营权的情形。

四、土地他项权终止

土地他项权终止，包括土地租赁权、土地抵押权、地役权、空中权、地下权、土地借用权等权利的终止。终止的基本原因包括以下方面：

(1)土地他项权利合同约定的期限到期，权利人未申请续期或者申请续期未获同意的；

(2)土地他项权利的标的土地用途或者自然性状发生改变，不能继续支持该土地他项权利的；

(3)土地所有者、土地使用者等土地他项权利的让渡者收回土地他项权利，如土地出租方中止出租合同，收回租赁权，或者抵押人清偿债务，终止土地抵押权等；

(4)土地权利人转让或者放弃该土地他项权利的；

(5)其他法律法规规定的终止土地他项权利的情形。

五、土地权属收回的补偿

土地权属终止，如果是土地权限到期，土地权利人未申请续期或者申请续期未获同意的情况下，土地权利终止一般不需要支付补偿，土地权利人在享有权利期间无违法、违约行为时，也不必赔偿或者罚款。

但某些特定情况下，依照法律、法规的规定，或者合同的约定，造成损失的一方应当给蒙受损失的一方或者管理方一定的补偿、赔偿或者罚款。根据有关的法律法规，在土地权属收回时应当给予补偿、赔偿、罚款的情形主要有以下几类：

(1)土地权限未到期，但为了社会公共利益需要或者为合同一方的需要为由中止合同，提前收回土地权利的，应当由造成损失的一方给蒙受损失的一方补偿；

(2)土地权限未到期，但土地权利人自愿放弃权利时，对权利人的投资开发或利用产生的增值部分，获益一方应当依法或者依合同予以补偿；如《中华人民共和国农村土地承包法》(以下简称《农村土地承包法》)规定："承包期内，承包方交回承包地或者发包方依法收回承包地时，承包方对其在承包地上投入而提高土地生产能力的，有权获得相应的补偿"。

(3)土地不等价置换时，原土地价值低的一方应当向高的一方补偿差价；

(4)合同一方不按合同的约定行使权利、履行义务，给另一方造成损失的，应当赔偿；

(5)因合同本身违反法律法规，致使土地权利被强制终止，有过错方应当给无过错方赔偿或者依过错责任按比例赔偿；

(6)土地权利者不按照法律、法规规定的条件、期限、用途等开发利用土地的，依照法律法规可以给予警告、罚款直到收回土地权利的处罚。

(7)其他依法应当予以补偿、赔偿或者罚款的情形。

补偿金额的标准，一般应参考市场价而定。

本 章 小 结

本章主要阐述了土地权属管理的内容、手段、措施。包括土地权利制度、土地权属的确认、不动产登记、土地权属的流转、土地权属的终止和收回等。

土地权利制度是进行土地权属管理的法律基础和依据，是对土地权利的确认、行使、流转与保护所做的正式规定。土地权利制度包括土地所有权制度、土地使用权制度与土地他项权利制度等。

土地权属的确认是保护土地权益、规范土地权属流转的一项法律措施。土地权属确认包括土地所有权、土地使用权和土地他项权利的确认。土地权属确认的途径主要有土地权籍调查和土地权属争议的处理。

土地权属必须依照法律法规的规定，对应予登记的土地权利，按照法定的程序、内容、形式与方法，由法定部门进行统一登记。

土地权属的流转是指土地权利在不同权利主体之间的转移。土地权属流转包括土地所有权、土地使用权和土地他项权利流转，也可分农用地、建设用地、未利用地流转，还可分一级流转、二级流转等。土地权属流转是实现土地权益的方式之一。土地权属流转应当在符合法定要求的前提下流转。

土地权属终止和收回是指土地权利人不再享有特定范围内的特定土地权利。土地权属终止包括土地所有权终止、土地使用权终止和土地他项权利终止。土地权属收回时要视实际情况决定是否应当给予补偿、赔偿或者罚款。

第四章　土地市场调控

土地市场调控是针对土地市场开展的各种干预活动，包括土地市场供需调控、价格调控、税费征管和土地收益的分配等方面，本章的内容框架结构图如图 4-1 所示。

- 土地市场调控
  - 土地市场调控概述
    - 土地市场的有关概念、特征、功能
    - 土地市场调控的原则、目标、内容
  - 土地收购储备
    - 土地收购
    - 土地储备
    - 土地交易
  - 土地供需调控
    - 土地供给
    - 土地需求
    - 土地供需调控
  - 土地价格调控
    - 土地价格指导
    - 土地价格调控
  - 土地税费的征管
    - 土地税的征管
    - 土地费用的收支

图 4-1　本章内容框架结构图

第一节　土地市场调控概述

一、土地市场调控的相关概念

(一) 土地市场

市场起源于古时人们对于固定时段或地点进行交易的场所的称呼，指买卖双方进行交易的场所。发展到现在，市场具备了两种意义，一是交易场所，如传统市场、股票市场、期货市场等；二是交易行为的总称，即市场一词不仅仅指交易场所，还包括了所有的交易行为。

土地市场是指土地及其地上建筑物和其他附着物作为商品进行交换的总和。包括交易场所和所有土地交易行为，土地市场也称地产市场。

(二) 市场机制

市场机制是市场运行的实现机制，是通过市场价格的波动、市场主体对利益的追求、市场供求的变化，调节经济运行的机制，是市场经济机体内的供求、竞争、价格等要素之间的有机联系及其功能。“市场机制”是“市场经济学”的核心内容。

市场机制包括价格、供求和竞争三大机制。价格是市场机制的核心，是引导资源配置的指示器。价格提高，将会促进生产，增加供给，抑制需求；反之，则会减少供给，刺激需求。通过市场价格的调节，使资源在各个生产部门之间保持适当的比例。供求双方既相互对立，又相互依赖。生产者、经营者根据供求的变化不断调节生产经营活动，引导人、财、物在全社会的配置。竞争是市场活动的灵魂，通过买者之间、卖者之间、买卖双方之间围绕价格和质量方面的较量，使社会资源不断向效益高、急需发展的产业和企业流动，价值规律的要求得以贯彻。通过竞争，价格在供求影响下围绕价值上下波动，引导资源合理配置。

（三）市场失灵

市场失灵是指市场不能合理地配置资源，即在市场配置资源过程中，无法实现生产与交换的帕累托最优条件，要素的使用效率未能充分发挥。亚当·斯密认为，人们追求私人利益最大化的行为，在市场机制这只看不见的手的引导之下，能够导致资源的合理配置，极大地增加社会福利。但实际上市场机制在资源配置上存在一定的缺陷。这些缺陷包括以下七个方面：一是垄断导致的低效率。二是外部性。外部性是指一个个体的行为对他人的利益或成本产生的影响。如某人承担了成本，但是没有获得对应的利益，或者得到了利益却没有为此付出代价。三是私人厂商不愿意提供公共产品。四是不完全信息或者不对称信息。五是不完全市场。六是失业。七是宏观经济总量失衡。这些缺陷可导致市场失灵。

市场失灵将导致资源配置失效和资源利用的低效率，并使经济关系发生扭曲、市场竞争无序、社会成本加大，市场经济不能正常运行和发展。

（四）土地市场调控

政府通过制定和实施经济政策、法规、计划指导和必要的行政管理手段，对土地市场的有效运作进行调控的行为的总称。

政府对市场进行调控，就是为了克服市场失灵，弥补市场机制的缺陷或不足。主要有以下几个方面：一是政府通过法律手段来限制垄断和反对不正当竞争；二是政府可以使用税收和补贴的手段，也可以通过合并相关企业的方法使外部性“内部化”；三是政府提供公共物品和公共服务，如国防、治安、消防和公共卫生等；四是建立健全市场经济体系；五是纠正市场的信息不对称；六是调整收入分配，维护社会公平，促进就业；七是稳定宏观经济以维持经济健康增长。

政府通过以上途径对市场失灵进行调控。但是如果政府不能有效地承担或履行这一责任，那么在市场失灵的同时，还会出现“政府失灵”，也会导致资源配置无效。

二、土地市场的特征与功能

（一）土地市场的特征

关于土地市场的特征，不同的人站在不同的角度，得出的结论略有不同。雷利·巴洛维认为，不动产市场具有如下几个特点：①不动产市场只是针对待售财产总供给量的一部分而言；② 产品位置的固定性；③ 产品的非标准化和异质性；④ 影响不动产交易的特别法律条例；⑤ 对当地供求状况的依赖性；⑥ 绝大多数交易是高额交易；⑦ 习惯上采用信贷方式来补充多数买者的有限自有财产；⑧ 普通买者非经常的市场参与；⑨ 广泛的经纪人服务。这些不动产市场的特点同样也是土地市场的特点。通常情况下，人们总结的土地市场的特征包括以下几个方面：

1. 地域性

由于土地位置的固定性，使土地市场具有强烈的地域性特点。在各地域性市场之间相互影响较小，难以形成全国性统一市场。雷利・巴洛维指出的不动产市场的"产品位置的固定性""产品的非标准化和异质性"，同样体现了土地市场的特征。

2. 竞争不充分性

一般商品市场，市场参与者众多，自由竞争充分，较难形成垄断；但在土地市场，在一定时间内，只有少数购买者和出售者，土地市场参与者不多，市场信息获得较难，每一类型土地只在某一价格范围和地域内互动，难以在公开市场完全、充分竞争。

3. 供给滞后性

土地价值较大，用途难以改变且开发周期较长。土地供给是根据前期需求确定的。一般商品市场，因竞争而易形成均衡，但土地市场的均衡大多只是理论上的，在现实中因适合特定使用的土地供给对市场需求的调整较慢，而难实现均衡，供给总有一定的滞后性。

4. 价格主要由需求决定

从总体上说，土地资源一般不可再生，土地自然供给没有弹性，土地的经济供给弹性也相对较小。在同一地域性市场内，土地价格主要由需求来决定。

5. 低效率性

一般商品市场，交易的商品或劳务本质上是同质产品（homogeneousitem），彼此容易替代；但土地市场是地域性市场，每宗土地是唯一的，且位置固定，没有两宗土地在实体上完全相同，而且同一用途不同区域的土地具有较小的替代性，即使某些土地具有可替代性，因其位置的固定性，也使其交易效率不高。

6. 政府管制较严

一般商品市场，自我规范，公平竞争，限制很少；但在土地市场，政府的法律法规限制很多。土地是一个国家重要的资源，其分配是否公平有效，对经济的发展和社会的稳定具有十分重大的作用，因而各国政府都对土地的权利、利用、交易等作较多的严格限制。

7. 信贷需求旺盛

一般商品市场，价格相当一致且稳定，商品价格经常是买卖双方决策的主要依据；但在土地市场，因价值较高，一般难以自有资金购买。因此，提供融资的类型、可运用抵押贷款额、利率、定金支付条件及还款期限等，都会影响投资决策。在必须投资时，对信贷的需求旺盛。

8. 需要广泛的经纪人服务

一般商品市场，买卖双方对市场和商品有较充分的了解；但在土地市场，因多数人不经常参与而对市场和标的物不了解，缺乏必要的知识。一般商品市场，买卖双方被有组织的市场机制组合，进出市场较容易，能迅速适应市场变化；但在不动产市场，进出较难且复杂超时，市场因不可预知因素而变化较大，参与者较难适应市场变化。这就需要广泛的经纪人服务。

（二）土地市场的功能

关于市场的功能，不同的人也有不同的观点。如有人认为，市场功能包括交换功能、反馈功能、调节功能等，有人认为市场功能最终体现为两个方面：增强经济活力和调节经济结构。也有人认为市场的功能包括优化资源配置功能、激励功能、利益分配功能等。总结之，市场功能主要体现在优化资源配置、优化生产力布局、优化生产要素组合等方面，土地市场的功能也不例外。

1. 优化土地资源配置

土地资源的配置方式因配置手段不同而分为行政划拨方式和市场方式。行政划拨方式是由政府用行政手段把土地资源分配到各土地使用者手中，实现土地资源与其他生产生活资料的结合。中国几十年的实践证明，这种单一的行政划拨方式一般来说效率是低下的，极易造成土地资源的巨大浪费。目前，中国正在对这种方式进行改革，以逐步实现大部分土地资源的市场配置。市场方式是通过市场机制的作用把土地资源分配到各土地使用者手中，实现土地资源与其他生产生活资料的结合。多样化多目标的人类生产生活活动对土地资源的需求千差万别，难以通过政府的行政划拨手段得以满足，只有通过市场机制的作用，运用市场原则才能得到满足。

2. 调整产业结构，优化生产力布局

经济的健康发展，需要有合理的产业结构和生产力布局。以价格机制为核心的市场机制就像一只“无形的手”，时刻对一个国家或地区的产业结构和生产力布局依市场原则进行调整，以实现最大的经济效益。地租、地价是土地市场中最重要的经济杠杆，是引导土地资源在不同产业中配置的重要信号。这种信号比任何其他非经济信号和指令更科学，更能促进生产力布局的优化。

3. 健全市场体系，优化生产要素组合

一个完整的市场体系，不但有消费品市场、一般生产资料市场，还应包括金融市场、土地市场、房产市场、劳务市场、技术市场等。市场机制只有在一个完整的市场体系中才能充分发挥作用。土地是人类的基本生产要素，只有实现其市场配置，才能健全市场体系，最大限度地发挥市场机制的作用。

三、土地市场调控的原则

土地市场调控是政府采取必要、可行、有效的措施，弥补和纠正“市场失灵”的行为。政府对土地市场进行干预时，除坚持行政行为所要坚持的依法行政、合理行政、信赖保护、正当程序、责任行政等一般性原则外，还应当坚持市场优先、有限干预、讲究成本收益等原则。

(一)市场优先

在“看不见的手”的指挥下，市场本身具备优化配置资源、优化生产布局、优化生产要素组合的功能。应当坚持市场优先，尊重市场供求机制、价格机制、竞争机制的强大优势，充分挖掘、发挥市场的调节功能。

市场机制是现代市场经济运行的基本调节机制，也是迄今为止人类所拥有的最有效的资源配置手段，它能够以最简单的形式、最快捷的速度和最低廉的费用把资源配置的信息传递给相关的决策者，有利于充分调动市场主体的积极性、主动性和创造性。

(二)干预有限并适度

“市场失灵”的存在表明，市场配置资源并非都有效率。维护市场经济秩序需要政府主动干预，但政府干预也有其自身的局限性。以布坎南为代表的公共选择学派认为，并非市场解决不了的问题政府就一定能解决好，政府也是由理性而自私的经济人组成，因而政府行为并不必然导向公共利益，同样存在“政府失灵”的可能性，如政府宏观调控的范围和力度不足，政策工具、行为方式选择不当，目标定位不合理，因政府干预超过合理限度，无法弥补和纠正市场失灵，造成“政府失灵”。

政府必须根据市场经济发展变化的需要，加强和完善经济调节、市场监管、社会管理和公共服务职能，推进市场体系的完善，在尊重市场的前提下，主动发挥有限和适度的干预作用，政府干预经济仅界定在弥补和防止市场失效的范围。在市场失效的领域内，政府制定政策，进行规范、管理和管制市场行为，使市场避免出现垄断、波动、欺诈、溢出、不平等等问题。但政府干预应该有限度，过度干预也会产生新的问题，如经济停滞、资源配置失效等。

(三)讲究成本收益

政府干预应当讲究成本收益。政府对市场失灵进行干预是必要的，但是，政府在进行干预时也应该讲究成本收益。如果政府对市场干预的成本远远高于其收益，一般来讲政府就不应该进行干预。政府干预也是经济活动，经济活动就应该考虑成本与收益。实施政府干预是为了提高整个社会的生产效率和配置效率，政府应当以最小的社会代价实施干预。只有当成本低于收益时，干预才是有意义的，当成本等于或超过收益时，政府干预就是无效率或负效率，这也是一种“政府失灵”。

(四)注意公平与效率

市场经济条件下，资源配置的效率目标主要依靠市场机制实现，而政府则要更多地注重公平目标。由于存在利益需要无限性与社会资源供给有限性的矛盾，人们在经济利益上的冲突会大量的、经常的发生。社会经济发展，就必须有一个强有力的机构来协调各种利益关系，缓解利益冲突。这个机构不能是代表某一局部利益的组织，而只能是代表公共利益并行使公共权力的政府。政府在维护社会公正方面具有义不容辞的责任，政府干预市场的根本目标就是在充分发挥市场机制作用的基础上，坚持公正立场，通过确立公平原则并强制执行，来调节人们之间的利益关系，从而实现社会稳定和市场有序运行，实现效率与公平的兼顾与协调(曾乐元，2007)。

(五)透明公开

政府要实现对经济的有效干预而不是损害经济，必须使竞争规则透明化和公开化。在规则透明和公开的情况下，一方面政府行为受到广泛的公众监督，其经济人性质会得到一定程度的抑制，对市场的干预只能致力于提高社会经济效益、增进社会福利水平；另一方面，市场主体能够容易得到有关政府干预的信息，可以对自己的行为做出合理的预期判断和路径选择，以积极响应和配合政府实现干预目标。而如果政府干预不透明不公开，则容易产生官僚主义、权力寻租、腐败等现象，导致政府失灵(曾乐元，2007)。

四、土地市场调控的目标与手段

(一)目标

一般而言，政府调控市场的目标主要是弥补与纠正市场失灵。政府调控的目标可以分为宏观目标与微观目标。宏观目标往往是国家层面的目标，包括充分就业、价格稳定、经济持续均衡增长、国际收支平衡、社会公平等。而微观目标则主要是操作层面上针对特定问题而制定的目标，如建立健全各类市场，维持正常的市场秩序，提供公共物品和公共服务，限制垄断和反对不正当竞争，外部性“内部化”，减弱、消除信息不对称，促进资源的有效配置，合理分配收益等。

(二)手段

政府调控市场的主要手段有法律、经济、行政、技术手段等。

1. 法律手段

国家通过制定、实施市场方面的法律法规，达到干预市场的目的。如通过制定《中华人民共和国反垄断法》，控制和削弱垄断，促进公平竞争；通过制定和实施《中华人民共和国环境保护法》，控制环境污染的外部性；通过《土地管理法》规定国家机关、军事用地，城市基础设施和公益事业用地、国家重点扶持的能源、交通、水利用地等，经批准可以划拨方式提供土地使用权，以满足社会对公共产品和公共服务的需求；通过制定与实施宅基地、集体经营性建设用地有关的法律法规，建立健全土地市场体系。

2. 经济手段

国家通过财政、货币手段、优惠与经济制裁等经济手段，对市场进行干预。财政手段包括税收、财政预算、国债、购买性支出和财政转移支付；货币手段包括汇率、货币发行、利率手段等。

3. 行政手段

行政手段则是通过行政主体的行政行为对市场实施干预。行政手段主要是通过规划、计划、指令、指导等手段实施的政府管制。如我国制定了土地用途管制制度，将土地分为农用地、建设用地、其他土地三类，编制土地利用规划，农用地转为建设用地必须符合土地利用规划和计划，并经政府批准后才能实施。

4. 技术手段

技术手段是指政府通过公开发布信息、收集市场资料，预测市场发展趋势、评估市场价格、防范风险等技术手段，对市场进行干预。如通过基准地价和标定地价评估成果，指导国有土地使用权招标、拍卖、挂牌底价；通过市场交易信息的公开，为交易双方提供可比较、可参考的必要信息等。

第二节　土地市场培育

土地市场的健康发展，需要一个良好的外部环境与条件。因此，培育一个健全的市场经济环境，创造适当的条件，才能促进土地市场发育，发挥供需机制、价格机制和竞争机制等市场机制的作用。

一、营造良好的市场经济环境

价格机制和风险机制等市场机制是决定理性的市场参与者行为的主要因素，是市场运行的内因和原动力；一切非经济的行政、法律、道德等力量只有通过市场机制才能发挥作用，是市场运行的外因和推动力。土地市场的运行同样离不开市场经济这一最基本的外部环境。

市场经济环境包括政治环境、法律法规环境、经济环境、科学技术环境、人文环境、自然地理环境等。政治环境是指市场所处的国内和国外政治形势、状况和制度环境；经济环境是指市场所处的宏观、微观经济环境，如经济条件及其运行状况、经济发展趋势、产业结构、交通运输条件等情况；科学技术环境是指科学技术发展及其转化为生产力的环境；人文环境包括人口、劳动力、文化等社会因素。人是构成市场的首要因素。人口环境涉及人口总量、地理分布、年龄结构、性别构成、人口素质等诸多方面。文化环境则是指人的价值观念、信仰、兴趣、行为方式、社会群体及相互关系、生活习惯、文化传统和社会风俗等环境；自然地理环境主要指气候、水文、矿产资源、生物资源、能源等环境。营造良好的市场经济环境，是土地市场发育的必要前提。

二、明晰土地产权

产权明晰是现代企业的基本标志，具有明晰产权的现代企业又是市场经济的基本要素。土地是最基本的资产，无论是私有或公有，明晰的土地产权是建立土地市场的最基本条件。由于土地市场的客体是土地的各种权利，如果权利界定不明、归属不清，权利的交易就无法进行。因此，明晰土地所有权及以所有权为核心的各种派生权利是土地市场运行的基本前提。

明晰土地产权的手段包括不动产权属调查、不动产权属登记、不动产权属登记信息的共享、不动产权属争议的调处、土地侵权行为的查处等。明晰土地产权包括明晰土地产权主体、土地产权客体、土地产权关系以及土地权责对等。

(一)产权主体清晰

产权主体清晰，是指财产产权最后归属的主体是清晰可辨的自然人主体，而不是模糊的虚拟主体。之所以要强调产权主体的自然人属性，是因为在市场经济条件下，产权具有强烈的经济内涵，要求产权主体有独立的民事行为能力并且能够独立承担民事责任。很显然，只有自然人可能满足这些要求，虚拟主体则完全不符合要求。虚拟的主体，比如国家、公司、公社、社团等，只是一种组织形式，是自然人为了某种目的建立起来的组织。这些虚拟的主体，是依存自然人的存在而存在的，只是名义上的主体而已，其实际主体依然是自然人，是隐藏于虚拟主体后面的自然人。因此，虚拟主体本身不可能从事任何实际的活动，做出任何具体的行为，其所有的名义上的行为，都必须通过其内部的自然人代理行使。具体到产权上面，虚拟主体作为产权主体，只具有名义上的意义，任何产权权利的行使都是由虚拟主体内部的自然人代理的。而且，在承担责任方面，任何名义上由虚拟主体承担的责任，最后的实际承担者都无一例外地是自然人。此外，虚拟主体作为产权主体，会掩盖住实际主体，使实际主体变得模糊。通常的情况是，虚拟主体内部包括的自然人越多，掩盖效果就越高，隐藏在虚拟主体后面的实际主体就越模糊难辨。所以，就财产产权来说，其主体是否清晰，要看该产权的最后归属是否是清晰可辨的自然人。如果某一财产产权的主体可以最后追溯、归属到具体的自然人，则该产权的主体就是清晰的；如果不能最后追溯、归属到具体的自然人，该产权的主体就是不清晰的。

(二)产权客体清晰

产权客体清晰是指产权内部的权属关系清晰，即各种产权权利之间有明确的界限，各主体间的产权份额有明确的划分。也就是说，产权客体清晰，包括权属界限清晰与份额分割清晰两方面。在单一产权的情况下，由于整体的产权只属于某一个产权主体，因此，不存在内部权属的界定与分割问题，产权客体自然是清晰的。但是，在共同产权情况下，必然涉及产权客体的清晰问题。如果各产权主体间有明确的内部权属界限和清楚的份额分割，该财产产权的内部权属关系就是清晰的；反之，如果未做内部权属的界限界定与份额分割，或者界定不明、分割不清，则该财产产权的内部权属关系就是不清晰的。这里的界限是指各主体间在内部权属上的界限，即谁拥有何种形式的产权，是所有权、占有权、使用权、收益权和处分权之间的界限；这里的份额则是指各产权主体所拥有的某种形式产权的数量比例。

与产权内部权属关系相似但却不同的另一种产权关系是产权的外部关系，即不同产权主体拥有的不同产权之间的关系。这类关系，就是所谓的外部“相邻”关系，是在产权界限清晰的情况下的产权侵犯问题，不属于产权不清晰的情形。

(三)权、责、利清晰

各产权主体的权、责、利关系要界定清晰，即各产权主体既要行使自己的权利，履行自己的职责，同时也要使自己的利益得到保障。它包括三个方面：

(1)明确界定两个以上平等所有权之间的权、责、利关系。

(2)明确界定所有者与经营者之间的权、责、利关系。土地所有者依法对特定范围内的土地享有占有、使用、收益、处分权利。土地所有者可以通过合约或者其他方式将其所有权中的某项权能分离出来交给土地经营者，此时应当通过合约或者其他方式明确所有者与经营者之间的权、责、利关系。

(3)明确界定经营者与经营者之间的权、责、利关系。同一宗土地可能会有不同的经营者，相邻宗地可能有不同的经营者。应当通过适当的方式明确各经营者之间的权、责、利关系。

三、健全土地市场体系

充分发挥市场在资源配置中的决定性作用，提高要素配置使用效率，必须以经营灵活的市场主体、优胜劣汰的市场机制和统一开放的市场体系为基础。

1986 年和 1998 年修订的《土地管理法》，都规定各项建设需要占用土地的，都必须使用国有土地，除乡(镇)村企业、乡(镇)村公共设施和公益事业、农村村民建住宅外。这就使土地市场城乡二元分割。农村土地必须经过地方政府征收，才能进入城市建设用地市场。地方政府借助于“统一收购、统一开发、统一出让”的土地储备制度，从农民手中通过征地方式取得土地所有权，用地单位再通过国有土地使用权出让等方式得到土地使用权。这使农村土地市场处于被抑制的状态，必须以进一步明晰农村土地产权关系为基础，以强化用途管制为前提，加快土地制度改革，健全完善城乡土地市场体系。

(一)健全完善集体建设用地使用权市场

1986 年和 1998 年修订的《土地管理法》，都规定农村集体建设用地的使用者只能是乡(镇)村办企业、乡(镇)村公共设施和公益事业单位、本集体内部的村民，城镇居民和其他用地单位都不得私自与集体经济组织签订建设用地使用协议，取得集体建设用地使用权。城镇居民和其他单位需要使用集体建设用地的，需要通过政府先征地后出让才能取得集体建设用地使用权。而政府给集体的征地补偿与集体直接流转土地所得收益之间往往价差很大，这使集体建设用地使用权无公开的市场且集体的土地权益未得到充分体现。

健全土地市场体系，必须打破政府垄断城市建设用地供应局面，建设城乡统一的建设用地市场，在符合规划和用途管制的前提下，允许农村集体经营性建设用地出让、租赁、入股，实现城乡土地同地、同权、同价。

2019 年修订的《土地管理法》已经明确规定：“土地利用总体规划、城乡规划确定为工业、商业等经营性用途，并经依法登记的集体经营性建设用地，土地所有权人可以通过出让、出租等方式交由单位或者个人使用，并应当签订书面合同，载明土地界址、面积、动工期限、使用期限、土地用途、规划条件和双方其他权利义务”，“通过出让等方式取得的集体经营性建设用地使用权可以转让、互换、出资、赠与或者抵押，但法律、行政法规另有规定或者土地所有权人、土地使用权人签订的书面合同另有约定的除外”。这些规定健全了集体经营性建设用地市场。

(二)健全完善农民宅基地使用权市场

1986 年和 1998 年修订的《土地管理法》，都规定农村村民可以使用本集体内部的建设用地用于建住宅，但一户只能有一处宅基地，且宅基地面积不得超过规定标准，村民出租、出售宅基地后再申请宅基地的一律不予批准。城镇居民和其他单位或者个人不得购买集体宅基地使用权。这使农民宅基地使用权的流转受到较为严格的限制。

健全土地市场体系，必须还原农民对宅基地的财产权利，参照城市住宅用益物权交易法规法则，允许农村宅基地融资抵押、适度流转、有偿退出，为农民工市民化后变现农村资产，增强在城市的发展能力创造条件。

2019 年修订的《土地管理法》规定："国家允许进城落户的农村村民依法自愿有偿退出宅基地，鼓励农村集体经济组织及其成员盘活利用闲置宅基地和闲置住宅"。这一规定在一定程度上健全了宅基地使用权流转市场。

（三）健全完善农村土地经营权市场

根据 2019 年 1 月 1 日生效的《农村土地承包法》，明确了农村集体所有的农用地，实行农用地所有权、承包权和经营权三权分置制度。农用地所有权属于农民集体。农用地承包权主要由本集体内部的家庭享有，不宜采取家庭承包方式的荒山、荒沟、荒丘、荒滩等，可以采取招标、拍卖、公开协商等方式对外承包。承包方承包土地后，享有土地承包经营权。农用地承包后，可以承包方自己经营，也可以保留土地承包权，流转其承包地的土地经营权，由他人经营。

四、构建土地市场竞争机制

（一）减少非公益性用地的划拨

2019 年修订的《土地管理法》明确规定了公益性建设需要使用土地的，经批准后可以划拨方式提供土地使用权。以划拨方式提供土地使用权，是以行政手段配置土地资源，未通过市场机制配置土地资源，容易使土地所有者和原土地使用者的利益受损。因此，应严格界定划拨土地使用权的条件与范围，减少非公益性用地划拨，扩大城市建设用地市场配置范围，使土地在竞争使用中得到优化配置。

（二）改革土地征收制度

我国通过 1953 年的《国家建设征用土地办法》，1983 年的《国家建设征用土地条例》，1986 年的《土地管理法》、1998 年和 2019 年修订的《土地管理法》，建立起国家为公共利益需要，经批准并支付补偿费用后，将集体土地变为国有的制度，这就是土地征收制度（中华人民共和国成立之初到 2004 年，一般都称之为"土地征用"，2004 年后将土地征收与土地征用进行区分后，将集体土地征为国有的行为改称"土地征收"）。土地征收的法定前提是"为社会公共利益需要"，但实际上，许多地区只要项目需要用地，无论为公共利益需要还是为私利需要，向土地行政主管部门提出申请后，土地行政主管部门都会为了地方经济增长而为申请者办理土地征收。土地征收制度为城镇扩张和独立工矿、水利、交通等项目建设提供了必要的土地，同时也使农民集体和农民的土地权益受到一定限制。2019 年修订的《土地管理法》完善了征地制度，严格将征地范围缩小至公益性用地，完善了征地补偿机制和征地补偿安置模式，推进了征地公众参与和过程公开。

五、发展土地金融

金融是指与货币的融通以及由此产生的经济关系，包括货币发行、流通与回收，存款的吸纳和提取，贷款的发放与回收，其他货币及与信用有关的一切活动。土地金融是指将土地作为担保的资金融通及由此产生的经济关系。

土地开发是一项投资额巨大、回收期很长的投资活动。世界各国的经验表明，地产业的发展离不开金融业的支持。大多数的土地投资者难以靠个人资本进行土地开发，而必须借助银行的资金。具有健全和完善的银行信贷、土地抵押、土地债券等土地金融形式，土地市场才能繁荣兴旺。

目前我国金融体系以大银行主导的信贷市场为主，适应中小企业融资需求的多层次资本市场尚未建立起来。应围绕提升金融资源配置效率及支持实体经济转型升级和可持续发展，以市场化为方向，以扩大金融业对内对外开放为途径，大力发展有利于土地信贷的服务机构，促进信贷市场供给主体多元化。同时，发展地方政府债券，为地方政府提供规范的融资渠道，减轻地方政府对土地财政的过度依赖，为城乡土地市场的一体化创造条件。

六、规范房地产中介机构

土地市场是一个不完全市场。由于土地市场信息不全和需要大量专业知识，大多数市场主体处于信息不对等的位置。为了土地交易顺利进行，服务于土地市场的专业人员和机构必不可少。土地价格评估、土地交易法律政策咨询、房地产交易经纪等中介服务，是土地市场运行的润滑剂。

(一)规范中介机构的服务行为

(1)规范中介机构承接业务。中介机构在接受业务委托时，应当与委托人签订书面中介服务合同并归档备查。中介机构不得为不符合交易条件的房地产提供中介服务。

(2)规范中介机构的经纪行为，如房地产中介机构应加强房源信息尽职调查。中介机构对外发布房源信息前，应当核对房屋产权信息和委托人身份证明等材料，经委托人同意后到房地产主管部门进行房源信息核验，并编制房屋状况说明书。房屋状况说明书要标明房源信息核验情况、房地产中介服务合同编号、房屋坐落、面积、产权状况、挂牌价格、物业服务费、房屋图片等，以及其他应当说明的重要事项。房地产中介机构还应加强房源信息发布管理。中介机构发布的房源信息应当内容真实、全面、准确等。

(3)规范中介服务价格行为。中介服务收费由当事人依据服务内容、服务成本、服务质量和市场供求状况协商确定。中介机构应当严格遵守《中华人民共和国价格法》《关于商品和服务实行明码标价的规定》及《商品房销售明码标价规定》等法律法规，在经营场所醒目位置标识全部服务项目、服务内容、计费方式和收费标准，各项服务均须单独标价。提供代办产权过户、贷款等服务的，应当由委托人自愿选择，并在中介服务合同中约定。中介机构不得实施违反《中华人民共和国价格法》《中华人民共和国反垄断法》规定的价格违法行为。

(4)规范中介机构与金融机构业务合作。中介机构提供贷款代办服务的，应当由委托人自主选择金融机构，并提供当地的贷款条件、最低首付比例和利率等房地产信贷政策，供委托人参考。中介机构不得强迫委托人选择其指定的金融机构，不得将金融服务与其他服务捆绑，不得提供或与其他机构合作提供首付贷等违法违规的金融产品和服务，不得向金融机构收取或变相收取返佣等费用。

(5)规范中介机构涉税服务。中介机构和从业人员在协助当事人办理纳税申报等涉税事项时，应当如实告知税收规定和优惠政策，协助交易当事人依法诚信纳税。中介机构和从业人员不得诱导、唆使、协助当事人签订“阴阳合同”，低报成交价格；不得帮助或唆使交易当事人伪造虚假证明，骗取税收优惠。

(二)完善行业管理制度

(1)提供便捷的信息核验服务。不动产主管部门要对不动产产权人、备案的中介机构提供不动产产权信息核验服务。

(2)全面推行交易合同网签制度。网签制度有利于交易合同的监管。根据《国务院办公厅关于促进房地产市场平稳健康发展的通知》(国办发〔2010〕4号)的要求，市、县房地产主管部门应当全面推进存量房交易合同网签系统建设。备案的中介机构可进行存量房交易合同网上签约。

(3)健全交易资金监管制度。中介机构及其从业人员不得通过监管账户以外的账户代收代付交易资金，不得侵占、挪用交易资金。

(4)建立房屋成交价格和租金定期发布制度。市、县房地产主管部门要会同价格主管部门加强房屋成交价格和租金的监测分析工作，指导房屋交易机构、价格监测机构等建立分区域房屋成交价格和租金定期发布制度，合理引导市场预期。

(三)加强中介市场监管

(1)落实中介机构备案制度。中介机构及其分支机构应当按规定到房地产主管部门备案。通过互联网提供房地产中介服务的机构，应当到机构所在地省级通信主管部门办理网站备案，并到服务覆盖地的市、县房地产主管部门备案。房地产、通信、工商行政主管部门要建立联动机制，定期交换中介机构工商登记和备案信息，并在政府网站等媒体上公示备案、未备案的中介机构名单。

(2)推行从业人员实名服务制度。中介机构备案时，要提供本机构所有从事经纪业务的人员信息。房地产主管部门要对中介从业人员实名登记。各地房地产主管部门要积极落实房地产经纪专业人员职业资格制度，鼓励中介从业人员参加职业资格考试、接受继续教育和培训，不断提升职业能力和服务水平。

(3)加强行业信用管理。市、县房地产主管部门要会同价格、通信、金融、税务、工商行政等主管部门加快建设房地产中介行业信用管理平台，定期交换中介机构及从业人员的诚信记录，及时将中介机构及从业人员的基本情况、良好行为以及不良行为记入信用管理平台，并向社会公示。不断完善诚信典型“红名单”制度和严重失信主体“黑名单”制度，建立健全守信联合激励和失信联合惩戒制度。逐步建立全国房地产中介行业信用管理平台，并纳入全国社会信用体系。

(4)强化行业自律管理。充分发挥行业协会作用，建立健全地方行业协会组织。行业协会要建立健全行规行约、职业道德准则、争议处理规则，推行行业质量检查，公开检查和处分的信息，增强行业协会在行业自律、监督、协调、服务等方面的功能。

(5)建立多部门联动机制。上级房地产、价格、通信、金融、税务、工商行政等主管部门要加强对下级的监督和指导，建立联动监管机制。房地产主管部门负责房地产中介行业管理和组织协调；价格主管部门负责中介价格行为监管；通信主管部门负责房地产中介网站管理；工商行政主管部门负责中介机构工商登记；金融、税务等监管部门按照职责分工，配合做好房地产中介行业管理工作。

(6)强化行业监督检查。房地产主管部门要加强房地产中介行业管理队伍建设，会同有关部门建立健全日常巡查、投诉受理等制度，对存在违法违规行为的中介机构和从业人员，应当依法查处。

第三节　土地收购储备

一、土地收购储备相关概念

(一)土地收购储备

土地收购储备，是指市、县人民政府国土资源管理部门为实现调控土地市场、促进土地资源合理利用目标，依法取得土地，进行前期开发、储存以备供应土地的行为。土地收购储备包括收购、储备、供地三个环节。

(二)生地

在城市土地开发中，生地指的是已完成土地使用权批准手续(主要是指土地征收)，没进行或部分进行基础设施配套开发和土地平整而未形成建设用地条件的土地。

(三)毛地

毛地是指在城市旧区范围内，尚未经过拆迁安置补偿等土地开发过程，不具备基本建设条件的土地。

(四)熟地

熟地主要是指经过征地、拆迁和市政基础设施投入，可直接用于建设的土地。其中基础设施建设包括：道路、供水、供电、供气、排水、通信、照明、绿化、土地平整等。

生地或者毛地要成为熟地，需要达到一定的条件(可以用于建设)，比如三通一平(通水、通电、通路和土地平整)、五通一平(通水、通电、通路、通信、通气、土地平整)或者七通一平(通给水、通排水、通电、通信、通路、通燃气、通热力、土地平整)，其中三通一平是最基本的要求。

二、土地收购储备机构

土地储备机构为市、县人民政府批准成立、具有独立的法人资格、隶属于土地行政主管部门、统一承担本行政辖区内土地储备工作的事业单位。我国土地收购储备机构一直是政策主导下的城市土地经营机构，这些年来其职责权限逐步规范化。

2007 年 11 月，原国土资源部、财政部、中国人民银行发布《土地储备管理办法》(国土资发〔2007〕277 号)指出土地储备工作的具体实施，由土地储备机构承担。土地储备机构应为市、县人民政府批准成立、具有独立的法人资格、隶属于国土资源管理部门、统一承担本行政辖区内土地储备工作的事业单位。

2010年9月，原国土资源部下发通知，明确要求2011年3月底前，土地储备机构必须与其下属和挂靠的从事土地开发相关业务的机构彻底脱钩，各地原国土资源部门及所属企事业单位都不得直接从事土地一级市场开发。

2012年12月，原国土资源部、财政部、中国人民银行、中国银行业监督管理委员会联合发布的《关于加强土地储备与融资管理的通知》(国土资发〔2012〕162号)提出了建立土地储备机构名录，加强土地储备机构管理，土地储备机构名录的建立表明了土地储备机构正逐步往规范化方向发展。

2016年2月，原国土资源部、财政部、中国人民银行、中国银行业监督管理委员会四部委联合发布《规范土地储备和资金管理等相关问题的通知》(财综〔2016〕4号)，规定每个县级以上(含县级)法定行政区划原则上只能设置一个土地储备机构，并要求土地储备工作只能由纳入名录管理的土地储备机构承担，各类城投公司等其他机构一律不得再从事新增土地储备工作。

三、土地收购储备的工作内容

土地收购储备的工作内容主要是指，法定的土地收购储备机构，对城市国有土地(毛地)或乡村集体土地(生地)进行统一的征地、拆迁、安置、补偿，并进行适当的市政配套设施建设，使该区域范围内的土地达到“三通一平”“五通一平”或“七通一平”的建设条件(熟地)后，再对熟地进行有偿出让或出租。

(一)收购

收购是土地储备机构取得土地的过程。可以纳入土地收购范围的土地主要包括：

1. 征收的集体土地

主要是已办理农用地转用、土地征收批准手续的集体土地。

土地征收方案依照法定程序批准后，由被征收土地所在地的市、县级人民政府予以公告并组织实施。被征收土地的所有权人、使用权人应在公告规定的期限内，持土地权属证书到公告指定的人民政府土地行政主管部门办理征地补偿登记。

2. 依法收回的国有土地

依法收回的国有土地，主要包括到期收回、违法使用收回、闲置收回等。

市、县人民政府或国土资源管理部门依法无偿收回国有土地使用权，应由当地土地登记机关办理国有土地使用权注销登记。

3. 收购的国有土地

收购的国有土地，主要是指因实施旧城区改建或落实城市规划而需要调整使用土地时依法取得土地的情况。

国土资源管理部门报经有批准权的人民政府批准后，必须对原土地使用权人给予合理补偿后，才可以收回剩余期限的国有土地使用权。土地储备机构须与原土地使用权人签订土地使用权收购合同，补偿标准由土地储备机构与土地使用人根据土地评估的结果协商后确定。对政府有偿收回的土地，应由当地土地登记机关办理国有土地使用权注销登记。

4. 优先购买的国有土地

对于城市房地产交易中存在明显价格与价值不符的情况，即低于市场正常交易价格进行房地产买卖的，当地政府可以行使优先购买权收回该土地的使用权，由此收回的土地需要办理国有土地使用权注销登记。

储备机构应当根据调控土地市场的需要，合理确定储备土地规模，储备土地必须符合规划、计划，优先储备闲置、空闲和低效利用的国有存量建设用地。

（二）储备

在储备环节，土地储备机构将收购集中起来的土地（生地或毛地）进行开发和再开发，通过拆迁、平整、归并整理和基础设施的配套建设，形成可供出让和出租的“熟地”。土地储备机构将已完成开发的“熟地”进行储备，等待出让。

（三）供地

土地储备机构根据社会发展、城市规划和供地计划，有计划地将储备土地出让或出租。在出让方式上一般采用市场化程度较高的招标、拍卖和挂牌方式。储备的土地供应前除了完成前期开发，具备动工开发条件外，还要完成压覆重要矿产资源、地质灾害危险性等事项的统一评估。

四、土地收购储备的融资管理

土地储备机构在收购和储备的过程中均会出现融资需求，土地储备机构通常以储备土地作抵押向商业银行等金融机构贷款。

我国对土地储备机构融资的规范管理，大致可分为四个阶段：

（一）金融机构可以为土地储备机构融资

2001 年国务院《关于加强国有土地资产管理的通知》（国发〔2001〕15 号）规定市、县人民政府可划出部分土地收益用于收购土地，金融机构要依法提供信贷支持，明确了金融机构可以为土地收储提供融资，这应该包含了银行和非银行金融机构。

2004 年中国银行业监督管理委员会发布《商业银行房地产贷款风险管理指引》（银监发〔2004〕57 号），对土地储备贷款做出规范，要求商业银行对资本金没有到位或资本金严重不足、经营管理不规范的借款人不得发放土地储备贷款，并规定土地储备贷款的借款人仅限于负责土地一级开发的机构。

2007 年原国土资源部、财政部、中国人民银行发布的《土地储备管理办法》（国土资发〔2007〕277 号）对土地储备机构申请贷款的性质、需要满足的要求、贷款的规模、资金管理做了较为详细的规定。土地储备机构举借的贷款规模，应当与年度土地储备计划、土地储备资金项目预算相衔接，并报经同级财政部门批准，不得超计划、超规模贷款。土地储备机构申请贷款时，应持财政部门的贷款规模批准文件及同级人民政府批准的项目实施方案等书面材料向当地商业银行及其他金融机构申请担保贷款。商业银行及其他金融机构应严格按照商业原则在批准的规模内发放土地储备贷款。土地储备贷款应实行专款专用、封闭管理，不得挪用。

（二）金融机构需审慎对土地储备机构融资

2008 年 8 月，中国银行业监督管理委员会办公厅发布《关于加强信托公司房地产、证券业务监管有关问题的通知》（银监办发〔2008〕265 号），要求信托应充分认识土地储备贷款风险，审慎发放此类贷款，并明确规定贷款额度不得超过所收购土地评估值的 70%，贷款期限最长不得超过 2 年。在此文件之后，银监会办公厅又在 2010 年 2 月发布《关于加强信托公司房地产信托业务监管有关问题的通知》（银监办发〔2010〕54 号），规定信托公司不得以信托资金发放土地储备贷款。

2012 年 12 月原国土资源部、财政部、中国人民银行、中国银行业监督管理委员会联合发布《关于加强土地储备与融资管理的通知》（国土资发〔2012〕162 号），要求建立土地储备机构名录，并通过设立融资规模控制卡的举措进一步规范土地储备机构的商业银行贷款；明确土地储备机构融资应纳入地方政府性债务统一管理，执行地方政府性债务管理的统一政策，对贷款期限也做出了最长不超过五年的规定。

同样是在 2012 年 12 月，财政部、发展和改革委员会、中国人民银行、中国银行业监督管理委员会发布《关于制止地方政府违法违规融资行为的通知》（财预〔2012〕463 号），规定不得授权融资平台公司承担土地储备职能和进行土地储备融资，不得将土地储备贷款用于城市建设以及其他与土地储备业务无关的项目，从地方政府融资的角度加强对土地储备机构的融资和资金管理。

（三）禁止地方政府举借土地储备贷款

2014 年 9 月，国务院发布《关于加强地方政府性债务管理的意见》（国发〔2014〕43 号），严格规范地方政府融资，要求地方政府进一步规范土地出让管理，坚决制止违法违规出让土地及融资行为。

在严格加强地方政府债务管理，规范地方政府融资的大背景下，2016 年 2 月，原国土资源部、财政部、中国人民银行、中国银行业监督管理委员会再次联合发布《规范土地储备和资金管理等相关问题的通知》（财综〔2016〕4 号），宣布自 2016 年 1 月 1 日起，各地不得再向银行业金融机构举借土地储备贷款。土地储备机构新增土地储备项目所需资金，应当严格按照规定纳入政府性基金预算，从国有土地收益基金、土地出让收入和其他财政资金中统筹安排，不足部分在国家核定的债务限额内通过省级政府代发地方政府债券筹集资金解决。

（四）具备举债资质的地方政府可发行土地储备专项债券

2017 年 5 月，财政部、发展和改革委员会、司法部、中国人民银行、中国银行业监督管理委员会、中国证券监督管理委员会六部委发布《关于进一步规范地方政府举债融资行为的通知》（财预〔2017〕50 号），要求“地方政府不得将公益性资产、储备土地注入融资平台公司，不得承诺将储备土地预期出让收入作为融资平台公司偿债资金来源”；6 月，财政部发布《关于坚决制止地方以政府购买服务名义违法违规融资的通知》（财预〔2017〕87）号文，严禁将“储备土地前期开发”作为政府购买服务项目。这两个文件封堵了土地收购储备的常用融资渠道。

2017 年 6 月，财政部印发《地方政府土地储备专项债券管理办法（试行）》（财预〔2017〕62 号），具备举债资质的地方政府可以发行土地储备专项债券，债券资金由土地储备机构专项用于土地储备。土地储备专项债券成为土地储备机构非预算内资金的唯一来源。

第四节　土地供需调控

一、土地供需调控相关概念

（一）供需机制

供求机制是调节市场供给与需求矛盾，使之趋于均衡的机制。是指商品的供需关系与价格、竞争等因素之间相互制约和联系而发挥作用的机制。供需关系受价格和竞争等因素的影响，而供需关系的变动，又能引起价格的变动和竞争的开展。供需机制是市场机制的主体，联结着生产、交换、分配、消费等环节，是生产者与消费者关系的反映与表现。

（二）土地供给

根据西方经济学理论，供给是指在一定时期内，在各种可能的价格水平下，供给者（厂商）愿意而且能够供应的商品数量，是供给欲望和供给能力共同作用下的结果。

土地供给是指地球所能提供给社会经济已经利用的各类生产和生活用地，以及人类尚未利用和难以利用土地的总和。土地供给一般区分为土地自然供给和土地经济供给两类。

（三）土地自然供给

土地供给通常分为自然供给和经济供给。土地自然供给指地球所能提供给人类社会利用的各类土地资源的数量，包括已利用的土地资源和未来可利用的土地资源，又称为土地的物理供给或实质供给。土地的自然供给的数量通常是固定不变的，即土地的自然供给无弹性。

影响土地自然供给的因素主要有：

（1）适宜人类生产生活的气候条件；

（2）适宜植物生长的土壤质地和气候条件；

（3）具有可资利用的淡水资源；

（4）具有可供人类利用的其他资源；

（5）最基本的交通条件。

（四）土地经济供给

土地的经济供给是指在土地自然供给的基础上，投入劳动进行开发后，成为人类可直接用于生产、生活的各种用途土地的有效供给。土地经济供给量总是处于动态变化过程中。土地经济供给是有一定弹性的，但其弹性受制于土地自然供给。

影响土地经济供给的因素主要有：

(1)各类土地的自然供给：某种用途的土地自然供给从根本上限定了该类土地的经济供给的变化范围，它是经济供给的基础和前提；

(2)利用土地的知识和技能以及技术的发展程度；

(3)社会需求；

(4)产品价格；

(5)土地开发利用计划；

(6)土地供给者的行为等。

(五)土地需求

根据西方经济学，需求是指在一定时期内，在各种可能的价格水平下，购买者(消费者)愿意而且能够购买的商品数量。需求取决于消费者的购买欲望和支付能力两个条件，仅有购买欲望，只是一种需要，仅有支付能力，不会引来购买行为发生，两种情况下都没有需求。

土地需求指在一定的历史发展阶段，国民经济各部门为了维持其生产活动和人类生活所需的各类用地量及土地总量。

影响土地需求最重要的因素是人口因素，人们对土地的需求是一种引致需求(derived demand)，又称为派生需求，人类对土地的需求是因为土地能够生产人类所需要的粮食、衣物、原料和在其上建筑的房屋以及拥有土地所获得的满足感。

人们对土地的需求具有多元性，土地需求类型基本上可归纳为农业(生存)用地需求、建设用地需求和生态用地需求。

影响土地需求的因素主要有人口密度(或人地比例)、人们利用土地的知识和技能、土地质量和人们的生活水平等。

(1)人口密度(或人地比例)。这项系数是反映人们对土地需求程度的最好标准。人口密度高的地区，在土地供给有限的情况下，对土地需求程度就很大；凡人口稀少地区即人口密度小的地区，其需要程度自然较小。

(2)人们利用土地的知识和技能。如在渔猎时代，人们不知道如何耕种，虽有肥沃的土地亦无人需求；不明冶铁炼钢之法，不知汽油的使用方法时，纵有储量丰富的油、铁矿，也没有人需要。

(3)土地质量。土地质量高低直接影响人们对土地的需求，如土地质量低劣，既不能用作生产之用，又不适合人们居住，人们对其需求量自然很低。

(4)人们的生活水平。生活水平也直接影响人们对土地的需求，在原始社会里，人们的生活异常简单，所需生产地和消费地较少，随着物质文化水平的提高，人们所获得的消费物质和服务增多，必然产生对土地的迫切需求(王万茂，2006)。

二、土地供需平衡

(一)一般商品的供需平衡

按照西方经济学观点，一般商品供给与需求关系中，商品的需求量总是随着商品价格的上升而减少，随着商品价格的下降而增加。而供给则相反，价格越高，生产者提供的商品就越多，价格越低，生产者提供的商品就越少。在自由竞争情况下，供需关系决定土地的价格，土地价格影响土地的供需关系。当供给大于需求时，出现商品过剩，价格下跌；当供给小于需求时，出现商品短缺，价格上升。在价格、竞争等机制共同作用下，供给和需求总是动态趋向平衡，当供给量与需求量平衡时，此时的商品买卖价格即为商品的均衡价格，此时的商品数量为均衡数量。供给和需求的变化引起均衡数量和均衡价格的变化。需求的变动将引起均衡价格和均衡数量的同方向变动；供给的变化将引起均衡数量的同方向变动和均衡价格的反方向变动。

（二）土地供需平衡

土地供需平衡指的是土地经济供给与人们对某些土地用途需求之间的平衡。由于土地自然供给是无弹性的，土地资源的总供给是受限制的，总供给量有一个极限值。从实践看，土地供不应求是绝对的、普遍的，而供过于求只是暂时的、个别的。但由于土地用途具有多样性，且可以相互转换，人们可以通过改变土地用途来增加某种用途的土地供给，以适应人们对这种用途的土地需求。

土地的供需关系与一般商品的供需关系有类似之处，但由于土地具有的自然特性和经济特性，使得土地的这种供需关系具有自身的特殊性。土地位置固定不变，自然供给不变，经济供给弹性也较小，买卖双方不能自行决定土地位置和用途，土地价格受到区域性、社会、政治局势、经济繁荣程度等因素的影响很大。土地供需关系的特殊性主要有：

(1) 土地供给特殊。一定范围内的土地由于受到自然供给总量和各类因素的限制，当需求超过供给限度时，不管价格如何上涨，土地供给也不会再增加。

(2) 土地需求特殊。当土地交易投机现象严重时，投机者大量购买土地的目的不是为了正常使用，而是为了倒手卖出以挣取更多的钱，结果在一段时间内造成随着土地价格的上升，土地需求不再随着土地供给增加而减少，相反会大幅增加。

(3) 土地有价无市。即只有土地供给及价格，而没有需求；或者只有土地需求及价格，而没有土地供给。这两种情况都不能实现土地正常交易，前者经常出现在经济萧条时期，后者经常出现在政策管控极严时期。

三、土地供需调控的内容

（一）土地供需调控方向

土地市场供需调控的方向包括两方面的内容：选择调控目标；确定调控措施的作用方向。选择调控目标的确定依据是一定时期内土地市场发展目标。确定调控措施的作用方向则需要在明确调控目标的基础上，对当前土地市场的运行状态和变化趋势进行分析。作用方向大致可分为两类：一类是刺激土地市场发展的措施，其作用方向是向上，如减免税收、降低贷款利率等；另一类是抑制土地市场发展的措施，其作用方向是向下，控制贷款规模、限制土地供给量等。一般来说，在土地市场景气循环的萧条阶段和复苏阶段，应采用作用方向向上的调控措施；在土地市场出现“过热”预兆时，应采用作用方向向下的调控措施。

(二)土地供需调控时机

在确定土地市场供需调控的时间问题上，必须考虑以下三个方面：供需调控措施的决策时间；供需调控效应的滞后时间；调控效应的惯性。

(三)土地供需调控力度

供需调控力度大小与作为调控手段的变量的变化大小相关。在决定土地市场供需调控的力度时，要考虑如下因素：土地经济波动的幅度；调控手段从使用到产生效应的滞后时间；调控效应惯性大小；调控环境。

四、土地供需调控的措施

(一)规划和计划

对土地市场的规划管理主要是通过国民经济和社会发展规划、土地利用总体规划和城市规划等规划来实现的。国民经济和社会发展规划对五年内的国民经济和社会发展各个方面做出总体安排，城市规划在符合土地利用总体规划的前提下，可以调节城市不同用地需求，促进土地资源的合理高效利用。城市规划区以外的建设用地必须符合土地利用总体规划。通过规划，可以确定土地供应的分量、总量、时序、空间布局。

国民经济和社会发展规划、土地利用规划、城市规划等都是相对宏观的、战略的、长期的安排，而国民经济与社会发展方面的计划，则通常是可操作性强的、战术的、短期内的安排，计划通常是实施规划的措施之一。编制和实施土地利用年度计划，可以控制当年的土地供给分量、总量、时序和空间布局。如国家每年下达(新增)建设用地计划指标、耕地保有量计划指标、土地整理增加耕地指标等，这些计划指标由国家土地行政主管部门编制下达给各省、自治区、直辖市，各省、市、区再分解下达给市、县人民政府。市、县人民政府根据下达的新增用地指标、耕地保有量指标和存量建设用地的情况，制订出让土地计划，按计划向市场供应土地。

(二)财税政策

财政政策在调节土地市场发展速度和供求关系上发挥着重要的作用。主要有：地租政策、税收政策和财政投资政策。税收政策作为财政收入政策对土地市场的供需调控作用体现在两个方面：通过对土地市场运行过程中不同环节进行征税实现对土地市场的调控；通过减免税实现对土地市场的调控。财政投资政策对土地市场的调控作用主要体现在财政投资的导向作用上，利用财政投资引导社会投资，以调整产业结构和调节地区差异。

(三)金融政策

国家金融政策是政府对土地市场供需进行调控的重要手段。金融政策对土地市场的调控可分为直接调控和间接调控。直接调控是指政府通过制定土地金融政策依靠中央银行直接干预土地信用业务的质和量。间接调控是指国家通过利率和贷款成数等金融杠杆来调节货币供应量和需求量，进而调控土地市场供需。

(四)土地供给侧改革

供给侧结构性改革，就是从提高供给质量出发，用改革的办法推进结构调整，矫正要素配置扭曲，扩大有效供给，提高供给结构对需求变化的适应性和灵活性，提高全要素生产率，更好地满足广大人民群众的需要，促进经济社会持续健康发展。2015 年底中央经济工作会议提出：明年及今后一个时期，要在适度扩大总需求的同时，着力加强供给侧结构性改革，并要求具体从去产能、去库存、去杠杆、降成本、补短板几个方面，提高供给体系质量和效率。

土地供给侧主要通过制定差别化供地政策，改革供地方式，调整供地结构等方面进行改革。

1. 实施差别化土地供给政策

实施差别化土地供给政策的主要目的是促进产业结构优化。一方面重点保障新产业、新业态用地。2015 年原国土资源部联合五部委下发《关于支持新产业新业态发展促进大众创业万众创新用地的意见》，明确提出各地应以“先存量、后增量”的原则优先安排新产业用地供应，对于新产业发展快、用地集约且需求大的地区，可适度增加年度新增建设用地指标。另一方面严控产能过剩企业用地，积极盘活存量用地。2016 年原国土资源部《关于支持钢铁煤炭行业化解过剩产能实现脱困发展的意见》要求对煤炭、钢铁等产能过剩行业新上项目一律停止办理供地手续，倒逼落后产能淘汰退出。同时，加快“僵尸企业”分类有序处置，盘活产能退出企业存量土地，鼓励企业兼并重组、转产转型为国家鼓励发展的行业。此外，对一些特定类型供地也应差别化处理，如住建部规定：“各地要根据商品住房库存消化周期，适时调整住宅用地供应规模、结构和时序，对消化周期在 36 个月以上的，应停止供地；36～18 个月的，要减少供地；12～6 个月的，要增加供地；6 个月以下的，不仅要显著增加供地，还要加快供地节奏。”在土地供给有限的情况下，应当将土地供应倾向于土地价格最高的用途；同时，为了纠正和弥补市场失灵，政府应当将土地供应倾向于公益性和保障性用途。原国土资源部《关于加强房地产用地供应和监管有关问题的通知》(国土资发〔2010〕34 号)规定：“确保保障性住房、棚户改造和自住性中小套型商品房建房用地，确保上述用地不低于住房建设用地供应总量的 70%。要严格控制大套型住房建设用地，严禁向别墅供地。”

2. 加快土地供应方式改革

加快土地供应方式改革的主要目的是降低企业用地成本。一是供地手段更加灵活多样。鼓励对新产业、新业态用地采取租赁方式或先租后让、租让结合的方式供应土地，租赁期满符合条件拟转为出让土地的，可以协议方式办理出让手续。先租后让、租让结合方式符合企业成长期的用地特点，既能降低用地成本，又有利于土地节约集约利用。二是推动土地供应主体改革。在盘活城市存量土地的同时，在城市增量用地供应上，探索实施集体经营性建设用地入市，破除政府垄断供应局面。通过推动土地供应方式改革，扩大土地供应方式，有效降低企业用地成本。

3. 调整住房供地结构

调整住房供地结构的主要目的是加速房地产过剩地区库存消化。原国土资源部、住房和城乡建设部联合下发的《关于优化 2015 年住房及用地供应结构促进房地产市场平稳健康发展的通知》，强调要以分类调控、因地施策为指导，合理确定新增住宅用地规模，控制好住宅用地供应的规模、布局和节奏。将住房供应结构、土地供应结构联动调整，提出房地产供应明显偏多或在建房地产用地规模过大的市、县，可以将商品住房调整为保障房，将尚未开工建设的商品住宅用地调整为保障性住房用地、养老服务业等用地，为住房供地结构调整，消化过剩库存，稳定房地产市场供求关系提供政策支持。

(五)土地收购储备

通过建立土地储备制度，政府掌握了城市土地的“统一收购权”和“垄断供应权”，土地储备实现了政府在土地一级市场上垄断土地供应权，但因此也带来了政府过度依赖土地财政的现象，需要对土地储备制度进行严格规范。财政部、原国土资源部、中国人民银行和银监会等四部委联合下发《关于规范土地储备和资金管理等相关问题的通知》，要求土地储备工作职能由纳入名录管理的土地储备机构承担，各类城投公司等其他机构一律不得再从事新增土地储备工作；剥离非土地储备功能，土地储备机构不再承担融资、土建、二级开发、保障房建设等工作。这些举措有助于遏制依赖土地财政而衍生的一系列违法违规行为，使土地储备职能还本溯源，确保土地、金融市场稳定发展。

(六)土地交易的审批与审核

对土地市场的审批与审核管理是对市场每一宗地交易进行审批或审核，以确保国家和交易者的合法权益。对出让土地使用权的审批是对出让地块现状、出让必要条件、土地利用要求、出让期限、地价、出让合同条款进行审查和批准；对转让市场中转让、出租、抵押的审核主要是对出让合同履行情况的审查，对没有按规定履行出让合同或虽履行部分约定，但没有达到转让要求的将不准交易，并对违反出让合同约定的转让当事人给予一定的处罚。

(七)土地供需信息公开发布

加强土地市场信息收集、采集、分析和发布管理，为土地市场调控提供及时、准确的信息。为土地供给与土地需求方提供有关政策、数量、价格等方面的信息。

第五节　土地价格调控

一、土地价格调控的相关概念

(一)价格机制

价格机制是市场机制中的基本机制。所谓价格机制，是指在竞争过程中，与供求相互联系、相互制约的市场价格的形成和运行机制。价格机制包括价格形成机制和价格调节机制。价格机制是在市场竞争过程中，价格变动与供求变动之间相互制约的联系和作用。价格机制是市场机制中最敏感、最有效的调节机制，价格的变动对整个社会经济活动有十分重要的影响。商品价格的变动，会引起商品供求关系变化；而供求关系的变化，又反过来引起价格的变动。

价格机制是市场中的核心机制，价格具有以下功能：一是传递信息。价格以其自身变动的方向和幅度，传递市场商品供需等经济信息，有利于提高决策的效率。二是调节资源配置。价格高低，影响供求，引导生产与消费，因而调节资源的合理配置。三是调节收入分配。价格高低决定生产者、消费者的经济利益，是调节收入分配的尺度。四是竞争的有力工具。

(二)价格形成机制

价格形成机制是指以市场配置资源为基础，以完善有效的政府宏观调控为手段，通过建立有利于产业结构优化、行业可持续发展的价格指数、完整的成本核算框架、完备的市场交易体制，引导生产、流通和消费的价格制定与调整的制度安排。

价格形成机制主要有三方面的内容：一是价格管理权限，即价格决策的主体是谁，由谁定价；二是价格形式，包括价格形成的方式、途径和机理；三是价格调控方式，包括价格调控的对象、目标和措施。

(三)价格调节机制

价格调节机制是指通过价格的升降调节商品和生产要素的供给量和需求量，引导生产、经营和消费的经济运行机制。价格调节机制是价格机制的“外在机制”和补充完善环节。价格上升时，供给扩大，需求下降；价格下降时，供给减少，需求增加。恰当的价格调节，可以协调价格的合理形成和顺畅运行，实现价格的高效率运转，达到资源配置优化的目的。

(四)土地价格调控

土地价格调控是指政府为了纠正和弥补市场失灵，促进宏观经济的健康平衡发展，采取各种可能的干预措施，对特定类型、特定范围、特定时期的土地价格进行抑制或者拉升的管控行为。

二、土地价格调控的措施

对土地市场的价格管理是通过土地价格体系来实现的。我国土地价格体系主要包括：基准地价、标定地价、出让底价、交易地价和协议最低价等几个价格。土地价格调控就是对各类土地价格进行政府干预，以达到纠正和弥补市场失灵的目的。

土地价格调控手段包括：建立基准地价、标定地价定期公布制度；对国有土地协议出让价采取最低限价；土地成交价格申报制度；政府对地价上涨采取必要的行政手段干预；对土地使用权的转移有优先购买权等。

土地价格调控措施包括对价格不合理上涨时的抑价措施，以及对价格不合理下跌时的涨价措施。

(一)抑价措施

对土地价格进行抑制，这是政府对市场价格进行干预的手段，包括对土地供应方的出价抑制和对需求方的应价抑制等方面。目前常用的抑价措施包括以下几类：

1. 政府对供给方制定最高限价

政府根据土地市场供需及价格状况，在土地价格不合理上涨时，或者上涨的速度超过合理速度时，采取最高限价政策抑制土地价格上涨。通常情况下，土地价格受制于土地市场供需关系，应当由市场决定价格。只有在特殊情况下，土地供应已达到某个极限，由市场定价已导致宏观经济失衡或者市场失灵时，政府才采取直接干预的方式定价。

2. 政府对需求方限制购买

在土地供给无法满足旺盛的土地需求的情况下，政府一方面采取措施增加供给，另一方面也可通过限制购买来控制和减少土地需求，以达到抑制地价的目的。

3. 政府控制资金流入

在土地供给、土地需求方面都采取了抑价措施后，可能仍然无法保证土地市场的正常运转，或者仍然难以达到既定目标时，政府还可以通过限制资金流入土地市场的方式进行抑价。如财政部、原国土资源部、中国人民银行和银监会等四部委联合下发《关于规范土地储备和资金管理等相关问题的通知》，要求自 2016 年 1 月 1 日起，各地不得再向银行业金融机构举借土地储备贷款。美国也通过贷款政策限制地价在房价中的比例增长，当地价在房价中的比例超过 20%～30%时，美国的贷款机构一般不向住宅开发商发放贷款；日本地价在 1960—1990 年的 30 年间先后出现了三次暴涨，为此，日本政府通过紧缩银根，对地产行业的贷款采取收缩政策，使得土地价格暴涨的势头有所缓解。

(二)涨价措施

提升土地市场价格，这也是政府对市场价格进行干预的手段，包括对土地供应方的提价要求和对需求方的扩大需求等方面，常用的涨价措施有：

1. 政府对供应方制定最低限价

政府根据土地市场供需及价格状况，在土地价格不合理下跌时，或者上跌的速度超过合理速度时，采取最低限价政策抑制土地价格下跌。如我国《城市房地产管理法》的规定，协议出让土地使用权，出让价格不得低于按国家规定所确定的最低价。原国土资源部《协议出让国有土地使用权规定》(2003 年第 21 号)规定：“协议出让最低价不得低于新增建设用地的土地有偿使用费、征地(拆迁)补偿费用以及按照国家规定应当缴纳的有关税费之和；有基准地价的地区，协议出让最低价不得低于出让地块所在级别基准地价的 70%。”国家根据土地等级、区域土地利用政策等，统一制定并公布各地工业用地出让最低价标准。工业用地出让最低价标准不得低于土地取得成本、土地前期开发成本和按规定收取的相关费用之和。工业用地出让价格不得低于公布的最低价标准。低于最低价标准出让土地，或以各种形式给予补贴或返还的，属非法低价出让国有土地使用权的行为，要依法追究有关人员的法律责任。

2. 政府鼓励投资，拉动需求

在土地市场低迷，需求不足时，政府可通过加强基础设施建设、降低市场准入门槛等措施，加大公益投资，鼓励社会投资，拉动土地需求，以促进土地市场回暖，以此拉升土地价格。

3. 政府优先购买

根据我国有关法律法规，政府还有土地优先购买权。优先购买权是指当土地市场中的土地交易价格明显低于市场价格时，政府具有优先购买的权力。即当土地市场低迷时，政府收回或收购部分土地使用权，防止市场价格过度下滑。

三、房地产价格抑制措施

根据历史发展状况，房地产价格通常都是持续曲折上涨的，对房地产的价格进行调控，主要是抑制房地产价格的不正常上涨。近些年来，我国房地产市场价格一直呈持续快速上涨状态，因此，国家和各地都陆续出台一些抑制房价过快增长的调控措施。总结有以下几个方面：

要抑制房地产价格的过快上涨，也需要从价格本身、供给、需求、资本、成本、效益等方面采取各种可能的措施。

（一）直接限制房地产价格

政府通过行政手段直接干预价格形成机制，通过行政指导或者行政指令，管制房地产的价格。如规定特定时间、特定范围、特定用途的房地产的最高限价；或者管制销售价格的增幅或者增长率不得超出特定范围，或者增设房地产价格上涨的法定条件等。如《国务院办公厅关于继续做好房地产市场调控工作的通知》（国办发〔2013〕17号，以下简称“国五条”）提出了五条房地产市场管控措施，其中第一条规定：“完善稳定房价工作责任制。各直辖市、计划单列市和除拉萨外的省会城市要按照保持房价基本稳定的原则，制定并公布年度新建商品住房价格控制目标。建立健全稳定房价工作的考核问责制度。”

（二）保障房地产供给

保障房地产供给包括保障土地供给和房产供给。保障土地供给包括供给总量增加、实施差别化供给和增加保障性供给等。如“国五条”第三条要求：“增加普通商品住房及用地供应。2013年住房用地供应总量原则上不低于过去五年平均实际供应量”。保障房地产供给则是保障新增房地产总量、差别化控制房地产面积、提高保障性房地产面积等。

我国政府在过去几年开始增加公租房建设，对于熨平房地产市场的波动具有一定影响。公租房是面向一般大众的，不是面向低收入或困难家庭的廉租房。政府一方面从社会代理经租机构来筹措房源，另一方面加快培育住房租赁市场，构建购租并举的住房制度。如“国五条”第四条要求：“加快保障性安居工程规划建设。配套设施要与保障性安居工程项目同步规划、同期建设、同时交付使用。完善并严格执行准入退出制度，确保公平分配。2013年底前，地级以上城市要把符合条件的外来务工人员纳入当地住房保障范围。”《国务院关于坚决遏制部分城市房价过快上涨的通知》（国发〔2010〕10号，以下简称“新国十条”）规定：“房价过高、上涨过快的地区，要大幅度增加公共租赁住房、经济适用住房和限价商品住房供应。”在大规模推进公租房的过程中，私人部门的房地产开发商最后将不得不以降价来应对这一情况，从而使过热的房地产市场最终得以降温。

（三）抑制房地产需求

抑制房地产需求包括两个方面，抑制购买欲望和抑制购买能力。目前主要通过“限购”政策实施。如“国五条”的第二条规定：“坚决抑制投机投资性购房。严格执行商品住房限购措施，严格实施差别化住房信贷政策。扩大个人住房房产税改革试点范围。”

“限购”主要内容包括限制购买人的购买资格；限制购买人的购买类型和数量；限制购买人的购买区域和时限；促进购租并举等方面。如“新国十条”规定：“地方人民政府可根据实际情况，采取临时性措施，在一定时期内限定购房套数。”

（四）控制资金进入房地产市场

房地产交易通常都是大额交易，光凭自有资金往往是不够的，同时也需要信贷。因此，管制自有资金和管制信贷也就能管制大部分房地产交易行为。如“新国十条”规定：“实行更为严格的差别化住房信贷政策。对购买首套自住房且套型建筑面积在 90 平方米以上的家庭(包括借款人、配偶及未成年子女，下同)，贷款首付款比例不得低于 30%；对贷款购买第二套住房的家庭，贷款首付款比例不得低于 50%，贷款利率不得低于基准利率的 1.1 倍；对贷款购买第三套及以上住房的，贷款首付款比例和贷款利率应大幅度提高，具体由商业银行根据风险管理原则自主确定”。“要严格限制各种名目的炒房和投机性购房。商品住房价格过高、上涨过快、供应紧张的地区，商业银行可根据风险状况，暂停发放购买第三套及以上住房贷款；对不能提供 1 年以上当地纳税证明或社会保险缴纳证明的非本地居民暂停发放购买住房贷款”。

（五）提高房地产保有与交易成本

提高房地产保有与交易成本包括提高购买、保有、转让房地产各个环节的成本。

购买环节，主要通过提高贷款利率达到提高购买成本的目的。

保有环节，根据保有主体的不同分为房地产开发企业囤地、捂盘和房地产所有者保有两类。房地产开发企业在预期更高收益的情况下，囤地或者捂盘的，应当通过征收土地闲置费、房地产税、罚款等措施提高其保有成本。如原国土资源部规定：“严格土地竞买人资格审查。对用地者欠缴土地出让价款、闲置土地、囤地炒地、土地开发规模超过实际开发能力以及不履行土地使用合同的，市、县国土资源管理部门要禁止其在一定期限内参加土地竞买。对存在的违法违规用地行为，要严肃查处”。对房地产所有权人，则主要通过征收房地产税来提高保有成本。

转让环节，通过提高营业税、征收房地产遗产税、房地产赠与税等提高转让与受让成本。

（六）打压房地产投机、投资收益

房地产价格的不合理上涨，很大一部分原因是由于房地产供给远小于需求，大量的房地产投机、投资行为使大量资金进入房地产市场引起的。要抑制房地产投机、投资行为，必须打压其投机、投资收益。房地产投机和投资收益都来源于低买高卖或房地产租金收入。对投机行为，限制其卖出即可；对投资行为，将投资收入纳入所得税体系进行征税。

（七）明确政府抑价目标与责任

明确政府在房地产调控中的目标任务与责任。如“国五条”的第五条规定：“加强市场监管。加强商品房预售管理，严格执行商品房销售明码标价规定，强化企业信用管理，严肃查处中介机构违法违规行为。推进城镇个人住房信息系统建设，加强市场监测和信息发布管理”。

当政府未完成预定的目标任务时，应当对主管机关及其责任人员进行问责。如“新国十条”规定：“建立考核问责机制。稳定房价和住房保障工作实行省级人民政府负总责、城市人民政府抓落实的工作责任制。住房城乡建设部、监察部等部门要对省级人民政府的相关工作进行考核，加强监督检查，建立约谈、巡查和问责制度。对稳定房价、推进保障性住房建设工作不力，影响社会发展和稳定的，要追究责任”。

抑制房地产价格措施体系如表 4. 5-1 所示。

表 4. 5-1　**抑制房地产价格措施体系**

一级对象	二级对象	抑价措施	内　涵
价格	房地产价格	价格管制	政府直接干预房地产价格，如制定房地产最高限价，限制价格增幅，限制价格增长率，增设涨价条件等
供给	增加土地供给	增加土地供给	包括旧城改造、城中村改造，城镇低效工矿用地改造，闲置土地改造利用，城乡增减挂钩等
		差别化土地供给	土地供给高比例用于高房价区域、高房价的房地产类型、高房价的时段
		保障性土地供给	对保障性住房、棚户区改造用房、中小套型的普通商品住房，以保障性方式供给土地
	增加房地产供给	增加房地产供给	依法、依规划提高建筑密度、容积率、增加楼盘和套数
		差别化房地产供给	控制高档房地产，增加普通商品房，加大保障性房地产供给
需求	抑制需求	抑制投机、投资性需求	包括限制购买人的购买资格；限制购买人的购买类型和数量；限制购买人的购买区域和时限；促进购租并举等
资金	提高首付	差别化首付	购买多套房地产的，首付比例逐套提高
	限制贷款	差别化贷款	购买多套房地产的，限制发放贷款直至禁止发放贷款
成本	购买成本	提高贷款利率	逐套提高第二套及以后的房地产贷款利率
	保有成本	房地产开发企业	征收土地闲置费；对囤地、捂盘进行处罚，限制直至禁止违法企业进入房地产市场等
		房地产所有者	征收房地产税等
	转让成本	提高转让成本	提高营业税；征收土地增值税、遗产税、赠与税等
收益	投机、投资收益	打压转让收益	限制房地产转让；限定转让房地产的期限；限定可转让的房地产类型和条件；限定可转让的区域等
		打压租金收益	对房地产租金收益纳入所得税体系予以征税等

续表

一级对象	二级对象	抑价措施	内　涵
政府	加强监管	加强市场监管	包括对房地产开发企业、房地产中介、购房者信息、房地产交易情况、成交价格等进行全方位监管
	考核问责	建立考核问责机制	建立约谈、巡查、考核、问责制。对抑制房地产价格考核不达标的，追究管理机关和管理人员的行政责任

四、房地产价格拉升措施

通常情况下房地产价格都是持续上涨的，但也不排除在某些非常情况下出现房地产市场持续下滑的情况。当房地产价格持续下滑，威胁宏观经济持续稳定健康平衡发展时，则需要采取房地产价格拉升的措施，以促进房地产市场的复苏。

房地产价格拉升的措施，大部分应当与上述房地产价格抑制相反，如缩减房地产供给规模，刺激消费者的购买欲望，提升购买者的购买能力，提供宽松的贷款环境，降低贷款利率，增加贷款额度，降低首付比例，减免部分税收，提供更优质的房地产产品等。

第六节　土地税费征管

对土地市场的税收管理是理顺土地市场分配关系，保证国家的土地收益，体现国家产业政策，抑制土地投机，规范土地交易行为的有效手段。我国对土地开发和土地使用的主要税种有：城镇土地使用税、耕地占用税、土地增值税、所得税、印花税、契税等。

一、土地税费的相关概念

（一）税收

税收是以实现国家公共财政职能为目的，基于政治权力和法律规定，由政府专门机构向居民和非居民就其财产或特定行为实施强制、非罚与不直接偿还的金钱或实物课征，是国家最主要的一种财政收入形式。它体现了一定社会制度下国家与纳税人在征收、纳税的利益分配上的一种特定分配关系。税收具有无偿性、强制性和固定性的特征。

（二）税制

税制即为税收制度，是在税收分配活动中税收征纳双方所应该遵守的行为规范的总和，反映国家与纳税人之间的经济关系，是国家财政制度的主要内容，是国家以法律形式规定的各种税收法令和征收管理办法的总称。税收制度的内容包括税种的设计、各个税种的具体内容，如征税对象、纳税人、税率、纳税环节、纳税期限、违章处理等。广义的税收制度还包括税收管理制度和税收征收管理制度。

（三）纳税义务人

纳税义务人，亦称“纳税人”“课税主体”，是税法上规定的直接负有纳税义务的单位和个人。国家无论课征什么税，要由一定的纳税义务人来承担，纳税人是税收制度构成的基本要素之一。

（四）征税对象

征税对象又叫课税对象、征税客体，它是指税收法律关系中权利义务所指向的对象，即对什么征税。征税对象包括物或行为，不同的征税对象是区别不同税种的主要标志。如个人所得税的征税对象是指个人取得的应税所得；企业所得税的征税对象是指企业取得的生产经营所得、其他所得和清算所得；土地增值税的征税对象是转让国有土地使用权、地上的建筑物及其附着物所取得的增值额；房产税的征税对象是房产；营业税的征税对象是纳税人在我国境内提供应税劳务、转让无形资产或者销售不动产的营业额。

（五）税基、税率

税基又叫计税依据，是据以计算征税对象应纳税款的直接数量依据，它解决对征税对象课税的计算问题，是对课税对象的量的规定。

税率，是对征税对象的征收比例或征收额度。税率是计算税额的尺度，也是衡量税负轻重与否的重要标志。我国现行的税率主要有比例税率、超额累进税率、超率累进税率、定额税率等。

（六）土地税收

土地税收指国家以土地为征税对象，凭借政治权力，运用法律手段，从土地所有者或土地使用者手中固定地、无偿地、强制地中取得部分土地收益的一种税收。土地税收以土地或者土地改良物的财产价值、财产收益或自然增值为征税对象。

（七）土地费用

土地费用是指为取得特定土地权益而发生的非税费用，包括土地使用权出让金、土地征收费、城市建设配套费用、拆迁安置补偿费等。

二、土地税收

（一）税收分类

依照不同的分类依据，税收有不同的分类体系，如按计税依据不同，可以分为从量税和从价税；按征税形态不同可以分为实物税和货币税；按管理权限不同可以分为中央税、地方税和共享税；按税率形式不同可以分为比例税、定额税和累进税等。

按课税对象不同，税收种类可以分为以下几种：

(1)流转税。流转税是以商品生产流转额和非生产流转额为课税对象征收的一类税。流转税是我国税制结构中的主体税类、税种。

(2)所得税。所得税亦称收益税，是指以各种所得额为课税对象的一类税。所得税也是我国税制结构中的主体税类，包括企业所得税、个人所得税等税种。

(3)财产税。财产税是指以纳税人所拥有或支配的财产为课税对象的一类税。

(4)行为税。行为税是指以纳税人的某些特定行为为课税对象的一类税。我国现行税制中的城市维护建设税、固定资产投资方向调节税、印花税都属于行为税。

(5)资源税。资源税是指对在我国境内从事资源开发的单位和个人征收的一类税。我国现行税制中资源税、土地增值税、耕地占用税和城镇土地使用税都属于资源税。

(二)土地税制

1. 耕地占用税

耕地占用税是国家对占用耕地建房或者从事其他非农业建设的单位和个人，依据实际占用耕地面积，按照规定税额一次性征收的一种税。此处“耕地”的含义，不同于我国《土地利用现状分类标准》中的耕地。

在我国，耕地占用税经历了三个发展过程。第一阶段的《耕地占用税暂行条例》(国发〔1987〕27号)规定，对占用耕地从事非农建设的单位或者个人，按耕地所在县、市的人均耕地面积分成四档，按被占用的耕地面积计税征收，征税对象是种植农作物耕地(曾用于种植农作物的耕地)、鱼塘、园地、菜地和其他农业用地；第二阶段的《耕地占用税暂行条例》(国务院令511号，2008年)，因为非农建设占用耕地加剧以及实施严格的耕地保护政策，提高了耕地占用税的税额标准，同时将征税对象扩展到被占用的林地、牧草地、农田水利用地、养殖水面以及渔业水域滩涂等其他农用地；第三阶段的《耕地占用税暂行条例实施细则》(财政部令第49号，2015年)则是将耕地占用税的征税对象进行了更广泛更深入的细化。

2. 城镇土地使用税

城镇土地使用税是指在城市、县城、建制镇、工矿区范围内使用土地的单位和个人，按照实际使用的土地面积，按照规定税额按年征收的一种税。开征城镇土地使用税的目的是为了合理利用城镇土地，调节土地级差收入，提高土地使用效益，加强土地管理。

3. 土地增值税

土地增值税是指在我国境内转让国有土地使用权、地上的建筑物及其附着物(简称转让房地产)并取得收入的单位和个人，按照转让房地产所取得的增值额及规定的税率缴纳的一种税。开征土地增值税的目的是为了规范土地、房地产市场交易秩序，合理调节土地增值收益，维护国家权益。

4. 契税

契税是指在我国境内转移土地、房屋权属，承受的单位和个人依承受的实际支出和规定税率缴纳的一种税。其计税依据是：①国有土地使用权出让、土地使用权出售、房屋买卖，为成交价格；②土地使用权赠与、房屋赠与，由征收机关参照土地使用权出售、房屋买卖的市场价格核定；③土地使用权交换、房屋交换，为所交换的土地使用权、房屋的价格的差额。契率为3%~5%。

5. 印花税

印花税不是专门针对土地的税种。

印花税是对经济活动和经济交往中设立、领受具有法律效力的凭证的行为所征收的一种税。因采用在应税凭证上粘贴印花税票作为完税的标志而得名。印花税的纳税人包括在中国境内设立、领受规定的经济凭证的单位和个人。根据1988年和2011年《印花税暂行条例》，产权转移书据为应纳税凭证，因此单位或者个人申请办理不动产登记，领受不动产登记证书或者证明书时，应当缴纳印花税。按照《印花税税目税率表》，权利许可证照按件定额贴花五元，因此，领受不动产登记证书或者权利证明书时，每件应当缴纳5元印花税。

我国土地税制如表4.6-1所示。

表4.6-1　　**我国土地税制**

土地税种	纳税义务人	征税对象	计税依据	基本税额/税率	税的增加或者减免
耕地占用税	在我国境内占用耕地建房或从事非农建设的单位和个人	被占用的耕地(包括园地、林地、牧草地、其他农用地)	实际占用的耕地面积	1. 人均耕地不超过1亩的地区(以县级行政区域为单位，下同)，每平方米为10元至50元； 2. 人均耕地超过1亩但不超过2亩的地区，每平方米为8元至40元； 3. 人均耕地超过2亩但不超过3亩的地区，每平方米为6元至30元； 4. 人均耕地超过3亩的地区，每平方米为5元至25元	1. 经济特区、经济技术开发区和经济发达且人均耕地特别少的地区，适用税额可以适当提高，但是提高的部分最高不得超过规定的当地适用税额的50%； 2. 占用基本农田的，适用税额应当在规定的当地适用税额的基础上提高50%； 3. 军事设施、学校、幼儿园、养老院、医院占用耕地免征耕地占用税； 4. 铁路线路、公路线路、飞机场跑道、停机坪、港口、航道占用耕地，应按每平方米2元的税额征收耕地占用税； 5. 农村居民占用耕地新建住宅，按照当地适用税额减半征收耕地占用税
城镇土地使用税	在城市、县城、建制镇、工矿区范围内使用土地的单位和个人	城市、县城、建制镇、工矿区范围内的土地	实际占用的土地面积	土地使用税每平方米年税额如下： 1. 大城市1.5元至30元； 2. 中等城市1.2元至24元； 3. 小城市0.9元至18元； 4. 县城、建制镇、工矿区0.6元至12元	1. 经省、自治区、直辖市人民政府批准，经济落后地区土地使用税的适用税额标准可以适当降低，但降低额不得超过规定最低税额的30%。经济发达地区土地使用税的适用税额标准可以适当提高，但须报经财政部批准； 2. 下列土地免缴土地使用税：国家机关、人民团体、军队自用的土地；由国家财政部门拨付事业经费的单位自用的土地；宗教寺庙、公园、名胜古迹自用的土地；市政街道、广场、绿化地带等公共用地；直接用于农、林、牧、渔业的生产用地；经批准开山填海整治的土地和改造的废弃土地(从使用月起免缴土地使用税5年至10年)；由财政部另行规定免税的能源、交通、水利设施用地和其他用地

续表

土地税种	纳税义务人	征税对象	计税依据	基本税额/税率	税的增加或者减免
土地增值税	在我国境内转让房地产取得收入的单位和个人	被转让的房地产	转让房地产取得的增值额	土地增值税实行四级超率累进税率： 1. 增值额未超过扣除项目金额 50% 的部分，税率为 30%。 2. 增值额超过扣除项目金额 50%、未超过扣除项目金额 100% 的部分，税率为 40%。 3. 增值额超过扣除项目金额 100%、未超过扣除项目金额 200% 的部分，税率为 50%。 4. 增值额超过扣除项目金额 200% 的部分，税率为 60%	1. 纳税人建造普通标准住宅出售，增值额未超过扣除项目金额 20% 的，免征土地增值税； 2. 因国家建设需要依法征用、收回的房地产，免征土地增值税
契税	在我国境内转移土地、房屋权属，承受的单位和个人	被转移的土地、房屋	成交价、市场价或价格差额	契税税率为 3%~5%。 契税的适用税率，由省、自治区、直辖市人民政府在前款规定的幅度内按照本地区的实际情况确定，并报财政部和国家税务总局备案	1. 国家机关、事业单位、社会团体、军事单位承受土地、房屋用于办公、教学、医疗、科研和军事设施的，免征契税； 2. 城镇职工按规定第一次购买公有住房的，免征契税； 3. 因不可抗力灭失住房而重新购买住房的，酌情准予减征或者免征； 4. 财政部规定的其他减征、免征契税的项目

三、土地费用

根据我国现行法律法规的有关规定，我国由政府征收和管理的土地费用种类主要有：国有土地使用权出让收入、新增建设用地有偿使用费、耕地开垦费、新菜地开发建设基金、土地闲置费、土地复垦费、土地管理费等。

(一)国有土地使用权出让收入

国有土地使用权出让金是指国家作为土地所有者，将土地使用权在一定年期内让与土地使用者，由土地使用者向国家支付的获得该国有土地使用权的代价。

国有土地使用权出让收入的具体范围包括：以招标、拍卖、挂牌和协议方式出让国有土地使用权所确定的总成交价款；转让划拨国有土地使用权或依法利用原划拨土地进行经营性建设应当补缴的土地价款；变现处置抵押划拨国有土地使用权应当补缴的土地价款；转让房改房、经济适用住房按照规定应当补缴的土地价款；改变出让国有土地使用权的土地用途、容积率等土地使用条件应当补缴的土地价款，以及其他和国有土地使用权出让或变更有关的收入等。

根据《国务院办公厅关于规范国有土地使用权出让收支管理的通知》(国办发〔2006〕100号)规定，国土资源管理部门依法出租国有土地向承租者收取的土地租金收入；出租划拨土地上的房屋应当上缴的土地收益；土地使用者以划拨方式取得国有土地使用权，依法向市、县人民政府缴纳的土地补偿费、安置补助费、地上附着物和青苗补偿费、拆迁补偿费等费用(不含征地管理费)，一并纳入土地出让收入管理。

(二)新增建设用地有偿使用费

新增建设用地土地有偿使用费是指国务院或省级人民政府在批准农用地转用、征收土地时，向取得出让等有偿使用方式的新增建设用地的县、市人民政府收取的平均土地纯收益。新增建设用地有偿使用费30%上缴中央财政，70%上缴地方财政，都专项用于基本农田建设和保护、土地整理、耕地开发。

要加强对新增建设用地土地有偿使用费管理的监督检查，建立定期检查制度。国土资源管理部门要建立新增建设用地和基本农田保有量监督检查制度，充分运用航空、遥感等技术方法和手段，核实当年新增建设用地面积和耕地面积，强化新增建设用地土地有偿使用费征收管理与监督。对未依法办理农用地审批、未利用地转用审批、“以租代征”和未批先用等违法批地、用地行为占用土地的，不按规定及时足额解缴新增建设用地土地有偿使用费的，以及擅自减免、缓缴、截留、挤占、挪用新增建设用地土地有偿使用费的，要依法追究法律责任。

土地有偿使用费缴纳标准由国务院土地行政主管部门按照全国城市土地分等和城镇土地级别、基准地价水平、各地区耕地总量和人均耕地状况、社会经济发展水平等情况制定。

(三)耕地开垦费

非农业建设经批准占用耕地的，按照“占多少，垦多少”的原则，由占用耕地的单位负责开垦与所占用耕地的数量和质量相当的耕地；没有条件开垦或者开垦的耕地不符合要求的，应当按照省、自治区、直辖市的规定缴纳耕地开垦费，专款用于开垦新的耕地。

(四)土地闲置费

闲置土地，是指国有建设用地使用权人超过国有建设用地使用权有偿使用合同或者划拨决定书约定、规定的动工开发日期满一年未动工开发的国有建设用地。已动工开发但开发建设用地面积占应动工开发建设用地总面积不足1/3或者已投资额占总投资额不足25%，中止开发建设满一年的国有建设用地，也可以认定为闲置土地。

根据《中华人民共和国城市房地产管理法》的规定，超出出让合同约定的动工开发日期满一年未动工开发的，可以征收相当于土地使用权出让金20%以下的土地闲置费；

满两年未动工开发的，可以无偿收回土地使用权。

根据《闲置土地处置办法》(中华人民共和国国土资源部令 第53号)的规定，未动工开发满一年的，由市、县国土资源主管部门报经本级人民政府批准后，按照土地出让或者划拨价款的20%征缴土地闲置费。满两年未动工开发的，经批准可以无偿收回土地使用权。

(五)土地复垦费

土地复垦，是指对生产建设活动和自然灾害损毁的土地，采取整治措施，使其达到可供利用状态的活动。

生产建设活动损毁的土地，按照“谁损毁，谁复垦”的原则，由生产建设单位或者个人负责复垦，能够复垦为耕地的，应当优先复垦为耕地。但是，由于历史原因无法确定土地复垦义务人的生产建设活动损毁的土地或者自然灾害损毁的土地，由县级以上人民政府负责组织复垦。

土地复垦义务人不复垦，或者复垦验收中经整改仍不合格的，应当缴纳土地复垦费，专项用于土地复垦。确定土地复垦费的数额，应当综合考虑损毁前的土地类型、实际损毁面积、损毁程度、复垦标准、复垦用途和完成复垦任务所需的工程量等因素。

四、土地税收的征管

土地税收征管的核心工作是堵塞税收征管漏洞，防止偷税、漏税。

(一)加强部门间的信息交换与共享

(1)建立信息共享平台。财税和土地行政主管部门在开发税收征管和地籍管理系统工作中，要充分考虑信息共享工作的需要，按照国家统一的数据标准尽可能统一数据项目和数据口径，确保数据共享工作在信息化的基础上有效实施。在采集有关数据指标时，要尽可能根据双方的工作需要，一并采集相关内容，真正实现准确及时的信息共享。

(2)土地登记信息共享。土地行政主管部门应配合财税部门，根据土地税收征管的具体需求，将每宗土地的权利人名称、土地权属状况等土地登记信息提供给同级财税部门。

(3)用地批准信息共享。土地行政主管部门应将建设用地批准文件(涉密的除外)及时抄送征收耕地占用税和城镇土地使用税的同级财税部门；在通知单位或个人办理供地手续时，应同时通知征收耕地占用税和城镇土地使用税的同级财税部门。

(4)基准地价及时更新与共享。市、县土地行政主管部门要及时更新基准地价，保证当地基准地价的现势性，并定期将更新的基准地价等地价信息提供给财税部门，以满足土地税收征管的需要。

(5)违法用地信息交换。在日常的征收管理和税务稽查工作中，发现纳税人存在未办理用地手续或未办理土地登记手续、擅自改变土地用途等各项违法用地行为，应当及时将有关信息提供给相关的土地行政主管部门。

(6)偷漏税信息交换。土地行政主管部门在对用地情况进行检查和查处土地违法案件中，发现擅自转让(受让)土地使用权的，涉及未提供相关土地增值税和耕地占用税等完税凭证的，应将有关情况及时通知财税部门。

(二)加强部门间的协同控管

(1)严格执行“先税后证”的政策，没有财税部门发放的契税和土地增值税完税凭证或免税凭证，土地行政主管部门一律不得办理土地登记手续。

(2)土地行政主管部门在发放建设用地批准书之前，要求申请人提供耕地占用税完税或免税凭证，凡不能提供的，不予发放。

(3)土地行政主管部门和财税部门要密切配合，加强对评估中介机构及其评估人员涉税土地评估的管理。

五、土地费用的收支管理

土地费用包括国有土地使用权出让收入、新增建设用地有偿使用费、耕地开垦费、土地复垦费、闲置土地费等。除了国有土地使用权出让收入外，其他的土地费用都实行专款专用。因此，加强国有土地使用权出让收支管理是土地费用收支管理的核心，其措施主要有：

(一)土地出让实行“收支两条线”管理

(1)土地出让收支全额纳入地方基金预算管理。收入全部缴入地方国库，支出一律通过地方基金预算从土地出让收入中予以安排，实行彻底的“收支两条线”。在地方国库中设立专账，专门核算土地出让收入和支出情况。

(2)健全年度土地出让收支预决算管理制度。要严格按照财政部门的规定编制下一年度土地出让收支预算和收支决算。编制年度土地出让收支预算要坚持“以收定支、收支平衡”的原则。

(二)规范土地出让收入使用范围

土地出让收入使用范围：①征地和拆迁补偿支出。包括土地补偿费、安置补助费、地上附着物和青苗补偿费、拆迁补偿费。②土地开发支出。包括前期土地开发性支出以及按照财政部门规定与前期土地开发相关的费用等。③支农支出。包括计提农业土地开发资金、补助被征地农民社会保障支出、保持被征地农民原有生活水平补贴支出以及农村基础设施建设支出。④城市建设支出。包括完善国有土地使用功能的配套设施建设支出以及城市基础设施建设支出。⑤其他支出。包括土地出让业务费、缴纳新增建设用地土地有偿使用费、计提国有土地收益基金、城镇廉租住房保障支出、支付破产或改制国有企业职工安置费支出等。

土地出让收入的使用要确保足额支付征地和拆迁补偿费、补助被征地农民社会保障支出、保持被征地农民原有生活水平补贴支出，严格按照有关规定将被征地农民的社会保障费用纳入征地补偿安置费用，切实保障被征地农民和被拆迁居民的合法利益。

(三)建立土地储备资金财务会计核算制度

要合理控制土地储备规模，降低土地储备成本。土地储备实行项目预决算管理，国土资源管理部门应当根据年度土地储备计划，编制下一年度土地储备资金收支预算、决算，报财政部门审核。财政部门要加强对土地储备资金使用的监督管理，规范运行机制，严禁挤占、挪用土地储备资金。

(四)建立土地出让收支信息共享制度

国土资源管理部门与财政部门要加强协作，建立国有土地出让、储备及收支信息共享制度。国土资源管理部门应当将年度土地供应计划、年度土地储备计划以及签订的国有土地出让合同中有关土地出让总价款、约定的缴款时间等相关资料及时抄送财政部门，财政部门应当及时将土地出让收支情况反馈给国土资源管理部门。

(五)强化土地出让收支监督管理

财政部门、土地行政主管部门、人民银行机构以及审计机关要建立健全对土地出让收支情况的定期和不定期监督检查制度，强化对土地出让收支的监督管理，确保土地出让收入及时足额上缴国库，支出严格按照财政预算管理的规定执行。

本章小结

本章主要介绍了土地市场概述、土地市场的培育、土地收购储备、土地市场的供需调控、价格调控以及土地持有、使用、流通中的税费征管。

土地市场概述主要介绍了土地市场的相关概念、土地市场的特征、土地市场的功能、目标与手段等。

土地市场的培育主要包括营造良好的市场经济环境、明晰土地产权、健全土地市场体系、构建土地市场竞争机制、发展土地金融、完善土地市场政策法规、规范房地产中介机构等。

土地收购储备主要包括土地收购储备的对象、收购储备的机构、收购储备的工作内容以及收购储备的融资等。

土地供需调控主要包括土地供给、土地需求、土地供需平衡、土地供需调控的内容与措施等。

土地价格调控主要包括土地价格调控措施、土地价格抑制措施、土地价格拉升措施等。

土地税费征管主要包括我国土地税收的类型、税收的征管制度；土地费用收支管理主要包括土地费用的类型以及国有土地使用权出让收入的收支管理等。

第五章　土地利用管理

土地利用管理是根据土地的资源属性，对土地的开发、利用、治理、保护所进行的管理活动。土地资源管理的主要内容包括我国土地利用制度的制定、土地利用总体规划的编制与实施、土地开发、整理和复垦、土地利用监督监测等，本章的内容框架结构图如图 5-1 所示。

- 土地利用管理
  - 土地利用管理概述
    - 土地利用管理的概念、目标、原则
    - 土地利用管理的内容与手段
  - 土地利用规划
    - 我国现行国土规划体系
    - 多规合一的国土空间规划
    - 土地利用规划
  - 土地利用计划
    - 土地利用计划的编制与审批
    - 土地利用计划的下达与实施
    - 土地利用计划的监督与奖惩
  - 土地利用审批
    - 农用地转用审批
    - 建设项目用地审批
    - 未利用地开发审批
  - 土地利用管制
    - 用途管制
    - 空间管制
  - 节约和集约用地
    - 节约用地
    - 集约用地
  - 土地整治
    - 土地整理
    - 土地复垦
    - 未利用地开发
  - 耕地保护
    - 耕地数量保护
    - 耕地质量保护
    - 耕地生态保护
  - 土地利用监测、监督
    - 土地利用动态监测
    - 土地利用监督检查、土地督察
    - 土地利用预警

图 5-1　本章的内容框架结构图

第一节　土地利用管理概述

土地利用管理概述包括土地利用管理的概念、原则、目标、任务、内容及手段等方面。土地利用管理是土地管理的核心。

一、土地利用管理的概念

（一）土地利用的概念

土地利用是指人类劳动与土地结合获得物质产品和服务的经济活动，这一活动表现为人类与土地进行的物质、能量和价值、信息的交流、转换，是由土地质量特性和社会土地需求协调所决定的土地功能过程。

（二）土地利用管理的概念

土地利用管理是指国家通过编制和实施土地利用规划、土地利用计划，开展土地利用管制、土地综合整治等手段，审批和监督土地利用，以达到缓解人地矛盾，提高土地利用综合效益，尽量满足各部门的用地需求，保护和改善生态环境，促进经济社会的可持续发展等目的的管理活动。

二、土地利用管理的目标

（一）保护耕地，保障粮食安全

粮食是维持人的生存的物质基础，是人的最基本最原始的需要。没有粮食人不可能享有生存权和发展权。“在饥饿和贫困状态下根本无法实现人的价值、人的尊严和人的自由”[88]。只有在满足粮食需求后，人对其他权利的享有才有实现的可能。

粮食安全是国家安全的重要组成部分。饥饿是暴力冲突与战争的最强导火索。在第二、第三产业快速发展中，保障粮食安全成为一项政治任务。1994 年，赖斯特·布朗在《21 世纪谁来养活中国人》中指出：中国的人口增长不可逆转，中国的农田减少不可逆转，环境破坏造成的农作物减产不可逆转，21 世纪中叶，全世界所有国家的粮食都供给中国，也无法养活中国人。从这个观点看，在我国，粮食安全不再是一个单纯的经济问题，而上升为国家安全的战略基础。《中共中央关于推进农村改革发展若干重大问题的决定》提出，粮食安全任何时候都不能放松，必须常抓不懈。要加快构建供给稳定、储备充足、调控有力、运转高效的粮食安全保障体系。

粮食安全是由粮食生产、存储、流通、消费各环节的安全共同构成的，并不单纯由耕地规模与质量决定。粮食产量的高低和品种类型，除与耕地的规模、质量相关外，还与作物品种、耕作技术、复种指数等密切相关。但耕地规模与质量对粮食安全起着十分关键的作用，要保障粮食安全，必须针对一定的人口数量、消费习惯、消费水平，保有一定数量、一定粮食产出水平的耕地。“珍惜和合理利用每寸土地，切实保护耕地”是我国的基本国策，保护耕地是土地利用管理的首要目标。

（二）节约和集约用地，保障经济发展

建设用地的增长是满足工业化、城镇化需要的核心措施。没有建设用地增长，工业化和城镇化都将大大受限甚至成为空谈。而工业化、城镇化迅速发展带来的突出问题就是挤占农用地，特别是挤占农用地中的耕地。要保障粮食安全，又要促进经济发展，则必须控制建设用地外延扩张占用耕地规模，同时又保障建设用地达到一定规模。

要控制建设用地外延扩张，同时又保障经济发展，唯有允许建设用地在节约和集约前提下适度扩张。节约和集约用地包括三个方面：一是指各项建设都要尽量节省用地，想方设法地不占或少占耕地，是一种"减量"；二是指每宗建设用地必须提高投入产出的强度，提高土地利用的效益，是一种"增效"；三是通过整合、置换和储备，合理安排土地投放的数量和节奏，改善建设用地结构、布局，挖掘用地潜力，提高土地配置和利用效率，是一种"扩容"。通过外延扩张和内涵挖潜等多种措施，保障经济发展对建设用地的需求，这是土地管理的第二目标。

（三）防治土地污染和破坏，保障生态安全

环境污染是指因自然和人为的因素，向环境中添加某种物质，超过环境的自净能力而产生危害的行为。

生态破坏是指因自然原因和人类不合理地开发、利用行为，造成森林、草原、水域等自然生态环境遭到破坏，从而使人类、动物、植物的生存条件发生恶化的现象。如水土流失、土地荒漠化、土壤盐碱化、生物多样性减少等。

土地利用过程中，应当控制环境污染和生态破坏，为人类自己提供安全的食物、空气、水和其他资源。土地利用是人通过对土地的干扰获取物质和能量的过程，因此，人类对土地的干扰应当是有节制的、适度的、恰当的，不能以牺牲生态环境为代价。

（四）合理配置土地资源，保障社会和谐

配置土地资源包括以下方面：配置的时机、规模、方向、区域、强度、方式等。合理配置土地资源就是要把握好配置土地的时机，合理确定配置的规模，在国民经济各部门恰当分配，在不同区域公平分配，以及把握配置的合理强度，选择适当的配置方式等。只有合理配置土地资源，才会形成公平正义、安定有序、人与自然和谐相处的社会形态。

三、土地利用管理的原则

（一）促进土地合理利用

在土地开发、利用、治理、保护全过程中，都要坚持珍惜和合理利用土地原则，根据人地矛盾程度、土地供需状况、资源环境压力状况等，在各经济部门之间、各区域之间、各不同时段，制定合理的土地利用政策，合理配置土地资源，监管土地资源的利用效益，促进经济、社会、自然的和谐发展。

（二）切实保护耕地

土地利用管理的目标，最终都是在保障一定的公正、公平、效率、安全等准则下满足人的各种需要。而生存是人的最基本最原始的需要，因此，土地利用管理中必须坚持

保有一定数量和一定生产能力的耕地，为人类提供生存所需粮食。在这一原则指导下，用粮食安全的评价指标去衡量耕地保护的数量、质量、生产能力是否达到要求。

（三）促进节约和集约用地

节约和集约利用也是缓解人地矛盾所必须坚持的原则。在土地利用规划、土地利用计划、土地整治、农用地转用审批、建设用地审批、土地利用监督检查和土地利用动态监测等各个环节，都要坚持节约和集约原则，用节约和集约评价指标去衡量各项用地措施是否合法、合理、合情、合时。

（四）保护和改善生态环境

土地利用是人对土地资源的人为干预，这种干预不当时，会造成环境污染和破坏。因此，在土地利用管理的各个环节，同样要坚持保护和改善生态环境，促进经济社会可持续发展这一原则，在这一原则指导下，用生态安全的评价指标去衡量土地利用规模、结构、强度、方式、结果是否符合保护和改善生态环境的需要，现实中的土地利用是否需要调整、转变，造成破坏的土地应当如何恢复重建，特殊景观、物种、地形地貌等应当如何保护等。

（五）土地利用规划和计划先行

土地利用是一项影响较为深远的活动。而个体与全体、局部与全部、私益和公益、现在与未来之间总是存在矛盾与冲突，而这些矛盾与冲突，仅靠市场经济体制或者系统自治往往难以高效解决，土地利用规划和计划，是政府提前干预土地利用的过程，是对土地利益各方的约束与制约，是将土地利用结果推向预期目标的可行措施。在土地利用过程中，先做好土地利用规划和计划工作，更有利于优化土地资源配置，提高土地利用效益，缓解用地矛盾。

（六）土地利用管理应当合法、合规

合法原则包括土地管理者的合法和土地利用者的合法。土地管理者应当依照法律法规体系开展管理活动，土地利用者应当依法利用土地。合规是指符合土地利用总体规划和土地利用年度计划等，土地管理者应当按照土地利用规划和计划审批土地并监督土地利用，鼓励土地利用者自觉按土地利用总体规划使用土地。坚持土地利用的全程监控，用土地利用合法、合规评价指标来衡量土地管理者、土地利用者的各项措施是否合法、合规。

四、土地利用管理的内容

（一）土地利用规划

土地利用规划的目的是根据经济社会发展和生态保护需要，对特定范围内的土地利用进行安排。土地利用规划本身既是土地利用管理的内容，同时也是土地利用管理的主要依据之一。土地利用规划是土地利用管制的前提和基础。土地利用规划的科学与否，直接关系到土地利用管理的科学性与成效。

（二）土地利用计划

土地利用计划是对土地利用的详细安排，通常按年做计划。土地利用年度计划是将土地利用规划确定的目标任务分解至各年度落实，因此，土地利用计划可以看作是土地利用规划的实施计划。土地利用计划既是土地利用管理的内容，同时也是各年度土地利用管理的依据。

(三)土地利用审批

土地审批包括土地用途变更审批、建设用地审批等。土地用途变更审批包括农用地转用审批、未利用地开发审批；建设用地审批包括城镇建设用地审批、农村建设用地审批和独立选址建设项目审批等。土地利用审批是实现土地利用管理目标的核心内容。

(四)土地利用管制

土地利用管制是对土地用途、各类用地规模、结构、布局、土地利用程度、土地利用强度、土地利用效益等方面的约束。土地利用管制包括用途管制、土地利用程度和强度管制，以及土地利用效益管制等方面。土地利用管制是实现土地利用管理目标的重要内容。

(五)节约和集约用地

在土地利用总体规划和土地利用年度计划的框架下，通过土地用途和空间管制后，还需要对土地利用的程度、强度与效益进行管控。节约用地主要是指数量上的减控，集约用地主要是指强度与效益的增强。

(六)土地整治

土地整治包括土地整理、土地复垦和未利用地开发。土地整理包括市地整理和农地整理，主要针对低效利用的土地；土地复垦是对生产建设活动中造成破坏的土地，采取措施恢复利用，主要针对工矿废弃地；未利用地开发主要针对目前未被开发利用的土地。土地整理、土地复垦、未利用地开发，都是改善生产、生活和环境条件，提高土地利用效益的措施。

(七)耕地保护

耕地保护包括耕地的数量保护、质量保护和生态保护。耕地的数量保护主要是指全国保有的耕地数量应当达到18亿亩以上，各省、自治区、直辖市人民政府保护的基本农田面积应当占本省、自治区、直辖市耕地总面积的80%以上等。耕地质量保护主要是指优先保护良田好地，并改造中低产田。耕地生态保护主要是指防治污染、减缓水土流失、土地沙化、盐碱化等各种类型的土壤退化。

(八)土地利用监督、监测、督察

土地利用监督、监测的内容包括土地利用监督检查、土地利用动态监测、土地利用预警等。土地利用监督检查是指土地管理者对土地所有者和使用者是否依法、依规划开发利用土地的情况进行监督检查；土地利用动态监测是指土地管理者采取地面巡察、遥感监测等手段，对土地利用变化情况进行辨别、统计和分析；土地利用预警则是指当土地利用规模、结构、布局、强度等达到某一临界值时发出警报，以及时采取措施予以调控风险。土地利用监督检查、土地利用动态监测、土地利用预警都是保证土地利用管理合法、合规、合理开展的保障措施。

第二节　国土空间规划

“空间规划”最早出现在1983年欧洲区域规划部长级会议通过的《欧洲区域/空间规划章程》中。该《章程》指出，区域/空间规划是经济、社会、文化和生态政策的地理表达，也是一门跨学科的综合性科学学科、管理技术和政策，旨在依据总体战略形成区域均衡发展和物质组织。1997年《欧盟空间规划制度概要》中指出，空间规划主要是由公共部门使用的影响未来活动空间分布的方法，目的是形成一个更合理的土地利用及其关系的地域组织，平衡发展和保护环境两个需求，实现社会和经济发展目标。

国土空间规划是国家空间发展的指南、可持续发展的空间蓝图，是各类开发保护建设活动的基本依据。国土空间规划包括总体规划、详细规划和相关专项规划。

一、国土空间规划的相关概念

(一)国土空间规划

在我国，空间规划是指以空间资源的合理利用和有效保护为核心，对空间资源利用与保护、空间要素统筹、空间结构优化、空间效率提升、空间权利公平等方面所做的经济、社会、生态的统筹安排。包括空间现状评估、发展预测、战略目标设计、功能分区、布局调整、利用管制、平台共建及信息共享等。

(二)生态保护红线

生态保护红线是指具有特殊重要的生态功能，必须强制性严格保护的区域，是保障和维护国家生态安全的底线和生命线。

(三)永久基本农田

永久基本农田是指为保障国家粮食安全和重要农产品供给，划定的需要实施永久特殊保护的耕地。

(四)城镇开发边界

城镇开发边界是指为防止城镇无序扩张和无序蔓延，优化城镇布局形态和功能结构、提升城镇人居环境品质，划定的一定时期内可以进行城镇集中建设，重点完善城镇功能的空间边界。

二、我国现行国土规划体系

就目前而言，我国跟地块利用有关的规划主要有以下几类：国民经济和社会发展规划、主体功能区规划、城乡规划、土地利用规划、生态环境保护规划，以及国土整治规划等方面的规划。

(一)国民经济与社会发展规划

国民经济与社会发展规划是全国或者某一地区经济、社会发展的总体纲要，是具有战略意义的指导性文件。国民经济和社会发展规划统筹安排和指导全国或某一地区的经济、社会、文化、法治建设等工作。国家层面的国民经济与社会发展规划通常包括经济社会发展战略、基本经济制度、农业、工矿仓储业、服务业、信息产业、基础设施、城镇化、生态环境、教育、健康、民生保障、社会治理、民主法治、国防建设、港澳台事务、国际关系等方面的统筹安排。国民经济与社会发展规划分为国家、省(自治区、直辖市)、地(市、州)、县、乡(镇)五级，规划期限一般为五年。国民经济与社会发展规划在整个规划体系中具有统领性的地位。其他的规划都应当以《国民经济与社会发展规划》为依据进行编制，不得与《国民经济与社会发展规划》所确定的指导思想、主要目标、发展理念、发展战略、产业策略等相冲突。

我国最新的全国级国民经济与社会发展规划为《中华人民共和国国民经济与社会发展第十三个五年规划纲要》，该《纲要》指出："'十三五'时期是全面建成小康社会决胜阶段。必须认真贯彻党中央战略决策和部署，准确把握国内外发展环境和条件的深刻变化，积极适应把握引领经济发展新常态，全面推进创新发展、协调发展、绿色发展、开放发展、共享发展，确保全面建成小康社会"。

(二)主体功能区规划

主体功能区规划，同样也是引领与空间布局与利用相关的各级、各类规划的基础性规划。通常以国民经济和社会发展规划、不同区域的资源环境承载能力、现有开发密度和发展潜力等为依据，统筹谋划空间内未来人口分布、经济布局、国土利用和城镇化格局，将国土空间划分为优化开发、重点开发、限制开发和禁止开发等类型，确定各区域的主体功能定位，明确各功能区的开发方向，控制开发强度，规范开发秩序，完善开发政策，逐步形成人口、经济、资源环境相协调的空间开发格局。

(三)城乡规划

城乡规划是为了协调城乡空间布局，改善人居环境，促进城乡经济社会全面协调可持续发展而对一定年限内的城乡建设所做的统筹安排。城乡规划自成一个完整的系统，包括城镇体系规划、城市规划、镇规划、乡规划和村庄规划。城市规划、镇规划分为总体规划和详细规划。详细规划分为控制性详细规划和修建性详细规划。

城市总体规划、镇总体规划以及乡规划和村庄规划的编制，应当依据国民经济和社会发展规划，并与土地利用总体规划相衔接。制定和实施城乡规划，应当遵循城乡统筹、合理布局、节约土地、集约发展和先规划后建设的原则，改善生态环境，促进资源、能源节约和综合利用，保护耕地等自然资源和历史文化遗产，保持地方特色、民族特色和传统风貌，防止污染和其他公害，并符合区域人口发展、国防建设、防灾减灾和公共卫生、公共安全的需要。

(四)土地利用总体规划

土地总体规划是各级人民政府依据国民经济和社会发展规划、国土整治和资源环境保护的要求、土地供给能力以及各项建设对土地的需求，对一定年期内的耕地、园地、林地、牧草地和其他农用地、城乡建设用地、工矿仓储用地、交通用地、水利用地、特殊用地等所做的全面、系统的安排。

我国土地利用总体规划编制的基本要求是：下级土地利用总体规划应当依据上一级土地利用总体规划编制。地方各级人民政府编制的土地利用总体规划中的建设用地总量不得超过上一级土地利用总体规划确定的控制指标，耕地保有量不得低于上一级土地利用总体规划确定的控制指标。省、自治区、直辖市人民政府编制的土地利用总体规划，应当确保本行政区域内耕地总量不减少。

(五)生态环境保护规划

生态环境保护规划是指各级人民政府为了保护和改善生态环境，促进经济社会的可持续发展，根据国民经济和社会发展规划和生态环境保护要求，对特定年限内的生态环境保护、污染防治、生态重建与修复等所做的统筹安排。

生态环境保护规划的内容应当包括生态保护和污染防治的目标、任务、保障措施等，并与主体功能区规划、土地利用总体规划和城乡规划等相衔接。

(六)其他规划

其他规划包括跟土地利用和保护有关的各类部门规划、专项规划、详细规划等。如土地整治规划、基本农田保护规划、土地复垦规划、农业区划、林业规划、草原规划、渔业规划、交通规划、水利规划、风景名胜区规划，等等。

三、现行国土规划体系的问题

我国与国土空间利用有关的规划不是一个单一的规划，而是上述由不同的目标、原则、依据、内容、手段、实施措施构成的各类、各级规划，这些规划有许多方面不同，但共同作用于国土空间的结构、功能、布局和利用管制等方面。

“规划科学是最大的效益，规划失误是最大的浪费，规划折腾是最大的忌讳”①。各级各类空间规划在支撑城镇化快速发展、促进国土空间合理利用和有效保护方面发挥了各自的作用，但也存在规划类型过多、内容重叠冲突，审批流程复杂、周期过长、调整频繁等方面的问题。

(一)规划之间的冲突

规划，通常是指为实现设定目标而做的长远的整体安排，即“进行比较全面的长远的发展计划，是对未来整体性、长期性、基本性问题的思考、衡量和设计未来整套行动方案”②。规划依据不同的标准有不同的分类体系，如按照规划解决问题的层级不同分为总体规划、专项规划；按规划详细程度不同可分为概念规划和详细规划；按规划针对的行政管辖范围不同可以分为全国规划、省(自治区、直辖市)级规划、地(市、州)级规划、县(市、区)级规划、乡(镇)规划等；按规划编制主体不同，可以分为公共规划和私人规划；按规划编制依据不同可以分为按区域规划和按类型规划；按规划有效时间不同分为长期规划、中期规划和近期规划等。如与土地有关的规划系列，按行业不同可分为农业规划、林业规划、牧业规划、渔业规划、城市规划、乡村规划、工矿规划、交通规划、水利规划、生态规划等。

---

① 建立国土空间规划体系并监督实施《若干意见》发布会图文实录[EB/OL].[2019-05-27]. http://www.scio.gov.cn/xwfbh/xwbfbh/wqfbh/39595/40528/wz40530/Document/1655412/1655412.htm.

② 百度百科. 规划[EB/OL].[2015-04-02]. http://baike.baidu.com/view/126021.htm.

在一定的区域、时间段内，存在不同时间编制的，规划理念不同、规划目的不同、针对对象不同、编制部门不同、采用手段不同、实施措施不同的各类规划，这些不同的规划形成了互有差异但又互有交集的规划体系，所有这些互有差异又互有交集的规划都要在同一空间范围、针对同一社会、在同一时间内实施，实施中难以避免会产生大量矛盾与冲突。例如，一些城市总体规划划定的城市规划建设用地界线，与土地利用总体规划划定的城市允许用地界线不符，村镇规划用地界线与土地利用总体规划划定的村镇允许建设用地界线不符。如果按城市规划和村镇规划实施，可能因侵占土地利用总体规划划定的永久基本农田而无法实施。

（二）规划之间的重复

除了各级、各类规划之间可能存在的冲突，还有可能存在规划内容的重复。例如，只要跟占用土地进行非农建设有关的规划，都可能要涉及基本农田保护、建设用地的节约集约、土地用途分类、土地利用分区、空间分层、耕地占补平衡、污染防治、基础设施配套、道路建设、给排水等内容。从总体规划、分区规划到详细规划，都要围绕这些要素安排用地结构和布局。规划内容重复，增加了不必要的工作任务，极大地浪费了人力、物力和财力。

（三）规划调整比较频繁

由于各级、各类规划之间没有充分对接，在实施过程中，总会因其客观存在的冲突而不得不进行调整。因某一规划进行了调整，依托这一规划而作的其他规划也不得不做相应调整。例如，因某企业立项了一个新项目，按城市规划选好了地址，在土地行政主管部门用地预审时发现将占用基本农田，而该项目因对 GDP 贡献大而列为政府重点扶持的项目。为让该项目能够落地，土地行政主管部门不得不调整基本农田保护规划，从而扩展至土地整治规划、乡村振兴规划、土地利用总体规划等与基本农田保护有关的规划调整。这种调整往往削弱了规划的公信力和权威性。

（四）空间信息共享程度较低

由于各级、各类规划的基础资料没有充分共享，为编制不同的规划，所做的基础资料收集工作有重复，而基础信息收集成果的共享不足。例如，各地花重金做了全国土地调查，形成了土地调查数据库，可以用于很多种规划编制工作，但有些规划编制单位并不知道，于是重复测绘，而测绘成果之间因坐标体系、高程体系、分带体系、符号体系、语义体系等各不相同，导致数据库之间不能直接融合，空间规划要素也不能直接套叠，浪费资财。

信息化的不断发展，要求各类各级规划都突破各自的樊笼，融入统一的系统之中。如果这些信息囿于各个规划编制部门内部，则其他部门无从精确得知规划的空间布局安排，也就无法与其他规划进行对接与融合。而空间布局安排本是一个系统工程，需要共享大量与空间利用有关的信息。空间信息共享程度低，难以满足日益信息化、精细化、系统化的社会管理需要。

四、建立国土空间规划体系的基本要求

（一）多规合一

“多规合一”指将国民经济和社会发展规划、主体功能分区规划、城乡规划、土地利用规划、环境保护、交通规划、水利规划、文化与生态旅游规划、社会事业规划等各类跟空间开发利用有关的规划按照一定的原则和目标进行衔接，确保各级、各类规划在确定的保护性空间、开发边界、城市规模等重要空间参数上的一致性，并在统一的空间信息平台上建立控制线体系，以实现优化空间布局、有效配置自然资源、提高政府空间管控水平和治理能力的目标的系列措施的总称。

2014 年，国家发展和改革委员会、原国土资源部、原环境保护部、住房和城乡建设部四部委联合下发了《关于开展市县“多规合一”试点工作的通知》，提出在全国 28 个市县开展“多规合一”试点。该《通知》要求，要试点、探索“多规合一”的具体思路，研究提出可复制、可推广的“多规合一”试点方案，形成一个市县一本规划、一张蓝图。同时探索完善市县空间规划体系，建立相关规划衔接协调机制。试点内容主要有以下四个方面：第一，合理确定规划期限。统筹考虑法律法规要求和各类规划的特点，探索确定统一协调的规划中期年限和目标年限，作为各类规划衔接任务的时间节点。第二，合理确定规划目标。把握市县所处大区域背景，按照市县的不同主体功能区定位以及上位规划的要求，统筹考虑国民经济和社会发展规划、城乡规划、土地利用规划和生态环境保护等相关规划目标，研究“多规合一”的核心目标，合理确定指标体系。第三，合理规划引导城市人口、产业、城镇、公共服务、基础设施、生态环境和社会管理等方面的发展方向与布局重点，探索整合相关规划的控制管制分区，划定城市开发边界、永久基本农田红线和生态保护红线，形成合力的城镇、农业和生态空间布局，探索完善经济社会、资源环境和控制管控措施。第四，构建市县空间规划衔接协调机制。从支撑市县空间规划有效实施的需求出发，提出完善市县空间规划的建议，探索整合各类规划以及衔接协调各类规划的工作机制。

2019 年《中共中央国务院关于建立国土空间规划体系并监督实施的若干意见》强调：“建立国土空间规划体系并监督实施，将主体功能区规划、土地利用规划、城乡规划等空间规划融合为统一的国土空间规划，实现“多规合一”，强化国土空间规划对各专项规划的指导约束作用，是党中央、国务院作出的重大部署。”

“多规合一”是解决规划间冲突的有效措施，在具体实践中，相同的做法主要有以下方面：

（1）成立专门的“多规合一”领导机构。负责不同部门之间与规划有关的事项的统一领导与协调。

（2）编制“一本规划”。以国民经济和社会发展规划、主体功能区规划为基础，统筹各类规划，编制形成发展总体规划，即“一本规划”。

（3）构建空间规划体系。构建以发展总体规划为龙头，在总体规划提出的空间要素管控目标与要求下，按照统一的规划期限、基础数据、技术标准等内容，同步编制城

乡、土地利用、环境保护等为主体的空间性规划，形成相互衔接的空间规划体系。

(4)构建统一的规划信息管理平台。通过建立统一的规划信息管理平台，统一各级、各类规划的空间坐标体系、数据标准，有效实现包括城乡建设、重大项目、土地资源、环境保护、交通、水务、市政设施、公共设施等涉及空间信息的要素叠加，达到“多规”信息共享互通；并通过政务网络接入相关的业务部门，实现与规划相关的审批、实施、监督、监测等方面业务协同。

(二)一张图

“多规合一”强调在特定的行政区域内，形成“一个空间，一本规划，一张蓝图”。

而“一张图”首先要有规划数据。规划数据从形式上一般可以概括为规划基础数据、非结构化数据和实时动态数据。其中，基础数据是规划的关键，包括人口数据、经济数据、土地基础数据等，对这些基础数据进行整理后形成统一的专题数据库。非结构化数据包括文本、音频、视频等，实时动态数据是指通过大型互联网数据库、行为流量移动性、社交网络、交通网络等信息平台，获取的居民活动、交通流量、生态环境等方面的实时数据。

“一张图”需以统一的数据库为支撑，对各类规划底图数据进行集成，将规划用地规模、用地性质、产业布局、空间功能布局等反映空间位置和范围的要素，转化为统一标准、统一坐标的信息化基础数据，并最终集聚在一张图上，实现空间规划“一张蓝图”的目标。

“一张图”数据库是编制“一本规划”，管理各类与空间配置有关的规划的基础依据。

(三)多审合一、多证合一

规划的终极是实施。在“多规合一”的情况下，各类规划在实施时，涉及空间开发利用与保护的，也应当“多审合一、多证合一”。

如根据《城乡规划法》，拟在城乡建设用地范围内使用土地的建设项目，建设单位应当向城乡规划主管部门提交选址申请书，由城乡规划主管部门根据城乡规划出具选址意见书。而根据《土地管理法》和《土地管理法实施条例》，建设单位须向项目拟建地所在的市、县人民政府土地行政主管部门提交用地预申请，由市、县土地行政主管部门根据土地利用总体规划和土地利用年度计划，对项目用地进行预审，出具项目用地预审报告。在“多规合一”和规划行政职能归集后，选址审查和用地预审可以合二为一，选址意见书和用地预审报告也相应合并。

同样，根据《城乡规划法》，城乡规划主管部门根据城乡规划对建设用地是否符合规划进行审查，对符合城乡规划的，发给建设用地规划许可证。而根据《土地管理法》和《土地管理法实施条例》，用地单位须向市、县人民政府土地行政主管部门提交正式用地申请，由市、县土地行政主管部门进行审查，对符合土地利用总体规划的，发给建设用地批准书。在“多规合一”和规划行政职能归集后，建设用地规划审查与用地审查可以合二为一，建设用地规划许可证和建设用地批准书也相应合并。

“多审合一、多证合一”同时也要求加快信息化建设，可以通过政府内部信息共享获得的有关文件、证书等材料，不得要求行政相对人提交；对行政相对人前期已提供且无变化的材料，不得要求重复提交。

（四）多测整合、多验合一

在基础资料收集、规划编制、规划实施等各个阶段，都可能涉及土地测绘，为避免重复测绘和标准不一，应以统一规范标准、强化成果共享为重点，将建设用地审批、城乡规划许可、规划核实、竣工验收和不动产登记等多项测绘业务整合，归口成果管理，推进“多测合并、联合测绘、成果共享”。不得重复审核和要求建设单位或者个人多次提交对同一标的物的测绘成果；确有需要的，可以进行核实更新和补充测绘。在建设项目竣工验收阶段，将自然资源主管部门负责的规划核实、土地核验、不动产测绘等合并为一个验收事项。

五、国土空间规划的编制

2019 年修订后的《土地管理法》规定：“国家建立国土空间规划体系。编制国土空间规划应当坚持生态优先，绿色、可持续发展，科学有序统筹安排生态、农业、城镇等功能空间，优化国土空间结构和布局，提升国土空间开发、保护的质量和效率。经依法批准的国土空间规划是各类开发、保护、建设活动的基本依据。

（一）总体框架

1. 分级分类建立国土空间规划

国土空间规划是对一定区域国土空间开发保护在空间和时间上作出的安排，包括总体规划、详细规划和相关专项规划。国家、省、市县编制国土空间总体规划，各地结合实际编制乡镇国土空间规划。相关专项规划是指在特定区域（流域）、特定领域，为体现特定功能，对空间开发保护利用作出的专门安排，是涉及空间利用的专项规划。国土空间总体规划是详细规划的依据、相关专项规划的基础；相关专项规划要相互协同，并与详细规划做好衔接。

2. 明确各级国土空间总体规划编制重点

全国国土空间规划是对全国国土空间作出的全局安排，是全国国土空间保护、开发、利用、修复的政策和总纲，侧重战略性，由自然资源部会同相关部门组织编制。省级国土空间规划是对全国国土空间规划的落实，指导市县国土空间规划编制，侧重协调性，由省级政府组织编制。市县和乡镇国土空间规划是本级政府对上级国土空间规划要求的细化落实，是对本行政区域开发保护作出的具体安排，侧重实施性。

3. 强化对专项规划的指导约束作用

海岸带、自然保护地等专项规划及跨行政区域或流域的国土空间规划，由所在区域或上一级自然资源主管部门牵头组织编制，报同级政府审批；涉及空间利用的某一领域专项规划，如交通、能源、水利、农业、信息、市政等基础设施，公共服务设施，军事设施，以及生态环境保护、文物保护、林业草原等专项规划，由相关主管部门组织编制。相关专项规划可在国家、省和市县层级编制，不同层级、不同地区的专项规划可结合实际选择编制的类型和精度。

4. 在市县及以下编制详细规划

详细规划是对具体地块用途和开发建设强度等作出的实施性安排，是开展国土空间开发保护活动、实施国土空间用途管制、核发城乡建设项目规划许可、进行各项建设等的法定依据。在城镇开发边界内的详细规划，由市县自然资源主管部门组织编制，报同级政府审批；在城镇开发边界外的乡村地区，以一个或几个行政村为单元，由乡镇政府组织编制"多规合一"的实用性村庄规划，作为详细规划，报上一级政府审批。

（二）编制要求

1. 体现战略性

全面落实党中央、国务院重大决策部署，体现国家意志和国家发展规划的战略性，自上而下编制各级国土空间规划，对空间发展作出战略性系统性安排。落实国家安全战略、区域协调发展战略和主体功能区战略，明确空间发展目标，优化城镇化格局、农业生产格局、生态保护格局，确定空间发展策略，转变国土空间开发保护方式，提升国土空间开发保护质量和效率。

2. 提高科学性

坚持生态优先、绿色发展，尊重自然规律、经济规律、社会规律和城乡发展规律，因地制宜开展规划编制工作；坚持节约优先、保护优先、自然恢复为主的方针，在资源环境承载能力和国土空间开发适宜性评价的基础上，科学有序统筹布局生态、农业、城镇等功能空间，划定生态保护红线、永久基本农田、城镇开发边界等空间管控边界以及各类海域保护线，强化底线约束，为可持续发展预留空间。坚持山水林田湖草生命共同体理念，加强生态环境分区管治，量水而行，保护生态屏障，构建生态廊道和生态网络，推进生态系统保护和修复，依法开展环境影响评价。坚持陆海统筹、区域协调、城乡融合，优化国土空间结构和布局，统筹地上地下空间综合利用，着力完善交通、水利等基础设施和公共服务设施，延续历史文脉，加强风貌管控，突出地域特色。坚持上下结合、社会协同，完善公众参与制度，发挥不同领域专家的作用。运用城市设计、乡村营造、大数据等手段，改进规划方法，提高规划编制水平。

3. 加强协调性

强化国家发展规划的统领作用，强化国土空间规划的基础作用。国土空间总体规划要统筹和综合平衡各相关专项领域的空间需求。详细规划要依据批准的国土空间总体规划进行编制和修改。相关专项规划要遵循国土空间总体规划，不得违背总体规划强制性内容，其主要内容要纳入详细规划。

4. 注重操作性

按照谁组织编制、谁负责实施的原则，明确各级各类国土空间规划编制和管理的要点。明确规划约束性指标和刚性管控要求，同时提出指导性要求。制定实施规划的政策措施，提出下级国土空间总体规划和相关专项规划、详细规划的分解落实要求，健全规划实施传导机制，确保规划能用、管用、好用。

（三）编制任务

编制国土空间规划应当坚持生态优先，绿色、可持续发展，科学有序统筹安排生态、农业、城镇等功能空间，优化国土空间结构和布局，提升国土空间开发、保护的质量和效率。经依法批准的国土空间规划是各类开发、保护、建设活动的基本依据。空间规划编制主要任务如下：

(1)提出规划战略、目标、重要指标；

(2)明确国土空间开发保护格局；

(3)划定用地分区，制定管制规则；

(4)进行国土空间要素统筹配置；

(5)明确基础设施等建设项目安排；

(6)划定城镇开发边界，加强中心城区管控；

(7)明确国土整治修复安排；

(8)落实上位规划，指导下位规划，协调相关规划；

(9)制定近期规划和行动计划；

(10)制定规划实施措施。

(四)基础研究

空间规划的前期基础研究主要包括以下方面：形成基期用地底数与底图；开展资源环境承载能力和国土空间开发适宜性评价；进行空间规划实施评估和国土空间风险评估；开展重大问题研究等。

1. 形成基期用地底数与底图

以第三次全国国土调查成果为基础，综合考虑规划基期用地、用海现状与空间规划管理需要，形成基期现状用地、用海底数和底图。各类用地、用海数据加总应与行政辖区陆域与海域面积总和一致，且耕地、林地、草地、水面、建设用地等用地图斑不应重叠，确保数据、图件与空间一致。

2. 开展资源环境承载能力和国土空间开发适宜性评价

通过评价资源与环境承载能力和关键限制因素，分析国土空间开发潜力，在“三条控制线”统筹划定、国土开发保护格局确定、国土空间用途管制、国土整治与生态修复安排等方面，为规划方案提供技术与策略支撑。

3. 进行空间规划实施评估和国土空间风险评估

(1)现状分析。结合基期用地、用海底数底图，分析国土空间开发利用的趋势变化、结构布局、程度效益，总结国土空间开发利用的特点和问题，提出优化完善建议。

(2)规划实施评估。全面评估现行城乡规划、土地利用规划以及海洋功能区划的实施情况，总结成效，分析问题，明确新的国土空间规划编制的重点，提出国土空间开发保护格局优化的建议。

(3)风险评估。评判国土安全、气候安全、生态环境安全、粮食安全、水安全、能源安全等对市县带来的潜在风险和隐患，提出规划应对措施。

4. 开展重大问题研究

重大问题研究包括国土空间开发保护战略、产业布局、公共服务保障、自然资源保护利用、土地资源节约集约利用、水资源合理利用与配置、生态保护修复、区域协调发展、城乡融合发展、乡村振兴、耕地和永久基本农田保护、国土综合整治、地方治理与规划运行保障等。

（五）规划方案编制

1. 明确战略目标

明确总体定位。根据上级国土空间规划和区域总体定位，贯彻落实主体功能区战略和制度，合理确定全域保护与发展的总体定位。

确定国土空间开发与保护目标。贯彻生态文明、高质量发展理念，落实国家、省重大战略部署，从经济社会发展、资源环境约束、国土空间保护、空间利用效率、生态整治修复等方面提出近、远期规划目标。

提出国土空间开发保护战略。落实国家和区域空间战略，针对国土空间开发保护存在的重大问题以及面临的形势，结合自然资源禀赋和经济社会发展阶段，协调保护与开发的关系，提出国土空间开发保护战略。

确定城市性质。按照主体功能区定位和城市的资源禀赋、区位条件、地方特色和发展阶段，综合确定城市性质。

建立指标体系。落实上级规划的管控要求和指标，按照生态优先、高质量发展、高品质生活、高水平治理的要求，建立本级规划管控要求和指标，并分解下达到下级行政区。

2. 制定区域协同发展策略

落实国家和省域总体战略对区域协同发展的要求，提出跨区域衔接策略，加强与周边区域在生态治理、自然与文化资源开发保护等方面的衔接，在重大产业发展、城镇功能布局、重要基础设施与邻避设施等方面的协调。大城市、特大城市、超大城市要加强城镇圈、都市圈等跨行政区域的规划研究，以强化对国土空间开发保护格局的支撑。

3. 优化国土空间格局

优化总体格局。以规划评估、评价分析为基础，结合规划目标与战略，统筹“山水林田湖草”等保护类要素和城乡、产业、交通等发展要素布局，体现全域分区差异化发展策略，构建全域一体、陆海一体、城乡一体、多中心、网络化、组团式、集约型的国土空间开发保护总体格局。

划定规划分区和控制线。划定生态保护、自然保留、永久基本农田保护、城镇发展、农村农业发展、海洋发展等规划基本分区，明确各分区的管控目标、政策导向和准入规则。明确生态保护红线、永久基本农田保护线、城镇开发边界“三条控制线”。

建立绿色空间网络与山水格局。以生态保护为基础，以耕地保护为重点，强化城乡生态格局与山水林田湖草的衔接，强化各类自然资源保护利用，构建完整连续的生态网络体系。充分利用自然山水、历史文化等资源，形成城乡景观序列和轮廓形态，体现城乡山水格局特色。

构建城乡居民点格局。明确全城总人口与城镇化水平，确定下级行政单元的发展定位、职能分工、人口和建设用地规模，明确城镇体系布局。确定重点规划管控地区的发展定位、人口用地规模、空间发展方向和规划控制范围。

构建陆海一体化格局。沿海地区要统筹协调陆海空间，统筹规划分区与用途分类，提出海相邻及重叠区域的功能协调原则，做好海域、海岛和海岸带保护利用，以海岸带为重点构建陆海一体化的生态格局、产业布局和基础设施网络，提出陆海统筹的开发保护策略。

4. 优化城镇功能结构

以生态优先、绿色发展为导向，实现城镇空间格局与生态网络格局的耦合与协同，综合考虑地形地貌、河湖水系、自然生态、地质灾害防御、区域经济流向、重大设施廊道控制、空间布局演进特征、区域协同等因素，确定规划期内城镇的主要发展方向。

统筹考虑现状用地情况和人口集聚态势，遵循做优增量空间、盘活存量空间、开发地下空间、预留弹性空间的原则，合理确定中心城区范围和城市建设用地规模，引导城市从外延扩张转向内涵集约发展。

优化城市功能布局，统筹新区与旧区、生活区与生产区、建设空间与生态空间的关系。促进产城融合和职住平衡，重塑城市空间结构。鼓励用地功能混合使用，营造城市多样性。

5. 促进乡镇振兴

探索城乡融合发展体制机制，统筹安排城乡生态、生产、生活空间，缩小城乡差距，促进城乡要素流动。促进一二三产业融合，促进形成新产业新业态，促进城乡融合发展。保护耕地，发展现代农业。落实耕地和永久基本农田保护目标。提升乡镇人居环境质量，促进乡镇风貌改善，推进城乡基本公共服务均等化，提高乡镇基础设施服务水平，建设美丽乡村。

6. 国土空间用途管制

包括土地利用结构优化、山水林田湖草矿保护利用、建设用地集约利用、城市地下空间复合利用、中心城区土地利用控制等。

7. 构建绿色高效综合交通体系

包括城乡交通网络体系、中心城区交通设施、绿色交通出行方式等。

8. 保护城市文化与风貌

包括历史文化保护、文化展示与传承、城市风貌特色塑造等。

9. 建设安全韧性城市和绿色市政基础设施

安全韧性城市建设。按照提升城市安全和韧性的理念，发挥城乡蓝绿空间在水土保持、调蓄洪水、防风固沙和阻止灾害蔓延等方面的作用，系统分析评估影响本地长远发展的重大灾害风险类型，提出减缓和适应未来灾害的措施。分析评估影响发展建设的主要灾害风险及存在的主要问题，建立综合防灾减灾救灾体系，明确防灾减灾目标和设防标准，合理划分防灾分区，提出重大防灾减灾救灾投放和应急服务设施的布局要求，提出洪涝、火灾、空袭、地震、地质灾害等主要灾害的防治目标和措施，提出危险品生产和储存设施用地布局及安全管控要求，提出关键生命线系统建设、重大危险源和邻避设施管控等要求。

建设绿色市政基础设施。按照设施共享原则，提出市域供水干线、大型污水处理设施、电力干线、燃气干线等重大市政基础设施的布局要求。统筹各类市政基础设施及主要线网布局，明确廊道控制要求，因地制宜推进建设海绵城市。在中心城区内，则预测供水、污水、供电、燃气、供热、垃圾处理、通信需求总量，确定各类设施的建设规模、标准、重大设施布局和重要线性工程网络；确定排水体制，划定雨水分区；确定污水设施处理等级，划定污水分区；确定输配民网电压等级，控制高压走廊；确定供气气源和配气管网压力级别，确定重大燃气设施安全防护要求；布置输气管线和配气干管；确定集中供热率，确定供热热源和供热方式，划定供热分区；确定生活垃圾收运方式和处理方式，安排建筑垃圾和特殊处理站布局。

10. 修复国土空间生态

遵循山水林田湖草生命共同体的理念，统筹确定国土空间综合整治和生态修复的目标和任务。针对区域国土空间生态环境问题，确定城乡低效用地利用、城市更新和乡村土地综合整治的目标与布局安排，确定水土流失、水环境治理、海岸带海域修复、矿山整治等各项生态修复任务目标与布局安排。

提出国土综合整治和生态修复重点工程的规模、布局和时序。具体包括：加快山体修复，在保障安全和生态功能的基础上，探索多种山体修复利用模式；开展水体治理和修复，全面落实海绵城市建设理念，系统开展江河、湖泊、湿地等水体生态修复；修复利用废弃地，科学分析废弃地和污染土地的成因、受损程序、场地现状及其周边环境，综合运用多种适宜技术改良土壤，消除场地安全隐患；提出高标准农田建设和土地整治工程指引，提高耕地和永久基本农田质量。

11. 划定国土空间基本分区

在城镇开发边界外，落实上位规划和主体功能区定位要求，在国土空间开发保护格局的基础上，划定国土空间基本分区，并分别明确各分区的核心管控目标、政策导向和管制规则。

城镇开发边界外不得进行城镇集中开发建设，不得设立各类开发区，严格控制边界外政府投资的城镇基础设施资金投入，仅允许交通等线性工程、军事等特殊建设项目以及服务乡村振兴的建设项目等。

城镇开发边界内实行“详细规划+规划许可”的管制规则，建立完善与城市更新、功能转换、混合利用相关的许可制度。

12. 约束和指引其他规划编制

包括约束和指引下级规划、详细规划、专项规划等规划的编制。

13. 制订分期实施与行动计划

对国土空间开发保护的分期实施做出统筹安排，提出分期实施目标和重点任务，明确分期约束性指标、管控边界和管控要求。对近期的国土开发、保护、整治项目及用地安排制订近期实施计划。

14. 制定规划实施保障措施

如建立规划引导机制、规划约束和指引机制、规划实施动态监测、评估、预警、考核和动态调整机制等。

15. 规划环境影响评价

根据国家有关法律法规规定，对规划方案实施后可能造成的环境影响进行评价，提出预防或者减轻不良环境影响的对策措施。

（六）空间规划成果

空间规划成果包括规划文本、规划图件、规划说明、信息平台及数据库、专题研究报告、其他材料等。

规划文本应当以法条化的格式表述规划结论，包括文本条文、必要的表格，表述准确规范，简明扼要。

规划图件包括全域、城镇功能控制区的现状图和规划图等。以全域范围编制的现状图件包括：土地利用现状图、生态资源现状分布图、综合交通体系现状图、国土空间开发适宜性评价图、资源环境承载力评价图、海域海岛开发利用现状图等。以全域范围编制的规划图件包括：国土空间格局规划总图、国土空间规划分区图、国土空间“三条控制线“管控图，城镇体系规划图、国土整治与生态保护修复布局规划图、综合交通体系规划图、市政基础设施体系规划图、公共服务设施体系规划图、综合防灾减灾体系规划图、海岸带规划图等。以城镇功能控制区为编制范围的现状图件包括：土地利用现状图、道路交通体系现状图、公共服务设施分布现状图、市政基础设施分布现状图等。以城镇功能控制区为编制范围的规划图包括：国土空间规划分区图、绿地系统与水系规划图、历史文化保护规划图、通风廊道规划图、城镇开发强度分区规划图、综合交通体系规划图、市政基础设施体系规划图、公共服务设施体系规划图、综合防灾减灾体系规划图等。

规划说明是对规划编制过程相关事项的必要说明。

国土空间基础信息平台和“一张图”实施监督信息系统。将国土空间规划成果数据，导入国土空间规划“一张图”，同步建设规划实施监督信息系统。

专题研究报告是规划基础研究中形成的各项专题报告成果。

其他材料包括人大审议意见、部门意见、会议纪要、专家论证意见、公众参与记录、集体讨论意见、风险评估意见等。

六、国土空间规划的实施与监督

（一）强化规划权威

规划一经批复，任何部门和个人不得随意修改、违规变更，防止出现换一届党委政府改一次规划。下级国土空间规划要服从上级国土空间规划，相关专项规划、详细规划要服从总体规划；坚持先规划、后实施，不得违反国土空间规划进行各类开发建设活动；坚持“多规合一”，不在国土空间规划体系之外另设其他空间规划。相关专项规划的有关技术标准应与国土空间规划衔接。因国家重大战略调整、重大项目建设或行政区划调整等确需修改规划的，须先经规划审批机关同意后，方可按法定程序进行修改。对国土空间规划编制和实施过程中的违规违纪违法行为，要严肃追究责任。

（二）改进规划审批

按照“谁审批、谁监管”的原则，分级建立国土空间规划审查备案制度。精简规划审批内容，大幅缩减审批时间。相关专项规划在编制和审查过程中应加强与有关国土空间规划的衔接及“一张图”的核对，批复后纳入同级国土空间基础信息平台，叠加到国土空间规划“一张图”上。以“多规合一”为基础，统筹规划、建设、管理三大环节，推动“多审合一”“多证合一”。优化现行建设项目用地(海)预审、规划选址以及建设用地规划许可、建设工程规划许可等审批流程，提高审批效能和监管服务水平。

(三)健全用途管制制度

以国土空间规划为依据，对所有国土空间分区分类实施用途管制。在城镇开发边界内的建设，实行“详细规划+规划许可”的管制方式；在城镇开发边界外的建设，按照主导用途分区，实行“详细规划+规划许可”和“约束指标+分区准入”的管制方式。对以国家公园为主体的自然保护地、重要海域和海岛、重要水源地、文物等实行特殊保护制度。因地制宜制定用途管制制度，为地方管理和创新活动留有空间。

(四)监督规划实施

依托国土空间基础信息平台，建立健全国土空间规划动态监测评估预警和实施监管机制。上级自然资源主管部门要会同有关部门组织对下级国土空间规划中各类管控边界、约束性指标等管控要求的落实情况进行监督检查，将国土空间规划执行情况纳入自然资源执法督察内容。健全资源环境承载能力监测预警长效机制，建立国土空间规划定期评估制度，结合国民经济社会发展实际和规划定期评估结果，对国土空间规划进行动态调整完善。

第三节 国土空间主体功能区规划

国土空间主体功能区规划是对土地利用所做的宏观层面的全局性、战略性的安排。

一、国土空间主体功能区规划的相关概念

(一)主体功能区规划

主体功能区规划，就是要根据不同区域的资源环境承载能力、现有开发密度和发展潜力，统筹谋划未来人口分布、经济布局、国土利用和城镇化格局，将国土空间划分为优化开发、重点开发、限制开发和禁止开发四类，确定主体功能定位，明确开发方向，控制开发强度，规范开发秩序，完善开发政策，逐步形成人口、经济、资源环境相协调的空间开发格局。

(二)主体功能区

主体功能区，是指根据不同区域的资源环境承载能力、现有开发强度和发展潜力，统筹谋划人口分布、经济布局、国土利用和城镇化格局，最终确定区域的主体功能，并据此明确开发方向，完善开发政策，控制开发强度，规范开发秩序，逐步形成人口、经济、资源环境相协调的国土空间开发区域。

(三)优化开发区

优化开发区是指优化进行工业化城镇化开发的城市化地区。优化开发区是经济比较

发达、人口比较密集、开发强度较高、资源环境问题更加突出，从而应该优化进行工业化城镇化开发的城市化地区。

(四)重点开发区

重点开发区是指重点进行工业化城镇化开发的城市化地区。重点开发区域是有一定经济基础、资源环境承载能力较强、发展潜力较大、集聚人口和经济条件较好，从而应该重点进行工业化城镇化开发的城市化地区。优化开发区和重点开发区都属于城市化地区，开发内容总体上相同，开发强度和开发方式不同。

(五)限制开发区

限制开发区是指限制进行大规模高强度工业化城镇化开发的农产品主产区和限制进行大规模高强度工业化城镇化开发的重点生态功能区。限制开发区域分为两类：一类是农产品主产区，即耕地较多、农业发展条件较好，尽管也适宜工业化城镇化开发，但从保障国家农产品安全以及中华民族永续发展的需要出发，必须把增强农业综合生产能力作为发展的首要任务，从而应该限制进行大规模高强度工业化城镇化开发的地区；一类是重点生态功能区，即生态系统脆弱或生态功能重要，资源环境承载能力较低，不具备大规模高强度工业化城镇化开发的条件，必须把增强生态产品生产能力作为首要任务，从而应该限制进行大规模高强度工业化城镇化开发的地区。

(六)禁止开发区

禁止开发区是指禁止进行工业化城镇化开发的重点生态功能区。包括依法设立的各级各类自然文化资源保护区域，以及其他禁止进行工业化城镇化开发、需要特殊保护的重点生态功能区。国家层面禁止开发区域，包括国家级自然保护区、世界文化自然遗产、国家级风景名胜区、国家森林公园和国家地质公园。省级层面的禁止开发区域，包括省级及以下各级各类自然文化资源保护区域、重要水源地以及其他省级人民政府根据需要确定的禁止开发区域。

二、主体功能区的分类

我国国土空间功能分区有多种分类方式，如图 5. 3-1 所示。如按开发方式，分为优化开发区域、重点开发区域、限制开发区域和禁止开发区域；按开发内容，分为城市化地区、农产品主产区和重点生态功能区；按层级，分为国家和省级两个层面。

优化开发区域、重点开发区域、限制开发区域和禁止开发区域，是基于不同区域的资源环境承载能力、现有开发强度和未来发展潜力，以是否适宜或如何进行大规模高强度工业化城镇化开发为基准划分的。

城市化地区、农产品主产区和重点生态功能区，是以提供主体产品的类型为基准划分的。城市化地区是以提供工业品和服务产品为主体功能的地区，也提供农产品和生态产品；农产品主产区是以提供农产品为主体功能的地区，也提供生态产品、服务产品和部分工业品；重点生态功能区是以提供生态产品为主体功能的地区，也提供一定的农产品、服务产品和工业品。

各类主体功能区，在全国经济社会发展中具有同等重要的地位，只是主体功能不同，开发方式不同，保护内容不同，发展首要任务不同，国家支持重点不同。对城市化地区主要支持其集聚人口和经济，对农产品主产区主要支持其增强农业综合生产能力，对重点生态功能区主要支持其保护和修复生态环境。

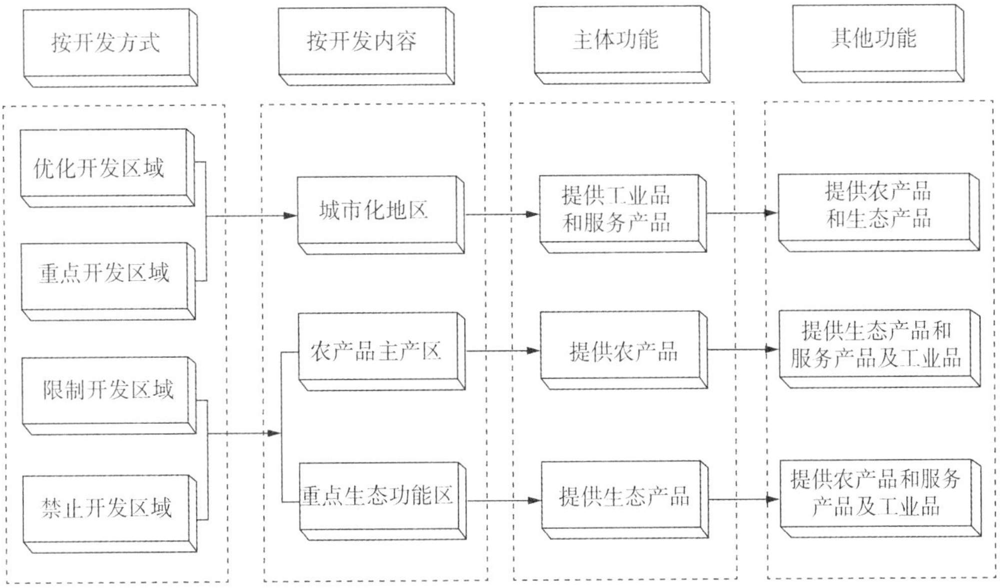

图 5.3-1　主体功能区分类及其功能

三、全国主体功能区战略格局

根据《全国主体功能区规划》，全国主体功能区战略格局包括城市化战略格局、农业战略格局、生态安全战略格局三个方面。这三个方面的战略格局框架如下：

（一）以"两横三纵"为主体的城市化战略格局

构建以陆桥通道、沿长江通道为两条横轴，以沿海、京哈京广、包昆通道为三条纵轴，以国家优化开发和重点开发的城市化地区为主要支撑，以轴线上其他城市化地区为重要组成的城市化战略格局。推进环渤海、长江三角洲、珠江三角洲地区的优化开发，形成 3 个特大城市群；推进哈长、江淮、海峡西岸、中原、长江中游、北部湾、成渝、关中—天水等地区的重点开发，形成若干新的大城市群和区域性的城市群。

（二）以"七区二十三带"为主体的农业战略格局

构建以东北平原、黄淮海平原、长江流域、汾渭平原、河套灌区、华南、甘肃新疆等农产品主产区为主体，以基本农田为基础，以其他农业地区为重要组成的农业战略格局。东北平原农产品主产区，要建设优质水稻、专用玉米、大豆和畜产品产业带；黄淮海平原农产品主产区，要建设优质专用小麦、优质棉花、专用玉米、大豆和畜产品产业带；长江流域农产品主产区，要建设优质水稻、优质专用小麦、优质棉花、油菜、畜产品和水产品产业带；汾渭平原农产品主产区，要建设优质专用小麦和专用玉米产业带；

河套灌区农产品主产区，要建设优质专用小麦产业带；华南农产品主产区，要建设优质水稻、甘蔗和水产品产业带；甘肃新疆农产品主产区，要建设优质专用小麦和优质棉花产业带。

（三）以“两屏三带”为主体的生态安全战略格局

构建以青藏高原生态屏障、黄土高原—川滇生态屏障、东北森林带、北方防沙带和南方丘陵山地带以及大江大河重要水系为骨架，以其他国家重点生态功能区为重要支撑，以点状分布的国家禁止开发区域为重要组成的生态安全战略格局。青藏高原生态屏障，要重点保护好多样、独特的生态系统，发挥涵养大江大河水源和调节气候的作用；黄土高原—川滇生态屏障，要重点加强水土流失防治和天然植被保护，发挥保障长江、黄河中下游地区生态安全的作用；东北森林带，要重点保护好森林资源和生物多样性，发挥东北平原生态安全屏障的作用；北方防沙带，要重点加强防护林建设、草原保护和防风固沙，对暂不具备治理条件的沙化土地实行封禁保护，发挥“三北”地区生态安全屏障的作用；南方丘陵山地带，要重点加强植被修复和水土流失防治，发挥华南和西南地区生态安全屏障的作用。

四、全国主体功能区的功能定位与发展方向

根据《全国主体功能区规划》，按开发方式不同，将国土空间区分为四种功能区：优化开发区、重点开发区、限制开发区（含农产品主产区和重点生态功能区）和禁止开发区。每类区域的功能定位及发展方向如下：

（一）优化开发区

国家优化开发区的功能定位是：提升国家竞争力的重要区域，带动全国经济社会发展的龙头，全国重要的创新区域，我国在更高层次上参与国际分工及有全球影响力的经济区，全国重要的人口和经济密集区。国家层面的优化开发区包括环渤海地区、长江三角洲地区、珠江三角洲地区。

国家优化开发区域应率先加快转变经济发展方式，调整优化经济结构，提升参与全球分工与竞争的层次。发展方向和开发原则是：

（1）优化空间结构。减少工矿建设空间和农村生活空间，适当扩大服务业、交通、城市居住、公共设施空间，扩大绿色生态空间。控制城市蔓延扩张、工业遍地开花和开发区过度分散。

（2）优化城镇布局。进一步健全城镇体系，促进城市集约紧凑发展，围绕区域中心城市明确各城市的功能定位和产业分工，推进城市间的功能互补和经济联系，提高区域的整体竞争力。

（3）优化人口分布。合理控制特大城市主城区的人口规模，增强周边地区和其他城市吸纳外来人口的能力，引导人口均衡、集聚分布。

（4）优化产业结构。推动产业结构向高端、高效、高附加值转变，增强高新技术产业、现代服务业、先进制造业对经济增长的带动作用。发展都市型农业、节水农业和绿色有机农业；积极发展节能、节地、环保的先进制造业，大力发展拥有自主知识产权的

高新技术产业，加快发展现代服务业，尽快形成服务经济为主的产业结构。积极发展科技含量和附加值高的海洋产业。

(5)优化发展方式。率先实现经济发展方式的根本性转变。研究与试验发展经费支出占地区生产总值比重明显高于全国平均水平。大力提高清洁能源比重，壮大循环经济规模，广泛应用低碳技术，大幅度降低二氧化碳排放强度，能源和水资源消耗以及污染物排放等标准达到或接近国际先进水平，全部实现垃圾无害化处理和污水达标排放。加强区域环境监管，建立健全区域污染联防联治机制。

(6)优化基础设施布局。优化交通、能源、水利、通信、环保、防灾等基础设施的布局和建设，提高基础设施的区域一体化和同城化程度。

(7)优化生态系统格局。把恢复生态、保护环境作为必须实现的约束性目标。严格控制开发强度，加大生态环境保护投入，加强环境治理和生态修复，净化水系、提高水质，切实严格保护耕地以及水面、湿地、林地、草地和文化自然遗产，保护好城市之间的绿色开敞空间，改善人居环境。

(二)重点开发区

国家重点开发区域的功能定位是：支撑全国经济增长的重要增长极，落实区域发展总体战略、促进区域协调发展的重要支撑点，全国重要的人口和经济密集区。国家层面的重点开发区包括冀中南地区、太原城市群、呼包鄂榆地区、哈长地区、东陇海地区、江淮地区、海峡西岸经济区、中原经济区、长江中游地区、北部湾地区、成渝地区、黔中地区、滇中地区、藏中南地区、关中—天水地区、兰州—西宁地区、宁夏沿黄经济区、天山北坡地区。

重点开发区域应在优化结构、提高效益、降低消耗、保护环境的基础上推动经济可持续发展；推进新型工业化进程，提高自主创新能力，聚集创新要素，增强产业集聚能力，积极承接国际及国内优化开发区域产业转移，形成分工协作的现代产业体系；加快推进城镇化，壮大城市综合实力，改善人居环境，提高集聚人口的能力；发挥区位优势，加快沿边地区对外开放，加强国际通道和口岸建设，形成我国对外开放新的窗口和战略空间。发展方向和开发原则是：

(1)统筹规划国土空间。适度扩大先进制造业空间，扩大服务业、交通和城市居住等建设空间，减少农村生活空间，扩大绿色生态空间。

(2)健全城市规模结构。扩大城市规模，尽快形成辐射带动力强的中心城市，发展壮大其他城市，推动形成分工协作、优势互补、集约高效的城市群。

(3)促进人口加快集聚。完善城市基础设施和公共服务，进一步提高城市的人口承载能力，城市规划和建设应预留吸纳外来人口的空间。

(4)形成现代产业体系。增强农业发展能力，加强优质粮食生产基地建设，稳定粮食生产能力。发展新兴产业，运用高新技术改造传统产业，全面加快发展服务业，增强产业配套能力，促进产业集群发展。合理开发并有效保护能源和矿产资源，将资源优势转化为经济优势。

(5)提高发展质量。确保发展质量和效益，工业园区和开发区的规划建设应遵循循环经济的理念，大力提高清洁生产水平，减少主要污染物排放，降低资源消耗和二氧化碳排放强度。

(6)完善基础设施。统筹规划建设交通、能源、水利、通信、环保、防灾等基础设施，构建完善、高效、区域一体、城乡统筹的基础设施网络。

(7)保护生态环境。事先做好生态环境、基本农田等保护规划，减少工业化城镇化对生态环境的影响，避免出现土地过多占用、水资源过度开发和生态环境压力过大等问题，努力提高环境质量。

(8)把握开发时序。区分近期、中期和远期实施有序开发，近期重点建设好国家批准的各类开发区，对目前尚不需要开发的区域，应作为预留发展空间予以保护。

(三)限制开发区(农产品主产区)

国家层面农产品主产区的功能定位是：保障农产品供给安全的重要区域，农村居民安居乐业的美好家园，社会主义新农村建设的示范区。

农产品主产区应着力保护耕地，稳定粮食生产，发展现代农业，增强农业综合生产能力，增加农民收入，加快建设社会主义新农村，保障农产品供给，确保国家粮食安全和食物安全。发展方向和开发原则是：

(1)加强土地整治，搞好规划、统筹安排、连片推进，加快中低产田改造，推进连片标准粮田建设。鼓励农民开展土壤改良。

(2)加强水利设施建设，加快大中型灌区、排灌泵站配套改造以及水源工程建设。鼓励和支持农民开展小型农田水利设施建设、小流域综合治理。建设节水农业，推广节水灌溉，发展旱作农业。

(3)优化农业生产布局和品种结构，搞好农业布局规划，科学确定不同区域农业发展重点，形成优势突出和特色鲜明的产业带。

(4)国家支持农产品主产区加强农产品加工、流通、储运设施建设，引导农产品加工、流通、储运企业向主产区聚集。

(5)粮食主产区要进一步提高生产能力，主销区和产销平衡区要稳定粮食自给水平。根据粮食产销格局变化，加大对粮食主产区的扶持力度，集中力量建设一批基础条件好、生产水平高、调出量大的粮食生产核心区。在保护生态前提下，开发资源有优势、增产有潜力的粮食生产后备区。

(6)大力发展油料生产，鼓励发挥优势，发展棉花、糖料生产，着力提高品质和单产。转变养殖业发展方式，推进规模化和标准化，促进畜牧和水产品的稳定增产。

(7)在复合产业带内，要处理好多种农产品协调发展的关系，根据不同产品的特点和相互影响，合理确定发展方向和发展途径。

(8)控制农产品主产区开发强度，优化开发方式，发展循环农业，促进农业资源的永续利用。鼓励和支持农产品、畜产品、水产品加工副产物的综合利用。加强农业面源污染防治。

(9)加强农业基础设施建设，改善农业生产条件。加快农业科技进步和创新，提高农业物质技术装备水平。强化农业防灾减灾能力建设。

(10)积极推进农业的规模化、产业化，发展农产品深加工，拓展农村就业和增收空间。

(11)以县城为重点推进城镇建设和非农产业发展，加强县城和乡镇公共服务设施建设，完善小城镇公共服务和居住功能。

(12)农村居民点以及农村基础设施和公共服务设施的建设，要统筹考虑人口迁移等因素，适度集中、集约布局。

(四)限制开发区(重点生态功能区)

国家层面限制开发的重点生态功能区是指生态系统十分重要，关系全国或较大范围区域的生态安全，目前生态系统有所退化，需要在国土空间开发中限制进行大规模高强度工业化城镇化开发，以保持并提高生态产品供给能力的区域。国家重点生态功能区包括大小兴安岭森林生态功能区等25个地区，总面积约386万平方千米，占全国陆地国土面积的40.2%，分为水源涵养型、水土保持型、防风固沙型和生物多样性维护型四种类型。

国家重点生态功能区的功能定位是：保障国家生态安全的重要区域，人与自然和谐相处的示范区。

国家重点生态功能区要以保护和修复生态环境、提供生态产品为首要任务，因地制宜地发展不影响主体功能定位的适宜产业，引导超载人口逐步有序地转移。

(1)水源涵养型。推进天然林草保护、退耕还林和围栏封育，治理水土流失，维护或重建湿地、森林、草原等生态系统。严格保护具有水源涵养功能的自然植被，禁止过度放牧、无序采矿、毁林开荒、开垦草原等行为。加强大江大河源头及上游地区的小流域治理和植树造林，减少面源污染。拓宽农民增收渠道，解决农民长远生计，巩固退耕还林、退牧还草成果。

(2)水土保持型。大力推行节水灌溉和雨水集蓄利用，发展旱作节水农业。限制陡坡垦殖和超载过牧。加强小流域综合治理，实行封山禁牧，恢复退化植被。加强对能源和矿产资源开发及建设项目的监管，加大矿山环境整治修复力度，最大限度地减少人为因素造成新的水土流失。拓宽农民增收渠道，解决农民长远生计，巩固水土流失治理、退耕还林、退牧还草成果。

(3)防风固沙型。转变畜牧业生产方式，实行禁牧休牧，推行舍饲圈养，以草定畜，严格控制载畜量。加大退耕还林、退牧还草力度，恢复草原植被。加强对内陆河流的规划和管理，保护沙区湿地，禁止发展高耗水工业。对主要沙尘源区、沙尘暴频发区实行封禁管理。

(4)生物多样性维护型。禁止对野生动植物进行滥捕滥采，保持并恢复野生动植物物种和种群的平衡，实现野生动植物资源的良性循环和永续利用。加强防御外来物种入侵的能力，防止外来有害物种对生态系统的侵害。保护自然生态系统与重要物种栖息地，防止生态建设导致栖息环境的改变。

(五)禁止开发区

国家禁止开发区是指有代表性的自然生态系统、珍稀濒危野生动植物物种的天然集中分布地、有特殊价值的自然遗迹所在地和文化遗址等，需要在国土空间开发中禁止进行工业化城镇化开发的重点生态功能区。据法律法规和有关方面的规定，国家禁止开发区共1443处，总面积约120万平方千米，占全国陆地国土面积的12.5%。

国家禁止开发区的功能定位是：我国保护自然文化资源的重要区域，珍稀动植物基因资源保护地。

第四节　土地利用规划

虽然2019年修订后的《土地管理法》规定："已经编制国土空间规划的，不再编制土地利用总体规划和城乡规划"。但对还没有编制国土空间规划的，还是需要编制土地利用总体规划。

土地利用规划包括土地利用总体规划、土地利用专项规划和土地利用详细规划。土地利用规划是土地利用管制的前提和基础。本节主要介绍土地利用总体规划，包括土地利用总体规划的编制依据、编制原则、编制程序、工作内容、审批权限、实施与修改等。

一、土地利用规划的相关概念

（一）土地利用总体规划

土地利用总体规划是指各级人民政府依据国民经济和社会发展规划、国土整治和资源环境保护的要求、土地供给能力以及各项建设对土地的需求，对辖区内的土地资源所作的宏观布局和统筹安排。

土地利用总体规划是国家空间规划体系的重要组成部分，是实施土地用途管制，保护土地资源，统筹各项土地利用活动的重要依据。城乡建设、区域发展、基础设施建设、产业发展、生态环境保护、矿产资源勘查开发等各类与土地利用相关的规划，应当与土地利用总体规划相衔接。国土资源主管部门开展建设用地预审、编制土地利用计划、开展建设用地审查报批、划定基本农田等工作，应当以土地利用总体规划为依据，确保规划目标的落实。

（二）土地利用专项规划

土地利用专项规划是在土地利用总体规划的框架控制下，对土地开发、利用、整治和保护的某一专门问题进行的规划，是在某一专门问题上对土地利用总体规划的补充和深化。

常见的土地利用专项规划包括以下几类：

1. 未利用地开发规划

未利用地开发规划是以土地开发为核心内容的规划。未利用地开发是指人类通过采取工程措施、生物措施和技术措施等，对各种未利用的土地资源，如荒山、荒地、荒滩等投入经营与利用。未利用地开发规划是对未利用地开发的范围、可行性研究、开发程序、开发方法、开发经费、开发后的使用权限等所做的统筹安排。

2. 土地整治规划

土地整治规划是以土地整治为核心内容的规划。可分为农村土地整治和市地整治。农村土地整治是对农村的田、水、路、林、村等进行的综合整治；市地整治主要是旧城改造、“城中村”改造、旧工矿区改造等。土地整治规划是对土地整理的范围、目标、原则、任务、内容、手段、成果、效益等所做的统筹安排。

3. 土地复垦规划

土地复垦是指对在生产建设过程中，因挖损、塌陷、占压等造成破坏的土地，采取整治措施，使其恢复到可利用的状态。土地复垦规划是对土地复垦的主体、复垦方法、复垦期限、复垦经费安排等所做的统筹安排。

4. 土地保护规划

土地保护是指在一定历史条件下，人们从保障土地生态环境或满足社会需要出发，为防止土地退化，以一定的政策、法律和经济手段，对土地利用采取的限制和保护措施。土地保护规划是对土地保护的目标、原则、任务、类型、范围、内容、手段、措施等所做的统筹安排。

(三) 土地利用详细规划

土地利用详细规划是指使用土地的单位或个人对其使用范围内的土地在一定时期内的具体安排利用和技术设计，包括其空间布局、利用分区、具体建设项目的设计，以及施工方案和搬迁计划等。土地利用详细规划是规划体系中直接指导土地利用者的用地具体行为的规划，是最具有可操作性的规划。

土地利用详细规划应当以土地利用总体规划、土地专项规划等上位规划为依据，不得与上位规划相冲突。

二、土地利用规划的分类

跟土地利用有关的规划种类繁多。大到全国国民经济与社会发展的战略性规划，小到行政村级土地利用规划，最终都直接或间接地落到每块土地的利用上来。

按不同的分类标准，土地利用规划体系可以区分为不同的规划体系。

(一) 土地利用全国级、省级、地级、县级、乡级、行政村级规划

按行政区划的不同，可以将规划分为全国级、省(自治区、直辖市)级、地(地级市、地区、自治州、盟)级、县(市辖区、县级市、自治县)级、乡(街道、镇、自治乡)级五级规划。有些甚至将规划做到了行政村一级。

(二) 土地利用总体规划、专项规划、详细规划

这种分类体系类似于宏观、中观和微观规划体系。总体规划是对土地利用的全局性、战略性、总体性的安排；专项规划则是对某一专门事项所做的统筹安排，如基本农田保护规划，土地整治规划等；详细规划则是对具体地块的开发、利用、治理、保护所做的详细安排。

(三) 土地利用宏观规划、中观规划和微观规划

按土地利用规划的可操作性程度不同，可以区分为宏观规划、中观规划和微观规划。宏观规划一般为战略性、指导性、方向性规划；中观规划一般起承上启下的作用，而微观规划则是战术性、指令性、具体性、可操作性强的规划。我们一般可以将全国级的土地利用规划称为宏观规划，省（自治区、直辖市）、地（市、州）、县级规划为中观层次的规划，而乡（镇）规划、村庄土地利用规划，特别是村庄级规划，则为微观层次的规划。

（四）土地利用专门规划、相关规划

根据规划与土地利用的相关程度不同，将土地利用区分为专门规划和相关规划。专门规划是以土地利用为核心，为解决土地利用问题所做的规划，如土地利用总体规划、基本农田保护规划、土地整治规划等；相关规划虽不以土地利用为核心，但最终跟土地利用有关的规划，如国民经济与社会发展规划、城乡规划、城市规划、农业区划、交通规划、水利规划、乡镇企业发展规划、畜牧水产规划、环境保护规划、国土整治规划等。

（五）土地利用远景规划、长期规划、中期规划和近期规划

按规划有效时间不同，土地利用规划可分为远景规划、长期规划、中期规划和近期规划等。远景规划期限可达 20 年以上，长期规划一般为 15～20 年规划；中期规划一般为 5～15 年规划；近期规划一般为 0～5 年规划。

（六）政府主导型规划、用地单位自主型规划

按土地利用规划编制的主体不同，可以将土地利用规划区分为政府主导型规划和用地单位自主型规划。政府主导型规划是指由财政出资，自然资源主管部门负责，其他部门配合，规划方案经公众参与、专家论证、政府审批同意后予以实施的规划。用地单位自主型规划则是由用地单位自行出资，自主设计，一般须经政府审核同意后，由用地单位自行实施的规划。

三、土地利用规划的编制主体

由于土地利用规划可以区分为多种类型，每种类型的规划编制主体可能存在不同。政府型土地利用规划的编制主体应为各级人民政府。根据 2018 年国务院机构改革方案，国土空间规划统一归口由自然资源部负责。因此，除自主型土地利用规划外，各级自然资源行政主管部门应是对应各级土地利用规划的具体承办主体。

以目前的土地利用总体规划为例，我国土地利用总体规划体系由国家、省、市、县和乡（镇）五级土地利用总体规划构成。土地利用总体规划依法由各级人民政府组织编制，自然资源主管部门具体承办。自然资源主管部门会同有关部门编制本级土地利用总体规划，审查下级土地利用总体规划。全国土地利用总体规划由国务院自然资源主管部门会同国务院有关部门编制。省、自治区、直辖市的土地利用总体规划，市县地方各级土地利用总体规划，由各省、自治区、直辖市、市县地方各级人民政府组织本级自然资源主管部门会同其他有关部门编制。乡（镇）土地利用总体规划可以与所在地的县级土地利用总体规划同步编制。村土地利用规划是乡（镇）土地利用总体规划的重要组成部分。

四、土地利用规划的编制依据

（一）政策法规

政策法规包括宪法、法律、行政法规、地方法规、政府规章、其他规范性文件等。

（二）自然条件

自然条件包括规划区的地形、地貌、高程、气候、水文、植被、生物、矿产、岩石、大气、土壤、自然灾害等方面的条件。

（三）社会经济发展状况

社会经济发展状况包括当地的经济地理区位、经济总量、第一产业、第二产业、第三产业产值构成状况，固定资产投资、人口总量和结构、城乡居民可支配收入、人均GDP，基础设施状况、环境污染、生态破坏状况、技术发展状况等。

（四）土地利用现状

土地利用现状包括土地利用的总规模、分类规模、土地利用结构、土地利用布局、土地利用程度与效益、土地利用中存在的问题等。

（五）土地供需状况

土地供需状况包括耕地、园地、林地、草地、其他农用地的供给与需求；城乡建设用地、独立工矿用地、特殊用地、交通用地、水利用地等的供给与需求状况。

（六）上级规划

上级规划包括上级规划确定的规划原则、目标、任务、内容、措施，以及对下级规划中指令性指标和指导性指标的安排等。

（七）其他相关规划

其他相关规划包括国民经济与社会发展规划、主体功能区规划、国土整治规划、城市规划、农业区划、交通规划、水利规划、畜牧水产规划、探矿采矿规划、生态环境规划、风景名胜区规划、自然保护区规划等。

五、土地利用规划的编制原则

为贯彻“十分珍惜、合理利用土地和切实保护耕地”的基本国策，落实土地用途管制制度，我国土地利用规划的编制应当坚持以下原则：

（一）落实国土空间开发保护要求，严格土地用途管制

将空间区分为四类：城市空间、农业空间、生态空间和其他空间。城市空间，包括城市建设空间、工矿建设空间。城市建设空间包括城市和建制镇居民点空间。工矿建设空间是指城镇居民点以外的独立工矿空间。农业空间，包括农业生产空间、农村生活空间。农业生产空间包括耕地、改良草地、人工草地、园地、其他农用地（包括农业设施和农村道路）空间。农村生活空间即农村居民点空间。生态空间，包括绿色生态空间、其他生态空间。绿色生态空间包括天然草地、林地、湿地、水库水面、河流水面、湖泊水面。其他生态空间包括荒草地、沙地、盐碱地、高原荒漠等。其他空间，指除以上三类空间以外的其他国土空间，包括交通设施空间、水利设施空间、特殊用地空间。交通设施空间包括铁路、公路、民用机场、港口码头、管道运输等占用的空间。水利设施空间即水利工程建设占用的空间。特殊用地空间包括居民点以外的国防、宗教等占用的空间。优化空间结构，应当按照生产发展、生活富裕、生态良好的要求调整空间结构。保证生活空间，扩大绿色生态空间，保持农业生产空间，适度压缩工矿建设空间。

针对空间分工，落实国土空间保护要求，严格土地用途管制。

(二)严格保护永久基本农田，严格控制非农业建设占用农用地

永久基本农田是指按照一定时期人口和社会经济发展对农产品的需求，以及对建设用地的预测，依据土地利用总体规划确定的不得占用的耕地。严格保护基本农田，是保证国家粮食安全，促进国民经济稳定发展的重要措施。严格控制占用基本农田进行非农业建设，不得占用基本农田发展林牧业，或挖塘养鱼。

我国《土地管理法》规定，省、自治区、直辖市人民政府编制的土地利用总体规划，应当确保本行政区域内耕地总量不减少。非农业建设经批准占用耕地的，按照“占多少，垦多少”的原则，由占用耕地的单位负责开垦与所占用耕地的数量和质量相当的耕地；没有条件开垦或者开垦的耕地不符合要求的，应当按照省、自治区、直辖市的规定缴纳耕地开垦费，专款用于开垦新的耕地。省、自治区、直辖市人民政府应当制订开垦耕地计划，监督占用耕地的单位按照计划开垦耕地或者按照计划组织开垦耕地，并进行验收。

控制非农业建设占用农用地，非农业建设需要使用土地，可以使用存量建设用地的，不得新增建设用地；可以占用非农业用地的，不得占用农用地；可以利用质量较差的农用地的，不得占用质量较好的农用地；可以占用非耕地的，不得占用耕地；可以占用较差耕地的，不得占用好的耕地；非农建设通常情况下禁止占用基本农田，特殊情况下需要占用基本农田的，报国务院批准。

(三)提高土地节约集约利用水平

节约和集约用地是我国基本国策之一。节约用地是指为达到特定目标，可以少用土地的应当尽可能少用土地。集约用地是在单位土地上增加投入以提升土地利用效益。节约用地强调的是减量，而集约用地则强调增效。

在土地利用总体规划编制过程中，各项建设需要占用土地的，应当根据其投资规模、建设期限、盈利能力等情况，合理配置土地资源，达到节约和集约用地目标。城市建设用地规模应当符合国家规定的标准，充分利用现有建设用地，不占或者尽量少占农用地。

(四)统筹安排城乡生产、生活、生态用地，满足乡村产业和基础设施用地合理需求，促进城乡融合发展

统筹安排各类用地，就是要对各类农用地、各类建设用地、生态用地的规模、空间布局予以合理安排。

县级和乡(镇)土地利用规划应当根据需要，划定永久基本农田保护区、城乡建设用地；永久基本农田保护红线，生态保护红线，城镇开发边界。乡(镇)土地利用规划还应当根据土地使用条件，确定每一块土地的用途。

乡村振兴与美丽乡村建设，要求满足乡村产业和基础设施的用地需求，促进城乡融合发展。

（五）保护和改善生态环境，保障土地的可持续利用

保护环境是我国的一项基本国策，土地是人类环境的构成要素之一，利用土地必须坚持保护和改善土地原则，保障土地的可持续利用。

（六）占用耕地与开发复垦耕地数量平衡、质量相当

非农建设经批准占用土地的，应当按照“占多少、补多少”的原则，由占用耕地的单位负责开垦与所占耕地数量平衡、质量相当的耕地。没有条件开垦或者开垦的耕地不符合要求的，应当按照省、自治区、直辖市的规定缴纳耕地开垦费，专款用于开垦新的耕地。省、自治区、直辖市人民政府应当制订开垦耕地计划，监督占用耕地的单位按照计划开垦耕地或者按照计划组织开垦耕地，并进行验收。县级以上地方人民政府可以要求占用耕地的单位将所占用耕地耕作层的土壤用于新开垦耕地、劣质地或者其他耕地的土壤改良。

六、土地利用规划的编制程序

（一）准备工作

1. 组织准备

包括成立规划领导小组和规划办公室，落实规划经费和工作人员，并进行分工。

2. 制定工作计划

制定和上报规划工作方案、工作计划，说明规划的目的和内容，提出工作开展方法、程序和工作人员组成分类，进行时间安排和经费预算。

3. 制定技术方案

说明开展规划的条件，确定规划编制的方法和手段，根据上级规划和本地国民经济与社会发展的要求初步拟定规划的目标和任务；研究专题和各专题的研究内容；研究技术要求和规划成果要求。

4. 收集资料

收集资料应当遵循准确性、实用性、针对性、全面性等原则，收集自然条件、社会经济条件、土地利用现状和历史状况、上级规划、相关规划、相关的政策法规等资料。

（二）专题研究与论证

1. 土地利用现状分析

土地利用现状分析是结合本地的自然和社会经济条件对本区域土地利用的变化和布局、结构、程度、效益等所作的分析。它通过分析总结土地利用的特点、规律和问题，提出调整、改善土地利用的建议，为编制土地利用规划提供基础依据。土地利用现状分析的主要方法有动态分析法、指标对比分析法、因素分析法等。

土地利用现状分析的内容包括以下五个方面：

1）影响土地利用的自然与社会经济条件分析

对气候、地貌、土壤、水文、植被、矿藏、景观、灾害等自然条件、自然资源，以及人口、城镇化水平、经济发展水平、产业结构、主要农产品产量与商品化程度、基础设施建设等社会经济条件进行分析、比较，明确土地利用的有利条件与不利因素。

2)土地资源的数量、质量及其动态变化分析

根据土地调查和人口、土地、农业、城乡建设统计报表，分析、比较规划区域内各类土地面积、人均占有量和质量，以及土地利用近10年的变化情况，研究引起土地利用变化的原因，评价土地利用变化对经济、社会、环境的影响。

3)土地利用结构和布局分析

结合土地资源条件，分析各类土地比例关系及各类土地在规划区域内的分布是否合理，总结土地利用的特点和规律。

4)土地利用程度和效益分析

计算土地开发利用率、各类用地实际利用率、集约利用水平和土地产出率，并与平均先进水平或现有技术经济条件下可以实现的最大利用率、生产率相比较，评价土地利用程度与效益的高低。常用的评价指标有：土地开发利用率、土地复垦率、某类土地实际利用率、土地垦殖率、耕地复种指数、建筑容积率、人均用地面积、单位土地资金集约度、单位土地产量、单位土地产值等。

5)土地利用问题与经验总结

归纳土地利用现状分析中反映出的土地利用特点与各种土地利用问题，分析规划期间可能出现的各种影响因素，分清轻重缓急，提出规划要重点解决的土地利用问题。

2. 土地供需预测

土地供需预测包括土地供给量测算和土地需求量预测。土地供给量测量是根据人口和各部门用地预测的要求，分析土地利用潜力，测算各类土地的供给量。

土地需求量预测是指根据社会经济发展的需要，在分析影响土地利用各种因素的基础上，预测规划期间各类用地需求量和总用地规模。土地需求量预测是调整土地利用结构、合理安排各项用地的依据。

3. 节约和集约用地评价

节约和集约用地评价包括分析确定节约和集约利用评价指标，量化因素指标值、评估土地节约集约利用程度，预测节约和集约利用潜力。

4. 生态环境保护与建设研究

生态环境保护与建设研究包括生态风险评价、生态敏感性评价，特殊景观、特殊区域、特殊生境的识别，自然保护区、风景名胜区保护，污染控制、生态修复与重建等。

土地利用规划编制过程中，对涉及土地资源保护与可持续发展、土地节约集约利用、土地利用结构布局优化、土地生态环境保护与建设等重大问题，编制责任机关应当组织相关方面的专家进行专题研究和论证。对土地利用规划编制中的重大问题，行政主管部门可以根据实际情况采取多种方式向社会公众征询解决方案。

(三)编制规划大纲

自然资源主管部门应当依据土地利用现状，按照国民经济和社会发展规划等要求，以主体功能区规划、国土整治规划、国家发展战略规划等为基础，组织编制土地利用规

划大纲。

土地利用规划大纲包括：

(1)规划背景；

(2)土地利用现状与评价；

(3)指导思想和原则；

(4)土地利用战略定位和目标；

(5)土地利用规模、结构与总体布局；

(6)规划实施措施。

(四)拟定规划方案

包括土地利用结构和布局调整方案、各类用地空间管制方案等。

1. 拟定土地利用结构和布局调整方案

应当综合考虑资源环境承载能力，统筹利用地上地下空间资源，按照下列布局次序、原则和要求，科学合理安排各类用地空间布局：

(1)优先布局国土安全和生态屏障用地；

(2)协调安排耕地、基本农田和基础设施用地；

(3)优化城乡建设用地结构和布局；

(4)维护和扩大城乡绿色空间；

(5)稳定自然和人文景观用地；

(6)发挥农地多重功能，拓展生态空间；

(7)防范污染区域环境风险，因地制宜整治利用；

(8)尽量避免地质灾害易发区和压覆国家重要矿产资源。

2. 拟定城乡建设用地管制方案

充分考虑生态保护红线、永久基本农田、城镇开发边界，因地制宜划定下列城乡建设用地管制边界和管制区域：

(1)城乡建设用地规模边界；

(2)城乡建设用地扩展边界；

(3)城乡建设用地禁建边界；

(4)允许建设区；

(5)有条件建设区；

(6)限制建设区；

(7)禁止建设区。

(五)供选方案的论证与协调

1. 供选方案的拟定

在编制土地利用结构与布局调整方案过程中，应当分析土地利用的影响因素和变化趋势，根据土地利用调控措施、投入水平或保证条件的不同拟定规划供选方案。每个供选方案均需保证规划主要目标的实现。对每个供选方案实施的可行性进行分析论证、综合评价后，提出推荐方案，供领导小组审定。

2. 供选方案的论证

供选方案的论证包括技术可行性论证、组织可行性论证和规划实施效益论证。

技术可行性论证：对基础资料和数据是否属实，分析、评价、预测的各项技术指标和参数是否准确可靠，土地利用指标的确定和利用分区的划定依据是否充分，规划方案对于规划目标和任务满足的程度如何等方面进行论证。

组织可行性论证：对管理体制、运行机制是否有利于规划方案的实施，各种调控措施资金投入的可能性，部门和公众代表对规划方案接受的程度，实施规划的措施是否切实可行等方面进行论证。

规划实施效益论证：包括对规划实施的社会效益、经济效益和生态效益进行论证。社会效益是指土地利用对社会发展的保障和促进作用，应从主要农产品人均占有量、商品量、城乡居住、就业条件以及交通、水利等基础设施的改善，贫困地区经济发展等方面进行论证。经济效益是指土地利用的投入产出经济效果，应从提高土地利用率、产出率、集约度的经济效果等方面进行论证。生态效益是指土地利用对生态环境的改善作用，应从森林覆盖率、水土流失防治、土地污染治理、土地质量提高等方面进行论证。

3. 方案的协调

规划编制过程中对部门用地需求提出调整的，应与有关部门进行协调。土地供需矛盾大、涉及部门较多的，应当组织召开有关部门、单位参加的协调会议，提出解决办法；涉及修改上级下达规划控制指标的调整，须按程序报上级人民政府和主管部门批准。在方案的制定和协调过程中，应当广泛听取公众意见，取得大多数公众的支持。

（六）拟定实施规划的措施

实施规划的措施主要有法律法规措施、行政措施、经济措施和技术措施等。

1. 法律法规措施

制定土地利用总体规划实施办法，建立和完善规划管理制度等。

2. 行政措施

以规划为依据，对农用地和非农用地实行严格的用途管制，加强土地利用计划、专项规划管理和与土地利用有关的综合规划、行业规划的用地审核，落实耕地保护、耕地占补平衡和土地整理、复垦、开发等措施；严格编制和实施乡（镇）土地利用总体规划，具体落实各级规划；制定政府领导实施规划的目标责任制度、规划公示制度和规划执法监督查处制度等。

3. 经济措施

推进土地有偿使用，培育完善的土地市场，制定保护耕地、集约利用土地的经济政策；落实土地整理、复垦和开发资金等。

4. 技术措施

加强土地利用动态监测，改进规划管理技术手段等。

（七）规划上报与审批

论证通过后的规划方案，由本级人民政府审核同意后，逐级上报有批准权的人民政府批准。

七、土地利用规划空间布局总体安排

编制土地利用总体规划，应当综合考虑资源环境承载能力，统筹利用地上地下空间资源，按照下列布局次序、原则和要求，科学合理安排各类用地空间布局：

(1)优先布局国土安全和生态屏障用地；
(2)协调安排耕地、基本农田和基础设施用地；
(3)优化城乡建设用地结构和布局；
(4)维护和扩大城乡绿色空间；
(5)稳定自然和人文景观用地；
(6)发挥农地多重功能，拓展生态空间；
(7)防范污染区域环境风险，因地制宜整治利用；
(8)尽量避免地质灾害易发区和压覆国家重要矿产资源。

八、土地利用规划的一般内容

土地利用规划应当包括下列内容：
(1)现行规划实施情况评估；
(2)规划背景；
(3)土地利用现状与评价；
(4)土地供需形势分析；
(5)土地利用战略分析；
(6)规划主要目标设计；
(7)土地利用结构、布局、时序安排和节约集约用地的优化方案；
(8)土地利用的差别化政策；
(9)规划实施的责任与保障措施；
(10)规划图件和图则；
(11)规划说明以及与相关规划的协调衔接情况。

九、土地利用规划的编制成果

规划成果一般包括规划文本、规划说明、规划图件及规划附件等。

(一)规划文本

规划文本的主要内容包括：土地资源的利用状况、规划目标与方针、土地利用结构调整、土地利用分区、重点建设项目用地布局、土地保护、整理、复垦与开发，下级规划土地利用调控指标，以及实施土地利用规划的措施等。

(二)规划说明

规划说明的主要内容是：编制规划的简要过程；规划的指导思想、原则和任务；规划中若干具体问题的说明等。

（三）规划图件

土地利用规划图件是土地利用规划的重要组成部分，与土地利用规划文本具有同等法律效力。规划图件包括土地利用规划图、土地利用现状图、土地专题规划图、其他图件。

（四）规划附件

规划附件包括专题研究报告及其他有关图件、资料和报告等。专题研究报告如土地利用现状分析报告、土地供需预测报告、节约和集约用地评价、生态保护与重建研究报告等；基础资料和图件包括规划过程中收集的各种资料和图件，有关的文件、文稿和草图等。

十、土地利用规划的审批

不同的规划类型，审批的程序与权限并不完全相同。本处只介绍土地利用总体规划和城乡规划的权限。其中，土地利用总体规划的审批权限来自《土地管理法》，而城乡规划的审批权限来自《城乡规划法》。

（一）由国务院批准的土地利用规划

下列土地利用总体规划，由国务院批准：

(1)省、自治区、直辖市的土地利用总体规划，报国务院批准。

(2)省、自治区人民政府所在地的市、人口在一百万以上的城市以及国务院指定的城市的土地利用总体规划，经省、自治区人民政府审查同意后，报国务院批准。

（二）由省级人民政府批准的土地利用规划

除上述规定以外的土地利用总体规划，逐级上报省、自治区、直辖市人民政府批准；其中，乡(镇)土地利用总体规划可以由省级人民政府授权的设区的市、自治州人民政府批准。

十一、土地利用规划的公告、实施与修改

土地利用规划审批通过后，应当予以公告，让土地所有者、土地使用者知晓其土地的规划用途与管制要求，保护规划有效实施。本处介绍土地利用总体规划的公告、实施与修改。

（一）乡(镇)土地利用总体规划的公告

根据我国《土地管理法实施条例》的有关规定，乡(镇)土地利用总体规划经依法批准后，乡(镇)人民政府应当在本行政区域内予以公告。

乡(镇)土地利用总体规划的公告应当包括下列内容：

(1)规划目标；

(2)规划期限；

(3)规划范围；

(4)地块用途；

(5)批准机关和批准日期。

(二)土地利用总体规划的实施与修改

土地利用总体规划一经批准，必须严格执行。

有下列情形之一，确需修改土地利用总体规划的，规划编制机关可以依法组织修改规划，报原规划审批机关批准：

(1)国家或者省级重大战略实施、重大政策调整、经济社会发展条件发生重大变化；

(2)经国务院或者省级人民政府及其投资主管部门批准的能源、交通、水利、矿山、军事设施等建设项目；

(3)重大自然灾害抢险避灾、灾后恢复重建；

(4)行政区划调整；

(5)重要民生项目建设；

(6)经规划实施评估，确需修改的；

(7)法律、行政法规规定的其他情形。

十二、土地利用规划与相关规划的衔接

国土空间规划中涉及土地管理的内容应当包括国土空间格局、规划用地布局和用途管制要求等内容，明确建设用地规模、耕地保有量、永久基本农田保护面积和生态保护红线等要求，提高土地节约集约利用水平，保障土地的可持续利用。因此，编制了国土空间规划的，不再编制土地利用总体规划。

城市总体规划应当与土地利用总体规划相衔接。城市总体规划中建设用地规模不得超过土地利用总体规划确定的城市和村庄、集镇建设用地规模。在城市规划区内，城市建设用地应当符合城市规划。城市建设用地规模应当符合国家规定的标准，充分利用现有建设用地，不占或者尽量少占农用地。

村庄和集镇规划，应当与土地利用总体规划相衔接。村庄、集镇规划中建设用地规模不得超过土地利用总体规划确定的村庄、集镇建设用地规模。在村庄和集镇规划区内，村庄、集镇建设用地应当符合村庄和集镇规划。

江河、湖泊综合治理和开发利用规划，应当与土地利用总体规划相衔接。在江河、湖泊、水库的管理和保护范围以及蓄洪滞洪区内，土地利用应当符合江河、湖泊综合治理和开发利用规划，符合河道、湖泊防洪、蓄洪和输水的要求。

第五节　土地利用计划

一、土地利用计划的概念

土地利用计划，或称土地利用年度计划，是指国家对计划年度内新增建设用地量、

耕地保有量、土地整治增加耕地等指标所做的短期性、控制性的具体安排。

土地利用计划是加强土地管理和调控，严格实施土地用途管制制度，切实保护耕地，节约集约用地，合理控制建设用地总量的重要措施。

二、土地利用计划管理的原则与内容

(一) 土地利用计划指标

土地利用计划指标包括：

(1) 新增建设用地计划指标。包括新增建设用地总量和新增建设占用农用地及耕地指标；

(2) 土地整治补充耕地计划指标；

(3) 耕地保有量计划指标；

(4) 城乡建设用地增减挂钩指标和工矿废弃地复垦利用指标。

(二) 土地利用计划管理的原则

土地利用计划管理遵循以下原则：

(1) 严格执行土地利用总体规划安排，合理控制建设用地总量和强度，切实保护耕地特别是基本农田，保护和改善生态环境，保障土地的可持续利用；

(2) 运用土地政策参与宏观调控，创新计划管理方式，以土地供应引导需求，促进土地利用结构优化和经济增长方式转变，提高土地节约集约利用水平；

(3) 坚持绿色发展，实行耕地保护数量、质量、生态并重，确保建设占用耕地与补充耕地相平衡，提高补充耕地质量；

(4) 严格执行国家区域政策、产业政策和供地政策，优先安排社会民生建设用地，保障国家重点建设项目和基础设施项目用地；

(5) 坚持协调发展，统筹区域、城乡建设用地，促进国土空间开发格局优化。统筹存量与新增建设用地，促进存量用地盘活利用，严格控制农村集体建设用地规模；

(6) 尊重群众意愿，维护群众土地合法权益，保障群众共享城镇化发展成果。

(三) 土地利用计划管理的内容

土地利用计划管理的内容包括以下方面：

(1) 测算土地利用计划指标；

(2) 提出土地利用计划建议；

(3) 编制土地利用计划草案；

(4) 上报审批土地利用计划草案；

(5) 执行土地利用计划；

(6) 监督检查土地利用计划的执行情况。

三、土地利用计划的编制和审批

(一) 测算计划指标

(1) 新增建设用地计划指标。依据国民经济和社会发展计划、国家区域政策、产业政策、土地利用总体规划以及土地利用变更调查成果等确定。

(2)土地整治补充耕地计划指标。依据土地利用总体规划、土地整治规划、建设占用耕地、耕地后备资源潜力和土地整治实际补充耕地等情况确定。

(3)耕地保有量计划指标。依据国务院向省、自治区、直辖市下达的耕地保护责任考核目标确定。

(4)城乡建设用地增减挂钩指标和工矿废弃地复垦利用指标。依据土地利用总体规划、土地整治规划等专项规划和建设用地整治利用等工作进展情况确定。

(二)提出计划建议

(1)自然资源部会同国家发展和改革委员会以全国土地利用总体规划安排为基础，根据经济社会发展状况和各地用地实际等情况，测算全国未来三年新增建设用地计划指标控制总规模。

(2)需国务院及国家发展和改革委员会等部门审批、核准和备案的重点建设项目拟在计划年度内使用土地，涉及新增建设用地的，由行业主管部门按项目向自然资源部提出计划建议，同时抄送项目拟使用土地所在地的省、自治区、直辖市自然资源主管部门以及发展改革部门。

(3)县级以上地方自然资源主管部门，以本级土地利用总体规划安排为基本依据，综合考虑本地规划管控、固定资产投资、节约集约用地、人口转移等因素，测算本地未来三年新增建设用地计划指标控制规模，以此为基础，按照年度间相对平衡的原则，会同有关部门提出本地的土地利用年度计划建议，经同级政府审查后，报上一级自然资源主管部门。

(三)编制和审批计划草案

自然资源部会同国家发展和改革委员会根据未来三年全国新增建设用地计划指标控制总规模，结合省、自治区、直辖市和国务院有关部门提出的计划指标建议，编制全国土地利用年度计划草案，纳入国民经济和社会发展计划草案，报国务院批准，提交全国人民代表大会审议确定后，下达各地执行。

四、土地利用计划的下达与实施

(一)下达计划指标

(1)全国新增建设用地计划指标下达到省、自治区、直辖市以及计划单列市、新疆生产建设兵团。

(2)城乡建设用地增减挂钩指标和工矿废弃地复垦利用指标，由自然资源部会同国家发展和改革委员会依据全国人民代表大会审议通过的全国土地利用年度计划总量指标，根据各地经济社会发展状况、规划安排、农村建设用地状况、资源潜力和相关工作进展情况，提出分解方案并下达至省、自治区、直辖市。

(3)省级以下自然资源主管部门应当将上级下达的土地利用年度计划指标予以分解，经同级人民政府同意后下达至市县。省、自治区、直辖市自然资源主管部门应当将分解下达的土地利用年度计划报自然资源部。

（二）土地利用计划的实施

土地利用年度计划一经批准下达，必须严格执行。新增建设用地计划指标实行指令性管理，不得突破。批准使用的建设用地应当符合土地利用年度计划。凡不符合土地利用总体规划、国家区域政策、产业政策和供地政策的建设项目，不得安排土地利用年度计划指标。没有土地利用年度计划指标擅自批准用地的，按照违法批准用地追究法律责任。

五、土地利用计划的监督与奖惩

（一）土地利用计划的监督

（1）县级以上地方自然资源主管部门应当加强土地利用年度计划执行监管，严格执行土地利用年度计划指标使用在线报备制度，对土地利用年度计划指标使用情况及时进行登记，并按月在线上报。

（2）自然资源部依据在线报备数据，按季度对各省、自治区、直辖市土地利用计划安排使用情况进行通报。

（3）省、自治区、直辖市自然资源主管部门应当加强对土地利用年度计划执行情况的跟踪检查，于每年一月底前形成上一年度土地利用年度计划执行情况报告报自然资源部，抄送同级发展改革部门。

（4）上级自然资源主管部门应当对下级自然资源主管部门土地利用年度计划的执行情况进行年度评估考核。评估考核结果应当作为下一年度土地利用年度计划编制和管理的重要依据。

（二）土地利用计划的奖惩

（1）对实际新增建设用地面积超过当年下达计划指标的，视情况相应扣减下一年度计划指标。

（2）对建设用地整治利用中存在侵害群众权益，整治利用未达到时间、数量和质量要求等情形，情节严重的，扣减下一年度用地计划指标。

（3）节余的新增建设用地计划指标，经自然资源部审核同意后，允许在三年内结转使用。

第六节　土地利用审批

一、土地利用审批的概念

（一）行政审批

行政审批是行政审核和行政批准的合称。行政审批是指行政机关（包括有行政审批权的其他组织）根据自然人、法人或者其他组织提出的申请，经过依法审查，采取“批准”“同意”“年检”“发放证照”等方式，准予其从事特定活动、认可其资格资质、确认特定民事关系或者特定民事权利能力和行为能力的行为。

(二)土地利用审批

土地利用审批是指自然资源主管部门根据当事人的申请，经过依法审查，允许其在一定时间内对规定范围的土地在满足特定条件的前提下进行投资、开发、利用、整治等活动的行为。土地利用审批是行政审批的一种。

二、土地利用审批的类型

土地利用审批包括土地用途变更审批、建设项目用地审批等。土地用途变更审批又分为农用地转用审批、未利用地开发审批。

(一)农用地转用审批

农用地是指直接用于农业生产的土地，包括耕地、园地、林地、草地和其他农用地。农用地转用是指将农用地转为建设用地。农用地转用审批是指有权的行政机关依法对申请者的农用地转用申请进行审查，对符合条件的予以批准的行为。

(二)未利用地开发审批

未利用地是指除农用地、建设用地、水域以外的土地。未利用地开发是指将未利用地转变为农用地或者建设用地的行为。未利用地开发审批是指有权的行政机关依法对申请者的未利用地开发申请进行审查，对符合条件的予以批准的行为。

(三)实施规划用地审批

为实施土地利用总体规划，按土地利用总体规划、城市规划、村庄和集镇规划变更地块用途和使用状态的，应当根据土地利用年度计划分批次办理用地审批手续。分批次用地审批的目的是有计划、有步骤地实施规划。

(四)建设项目使用国有土地的审批

建设用地是指用于建造建筑物、构筑物的土地。建设项目用地是指住宅、工矿、仓储、交通、水利、商业、金融业、服务业等非农项目使用的土地。建设项目用地审批是指有权的行政机关对申请人的建设项目用地申请进行审查，对符合条件的予以批准的行为。根据我国现行法律规定，任何单位和个人进行建设，需要使用土地的，必须依法申请使用国有土地；但是，兴办乡镇企业和村民建设住宅经依法批准使用本集体经济组织农民集体所有的土地的，或者乡(镇)村公共设施和公益事业建设经依法批准使用农民集体所有的土地的除外。

(五)建设项目使用集体土地的审批

乡镇企业用地、乡(镇)村公共设施和公益用地、农村村民建住宅需要使用集体所有的土地从事建设的，应当依法办理集体建设用地审批手续。

(六)临时用地审批

建设项目施工和地质勘查需要临时使用土地的，应当办理临时用地审批手续。

三、农用地转用审批

经依法批准的建设项目，涉及占用农用地转用的，应当办理农用地转用审批手续。

永久基本农田转为建设用地的，由国务院批准。

在土地利用总体规划确定的城市和村庄、集镇建设用地规模范围内，为实施该规划而将永久基本农田以外的农用地转为建设用地的，按土地利用年度计划分批次按照国务院规定由原批准土地利用总体规划的机关或者其授权的机关批准。在已批准的农用地转用范围内，具体建设项目用地可以由市、县人民政府批准。

在土地利用总体规划确定的城市和村庄、集镇建设用地规模范围外，将永久基本农田以外的农用地转为建设用地的，由国务院或者国务院授权的省、自治区、直辖市人民政府批准。

四、未利用地开发审批

(一)国有未利用地开发的审批

开发未确定土地使用权的国有荒山、荒地、荒滩从事种植业、林业、畜牧业、渔业生产的，应当向土地所在地的县级以上地方人民政府自然资源主管部门提出申请，按照省、自治区、直辖市规定的权限，由县级以上地方人民政府批准。

(二)集体未利用地开发的审批

集体所有的不宜采取家庭承包方式的荒山、荒沟、荒丘、荒滩等，可以采取招标、拍卖、公开协商等方式承包，从事种植业、林业、畜牧业、渔业生产。

五、实施城乡规划的用地审批

在土地利用总体规划确定的城市建设用地范围内，为实施城市规划占用土地的，或者在土地利用总体规划确定的村庄、集镇建设用地范围内，为实施村庄、集镇规划占用土地的，按照下列程序办理用地审批手续：

(1)由市、县人民政府按照土地利用年度计划拟订农用地转用方案、补充耕地方案，为公共利益需要征收集体土地的，还需拟订征收土地方案，分批次逐级上报有批准权的人民政府。

(2)有批准权的人民政府自然资源主管部门对农用地转用方案、补充耕地方案、征收土地方案进行审查，提出审查意见，报有批准权的人民政府批准；其中，补充耕地方案由批准农用地转用方案的人民政府在批准农用地转用方案时一并批准。

(3)农用地转用方案、补充耕地方案、征收土地方案经批准后，由市、县人民政府组织实施，按具体建设项目分别供地。

六、建设项目使用国有土地的审批

拟使用国有土地的建设项目申请占用土地的，其基本审批程序如下：

(一)建设项目用地预申请和预审

建设项目可行性研究论证时，申请者向土地所在地的市、县人民政府自然资源主管部门提出用地预审和选址申请，由自然资源主管部门对建设项目用地有关事项进行审查，提出建设项目用地预审和选址意见书；可行性研究报告报批时，必须附具自然资源主管部门出具的建设项目用地预审和选址意见书。

(二)正式申请和审批

建设单位持建设项目的有关批准文件，向市、县人民政府自然资源主管部门提出建设用地规划许可申请，由市、县人民政府自然资源主管部门审查，逐级上报给有批准权的人民政府批准后，发给建设用地规划许可证。并根据建设项目占用土地的具体位置，以及涉及农用地转用、土地征收、补充耕地、补划基本农田、供地情况的差异，相应拟订农用地转用方案、补充耕地方案、补划基本农田方案、土地征收方案和供地方案，报市、县人民政府批准；需要上级人民政府批准的，应当报上级人民政府批准。

如果建设项目申请使用土地利用总体规划确定的城镇建设用地区内的国有土地的，如果通过招标、拍卖、挂牌、协议出让等方式取得土地使用权的，由市、县人民政府自然资源主管部门会同有关部门拟订方案，报市、县人民政府批准后，由市、县人民政府自然资源主管部门组织实施，并与土地使用者签订土地有偿使用合同，将规划条件纳入国有建设用地使用权出让合同。建设单位在签订国有建设用地使用权出让合同后，市、县自然资源主管部门向建设单位核发建设用地规划许可证。受让方只需履行出让合同并支付出让金，办理土地登记后就可以占用土地。而通过申请方式申请用地的，需要提交建设用地规划许可申请，逐级上报批准，取得建设用地规划许可证和国有土地划拨决定书后，市、县人民政府自然资源主管部门应当拟订供地方案或者划拨用地方案，经批准后供地。

如果能源、交通、水利、矿山、军事设施等建设项目确需使用土地利用总体规划确定的城市建设用地范围外的土地，由建设单位提出建设用地规划许可申请，经逐级上报批准后，由市县人民政府自然资源主管部门发给建设用地规划许可证。涉及占用农用地的，则需要拟订农用地转用方案、补充耕地和补划基本农田方案、供地方案，涉及集体土地的，还要拟订土地征收方案，经批准后供地。不涉及农用地的，则无需农用地转用方案、补充耕地和补划基本农田方案。

(三)办理不动产登记

取得建设用地批准书或者国有土地划拨决定书后，土地使用者应当依法申请办理不动产登记。

七、建设项目使用集体土地的审批

(一)乡(镇)企业用地的审批

农村集体经济组织使用乡(镇)土地利用总体规划确定的建设用地兴办企业或者与

其他单位、个人以土地使用权入股、联营等形式共同举办企业的，应当持有关批准文件，向县级以上地方人民政府自然资源主管部门提出申请，按照省、自治区、直辖市规定的批准权限，由县级以上地方人民政府批准；其中，涉及占用农用地的，应按规定办理农用地转用审批手续。

(二)乡(镇)村公共设施和公益事业用地的审批

乡(镇)村公共设施、公益事业建设，需要使用土地的，经乡(镇)人民政府审核，向县级以上地方人民政府自然资源主管部门提出申请，按照省、自治区、直辖市规定的批准权限，由县级以上地方人民政府批准；其中，涉及占用农用地的，应按规定办理农用地转用审批手续。

(三)村民宅基地的审批

农村村民建住宅，应当符合乡(镇)土地利用总体规划、村庄规划，不得占用永久基本农田，并尽量使用原有的宅基地和村内空闲地。编制乡(镇)土地利用总体规划、村庄规划应当统筹并合理安排宅基地用地，改善农村村民居住环境和条件。

农村村民住宅用地，由乡(镇)人民政府审核批准；其中，涉及占用农用地的，应当依法办理农用地转用审批手续。

农村村民出卖、出租、赠与住宅后，再申请宅基地的，不予批准。

国家允许进城落户的农村村民依法自愿有偿退出宅基地，鼓励农村集体经济组织及其成员盘活利用闲置宅基地和闲置住宅。

八、临时用地的审批

建设项目施工和地质勘查需要临时使用国有土地或者农民集体所有的土地的，由县级以上人民政府自然资源主管部门批准。其中，在城市规划区内的临时用地，在报批前，应当先经有关城市规划行政主管部门同意。土地使用者应当根据土地权属，与有关自然资源主管部门或者农村集体经济组织、村民委员会签订临时使用土地合同，并按照合同的约定支付临时使用土地补偿费。

临时使用土地的使用者应当按照临时使用土地合同约定的用途使用土地，并不得修建永久性建筑物。

临时使用土地期限一般不超过两年。

第七节　土地利用管制

一、土地利用管制的概念

(一)管制的概念

法学上的管制，是刑罚中最轻的一种，是对性质轻、危害小犯罪行为的惩罚措施。

管制是对罪犯不予关押，但限制其一定自由，依法实行社区矫正。

行政学和经济学上的管制，是指政府行政机关针对市场失灵的诸方面，以社会福利最大化为目标，制定并实施的干预微观经济主体行为的一般规则或者特殊行为。是政府对私人决策的干预。管制可以区分为经济管制和社会管制。经济管制往往针对特定产业，如具有自然垄断特征的产业(电网、通信网、自来水等)、潜在竞争产业(如电视、广播、航空运输、采矿等)、存在严重信息不对称的产业(银行、保险等金融产业)，是对特定产业的价格、市场准入、投资和服务标准方面的控制，如城市供电、邮政等领域禁止私人投资进入，电价必须由物价局审批，不得由企业自行调整，烟草厂家必须在香烟包装盒上明确注明“吸烟危害健康”，美国所有汽车需配备两个安全气囊等；社会管制是基于对生产者和消费者健康和安全的考虑，制定一些规章制度对涉及环境保护、产品质量和生产安全等方面所实行的管制，以纠正经济活动所引发的各种副作用和外部影响。社会管制产生的经济学依据是环境资产等的外部性和安全保证中的信息不对称性。社会性管制措施如开车需系安全带，公共场所禁止吸烟，药品购买限制，汽车尾气排放必须达标，火电厂大气污染排放和废水排放必须达到国家标准等。

(二)土地利用管制的概念

土地利用管制是行政学和经济学上的管制，是指政府行政机关针对市场失灵的诸方面，以社会福利最大化为目标，制定并实施的干预土地利用者的用地行为的一般规则或者特殊行为。

土地利用管制包括对土地利用主体的限制、被用地块的管制以及对利用方式、期限、条件、强度等方面的管制。

二、土地利用管制的方式

(一)经济激励

经济激励是指通过价格管制、数量管制等方式，达到管制的目的。如设价格上限、特许权投标、区域比较竞争、排放费、可交易的排污许可证制度等。通过增加私人成本或者降低收益等方式达到控制某类行为的目的。

在土地利用管制中，通过收取土地复垦费、土地闲置费等方式，增加破坏土地、闲置土地的单位或者个人的成本，迫使其减少破坏，及时对土地加以开发利用。

(二)技术约束

采取技术上的约束措施对土地利用者的行为进行干预。如通过编制和实施规划、制定用地标准、投资强度标准等，对建筑密度、容积率、绿化率、公共设施配套面积、投资强度与期限等指标进行约束，达到促进土地使用者合理开发利用土地的目的。

如我国《城市用地分类与规划建设用地标准》(GB 50137—2011)规定的规划人均城市建设用地面积指标如表 5.7-1 所示。

表 5.7-1　　**规划人均城市建设用地面积指标(m^2/人)**

气候区	现状人均城市建设用地面积指标	允许采用的规划人均城市建设用地面积指标	允许调整幅度		
			规划人口规模≤20.0万人	规划人口规模20.1~50.0万人	规划人口规模>50.0万人
Ⅰ、Ⅱ、Ⅵ、Ⅶ	≤65.0	65.0~85.0	>0.0	>0.0	>0.0
	65.1~75.0	65.0~95.0	+0.1~+20.0	+0.1~+20.0	+0.1~+20.0
	75.1~85.0	75.0~105.0	+0.1~+20.0	+0.1~+20.0	+0.1~+15.0
	85.1~95.0	80.0~110.0	+0.1~+20.0	-5.0~+20.0	-5.0~+15.0
	95.1~105.0	90.0~110.0	-5.0~+15.0	-10.0~+15.0	-10.0~+10.0
	105.1~115.0	95.0~115.0	-10.0~-0.1	-15.0~-0.1	-20.0~-0.1
	>115.0	≤115.0	<0.0	<0.0	<0.0
Ⅲ、Ⅳ、Ⅴ	≤65.0	65.0~85.0	>0.0	>0.0	>0.0
	65.1~75.0	65.0~95.0	+0.1~+20.0	+0.1~20.0	+0.1~+20.0
	75.1~85.0	75.0~100.0	-5.0~+20.0	-5.0~+20.0	-5.0~+15.0
	85.1~95.0	80.0~105.0	-10.0~+15.0	-10.0~+15.0	-10.0~+10.0
	95.1~105.0	85.0~105.0	-15.0~+10.0	-15.0~+10.0	-15.0~+5.0
	105.1~115.0	90.0~110.0	-20.0~-0.1	-20.0~-0.1	-25.0~-5.0
	>115.0	≤110.0	<0.0	<0.0	<0.0

注：气候区应符合《建筑气候区划标准》(GB 50178—93)的规定。新建城市(镇)、首都的规划人均城市建设用地面积指标不适用本表。新建城市(镇)的规划人均城市建设用地面积指标宜在(85.1~105.0) m^2/人内确定。首都的规划人均城市建设用地指标应在(105.1~115.0) m^2/人内确定。边远地区、少数民族地区城市(镇)以及部分山地城市(镇)、人口较少的工矿业城市(镇)、风景旅游城市(镇)等不符合上表的规定时，应专门论证确定规划人均城市建设用地面积指标，且上限不得大于150.0m^2/人。

再如根据《村镇规划标准》(GB 50188—2007)，村镇建设用地中居住建筑用地、公共建筑用地、道路广场用地、公共绿地的构成比例应当满足表5.7-2的要求。

表 5.7-2　　**村镇建设用地构成比例**

类别代号	用地类别	占建设用地比例(%)		
		中心镇	一般镇	中心村
R	居住建筑用地	30~50	35~55	55~70
C	公共建筑用地	12~20	10~18	6~12
S	道路广场用地	11~19	10~17	9~16

续表

类别代号	用地类别	占建设用地比例(%)		
		中心镇	一般镇	中心村
G1	公共绿地	2~6	2~6	2~4
四类用地之间		65~85	67~87	72~92

(三)法制约束

通过制定和实施法律、法规、规章的方式，达到管制的目的。如通过下达《禁止用地项目目录》《限制用地项目目录》《优先用地项目目录》《划拨用地项目目录》等方式，禁止、限制或者鼓励某类项目使用土地。

如《禁止用地项目目录(2012年本)》规定了十七大类禁止供地项目，每个大类中再细分若干小类。如禁止用地项目第一类为“农林业”，其下五个小类禁止供地，包括：①兽用粉剂、散剂、预混剂生产线项目(持有新兽药证书的品种和自动化密闭式高效率混合生产工艺除外)；②转瓶培养生产方式的兽用细胞苗生产线项目(持有新兽药证书的品种和采用新技术的除外)；③松脂初加工项目；④缺水地区、国家生态脆弱区纸浆原料林基地建设项目；⑤粮食转化乙醇、食用植物油料转化生物燃料项目等。第十七类禁止用地项目为“其他”，其下包括6类：①别墅类房地产开发项目；②高尔夫球场项目；③赛马场项目；④党政机关(含国有企事业单位)新建、改扩建培训中心(基地)和各类具有住宿、会议、餐饮等接待功能的设施或场所建设项目；⑤未依法取得探矿权的矿产资源勘查项目；⑥未依法取得采矿权的矿产资源开采项目。

(四)行政审批

对改变土地用途，或者改变土地利用条件、方式、期限等要求的，依法进行审批，对不符合管制要求的用地情况予以防范、制止或者惩处。如将规划确定为农用地的土地改变为建设用地，必须依法办理建设用地选址申请，农用地转用方案、补充耕地方案、征地方案、供地方案等经过批准，且经批准后取得建设用地规划许可证、建设工程规划许可证等，才能开工建设。

(五)信息共享

土地管理者和土地利用者、其他利害关系人，为使社会福利最大化，应当避免出现严重的信息不对称，在关系到健康、安全、效率、公平等事项上，充分实现信息共享。如及时广泛公告土地利用总体规划、土地利用年度计划、地块的用地条件、历史成交价格等信息，使各方可以根据信息做出合法、合理、高效的决策。

三、土地利用管制的内容

(一)对用地者的准入管制

这是供地环节上的管制。凡列入《禁止用地项目目录》的建设项目或者采用所列工艺技术、装备、规模的建设项目，凡采用《产业结构调整指导目录》明令淘汰的落后工艺技术、装备或者生产明令淘汰产品的建设项目，自然资源管理部门和投资管理部门不得办理相关手续。凡列入《限制用地项目目录》的建设项目，必须符合目录规定条件，自然资源管理部门和投资管理部门方可办理相关手续。

(二)对各类用地规模和布局进行管制

对各类用地规模和布局进行管制，这通常是通过编制国土空间规划、土地利用总体规划、城乡规划等，并按照规划审批土地和使用土地实现的。如土地利用总体规划明确规定空间上每块土地的用途，土地所有者和使用者都必须按照土地利用总体规划使用土地。建设单位需要取得建设用地规划许可证才有可能使用土地，通过这种方式可实现对各类用地的规模和布局管制。

(三)对土地用途变更进行管制

国家通过编制国土空间开发利用规划、功能区规划、土地利用规划和城乡规划等，明确各地块的规划用途，土地所有者和使用者都要按照规划规定的用途使用土地，或者不得违反规划做不利于规划实施的用途变更。当土地所有者或者使用者需要变更土地用途的，应当依法办理土地用途变更审批手续，取得相应的批准文件后才可以发生用途变更。

(四)对地块的开发利用进行管制

对地块的开发利用进行管制，包括对地块的用途、期限、条件、效益等方面的管制。

1. 用途管制

根据土地利用总体规划、城市规划、村镇规划等各类用地规划，每块土地的用途都已大体明确。通过明确地块的用途、办理土地用途变更审批、监督监测用途变更、查处违规变更地块用途的行为等措施，实现对土地用途的管制。

2. 期限管制

通过规定利用者对地块利用从开始到结束的各个时段的节点，要求土地利用者在规定时段内必须完成规定开发利用任务等方式，达到促进土地合法、合理、高效利用的目的。

3. 条件管制

通过规定建设密度、建筑容积率、绿化率、公共设施配套面积、建筑样式、建筑体量、建筑间距、日照系数、退道路红线距离、各细类用地比例、投资强度等指标，强制土地利用者按规定的条件开发利用土地，达到促进土地合法、合理、合规、高效利用的目的。

4. 效益管制

通过规定地块的最低或者最高纯收益或利润的方式，促进土地的合理利用。

四、土地用途分区管制

土地用途管制制度是市场经济国家普遍采用的有效管理土地的一项基本制度。土地用途管制是指国家为保证土地资源的合理利用，经济、社会和环境的协调发展，通过编制土地利用总体规划划定土地用途区、确定土地使用条件，土地所有者和使用者必须严格按照国家确定的用途利用土地的制度。1998 年第九届全国人民代表大会常务委员会第四次会议修订的《中华人民共和国土地管理法》将之确定为我国土地管理基本制度，第四条明确规定：“国家实行土地用途管制制度”，“国家编制土地利用总体规划，规定土地用途，将土地分为农用地、建设用地和未利用地。严格限制农用地转为建设用地，控制建设用地总量，对耕地实行特殊保护”。

为指导土地合理利用、强化土地用途管制，将土地按主导用途划分为以下 8 个基本类型：生态保护与保留区、海洋特殊保护与渔业资源养护区、永久基本农田集中保护区、古迹遗址保护区、城镇发展区、农业农村发展区、海洋利用与保留区、矿产与能源发展区。在这 8 个基本分区下，根据需要每个类型下可再分二级分区。

(一)生态保护与保留区

生态保护与保留区是指具有特殊重要生态功能，必须严格保护或者修复的自然区域，包括核心生态保护区、生态保护修复区、自然保留区。核心生态保护区是指具有特殊重要生态功能或生态环境敏感脆弱，必须强制性严格保护的区域和海洋自然区域，是陆域生态保护红线和海洋生态保护红线集中区域。生态保护修复区是指核心生态保护区外，需进行生态保护与生态修复的陆地和海洋自然区域。自然保留区是指不具备开发利用与建设条件，也不需要特殊保护与修复的陆地自然区域。

1. 核心生态保护区

核心生态保护区是保障和维护国家生态安全的底线和生命线，通常包括具有重要水源涵养、生物多样性维护、水土保持、防风固沙、海岸生态稳定等功能的生态功能重要区域，以及水土流失、土地沙化、石漠化、盐渍化等生态环境敏感脆弱区域。其管制规则如下：

(1)区内土地以生态环境保护为主导用途；

(2)区内土地使用应符合经批准的相关规划；

(3)区内影响生态环境安全的土地，应在规划期间调整为适宜的用途；

(4)区内土地严禁进行与生态环境保护无关的开发建设活动，原有的各种生产、开发活动应逐步退出。严禁不符合主体功能定位的各类开发活动，严禁任意改变用途，严格禁止任何单位和个人擅自占用和改变生态保护红线的用地性质，并鼓励按照规划开展维护、修复和提升生态功能的活动。

(5)除了因国家、省、市批准或者核准立项的重大工程项目建设需要，法定规划的编制及修改，或者近期建设规划提出调整要求，并且经生态控制线管理实施评估认为确有必要，范围和管制分区将不得调整。

2. 生态保护修复区

生态保护修复区是指核心生态保护区外，需进行生态保护与生态修复的陆地和海洋自然区域。生态保护修复区的管制规则主要有：

(1)生态保护修复区原则上按限制开发区域的要求进行管理。按照生态空间用途分区，依法制定区域准入条件，明确允许、限制、禁止的产业和项目类型清单，根据空间规划确定的开发强度，提出城乡建设、工农业生产、矿产开发、旅游康体等活动的规模、强度、布局和环境保护等方面的要求。

（2）按照尊重规律、因地制宜的原则，明确采取休禁措施的区域规模、布局、时序安排，促进区域生态系统自我恢复和生态空间休养生息。

（3）实施生态修复重大工程，分区分类开展受损生态空间的修复。

（4）严格控制新增建设占用生态保护修复区。符合区域准入条件的建设项目，涉及占用生态保护修复区中的林地、草原等，按有关法律法规规定办理。

（5）鼓励各地根据生态保护需要和规划，结合土地综合整治、工矿废弃地复垦利用、矿山环境恢复治理等各类工程实施，因地制宜促进生态保护修复内建设用地逐步有序退出。

（6）严格限制农业开发占用生态保护修复区，符合条件的农业开发项目，须依法统筹安排。

（7）鼓励区内空间用途向有利于生态功能提升的方向转变，严格禁止不符合生态保护要求或有损生态功能的相互转换。

3. 自然保留区

自然保留区是指不具备开发利用与建设条件，也不需要特别保护与修复的陆地自然区域。自然保留区的管制规则主要有：

（1）涉及开发利用自然保留区中未作明确规定的空间，应当加强论证和管理。

（2）科学规划、统筹安排荒地、荒漠、戈壁、冰川、高山冻原等生态脆弱地区的生态建设，因各类生态建设规划和工程需要调整用途的，依照有关法律法规办理转用审批手续。

（二）海洋特殊保护区与渔业资源养护区

海洋特殊保护区与渔业资源养护区包括海洋特殊保护区和海洋渔业资源养护区。

1. 海洋特殊保护区

海洋特殊保护区是指生态保护区外，为了维护国家海洋权益，保护水下文物权益，对海洋资源、环境和生态进行严格管理、强制性保护的海域和无居民海岛。其管制要点有：

（1）海洋特别保护区内海洋环境保护要求应当符合海洋功能区划和海洋环境保护规划，应当采取科学、合理、有效的措施，保护和恢复海洋生态，维护海洋权益。

（2）严禁在海洋特别保护区内建设污染环境、破坏资源、影响景观的生产生活设施。在特别保护区内进行海洋和海岸工程建设，必须进行严格的海洋环境影响评价。经批准在保护区内建设的海洋及海岸工程建设项目在其施工和运营期间，应严格遵守相关法律法规的规定，落实海洋环境保护措施。

（3）严禁擅自改变海岸和海底地形地貌。严格控制海洋特别保护区内的采砂、围填海等严重影响海洋生态环境的开发利用行为。确需围垦滩涂、围海、填海及采挖海砂、砾石、矿藏或开发海岛及周围海域资源的，应当报有审批权的海洋行政主管部门批准，并采取严格的生态保护措施。

(4)严禁在海洋特别保护区内进行下列活动：狩猎、捕捞、采集、买卖保护对象；炸鱼、毒鱼、电鱼；直接向海域排放污染物；加工、销售、运输和携带以受保护的动植物与岩石等为原材料制作的旅游纪念品；擅自移动和破坏海洋特别保护区界标及保护设施。

(5)海洋特别保护区应当因地制宜采取各类人工生态恢复和修复措施，维护海洋资源、保护海洋生态。

(6)海洋特别保护区内禁止开展与保护区规划相冲突的开发活动和建设项目，鼓励开展生态养殖、生态旅游、休闲渔业、人工繁育等与保护区保护目标相一致的生态型开发利用项目，建立协调的生态经济模式。

(7)科学确定旅游区的游客容量，合理控制游客流量，加强自然景观和旅游景点的保护，严格控制占用海岸线、沙滩的建设项目。生活污水和垃圾的处理，必须实现达标排放和科学处置。

2. 海洋渔业资源养护区

(1)严格保护珍稀、濒危海洋生物物种和重要的海洋生物洄游通道、产卵场、索饵场、越冬场和栖息地等重要生境。海洋特别保护区内可建立野生动物救助设施，及时采取紧急救护措施，保护海洋野生动物。需要在海洋特别保护区内引进外来海洋生物物种的，由海洋特别保护区管理机构组织进行严格的科学论证，并报有关主管部门批准。

(2)合理控制养殖规模，推广健康的养殖技术，合理投饵、施肥，养殖用药应当符合国家和地方有关农药、兽药安全使用的规定和标准，防止自身污染。

(三)永久基本农田集中保护区

永久基本农田保护区是指永久基本农田相对集中的区域。其管制要点有：

(1)区内土地主要用作永久基本农田和直接为永久基本农田服务的农田道路、水利、农田防护林及其他农业设施；区内的一般耕地，应参照永久基本农田管制政策进行管护；

(2)区内现有非农建设用地和其他零星农用地应当整理、复垦或调整为永久基本农田，规划期间确实不能整理、复垦或调整的，可保留现状用途，但不得扩大面积；经批准的重大线性工程或者其他工程确实无法避让永久基本农田的，应当经严格论证并获得批准后占用，并补划数量和质量相当的永久基本农田。

(3)禁止占用区内永久基本农田进行非农建设，禁止在基本农田上建房、建窑、建坟、挖砂、采矿、取土、堆放固体废弃物或者进行其他破坏永久基本农田的活动；禁止占用永久基本农田发展林果业和挖塘养鱼。

(四)古迹遗址保护区

古迹遗址保护区是以历史文化资源保护为主要功能的大遗址和地下文物埋藏区域，该区的管制规则主要有：

(1)区内土地主要用于保护具有特殊价值的古迹与遗址；

(2)区内土地使用应符合经批准的保护区规划；

(3)区内影响古迹与遗址保护的土地，应在规划期间调整为适宜的用途；

(4)严禁占用区内土地进行破坏、污染古迹与遗址的开发建设活动。

(五)城镇发展区

城镇发展区是城镇开发边界围合的范围，是城镇开发建设集中发展并可满足城镇生产、生活需要的区域，包括城镇集中建设区、城镇有条件建设区、特别用途区。编制市级、县级、乡(镇)土地利用总体规划时，自然资源主管部门应当会同环境保护、住房城乡建设等部门，充分考虑生态保护红线、永久基本农田、城镇开发边界，因地制宜划定下列城乡建设用地管制边界和管制区域。其中管制边界有三类：城乡建设用地规模边界，城乡建设用地扩展边界，城乡建设用地禁建边界。相应围合而成的区域有四类：允许建设区、有条件建设区、限制建设区、禁止建设区。

1. 城镇集中建设区

城镇集中建设区是为满足城镇居民生产、生活需要，允许集中连片建设的区域。该区域一般都在允许建设区内，该区域的土地用途管制规则是：

(1)区内土地主要用于城市、建制镇建设；

(2)区内土地使用应符合城市、建制镇建设规划；

(3)区内建设应优先利用现有建设用地、闲置地和废弃地；

(4)区内农用地在批准改变用途前，应当按原用途使用，不得荒芜。

2. 城镇有条件建设区

城镇有条件建设区是城镇开发边界内，城、镇集中建设区外，为应对城镇发展不确定性划定的，当满足特定条件时方可进行城镇开发和集中建设的地域空间。该区域的用途管制规则是：

(1)区内土地主要用于满足城镇建设的弹性需要，在不突破建设用地规模控制指标的前提下，区内土地可以用于规划建设用地区的布局调整；

(2)在特定条件下，区内土地可用为本级行政辖区范围内城乡建设用地增减挂钩的新增建设用地。

3. 特别用途区

特别用途区是指城镇开发边界内，与城镇关联密切的生态涵养、休闲游憩、防护隔离、历史文化保护等地域空间。分别按照相应用途的法律法规进行用途管制。

(六)农业农村发展区

除永久基本农田保护区外，为满足农林牧渔等农业发展，以及为满足农民集中生活及生产配套为主的区域，可以进一步区分为村庄建设区、一般农业区、林业发展区、牧业发展区等。农业农村发展区的管制规则如下：

(1)区内土地主要为一般耕地、园地、林地、畜禽水产养殖地，直接为农业生产服务的农村道路、农田水利、农田防护林及其他农业设施用地，以及农村居民点及其他产业用地；

(2)区内各类土地利用应当符合相关的规划；

(3)未经批准，不得随意变更土地现状用途；

(4)不得破坏、污染和闲置、荒芜区内的土地。

（七）海洋利用与保留区

海洋利用与保留区分为海域利用区、无居民海岛利用区、海洋保留区。

1. 海域利用区

海域利用区是指允许集中开展海洋开发利用活动的海域。包括渔业利用区、交通运输用海区、工业与城镇用海区、矿产与能源用海区、旅游休闲娱乐用海区、特殊利用区等。各类用区的海域利用应当符合相关的规划和我国已签约的海洋保护国际约定等。

渔业利用区是指以渔业基础设施建设和增养殖等渔业利用为主要功能导向的海域。

交通运输用海区是指以港口建设、航道利用、锚地利用、路桥建设等为主要功能导向的海域。

工业与城镇用海区是指以临海工业与城镇发展利用为主要功能导向的海域。

矿产与能源用海区是指以油气和固体矿产等的勘探、开采以及盐田和可再生能源利用等为主要功能导向的海域。

特殊利用区是指以海底管线铺设、污水达标排放、倾倒等特殊利用为主要功能导向的海域。

2. 无居民海岛利用区

无居民海岛利用区是指允许适度开展开发利用活动的无居民海岛。无居民海岛利用区的用途管制规则主要有：

（1）维护领土主权和海洋权益；

（2）保障国防安全和海上交通安全。无居民海岛利用不得对领海基点、国防用途海岛及其周边军事设施和舰艇航道安全等产生影响；

（3）遵循生态保护红线要求，不得污染和破坏海岛及其周边海域自然资源和生态系统；

（4）无居民海岛利用应当符合有关法律法规和规划。

3. 海洋保留区

海洋保留区是指规划期内限制开发的海洋后备发展空间。

（八）矿产与能源发展区

矿产与能源发展区是指陆域油气区、采矿区、盐田区及风能、太阳能采集区等保障国家资源安全供应的区域：

（1）区内土地主要用于采矿业以及其他不宜在居民点内安排的用地；

（2）区内土地使用应符合经批准的工矿建设规划及相关规划；

（3）区内因生产建设挖损、塌陷、压占的土地应及时复垦；

（4）区内建设应优先利用现有低效建设用地、闲置地和废弃地；

（5）区内农用地在批准改变用途之前，应当按现用途使用，不得荒芜。

五、土地利用空间管制

土地利用空间管制包括空间功能管制、空间格局形态管制、空间利用强度管制、空间利用效益管制等。

（一）空间功能管制

按照主体功能区规划，通常将空间区分为生产空间、生活空间和生态空间三大类型。这三大类型的空间往往并不是非常纯粹的单独空间，而是互相渗透的或者互为主次的空间。因此，为保持生产空间，保障生活空间，保护生态空间，需要对各主体功能空间进行管制，使之保持其主体功能，而不被喧宾夺主。

对生产空间而言，应当保证主体功能为农产品生产，通过划定基本农田保护区和永久性基本农田，划定一般农田区、林业用地区、畜牧业用地区、养殖用地区等方式进行管制；对生活空间而言，应当保证主体功能为提供工业产品和服务产品，通过划定建设用地增长边界，划分允许建设区、有条件建设区、限制建设区、禁止建设区等方式进行管制；对生态空间而言，应当保证主体功能为保障生态安全和提供生态产品，通过划定重点生态保护区、自然保护区、湿地保护区、风景名胜区等方式进行管制。

主体功能区的管制措施通常在主体功能区规划中予以明确。各类空间开发、利用、治理都应当符合主体功能区规划。

（二）空间格局形态管制

空间格局形态反映的是空间内各用途地块的组合方式。空间内不同用途地块组合形态良好，则可以使空间得到更加高效的利用，景观形态更加舒适美观。空间格局形态方面的管制，在生产空间上，包括植株类型、植株高度、排列长度、宽度、间隔、季节变换等方面；在生活空间内包括建筑物、构筑物高度、长度、宽度、体量、外形、间隔等方面；在生态空间内包括斑块的类型、形状、大小、数量和空间等方面。对空间格局形态的管制，就是对各主体功能区的空间主要构成元件的大小、形状、组合方式等进行管制。

（三）空间利用强度管制

空间利用强度管制，是指对各要素在单位空间、单位时间段内承载的负荷量进行管制。对生产空间而言，主要对年度复垦指数、年度地均劳动力、年度地均化肥施用量、年度地均农药施用量等进行管制；对生活空间而言，主要对建筑密度、建筑容积率、地均用水量等进行管制；对生态空间而言，主要对破碎度、分离度、干扰度、多样性指数等进行管制。

（四）空间利用效益管制

空间利用效益同样可以区分为经济效益、社会效益和生态效益三类。经济效益反映的是空间利用的产出水平。经济效益通常用单位空间、单位时间的收益（包括货币形态的收益和实物形态的收益）来表达。如对生产空间而言，用年度地均产值、年度地均产量等指标进行管制；对生活空间而言，用年度建设用地地均产值、年度人均纯收入等指标进行管制；对生态空间而言，则用年度地均生态产品产值等指标进行管制。

社会效益反映的是人类社会对空间利用的满意程度。通常用人均空间公益性指标来表达。如对生产空间而言，用年度人均粮食拥有量、人均肉类拥有量、人均奶制品拥有量等进行管制；对生活空间而言，用人均教育设施设备拥有量、人均医疗设施设备拥有量、人均文体设施设备拥有量、人均绿地等进行管制。对生态空间而言，用人均碳排放量、污水治理率、固体废弃物处理率等指标进行管制。

第八节　节约集约用地

一、节约集约用地的相关概念

（一）节约用地

节约用地，就是各项建设都要尽量节省用地，想方设法不占或少占耕地。这是从数量上控制建设用地的增长，是以“减量”，即严格控制增量为核心内容的用地方式。

（二）集约用地

集约用地包括两个方面的含义：一是指建设用地必须提高投入产出的强度，提高土地利用的集约化程度；二是通过整合、置换和储备，合理安排土地投放的数量和节奏，改善建设用地结构、布局，挖掘用地潜力，提高土地配置和利用效率。这是从用地强度和效益两个方面对土地利用提出的要求，是以“提质”“增效”，即盘活存量、优化结构、提高效率为核心内容的用地方式。

（三）节约集约用地

通常人们将节约集约并列。综合而言，节约集约利用土地，是指通过规模引导、布局优化、标准控制、市场配置、盘活利用等手段，达到节约土地、减量用地、提升用地强度、促进低效废弃地再利用、优化土地利用结构和布局、提高土地利用效率的各项行为与活动。

（四）城乡建设用地增减挂钩

城乡建设用地增减挂钩是指依据土地利用总体规划，将若干拟复垦为耕地的农村建设用地地块（即拆旧地块）和拟用于城镇建设的地块（即建新地块），等面积共同组成建新拆旧项目区，通过建新拆旧等措施，实现耕地不减少、质量有提高、建设用地不增加、布局更合理、节约集约用地等目标的土地整理复垦活动。

二、节约集约用地的总体要求

2014年，《国土资源部关于推进土地节约集约利用的指导意见》（国土资发〔2014〕119号）要求，坚持和完善最严格的节约用地制度，遵循严控增量、盘活存量、优化结构、提高效率的总要求，全面做好定标准、建制度、重服务、强监管工作，大力推进节约集约用地，促进土地利用方式和经济发展方式加快转变。

总体而言，节约集约用地的要求如下：

（1）控制建设用地增量；

（2）盘活建设用地存量；

（3）优化用地结构和布局；

（4）提高土地利用效率；

(5)实行建设项目用地标准控制；

(6)发挥市场机制配置土地的功能；

(7)实施土地综合整治利用；

(8)推动节约集约用地科技示范引领；

(9)加强节约集约用地评价监管和宣传。

三、节约集约用地的促进措施

(一)严格控制建设用地规模

严格控制建设用地规模包括科学编制土地利用总体规划计划，切实落实土地利用总体规划计划，按照土地利用总体规划计划下达的约束性指标审批建设用地，开展土地整理、复垦和未利用地开发，盘活存量建设用地，提高建设用地效率等措施。

1. 控制城乡建设用地总规模

控制城乡建设用地总规模包括以下措施：

(1)实行城乡建设用地总量控制制度，强化县市城乡建设用地规模刚性约束，遏制土地过度开发和建设用地低效利用。

(2)加强相关规划与土地利用总体规划的协调衔接，相关规划的建设用地规模不得超过土地利用总体规划确定的建设用地规模。

(3)依据二次土地调查成果和土地变更调查成果，按照国家统一部署，调整完善土地利用总体规划，从严控制城乡建设用地规模。

(4)探索编制实施重点城市群土地利用总体规划和村土地利用规划，强化对城镇建设用地总规模的控制，合理引导乡村建设集中布局、集约用地。

(5)严格执行围填海造地政策，控制围填海造地规模。

2. 减少新增建设用地规模

与国民经济和社会发展计划、节约集约用地目标要求相适应，逐步减少新增建设用地计划和供应，减少新增建设用地规模包括以下措施：

(1)东部地区特别是优化开发的三大城市群地区要以盘活存量为主，率先压减新增建设用地规模。

(2)严格核定各类城市新增建设用地规模，适当增加城区人口100万~300万的大城市新增建设用地，合理确定城区人口300万~500万的大城市新增建设用地，从严控制城区人口500万以上的特大城市新增建设用地。

3. 盘活存量建设用地

盘活存量建设用地，即释放存量建设用地空间，提高存量建设用地在土地供应总量中的比重。措施包括：

(1)制定促进批而未征、征而未供、供而未用土地有效利用的政策，将实际供地率作为安排新增建设用地计划和城镇批次用地规模的重要依据，对近年来平均供地率较小的市、县，除国家重点项目和民生保障项目外，暂停安排新增建设用地指标，促进建设用地以盘活存量为主。

(2)严格执行依法收回闲置土地或征收土地闲置费的规定，加快闲置土地的认定、公示和处置。

(3)建立健全低效用地再开发激励约束机制，推进城乡存量建设用地挖潜利用和高效配置。

(4)完善土地收购储备制度，制定工业用地等各类存量用地回购和转让政策，建立存量建设用地盘活利用激励机制。

(5)要在坚持尊重农民意愿、保障农民权益的原则下，依法盘活利用农村集体建设用地。按规划稳妥开展农村集体建设用地整理，改善农民生产生活条件。农民住宅建设要符合镇规划、乡规划和村庄规划，住宅建设用地要先行安排利用村内空闲地、闲置宅基地。对村民自愿腾退宅基地或符合宅基地申请条件购买空闲住宅的，当地政府可给予奖励或补助。

4. 增加建设用地流量

增加建设用地流量包括以下措施：

(1)按照土地利用总体规划和土地整治规划，在安排新增建设用地时同步减少原有存量建设用地，既保持建设用地总量不变又增加建设用地流量，保障经济社会发展用地，提高土地节约集约利用水平。

(2)在确保城乡建设用地总量稳定、新增建设用地规模逐步减少的前提下，逐步增加城乡建设用地增减挂钩、工矿废弃地复垦利用和城镇低效用地再开发等流量指标，统筹保障建设用地供给。

(3)建设用地流量供应，主要用于促进存量建设用地的布局优化，推动建设用地在城镇和农村内部、城乡之间合理流动。

(4)构建“以补充量定新增量、以压增量倒逼存量挖潜”的建设用地流量管理机制，合理保障城乡建设用地，促进土地利用和经济发展方式转变。

5. 提高建设用地利用效率

提高建设用地利用效率包括以下措施：

(1)合理确定城市用地规模和开发边界，强化城市建设用地开发强度、土地投资强度、人均用地指标整体控制，提高区域平均容积率，优化城市内部用地结构，促进城市紧凑发展，提高城市土地综合承载能力。

(2)制定地上地下空间开发利用管理规范，统筹地上地下空间开发，推进建设用地的多功能立体开发和复合利用，提高空间利用效率。

(3)完善城市、基础设施、公共服务设施、交通枢纽等公共空间土地综合开发利用模式和供地方式，提高土地利用强度。

(4)统筹城市新区各功能区用地，鼓励功能混合和产城融合，促进人口集中、产业集聚、用地集约。

(5)加强开发区用地功能改造，合理调整用地结构和布局，推动单一生产功能向城市综合功能转型，提高土地利用经济、社会、生态综合效益。

(二)优化土地开发利用格局

1. 优化建设用地布局

优化建设用地布局包括以下措施:

(1)发挥国土规划和土地利用总体规划的引导管控作用,最大限度保护耕地、园地和河流、湖泊、山峦等自然生态用地,促进形成规模适度、布局合理、功能互补的城镇空间体系,加快构建以城市群为主体、大中小城市和小城镇协调发展的城镇化格局。

(2)加快划定城市开发边界、永久基本农田和生态保护红线,促进生产、生活、生态用地合理布局。

(3)结合农村土地综合整治,因地制宜、量力而行,在具备条件的地方对农村建设用地按规划进行区位调整、产权置换,促进农民住宅向集镇、中心村集中。

(4)完善与区域发展战略相适应、与人口城镇化相匹配、与节约集约用地相挂钩的土地政策体系,促进区域、城乡用地布局优化。

2. 严控城市新区无序扩张

严格控制城市新区无序扩张包括以下措施:

(1)严格城市新区用地管控,除因中心城区功能过度叠加、人口密度过高或规避自然灾害等原因外,不得设立城市新区;确需设立城市新区的,必须以人口密度、用地产出强度和资源环境承载能力为基准,以符合土地利用总体规划为前提。

(2)严格审核城市新区规划建设用地规模和布局。制定新区用地扩张与旧城改造相挂钩的方案,促进新旧城区联动发展。

3. 加强产业与用地的空间协同

加强产业与用地的空间协同包括以下措施:

(1)强化产业发展规划与土地利用总体规划的协调衔接,统筹各业各类用地,重点保障与区域资源环境和发展条件相适应的主导产业用地,合理布局战略性新兴产业、先进制造业和基础产业用地,引导产业集聚、用地集约。

(2)完善用地激励和约束机制,严禁为产能严重过剩行业新增产能项目提供用地,促进落后产能淘汰退出和企业兼并重组。

(3)推动特大城市中心城区部分产业向卫星城疏散,强化大中城市中心城区现代商贸、现代服务等功能,提高城市土地产业支撑能力。

4. 合理调整建设用地比例结构

合理调整建设用地比例结构包括以下措施:

(1)与新型城镇化和新农村建设进程相适应,引导城镇建设用地结构调整,控制生产用地,保障生活用地,增加生态用地;

(2)优化农村建设用地结构,保障农业生产、农民生活必需的建设用地,支持农村基础设施建设和社会事业发展;

(3)促进城乡用地结构调整,合理增加城镇建设用地,加大农村空闲、闲置和低效用地整治;

(4)调整产业用地结构,保障水利、交通、能源等重点基础设施用地,优先安排社会民生、扶贫开发、战略性新兴产业以及国家扶持的健康和养老服务业、文化产业、旅游业、生产性服务业发展用地。

（三）健全用地控制标准

1. 完善区域节约集约用地控制标准

开展土地开发利用强度和效益考核，依据区域人口密度、二、三产业产值、产业结构、税收等指标和建设用地结构、总量的变化，提出控制标准，加快建立综合反映土地利用对经济社会发展承载能力和水平的评价标准。

编制公共设施和公益事业建设用地标准。按照节约集约用地的原则，在满足功能和安全要求的前提下，重新审改现有各类工程项目建设用地标准。凡与土地使用标准不一致的建设标准和设计规范，应及时进行修订。要采取先进节地技术、降低路基高度、提高桥隧比例等措施，降低公路、铁路等基础设施工程用地和取弃土用地标准。建设项目设计、施工和建设用地审批必须严格执行用地标准，对超标准用地的，要核减用地面积。

2. 引导城乡提高土地利用强度

（1）加强对城镇和功能区土地利用强度的管控和引导，依据城镇建设用地普查，开展人均城镇建设用地、城市土地平均容积率、各功能区容积率和不同用途容积率、建筑密度、单位土地投资等土地利用效率和效益的控制标准研究。提出平均容积率等节约集约用地考核具体指标。

（2）逐步确立由国家和省市调控城镇区域投入产出、平均建筑密度、平均容积率控制标准，各城镇自主确定具体地块土地利用强度的管理制度，实现城镇整体节约集约、功能结构完整、利用疏密有致、建筑形态各具特点的土地利用新格局。

3. 严格执行各行各业建设项目用地标准

（1）在建设项目可行性研究、初步设计、土地审批、土地供应、供后监管、竣工验收等环节，严格执行建设用地标准，建设项目的用地规模和功能分区，不得突破标准控制。

（2）要在用地批准文件、出让合同、划拨决定书等法律文本中，明确用地标准的控制性要求，加强土地使用标准执行的监督检查。

（3）鼓励在严格执行国家标准的基础上，结合实际制定地方土地使用标准，细化和提高相关要求。

（4）对国家和地方尚未编制用地标准的建设项目，国家和地方已编制用地标准但因安全生产、地形地貌、工艺技术有特殊要求需要突破标准的建设项目，必须开展建设项目节地评价论证，合理确定用地规模。

（四）发挥市场机制配置土地的功能

1. 发挥市场机制的激励约束作用

（1）严格限定划拨用地范围，及时调整划拨用地目录。除军事、社会保障性住房和特殊用地等可以继续以划拨方式取得土地外，对国家机关办公和交通、能源、水利等基础设施（产业）、城市基础设施以及各类社会事业用地要积极实行有偿使用，对其中的经营性用地先行实行有偿使用。其他建设用地应严格实行市场配置，有偿使用。

(2)加快形成充分反映市场供求关系、资源稀缺程度和环境损害成本的土地市场价格机制，通过价格杠杆约束粗放利用，激励节约集约用地。

(3)工业用地和商业、旅游、娱乐、商品住宅等经营性用地(包括配套的办公、科研、培训等用地)，以及同一宗土地有两个以上意向用地者的，都必须实行招标拍卖挂牌等方式公开出让。土地出让合同要严格约定建设项目投资额、开竣工时间、规划条件、价款、违约责任等内容。

(4)完善土地租赁、转让、抵押二级市场。健全完善主体平等、规则一致、竞争有序的市场规制，营造有利于土地市场规范运行、有效落实节约集约用地的制度环境。

2. 鼓励划拨土地盘活利用

按照促进流转、鼓励利用的原则，进一步细化原划拨土地利用政策，加快推进原划拨土地入市交易和开发利用，提高土地要素市场周转率和利用效率。符合规划并经市、县人民政府批准，原划拨土地可依法办理出让、转让、租赁等有偿使用手续。符合规划并经依法批准后，原划拨土地既可与其他存量土地一并整体开发，也可由原土地使用权人自行开发。经依法批准后，鼓励闲置划拨土地上的工业厂房、仓库等用于养老、流通、服务、旅游、文化创意等行业发展，在一定时间内可继续以划拨方式使用土地，暂不变更土地使用性质。

3. 完善土地价租均衡的调节机制

完善工业用地出让最低价标准相关实施政策，建立有效调节工业用地和居住用地合理比价机制，提高工业用地价格，优化居住用地和工业用地结构比例。实行新增工业用地弹性出让年期制，重点推行工业用地长期租赁。加快制定有利于节约集约用地的租金标准，根据产业类型和生产经营周期确定各类用地单位的租期和用地量，引导企业减少占地规模，缩短占地年期，防止工业企业长期大量圈占土地。进一步完善土地价租税体系，提高土地保有成本，强化对土地取得、占有和使用的经济约束，提高土地利用效率和效益。

(五)实施综合整治利用

1. 推动城乡土地综合利用

(1)在符合建设要求、不影响质量安全和生态环境的基础上，因地制宜推动城市交通、商业、娱乐、人防、绿化等多功能、一体化、综合型公共空间立体开发建设，引导城镇建设提高开发强度和社会经济活动承载力。

(2)引导工业企业通过技改、压缩绿地和辅助设施用地，扩大生产用地，提高工业用地投资强度和利用效率。

(3)推动农村各类用地科学布局，鼓励农用地按循环经济模式引导、组合各类生产功能，实现土地复合利用、立体利用。

(4)结合永久基本农田和生态保护红线的划定，保留连片优质农田和菜地，作为城市绿心、绿带，发挥耕地的生产、生态和景观等多重功能。

2. 大力推进城镇低效用地再开发

(1)坚持规划统筹、政府引导、市场运作、公众参与、利益共享、严格监管的原则，在严格保护历史文化遗产、传统建筑和保持特色风貌的前提下，规范有序推进城镇更新和用地再开发，提升城镇用地人口、产业承载能力。

(2)结合城市棚户区改造，建立合理利益分配机制，采取协商收回、收购储备等方式，推进“旧城镇”改造；依法办理相关手续，鼓励“旧工厂”改造和产业升级；充分尊重权利人意愿，鼓励采取自主开发、联合开发、收购开发等模式，分类推动“城中村”改造。

3. 强化开发区用地内涵挖潜

(1)推动开发区存量建设用地盘活利用，鼓励对现有工业用地追加投资、转型改造，提高土地利用强度。

(2)提高开发区工业用地准入门槛，制定各开发区亩均投资强度标准和最低单独供地标准，并定期更新。

(3)推动开发区建设一定规模的多层标准厂房，支持各类投资开发主体参与建设和运营管理。加强标准厂房建设的土地供应。结合实际制定扶持标准厂房建设和鼓励中小项目向标准厂房集中的政策，促进中小企业节约集约用地。

4. 因地制宜盘活农村建设用地

统筹运用土地整治、城乡建设用地增减挂钩等政策手段，整合涉地资金和项目，推进田、水、路、林、村综合整治，促进农村低效和空闲土地盘活利用，改善农村生产生活条件和农村人居环境。土地整治和增减挂钩要按照新农村建设、现代农业发展和农村人居环境改造的要求，尊重农民意愿，坚持因地制宜、分类指导、规划先行、循序渐进，保持乡村特色，防止大拆大建；要坚持政府统一组织和农民主体地位，增加工作的公开性和透明度，维护农民土地合法权益，确保农民自愿、农民参与、农民受益。

5. 积极推进矿区土地复垦利用

按照生态文明建设和矿区可持续发展的要求，坚持强化主体责任与完善激励机制相结合，综合运用矿山地质环境治理恢复、土地复垦等政策手段，全面推进矿区土地复垦，改善矿区生态环境，提高矿区土地利用效率。落实矿山土地复垦主体责任，确保新建在建矿山损毁土地及时全面复垦。创新土地管理方式，在集中成片、条件具备的地区，推动历史遗留工矿废弃地复垦和挂钩利用，确保建设用地规模不增加、耕地综合生产能力有提高、生态环境有改善、废弃地得到盘活利用。

(六)推动节约集约用地科技示范引领

1. 推广应用节地技术和模式

及时总结提炼各类有利于节约集约用地的建造技术和利用模式，完善激励机制和政策，加大推广应用力度。要重点推广城市公交场站、大型批发市场、会展和文体中心、城市新区建设中的地上地下空间立体开发、综合利用、无缝衔接等节地技术和节地模式，鼓励城市内涵发展；加快推广标准厂房等节地技术和模式，降低工业项目占地规模；引导铁路、公路、水利等基础设施建设采取措施，减少工程用地和取弃土用地；推进盐碱地、污染地、工矿废弃地的治理与生态修复技术创新，加强暗管改碱节地技术研发和应用，实现土地循环利用。

2. 制定激励配套政策

在用地取得、供地方式、土地价格等方面，制定鼓励政策，形成节约集约用地的激励机制。对现有工业项目不改变用途的前提下提高利用率和新建工业项目建筑容积率超过国家、省、市规定容积率部分的，不再增收土地价款。在土地供应中，可将节地技术和节地模式作为供地要求，落实到供地文件和土地使用合同中。探索土地使用税差别化征收措施，按照节约集约利用水平完善土地税收调节政策，鼓励提高土地利用效率和效益。

3. 开展土地整治技术集成与应用

加强土地整治技术集成方法研究，组织实施一批土地整治重大科技专项，选取典型区域开展应用示范攻关。在土地整理、土地复垦、土地开发和土地修复中，综合运用先进的科学技术，推进农村土地整治和城市更新，修复损毁土地，保障土地可持续利用，提高节约集约用地水平。

（七）加强节约集约用地评价监管宣传

1. 清查城乡建设用地情况

以第二次全国土地调查和城镇地籍调查为基础，通过年度土地变更调查和年度城镇地籍调查数据更新汇总，全面掌握城乡建设用地的结构、布局、强度、密度等现状及其变化情况。在此基础上，各地可根据需要开展补充调查，为充分利用各类闲置、低效和未利用土地及开展节约集约用地评价考核提供翔实的建设用地基础数据。

2. 推进节约集约用地评价

持续开展单位国内生产总值建设用地消耗下降目标的年度评价。进一步完善开发区建设用地节约集约利用评价，适时更新评价制度。部署开展城市节约集约用地初始评价，在初始评价基础上开展区域和中心城区更新评价。加快建立工程建设项目节地评价制度，明确节地评价的范围、原则和实施程序，通过制度规范促进节约集约用地。

3. 加强建设用地全程监管及执法督察

(1)落实土地利用动态巡查制度，建立健全土地市场监测监管实地核查办法，加大违法违规信息的网上排查和实地核查。

(2)完善建设项目竣工验收制度。要将建设项目依法用地和履行土地出让合同、划拨决定书的情况，作为建设项目竣工验收的一项内容。

(3)加强各类土地变化状况的监测。运用遥感等现代技术手段，做好年度土地变更调查，建立土地利用现状数据库，掌握各类土地变化状况，重点监测各地新增建设用地、耕地减少和违法用地等情况，监测结果向社会公开。

(4)建立节约集约用地考核制度。制定单位 GDP 和固定资产投资规模增长的新增建设用地消耗考核办法。将考核结果作为下一年度提供新增建设用地规模的依据之一。

(5)加强执法、督察。充分运用执法、督察手段，加强与审计、纪检监察、检察等监督或司法机关的联动，有效制止和严肃查处违法违规用地行为。

4. 强化舆论宣传和引导

广泛宣传我国土地资源国情和形势，增强社会各界的资源忧患意识，促进形成节约集约用地全民共识。深入宣传全面落实节约优先战略，提高土地利用效率和效益的做法和典型经验。加强科普宣传和人才培训，普及推广节约集约用地知识。

第九节 国土综合整治

一、国土综合整治的相关概念

（一）土地整治

土地整治是指对低效利用、不合理利用、未利用以及生产建设活动和自然灾害损毁的土地进行整治，提高土地利用效率的活动。土地整治是盘活存量土地、强化节约集约用地、适时补充耕地和提升土地产能的重要手段。土地整治包括土地整理、土地复垦和未利用地开发等。

（二）农地整理

土地整理通常可分为农地整理和市地整理。农地整理是指对田、水、路、林、村进行综合整治，以提高耕地质量，增加有效耕地面积，改善农业生产条件和生态环境的活动。

（三）“三旧改造”与城市更新

市地整理主要指旧城镇改造、旧工矿区改造、旧村庄改造，统称“三旧改造”。“三旧改造”是指局部或整体地、有步骤地改造和更新旧城区、旧工矿区、城中旧村庄的全部物质生活环境，以便根本改善其生产、生活服务和休息等条件的过程。

城市更新的目的是对城市中某一衰落的区域进行拆迁、改造、投资和建设，以全新的城市功能替换功能性衰败的物质空间，使之重新发展和繁荣。它包括两方面的内容：一方面是对客观存在实体（建筑物等硬件）的改造；另一方面是对各种生态环境、空间环境、文化环境、视觉环境、游憩环境等的改造与延续，包括邻里的社会网络结构、心理定势、情感依恋等软件的延续与更新。在欧美各国，城市更新起源于第二次世界大战后对不良住宅区的改造，随后扩展至对城市其他功能地区的改造，并将其重点落在城市中土地使用功能需要转换的地区。城市更新的目标是针对解决城市中影响甚至阻碍城市发展的城市问题，这些城市问题的产生既有环境方面的原因，又有经济和社会方面的原因。

“三旧改造”可以看作是城市更新的主要组成部分。但“三旧改造”强调城市物质环境的改善，而城市更新的任务更加突出也更倾向于使用“城市再生”（urban regenerate）这个字眼，其表征的意义不只是城市物质环境的改善，而有更广泛的社会与经济复兴意义。

（四）土地复垦

土地复垦是指对生产建设活动和自然灾害损毁的土地，采取整治措施，使其达到可供利用状态的活动。

(五)未利用地开发

未利用地开发是指对未被人类开发利用的土地采取措施进行开发利用的活动。

二、农村土地整理

(一)农村土地整理的原则

(1)坚守耕地红线。围绕落实国家粮食安全战略，坚持最严格的耕地保护制度，推进土地整治、中低产田改造和高标准农田建设，确保耕地数量和质量有提升。

(2)促进城乡统筹。坚持区域协同、城乡一体，以节约集约用地为核心，统筹安排农村建设用地整理、城乡建设用地增减挂钩、工矿废弃地复垦利用、城镇低效用地再开发等活动。

(3)加强生态保护。落实生态文明建设要求，实施山水林田湖综合整治，加强生态环境保护和修复，坚持保护优先、自然修复为主，加强对水土流失、石漠化、沙化等严重的环境敏感区、脆弱区土地的生态环境整治。

(4)维护群众权益。坚持农民主体地位，尊重农民意愿，保障农民的知情权、参与权、监督权和受益权，切实维护农村集体经济组织和农民合法权益。

(5)坚持政府主导。坚持政府主导、上下联动、公众参与的工作机制，加强政府的组织领导，强化部门合作，有效发挥整体联动的综合效应。

(6)坚持因地制宜。立足地方经济社会发展水平，顺应人民群众改善生产生活条件的期待，统筹安排、突出重点、循序渐进推进各项土地整治活动，避免不顾实际大拆大建，增加人民生活负担。

(二)农村土地整理的目标

土地整理的总体目标是通过对田、水、路、林、村的综合整治，建设现代化农业园区，实现农业生产产业化，发展优质、高效农业，并建设现代化农村。

农村土地整理要求达到的土地利用目标为：

1. 土地利用区域化

土地整理应当为区域化农地利用创造条件，同时区域化发展规划，客观上也要求必须对规模小、效率低的农地进行彻底整理。整理后的农地利用应划分若干个集中化生产区域。

2. 土地利用规模化

农地整理的目的就是消除地块零碎、权属混乱、交叉、飞地、插花地等不利于农地集中化、规模化生产的因素，为规模化生产创造条件。农地利用规模化包括：生产用地的集中化、规模化配置和规模化经营两个方面。规模化配置是按产业和生产项目的特点，选择最适宜的区域集中配置用地。

3. 土地利用社会化

农地利用必须走社会化大生产的路子，从投资到生产，再到产品出售都要建立社会化服务体系。凡参与农地整理并承包土地发展农业产业的单位和个人都应按土地整理的优惠政策，得到政府的资金支持，得到金融机构的贷款。一般承包土地者，可通过金融服务体系获得投资来源。建立科技服务体系，为各种产业提供技术支持。建立农机服务体系，统一进行机耕、机播、机收、机保、机灌，降低农业成本。建立生产供应和销售体系，解决生产者的购买和销售难题。建立农业劳务市场服务体系，为生产者输送农业技术人才和产业工人。

4. 土地利用机械化

农业生产中的主要环节是要实现机械化操作。农地整理必须为农地利用的机械化创造良好条件。粮田机耕、机播(机插)、机收率应达到100%，积极发展机械喷灌和滴、微灌技术。

5. 土地利用科技化

科技化包括科技创新体系，科技推广、科技教育体系普及化。规划的指导思想是以市场为导向、效益为目标，开发科技，提高土地资源质量和产出率，将整理区建成综合型、生态型、规模型、集约型、开放型的现代农业生产基地。

6. 土地利用集约化

粗放型的土地利用形式已不适应现代化的农业生产方式和国际化的市场形势，高投入高产出是现代农业发展的必然趋势。因此，国家和地方今后对土地，特别是农地的投入必将越来越大，以加强农业产业的地位和国际化的市场竞争实力。

7. 土地利用园区化

土地利用园区化是指统一开发建设的基础设施完善、管理科学，以一业为主、综合发展、环境优美的集生产、科研、销售为一体的相对独立的土地利用区域。农业园区的发展是农业产业化发展的必然要求。农业园区的建立可以把农产品的生产、科研、销售结合在一起，以销售带动生产，以生产带动科研，再以科研推进生产。农业的土地利用园区化是农业现代化的一种具有代表性的形式。

(三)农村土地整理的内容

土地整理的内容包括以下几个方面：

(1)采用工程、生物等措施，平整土地，归并零散地块；

(2)修筑梯田，整治养殖水面，治理沙化地、盐碱地、污染土地，改良土壤，恢复植被；

(3)建设道路、机井、沟渠、护坡、防护林等农田和农业配套工程；

(4)归并农村居民点、村办与乡镇办企业等建设用地；

(5)复垦废弃、闲置土地；

(6)界定土地权属、地类、面积，进行土地变更调查和登记等。

(四)农村土地整理的程序

土地整理的基本程序应当包括整理区域的基础调查和资料收集，系统分析，编制、论证土地整理规划，进行土地整理项目规划设计等基本步骤。

1. 基础调查和资料收集

基础调查是指对整理区域内的自然和社会经济条件、国民经济和社会发展规划与计划、规划土地利用目标、土地利用现状、中低产田的制约因素、生态环境特征，以及土地产权状况等进行调查，并收集相应资料。

2. 系统分析

系统分析是指对收集的各类信息进行汇总分类，去伪存真，去粗取精，分析土地利用存在的问题，提出土地整理任务，进行资金需求量预测，设计技术途径等。

3. 编制、论证土地整理规划

应当根据土地利用总体规划和系统分析结果，确定土地整理应实现的目标，安排土地整理内容，拟订整理技术方案、产权调整和权益分配方案，提出方案实施措施。论证规划方案是指广泛征求有关部门和群众的意见，对编制方案的依据、目标、任务进行评价，对整理内容、整理途径、产权调整和权益分配方式进行研究，对方案实施的经济效益、生态效益、社会效益进行论证，以保证规划方案具有较强的科学性和可操作性。

4. 进行土地整理项目规划设计

根据土地利用总体规划、土地整理规划、土地年度计划，划定具体的整理区域，安排土地整理项目，具体分析土地整理潜力、综合效益，提出具体的规划设计方案和权属调整的意见等。

5. 上报审批土地整理项目规划设计方案

将土地整理项目规划设计方案依法报上级人民政府或自然资源主管部门审核、批准。上级人民政府或自然资源主管部门依照有关法规、政策、技术标准等，结合当地情况，审核、批准土地整理规划设计与工作方案，并进行备案。土地整理规划设计及工作方案批准后，向社会公布。

6. 组织实施土地整理项目规划设计方案

组织实施土地整理项目规划设计方案是指县、乡(镇)人民政府根据论证通过的土地整理规划方案，对整理区域进行综合整治。

7. 确认权属

按照有关法律和政策规定，对调整后的土地，办理确定土地所有权、土地使用权等手续。

8. 检查验收

按土地整理规划设计的要求，依法由批准土地整理的人民政府或土地管理部门组织进行检查验收并确定土地利用调整情况，包括耕地面积调整情况。

三、城市更新

(一)城市更新调查

城市更新的调查内容一般包括建筑物调查、土地使用调查、人口调查、交通调查、公共服务设施调查、环境设施调查、市政设施调查、环境卫生调查、社区关系调查和空间场所调查十个方面，当然，也包括历史、气象、地形地貌和工程地质方面的内容。

(二)城市更新方式

城市更新的方式可分为再开发、整治改善及保护三种。

1. 再开发

再开发的对象是指建筑物、公共服务设施、市政设施等有关城市生活环境要素的质量全面恶化的地区。这些要素已无法通过其他方式使其重新适应当前城市生活的要求。这种不适应，不仅会降低居民的生活品质，甚至会阻碍正常的经济活动和城市的进一步发展。因此，必须拆除原有的建筑物，并对整个地区重新考虑合理的使用方案。建筑物的用途和规模、公共活动空间的保留或设置、街道的拓宽或新建、停车场地的设置以及城市空间景观等，都应在旧区改建规划中统一考虑。重建是一种最为完全的更新方式，但这种方式在城市空间环境和景观方面、在社会结构和社会环境的变动方面均可能产生有利和不利的影响。同时在投资方面也更具有风险，因此只有在确定没有可行的其他方式时才可以采用。

2. 整治改善

整治改善的对象是建筑物和其他市政设施尚可使用，但由于缺乏维护而产生设施老化、建筑破损、环境不佳的地区。对整治改善地区也必须做详细的调查和分析，大致可细分为以下三种情况：

(1)若建筑物经维修、改善和更新设备后，尚可在相当长的时期内继续使用的，则应对建筑物进行不同程度的改建。

(2)若建筑物经维修、改善和更新设备后仍无法使用，或建筑物密度过大，土地或建筑物的使用不当，或因土地或建筑物的使用不当而造成交通混乱、停车场不足、通行、抢险救灾等受到影响等情况时，则应对造成上述各种问题的原因通过各种方式予以解决，如拆除部分建筑物，改变建筑和土地的用途等。

(3)若该地区的主要问题是公共服务设施的缺乏或布局不当时，则应增加或重新调整公共服务设施的配置与布局。

整治改善的方式比重建需要的时间短，也可减轻安置居民的压力，投入的资金也较少，这种方式适用于需要更新但仍可恢复并无须重建的地区或建筑物。整治改善的目的不只限于防止其继续衰败，更是为了全面改善旧城地区的生活居住环境。

3. 保护

保护适用于历史建筑或环境状况保持良好的历史地区。保护是社会结构变化最小、环境能耗最低的"更新"方式，也是一种预防性的措施，适用于历史城市和历史城区。

历史地区保护更多关心的是外部环境，强调保护延续地区居民的生活。所以要保护好历史城区的传统风貌和整体环境，保护真实的历史遗存。要鼓励居民积极参与，建设和改善地段内的基础设施，改善居民住房条件，以适应现代化生活的需要。保护除对物质形态环境进行改善之外，还应就限制建筑密度、人口密度、建筑物用途及其合理分配和布局等提出具体的规定。

四、土地复垦

(一)土地复垦的类型

按照不同的分类标准，土地复垦可以区分为不同的类型。一般按照土地退化的主因分为三类：因生产建设活动损毁的土地复垦、因自然灾害损毁的土地复垦和其他的土地复垦。

1. 因生产建设活动损毁的土地复垦

土地损毁主要因生产单位的建设活动引起，这类土地复垦一般由生产建设单位负责。生产单位的建设活动包括采矿、采石、取土、堆放、污染物排放等活动，这类活动可能造成土地的物理、化学或者生物退化，需要生产单位进行复垦以恢复到某种可供利用状态。

2. 因自然灾害损毁的土地复垦

土地也可因自然灾害导致损毁，这些自然灾害包括地震、泥石流、火山爆发、滑坡、风沙、海啸、台风、高温、暴雨、洪水、病虫害等地质、气象、水文、生物灾害。这类由自然灾害引发的土地退化，一般没有特定的责任人，通常由公共管理机构负责复垦。如果将因生产建设导致的土地损毁称为"人祸"的话，则因自然灾害导致的土地损毁则为"天灾"。

3. 其他的土地复垦

还有一些土地损毁，既有生产单位建设活动的因素，也有自然灾害的因素，很难毫无争议地归为上述两类，则归入此类。如生产建设单位验收合格的污染处理池被洪水冲毁，未被净化的污水漫流污染了土地，这种情况生产单位应当承担责任，但很难完全归责于生产单位，则由此引发的土地复垦可归为其他的土地复垦。还有一些因历史原因造成的土地损毁，可能也找不到应当承担复垦责任的单位，这种也可归入此类。

（二）土地复垦原则

1. 谁损毁，谁复垦

生产建设活动损毁的土地，按照"谁损毁，谁复垦"的原则，由生产建设单位或者个人负责复垦。但是，由于历史原因无法确定土地复垦义务人的生产建设活动损毁的土地（历史遗留损毁土地），由县级以上人民政府负责组织复垦。自然灾害损毁的土地，由县级以上人民政府负责组织复垦。

土地复垦义务人不复垦，或者复垦验收中经整改仍不合格的，应当缴纳土地复垦费，由有关国土资源主管部门代为组织复垦。土地复垦义务人对在生产建设活动中损毁的由其他单位或者个人使用的国有土地或者农民集体所有的土地，除负责复垦外，还应当向遭受损失的单位或者个人支付损失补偿费。

2. 科学规划

土地复垦应当进行科学规划。土地复垦应当符合土地利用总体规划、城市规划和土地复垦规划的要求。土地利用总体规划规定土地复垦的要求和复垦后的基本用途。土地复垦应当根据土地利用总体规划确定的用途和条件进行。在城市规划区内，复垦后的土地利用应当符合城市规划。

土地复垦应当与生产建设统一规划，将土地复垦指标纳入生产建设规划，在征求当地人民政府自然资源主管部门的意见后，经行业主管部门批准后实施。

3. 经济可行，合理利用

各有关行业管理部门在制定土地复垦规划时，应当根据经济合理的原则和自然条件以及土地破坏状态，确定复垦后的具体土地用途。

4. 因地制宜、综合治理

土地复垦应当充分利用邻近企业的废弃物充填挖损区、塌陷区和地下采空区。利用废弃物作为土地复垦充填物，应当防止造成新的污染。

5. 复垦的土地应当优先用于农业

被破坏的土地，可以复垦为耕地、园地、林地、草地或养殖用地的，应当首先复垦为耕地、园地、林地、草地和养殖用地。不能直接复垦为上述农用地，但可复垦为农业生产服务的土地，如蓄水池、沼气池等，应当因地制宜复垦用于农业服务。不能复垦为农用地的，应当设法用于建设。

（三）土地复垦程序

土地复垦的基本程序如下：

1. 编制土地复垦方案

土地复垦义务人应当按照土地复垦标准和国务院国土资源主管部门的规定编制土地复垦方案。复垦方案包括：①项目概况和项目区土地利用状况；②损毁土地的分析预测和土地复垦的可行性评价；③土地复垦的目标任务；④土地复垦应当达到的质量要求和采取的措施；⑤土地复垦工程和投资估（概）算；⑥土地复垦费用的安排；⑦土地复垦工作计划与进度安排等。土地复垦义务人应当在办理建设用地申请或者采矿权申请手续时，随有关报批材料报送土地复垦方案。土地复垦义务人未编制土地复垦方案或者土地复垦方案不符合要求的，有批准权的人民政府不得批准建设用地，有批准权的国土资源主管部门不得颁发采矿许可证。

2. 实施土地复垦工程

土地复垦义务人应当按照土地复垦方案开展土地复垦工作，将土地复垦费用列入生产成本或者建设项目总投资，建立土地复垦质量控制制度，剥离拟损毁的耕地、林地、牧草地的表土，按年向县级以上地方人民政府国土行政主管部门报告土地复垦工程实施情况，接受国土资源行政主管部门的监督。

3. 进行土地复垦验收

由县级以上地方人民政府国土行政主管部门负责对土地复垦进行验收。

（四）土地复垦管理制度

（1）制定土地复垦国家标准和行业标准。我国已制定系列土地复垦技术标准和土地复垦质量控制标准。

（2）建立土地复垦监测制度。县级以上地方人民政府国土资源主管部门应当建立土地复垦监测制度，及时掌握本行政区域土地资源损毁和土地复垦效果等情况。

（3）健全土地复垦信息管理系统。国务院国土资源主管部门和省、自治区、直辖市人民政府国土资源主管部门应当建立健全土地复垦信息管理系统，收集、汇总和发布土地复垦数据信息。

（4）建立土地复垦监督检查制度。县级以上人民政府国土资源主管部门应当依据职责加强对土地复垦情况的监督检查。被检查的单位或者个人应当如实反映情况，提供必要的资料。

(5)建立土地复垦激励制度。土地复垦义务人在规定的期限内将生产建设活动损毁的耕地、林地、牧草地等农用地复垦恢复原状的，可退还已经缴纳的耕地占用税。自行复垦历史遗留损毁和自然灾害损毁的土地的，由县级以上地方人民政府给予补贴。社会投资复垦的历史遗留损毁土地或者自然灾害损毁土地，属于无使用权人的国有土地的，经县级以上人民政府依法批准，可以确定给投资单位或者个人长期从事种植业、林业、畜牧业或者渔业生产。县级以上地方人民政府将历史遗留损毁和自然灾害损毁的建设用地复垦为耕地的，按照国家有关规定可以作为本省、自治区、直辖市内进行非农建设占用耕地时的补充耕地指标。

五、未利用地开发

(一)未利用地开发的原则

未利用地是指除农用地、建设用地以外，未被人们开发利用的土地。未利用地的开发应当遵循以下原则：

1. 保护生态环境

国家鼓励单位和个人按照土地利用总体规划，在保护和改善生态环境、防止水土流失和土地荒漠化的前提下，开发未利用的土地。

2. 符合土地利用总体规划

开垦未利用的土地，必须经过科学论证和评估，在土地利用总体规划划定的可开垦的区域内，经依法批准后进行。禁止毁坏森林、草原开垦耕地，禁止围湖造田和侵占江河滩地。禁止单位和个人在土地利用总体规划确定的禁止开垦区内从事土地开发活动。根据土地利用总体规划，对破坏生态环境开垦、围垦的土地，有计划有步骤地退耕还林、还牧、还湖。

3. 农用地优先

根据适宜性评价，适宜开发为耕地、园地、林地、草地、农田水利用地或养殖用地等农用地的，应当优先开发为农用地。宜农未利用地中，适宜开发为耕地的，应当优先开发为耕地。

(二)未利用地开发的程序

土地开发的基本程序是：未利用地适宜性评价；编制未利用地开发规划；论证未利用地开发方案；实施未利用地开发。

1. 未利用地适宜性评价

未利用地适宜性评价是指根据土地的自然和社会经济条件，采用各种可行的方法，对未利用地的适宜性和限制性进行评估，以确定土地的适宜性及其等级的过程。

2. 编制未利用地开发规划

编制未利用地开发规划是指根据土地利用总体规划和土地适宜性评价，确定土地开发的目的、任务，安排开发区域，确定开发用途，提出开发技术方案等。

3. 论证未利用地开发方案

论证未利用地开发方案是指根据土地开发原则，对土地开发规划确定的目的、任务、开发用途、技术途径等进行论证评估，剔除其不合理、不科学、不经济的方面，强化其合理性、科学性和可行性，更好地实现土地开发的经济效益、生态效益和社会效益的统一。

4. 实施未利用地开发

实施未利用地开发是指政府或单位、个人根据土地开发规划，经合法审批后，进行未利用地开发。

(三)未利用地开发的权属确认

国家依法保护未利用地开发者的合法权益。土地开发可能涉及土地所有权变更和土地使用权的确认。

1. 土地所有权变更

关于土地所有权，如果土地开发未涉及土地征收或置换，一般不发生所有权变更，原属国有未利用地的，仍为国家所有；原属集体所有的，仍为集体所有。但如果开发土地涉及土地征收，或土地置换，则会发生土地所有权变更。集体所有土地转变为国有土地，在依法办理土地征收审批手续，给予农民集体合理补偿后，更换集体土地所有权证书，确定为国家所有。两个或两个以上的农民集体置换土地，应当持置换协议或合同，到县级人民政府自然资源主管部门办理土地所有权变更登记，更换土地所有权证书。

2. 土地使用权的确认

关于被开发土地的使用权的确定，有以下几种不同情况：

(1)开发未确定使用权的国有未利用地进行农业生产的：

开发未确定使用权的国有荒山、荒地、荒滩等从事种植业、林业、畜牧业、渔业生产的，根据有关规定，其使用权可以长期确定给开发单位或者个人。使用期限最长不得超过50年。

(2)开发未确定土地使用权的国有未利用地进行非农建设的：

开发未确定使用权的国有未利用地进行非农业建设的，办理建设用地审批手续后，其使用权可以确定给建设单位。

(3)开发已确定使用权的国有未利用地：

已确定使用权的国有未利用地，在实际操作中可以认定为闲置土地，按照《土地管理法》《城市房地产管理法》《闲置土地处置办法》等的规定处置土地使用权。

(4)开发未确定承包经营权的农民集体所有的未利用地从事农业生产的：

开发未确定承包经营权的农民集体所有的未利用地从事种植业、林业、畜牧业、渔业生产的，开发者为本集体经济组织内部成员，经本集体经济组织或村委会同意，可以承包给开发者使用。开发者为本集体经济组织以外的单位或个人，则经村民会议三分之二以上成员或者三分之二以上村民代表同意，报乡(镇)人民政府批准后，可以承包给开发者使用。

(5)开发未确定承包经营权的农民集体所有的未利用地从事非农业建设的：

开发未确定承包经营权的农民集体所有的未利用地从事非农业建设的，应当按规定办理建设用地审查报批手续后，将其使用权确定给建设单位或个人。

(6)开发已确定承包经营权的农民集体所有未利用地从事农业生产的：

开发已确定承包经营权的集体未利用地从事种植业、林业、畜牧业、渔业生产的，首先经承包者的同意，并依法定程序报批后，可以将土地承包经营权确定给土地开发者。

(7)开发已确定承包经营权的农民集体所有未利用地进行非农建设的：

开发已确定承包经营权的农民集体所有未利用地进行非农业建设的，按承包合同的约定向承包者支付一定的损失补偿，并按有关规定办理建设用地审批手续后，可以将土地使用权确定给开发者。

第十节　耕地保护

一、耕地保护原则与目标

(一)耕地保护原则

耕地保护应当坚持以下原则：

(1)严保严管。强化耕地保护意识，强化土地用途管制，强化耕地质量保护与提升，防止耕地占补平衡中补充耕地数量不到位、补充耕地质量不到位的问题，防止占多补少、占优补劣、占水田补旱地的现象。已经确定的耕地红线绝不能突破，已经划定的城市周边永久基本农田绝不能随便占用。

(2)节约优先。统筹利用存量和新增建设用地，严控增量、盘活存量、优化结构、提高效率，实行建设用地总量和强度双控，提高土地节约集约利用水平，以更少的土地投入支撑经济社会可持续发展。

(3)统筹协调。充分发挥市场配置资源的决定性作用和更好发挥政府作用，强化耕地保护主体责任，健全利益调节机制，激励约束并举，完善监管考核制度，实现耕地保护与经济社会发展、生态文明建设相统筹，耕地保护责权利相统一。

(4)改革创新。突出问题导向，完善永久基本农田管控体系，改进耕地占补平衡管理方式，实行占补平衡差别化管理政策，拓宽补充耕地途径和资金渠道，不断完善耕地保护和占补平衡制度，把握好经济发展与耕地保护的关系。

(二)耕地保护目标

牢牢守住耕地红线，确保实有耕地数量基本稳定、质量有提升。2020年前，耕地保护目标如下：

(1)全国耕地保有量不少于18.65亿亩；

(2)永久基本农田保护面积不少于15.46亿亩；

(3)确保建成8亿亩、力争建成10亿亩高标准农田；

(4)稳步提高粮食综合生产能力，确保谷物基本自给、口粮绝对安全。

二、耕地数量保护

（一）严格控制非农建设占用耕地

充分发挥土地利用总体规划的整体管控作用，从严核定新增建设用地规模，优化建设用地布局，从严控制建设占用耕地特别是优质耕地。实行新增建设用地计划安排与土地节约集约利用水平、补充耕地能力挂钩，对建设用地存量规模较大、利用粗放、补充耕地能力不足的区域，适当调减新增建设用地计划。探索建立土地用途转用许可制，强化非农建设占用耕地的转用管控。

省、自治区、直辖市人民政府应当严格执行土地利用总体规划和土地利用年度计划，采取措施，确保本行政区域内耕地总量不减少、质量不降低。耕地总量减少的，由国务院责令在规定期限内组织开垦与所减少耕地的数量与质量相当的耕地；耕地质量降低的，由国务院责令在规定期限内组织整治。新开垦和整治的耕地由国务院自然资源主管部门会同农业农村主管部门验收。个别省、直辖市确因土地后备资源匮乏，新增建设用地后，新开垦耕地的数量不足以补偿所占用耕地的数量的，必须报经国务院批准减免本行政区域内开垦耕地的数量，易地开垦数量和质量相当的耕地。

（二）严格划定和保护永久基本农田

划定永久基本农田，将永久基本农田划定作为土地利用总体规划的规定内容，在规划批准前先行核定并上图入库、落地到户，并与农村土地承包经营权确权登记相结合，将永久基本农田记载到农村土地承包经营权证书上。粮食生产功能区和重要农产品生产保护区范围内的耕地要优先划入永久基本农田，实行重点保护。永久基本农田一经划定，任何单位和个人不得擅自占用或改变用途。强化永久基本农田对各类建设布局的约束，各地区各有关部门在编制城乡建设、基础设施、生态建设等相关规划，推进多规合一过程中，应当与永久基本农田布局充分衔接，原则上不得突破永久基本农田边界。一般建设项目不得占用永久基本农田，国家能源、交通、水利、军事设施等重点建设项目选址确实难以避让永久基本农田，涉及农用地转用或者土地征收的，必须经国务院批准。

下列耕地应当根据土地利用总体规划划为永久基本农田，实行严格保护：

（1）经国务院农业农村主管部门或者县级以上地方人民政府批准确定的粮、棉、油、糖等重要农产品生产基地内的耕地；

（2）有良好的水利与水土保持设施的耕地，正在实施改造计划以及可以改造的中、低产田和已建成的高标准农田；

（3）蔬菜生产基地；

（4）农业科研、教学试验田；

（5）国务院规定应当划为永久基本农田的其他耕地。

各省、自治区、直辖市划定的永久基本农田一般应当占本行政区域内耕地的百分之八十以上，具体比例由国务院根据各省、自治区、直辖市耕地实际情况规定。

永久基本农田经依法划定后，任何单位和个人不得擅自占用或者改变其用途。

（三）节约集约用地以缓解建设占用耕地压力

实施建设用地总量和强度双控行动。盘活利用存量建设用地，推进建设用地二级市场改革试点，促进城镇低效用地再开发，引导产能过剩行业和“僵尸企业”用地退出、转产和兼并重组。完善土地使用标准体系，规范建设项目节地评价，推广应用节地技术和节地模式，强化节约集约用地目标考核和约束，推动有条件的地区实现建设用地减量化或零增长，促进新增建设不占或尽量少占耕地。

（四）严格落实耕地占补平衡责任

完善耕地占补平衡责任落实机制。非农建设占用耕地的，必须按照“占多少，补多少”的原则，由建设单位负责开垦与所占耕地同质、同量的耕地，没有条件开垦或者开垦的耕地不符合要求的，应当按高标准缴纳耕地开垦费，专项用于补充耕地。地方各级政府负责组织实施土地整治，通过土地整理、复垦、开发等推进高标准农田建设，增加耕地数量、提升耕地质量，以县域自行平衡为主、省域内调剂为辅、国家适度统筹为补充，落实补充耕地任务。

（五）大力实施土地整治，落实补充耕地任务

各省（自治区、直辖市）政府负责统筹落实本地区年度补充耕地任务，确保省域内建设占用耕地及时保质保量补充到位。拓展补充耕地途径，统筹实施土地整治、高标准农田建设、城乡建设用地增减挂钩、历史遗留工矿废弃地复垦等，新增耕地经核定后可用于落实补充耕地任务。在严格保护生态前提下，科学划定宜耕土地后备资源范围，禁止开垦严重沙化土地，禁止在25度以上陡坡开垦耕地，禁止违规毁林开垦耕地。

（六）严格检查验收补充的耕地

市县政府要加强对土地整治和高标准农田建设项目的全程管理，规范项目规划设计，强化项目日常监管和施工监理。做好项目竣工验收，严格新增耕地数量认定，依据相关技术规程评定新增耕地质量。经验收合格的新增耕地，应当及时在年度土地利用变更调查中进行地类变更。省级政府要做好对市县补充耕地的检查复核，确保数量质量到位。

三、耕地质量保护

（一）建设高标准农田

各省（自治区、直辖市）要根据全国高标准农田建设总体规划和全国土地整治规划的安排，逐级分解高标准农田建设任务，统一建设标准、统一上图入库、统一监管考核。建立政府主导、社会参与的工作机制，以财政资金引导社会资本参与高标准农田建设，充分调动各方积极性。加强高标准农田后期管护，按照谁使用、谁管护和谁受益、谁负责的原则，落实高标准农田基础设施管护责任。高标准农田建设情况要统一纳入国土资源遥感监测“一张图”和综合监管平台，实行在线监管，统一评估考核。

（二）剥离再利用建设占用耕地的耕作层

全面推进建设占用耕地耕作层剥离再利用，市县政府要切实督促建设单位落实责任，将相关费用列入建设项目投资预算，提高补充耕地质量。将中低质量的耕地纳入高标准农田建设范围，实施提质改造，在确保补充耕地数量的同时，提高耕地质量，严格落实占补平衡、占优补优。加强新增耕地后期培肥改良，综合采取工程、生物、农艺等措施，开展退化耕地综合治理、污染耕地阻控修复等，加速土壤熟化提质，实施测土配方施肥，强化土壤肥力保护，有效提高耕地产能。

(三)统筹推进耕地休养生息

对25度以上坡耕地、严重沙化耕地、重要水源地15~25度坡耕地、严重污染耕地等有序开展退耕还林还草，不得将确需退耕还林还草的耕地划为永久基本农田，不得将已退耕还林还草的土地纳入土地整治项目，不得擅自将永久基本农田、土地整治新增耕地和坡改梯耕地纳入退耕范围。加强轮作休耕耕地管理，不得减少或破坏耕地，不得改变耕地地类，不得削弱农业综合生产能力；加大轮作休耕耕地保护和改造力度，优先纳入高标准农田建设范围。因地制宜实行免耕少耕、深松浅翻、深施肥料、粮豆轮作套作的保护性耕作制度，提高土壤有机质含量，平衡土壤养分，实现用地与养地结合，多措并举保护提升耕地产能。

(四)加强耕地质量调查评价与监测

建立健全耕地质量和耕地产能评价制度，完善评价指标体系和评价方法，定期对全国耕地质量和耕地产能水平进行全面评价并发布评价结果。完善土地调查监测体系和耕地质量监测网络，开展耕地质量年度监测成果更新。

四、耕地生态保护

(一)禁止污染耕地

禁止向耕地排放治理未达标的废水，禁止在耕地上堆放治理未达标的固体废弃物，禁止排入治理未达标的废气。非法排放导致耕地污染的，应当按照“谁污染、谁治理”原则，由造成污染的单位或者个人负责治理污染。

(二)禁止破坏耕地

禁止在耕地上建房、建坟、挖沙、采矿、取土，禁止破坏耕地种植条件，禁止占用基本农田挖塘养鱼或者发展林果业。对破坏耕地种植条件，未构成犯罪的单位或者个人依法给予行政处分，构成犯罪的依法追究刑事责任。

五、耕地保护促进措施

(一)加大耕地保护补偿力度

积极推进中央和地方各级涉农资金整合，综合考虑耕地保护面积、耕地质量状况、粮食播种面积、粮食产量和粮食商品率，以及耕地保护任务量等因素，统筹安排资金，按照谁保护、谁受益的原则，加大耕地保护补偿力度。鼓励地方统筹安排财政资金，对承担耕地保护任务的农村集体经济组织和农户给予奖补。奖补资金发放要与耕地保护责任落实情况挂钩，主要用于农田基础设施后期管护与修缮、地力培育、耕地保护管理等。

（二）实行跨地区补充耕地的利益调节

在生态条件允许的前提下，支持耕地后备资源丰富的国家重点扶贫地区有序推进土地整治增加耕地，补充耕地指标可对口向省域内经济发达地区调剂，补充耕地指标调剂收益由县级政府通过预算安排用于耕地保护、农业生产和农村经济社会发展。省（自治区、直辖市）政府统筹耕地保护和区域协调发展，支持占用耕地地区在支付补充耕地指标调剂费用基础上，通过实施产业转移、支持基础设施建设等多种方式，对口扶持补充耕地地区，调动补充耕地地区保护耕地的积极性。

（三）严格监督检查

完善国土资源遥感监测“一张图”和综合监管平台，扩大全天候遥感监测范围，对永久基本农田实行动态监测，加强对土地整治过程中的生态环境保护，强化耕地保护全流程监管。加强耕地保护信息化建设，建立耕地保护数据与信息部门共享机制。健全土地执法联动协作机制，严肃查处土地违法违规行为。国家土地督察机构要加强对省级政府实施土地利用总体规划、履行耕地保护目标责任、健全耕地保护制度等情况的监督检查。

（四）完善责任目标考核制度

完善省级政府耕地保护责任目标考核办法，全面检查和考核耕地与永久基本农田保护情况、高标准农田建设任务完成情况、补充耕地任务完成情况、耕地占补平衡落实情况等。各省级政府要层层分解耕地保护任务，落实耕地保护责任目标，完善考核制度和奖惩机制。耕地保护责任目标考核结果作为领导干部实绩考核、生态文明建设目标评价考核的重要内容。探索编制土地资源资产负债表，完善耕地保护责任考核体系。实行耕地保护党政同责，对履职不力、监管不严、失职渎职的，依纪依规追究党政领导责任。

第十一节　土地利用监测、监督和督察

一、土地利用监测、监督、督察的相关概念

（一）土地利用动态监测

土地利用动态监测是指运用遥感、土地调查等技术手段和计算机、监测仪等科学设备，以土地详查变更后的数据和图件作为本底资料，对土地利用的动态变化进行全面系统地反映和分析的过程。

（二）土地利用动态遥感监测

遥感是通过特定的传感装置，在不与研究对象直接接触的情况下获取其特征信息，并对这些信息进行提取、加工、表达和应用的技术。遥感一般分为航空遥感和航天遥感。航天遥感是在航空遥感技术基础上发展起来的，建立在现代光学技术、电子技术、计算机技术和信息处理等科学领域的新兴综合性遥感技术。

土地利用动态遥感监测是以土地变更调查的数据和图件为基础，运用遥感图像处理与识别技术，从遥感图像上提取变化信息，从而达到对耕地及建设用地等土地利用变化

情况的定期监测目的的过程。

（三）土地利用监督检查

土地利用监督检查是指国土资源行政主管部门依法对土地所有者、土地使用者的用地行为进行监督检查，及时发现、制止和纠正违法用地行为的活动。

（四）土地督察

土地督察是指国家土地督察机构依据法律法规和政策，对省、自治区、直辖市人民政府以及国务院确定的城市人民政府土地利用和土地管理情况进行全面或者专项的监督检查和评估。

（五）土地利用预警

预警是指在灾害或灾难以及其他需要提防的危险发生之前，根据以往总结的规律或观测得到的可能性前兆，向相关部门发出紧急信号，报告危险情况，以避免危害在不知情或准备不足的情况下发生，从而最大限度地减轻危害所造成的损失的行为。

土地利用预警是指根据土地利用预设指标及指标值，当土地利用结果达到预设的警示值时，向相关部门发出警示信号，报告危险情况，及时采取应对措施，减轻危害所造成的损失的行为。

二、土地利用动态监测

（一）土地利用动态监测的内容

土地利用动态遥感监测为国土资源调查、规划、管理、保护与利用提供动态更新的监测信息。其主要内容是用遥感技术、监测一定时间段、特定区域内的土地利用变化信息。

（二）土地利用动态监测的程序

土地利用遥感动态监测的基本程序和方法是：基于基础控制资料和 2 个以上时相的航天遥感影像制作数字正射影像图；结合土地利用数据库、土地利用规划与基础地理等相关信息，主要依据遥感影像纹理结构和光谱信息的一致性和差异性特征，及土地利用类型和分布区位等要素，采用变化信息自动识别与人机交互相结合的方法，对比发现，综合分析并提取土地利用变化信息；通过实地调查中，掌握相应时段、监测区内的土地利用变化状况。

1. 准备工作

在遥感监测前，应做好相应的准备工作。如编制工作计划和技术设计书，收集有关资料等。工作计划应当周密地计划监测的范围、遥感数据源、监测方法及步骤、时间，做好人员安排。

技术设计应包括设计监测任务，确定监测区，设计监测技术路线、技术指标及技术要求，明确监测的主要内容，提出监测成果质量控制方法等。

为开展土地利用动态遥感监测，应当收集的资料有：农、林、牧生态、物候及农时日历，特别是耕地作物物候及长势等资料；时相、云量、范围等都能符合要求的遥感资料；基本农田保护区及城市建设区资料；土地利用总体规划、年度用地计划等资料；与基本监测图比例尺接近的最新地形图；最新土地利用现状图等。

2. 土地利用动态遥感监测

1)多源数据的选取

目前对数据源的选取主要采用的是美国的 Landsat TM 和法国的 SPOT 这两种卫星数据。同时，为提高监测精度，还要结合使用当地的地形图、土地变更调查图等多源数据资料，注意收集当地的人文、地质、作物生长信息。为满足对重点区域进行监测的需要，还要借助航片或印度 IRS5. 8 米等更高分辨率卫星影像数据资料。

2)数据预处理

多源数据的预处理包括辐射校正、影像增强、几何校正、影像配准、镶嵌及影像融合等工作。数据预处理能减少非变化因素的干扰，增强影像的可判断读性。

3)变化信息以及变化类型确定

变化信息是指在确定的时间段内，土地利用发生变化的位置、范围、大小和类型。进行变化信息提取时，要对两个时相的遥感影像作点对点的直接运算，经变化特征的发现、分类处理以及人工辅助判读，获取土地利用的变化位置、范围、大小和类型信息。

4)外业核查

如果土地变更调查在变化信息提取之后进行，可以根据变化信息提取的结果缩小核查的范围，减少野外土地变更调查工作量，核查结果可以提高遥感监测的精度。

当变化信息提取之前已有土地变更调查资料时，可以根据调查资料定性指导、定量判读。判读结果可以支持并确认变化信息提取结果。

5)内外业数据差异处理

利用实地外业核查以及监测的变化图斑数据，对内外业变化监测的差异记录核实并进行统计分析及精度评定，最终的监测结果为土地管理提供可靠的基础资料。

(三)土地利用动态监测的成果

土地利用动态遥感监测成果主要包括以下几个方面：

1. 基本监测图

(1)1∶2.5 万~1∶5 万比例尺的县级行政区域土地利用动态监测图；

(2))1∶2.5 万~1∶5 万比例尺的城市辖区范围的前、后时相遥感影像图；

(3)1∶2.5 万~1∶5 万比例尺的城市辖区范围的土地利用动态遥感监测图；

(4)根据辖区大小确定比例尺的地(市)行政辖区范围的土地利用动态监测图。

监测图的基本内容包括：县级以上行政区、县级以上城市建成区、规划区、开发区、基本农田保护区的界线以及公里网格线；县级行政辖区、建制镇、开发区、大型项目、河流及湖泊的名称；大于最小量算面积、填充颜色后的变化图斑及编号；背景影像等。

2. 技术设计书与技术报告

技术设计书与技术报告的主要内容包括：监测任务、监测区概况、已有资料的分析和利用、监测的技术依据、监测的主要内容、监测的技术指标及技术要求、监测方法和作业流程、监测的组织与实施、监测成果质量控制方法、监测提交的主要成果等。

3. 统计数据资料

统计数据资料包括与土地利用动态遥感监测有关的内外业信息的统计数据，以及与之有关的整理、分析和处理数据等。

三、土地利用监督检查

县级以上人民政府自然资源主管部门，应当对土地所有者、土地使用者的用地情况进行监督检查。

(一)监督检查措施

(1)要求被检查的单位或者个人提供有关土地权利的文件和资料，进行查阅或者予以复制；

(2)要求被检查的单位或者个人就有关土地权利的问题作出说明；

(3)进入被检查单位或者个人非法占用的土地现场进行勘测；

(4)责令非法占用土地的单位或者个人停止违反土地管理法律、法规的行为。

(二)违法行为的查处

(1)县级以上人民政府自然资源主管部门在监督检查工作中发现国家工作人员的违法行为，依法应当给予行政处分的，应当依法予以处理；自己无权处理的，应当向同级或者上级人民政府的行政监察机关提出行政处分建议书，有关行政监察机关应当依法予以处理。

(2)县级以上人民政府自然资源主管部门在监督检查工作中发现土地违法行为构成犯罪的，应当将案件移送有关机关，依法追究刑事责任；尚不构成犯罪的，应当依法给予行政处罚。

四、土地督察

(一)土地督察制度的建立

2004年，《国务院关于深化改革严格土地管理的决定》(国发〔2004〕28号)规定："完善土地执法监察体制，建立国家土地督察制度，设立国家土地总督察，向地方派驻土地督察专员，监督土地执法行为。"

2006年，国土资源部设立国家土地总督察办公室，设立国家土地总督察1名，由国土资源部部长兼任；兼职副总督察1名，由国土资源部1名副部长兼任；专职副总督察1名。国家土地总督察、副总督察负责组织实施国家土地督察制度。由国土资源部向地方派驻9个国家土地督察局，代表国家土地总督察履行监督检查职责。

2009年，国家土地督察局印发《土地例行督察工作规范(试行)》，对例行督察的工作内容、实施程序和要求、成果应用、质量控制等进行规范。

2018年，国务院机构改革，在原国土资源部的基础上组建自然资源部。自然资源部的"三定"方案规定，自然资源部下设国家自然资源总督察办公室，同时，根据中央授权，自然资源部向地方派驻国家自然资源督察北京局、沈阳局、上海局、南京局、济南局、广州局、武汉局、成都局、西安局，承担对所辖区域的自然资源督察工作。

2019年修订的《土地管理法》规定：“国务院授权的机构对省、自治区、直辖市人民政府以及国务院确定的城市人民政府土地利用和土地管理情况进行督察。”

（二）土地督察机构的职责

根据《土地例行督察工作规范（试行）》，土地督察机构的职责主要有以下方面：

（1）对督察区域内地方人民政府耕地保护责任目标的落实情况进行督察；

（2）对督察区域内地方人民政府执行土地管理法律法规情况、土地管理审批事项和土地管理法定职责履行情况进行督察；

（3）对督察区域内地方人民政府贯彻中央关于运用土地政策参与宏观调控要求情况进行督察；

（4）对农用地转用和土地征收审批事项督察中发现的问题进行核查；

（5）对督察区域内地方人民政府节约和集约用地的情况进行督察；

（6）对编制和实施国土空间规划情况进行督察；

（7）及时了解并向派驻国家土地督察局报告督察区域内土地利用和管理的重要事项和事件；

（8）对督察区域内的土地利用和管理问题进行调查研究，提出加强和改进土地管理的政策建议；

（9）完成派驻国家土地督察局交办的其他任务。

五、土地利用预警

主要是建立耕地保护情况预警制度。

（一）警义

警义指预警的指标。耕地预警体系主要包括：人地关系密集度、耕地利用投入水平、生态环境背景、耕地利用效果及投资潜力等。

人地关系密集度指标有人口密集度、人均耕地和人口城市化水平等；耕地利用投入水平主要有垦殖率、单位面积农业劳动力、良种推广面积比率、单位耕地面积化肥施用量、单位面积用电量、机耕面积比率和水利灌溉状况等；生态环境背景指标有水土保持量、水土流失治理面积、土壤有机质含量、土壤肥力、土壤含水率和耕地污染状况等；耕地利用效果及投资潜力指标主要有单位耕地面积粮食产量、人均粮食、播种面积、单位产量、单位耕地面积纯收益、农民人均收入和经济发展水平等。

不同地区所用指标及同样指标对土地生态经济系统的影响力不同，具体应用时，必须选取主要指标，或根据各指标的重要性分别赋予不同的权重。

（二）警源

警源指产生耕地生态经济系统警情的根源，可分为自然警源、外在警源和内在警源。自然警源是指各种可引发自然灾害从而对耕地生态经济系统造成破坏的自然因素，地震、各种气象灾害和海水入侵等；外在警源是指由耕地生态经济系统外输入的警源，主要有对城市规模的不加控制、农产品价格的变化和“三废”排放等因素；内在警源则是耕地生态经济系统自身的运动状态及机制，主要有耕地保护制度、地权制度、耕地开发利用行为、耕地管理行为和耕地经营收益等因素。

(三)警兆

耕地预警的警兆包括景气警兆和动向。景气警兆一般以实物运动为基础，表示耕地生态经济系统某一方面的景气程度，耕地面积、播种面积、耕地利用的基础设施建设及粮食产量等。农产品价格、农民收入水平和征地成本等不直接表示耕地生态经济系统景气程度的价值指标，均属动向警兆。

(四)警度

警度是对耕地警情的定量刻画，以判定警素指标变化是否有警情或警情如何。警度一般分为无警、轻警、中警、重警和剧警，不同的指标，同警度的值域可能不同；或同样的值域，不同指标的警度也不同。

本 章 小 结

本章探讨了土地利用的各个方面，包括全国主体功能分区、土地利用规划、土地利用计划、土地利用审批、土地管制、土地整治、耕地保护、土地利用监督监测等。

国土开发空间规划介绍了国土开发空间规划的相关概念、我国现行空间开发规划体系及其存在的问题、建立国土空间体系的基本要求、国土空间规划的编制、国土空间规划的实施与监督等。

全国主体功能分区主要介绍了主体功能区的类型、全国主体功能区的战略格局，全国主体功能区的功能定位与发展方向等内容。主体功能区属于战略层面的土地利用管理工作。

土地利用规划主要介绍了土地利用规划的类型、土地利用规划的编制原则、依据、程序、内容、审批与实施等。

土地利用计划主要介绍了土地利用计划的指标类型、计划的编制、审批、下达、实施、监督与奖惩等。

土地利用审批主要介绍了目前我国的土地利用审批的类型、农用地转用审批、未利用地开发审批、实施规划用地审批、具体建设项目用地审批、临时用地审批等内容。

土地利用管制主要介绍了目前我国土地利用管制的方式、管制的内容、土地用途分区管制和建设用地的空间管制等。

节约和集约用地主要介绍了节约集约用地的措施，包括严格控制建设用地规模、优化土地开发利用格局、健全用地控制标准、发挥市场配置土地的功能、实施综合整治利用、推动节约集约用地科技引领、加强节约集约用地评价监督宣传等。

土地整治主要介绍了农地整理、城市更新、土地复垦和未利用地开发。其中农地整理包括农村田、水、林、田、湖、路等的综合治理，城市更新主要介绍了城市更新的几种方式。

耕地保护主要介绍了耕地保护的原则、耕地数量保护措施、耕地质量保护措施和耕地生态保护措施。

土地利用监督监测督察主要介绍了土地利用监督、土地利用监测、土地督察和土地利用预警。

第六章 土地生态管护

土地生态管护是土地管理的重要组成部分。土地生态管护的主要内容包括土地生态现状调查与评价、土地生态规划与设计、土地生态管制、土地生态监测与预警、土地生态重建与修复等，本章内容框架结构图如图 6-1 所示。

- 土地生态管护
  - 生态管护概述
    - 土地生态管护有关概念
    - 土地生态管护的原则、目标
    - 土地生态管护的内容
  - 我国主要生态问题
    - 生态破坏
    - 环境污染
  - 土地生态管制
    - 分区域管制
    - 分类别管制
    - 分时段管制
  - 土地生态监测与预警
    - 土地生态监测
    - 土地生态预警
  - 土地生态修复与重建
    - 土地生态修复与重建的目标、原则
    - 土地生态修复与重建的措施

图 6-1 本章内容框架结构图

第一节 土地生态管护概述

一、土地生态管护的相关概念

(一) 生态

生态(Eco-)一词源于古希腊字 OIKOS，原意指“住所”或“栖息地”。生态的产生最早是从研究生物个体开始的，指生物在一定的自然环境下生存和发展的状态，也指生物的生理特性和生活习性。随着经济社会发展，“生态”一词涉及的范畴也越来越广，从单纯研究生物扩展到土地、水、岩石、矿物、大气、生物等环境要素的相互依存相互影响共同作用下表现出来的状态。人们常常用“生态”来定义许多美好的事物，如健康的、美的、和谐的等事物均可冠以“生态”进行修饰，如生态家园、生态建筑、生态农庄、生态村、生态小区、生态城等。

生态与环境，两者有一定的相似性，都由土壤、植被、岩石、矿物、水、动物、微生物、大气等物质构成，但环境同时还包括观念、制度、行为准则等为内容的非物质因素；环境既包括自然因素，也包括社会因素；既包括非生命体形式，也包括生命体形式。环境是相对于某个主体而言的，是围绕主体，跟主体有某种关系的所有外部要素。主体不同，环境的大小、内容等也就不同。

(二)土地生态

土地是自然环境的构成要素之一，也是生态系统的构成要素之一。在生态前面加上"土地"二字，主要体现土地这一要素在生态系统中的重要地位与作用。土地生态是指土地这一要素与环境中的生物、水、岩石、矿物、大气等要素相互依存、相互影响、共同作用下的存在与变化状态。

(三)生态安全

生态安全是指在国家或区域尺度上，生态系统结构合理、功能完善、格局稳定，并能够为人类生存和经济社会发展持续提供生态服务的状态，是国家安全的重要组成部分。

二、土地生态管护的必要性

(一)控制污染的外部性

外部性又称溢出效应，是指企业或者个人向市场之外的其他人所强加的成本或利益。可分为负外部性与正外部性。污染是典型的负外部性。来自生产与消费的外部性使环境问题不断增加，污染不断恶化，未受管制的市场经济将会制造过多污染，而污染的控制却难以通过市场经济实现。未受管制的厂商通过比较私人边际收益与私人边际成本决定控制污染的数量，这往往使控污不足，需要政府进行管制，生态管护即为政府控制污染的外部性的工具之一。

(二)保护生态公众共用物

经济学上，公共品(有时也称公共产品或公共物品)是指那种不论个人是否愿意购买，都能使整个社会每一成员获益的物品。公共品是相对于私人品而言的，私人品是指那些可以分割、可以供不同的人消费、并且对他人没有外部收益或成本的物品。私人品可以由市场进行有效配置，但公共品通常需要政府提供并予以维护。

公众共用物不同于公共产品，公共产品是指由国家提供的，具有非排他性和非竞争性特点的物品。公共产品的所有权归于"国家"，使用权人为不特定的单位或者个人。而公众共用物是指："不特定多数人的可以非排他性使用的共用物，例如大气、水流、海洋、森林和荒地等环境和自然资源"(蔡守秋，2012)。公众共用物不是一种所有权意义上的概念，而是一种使用权意义上的概念。如大气为公众共用物，但不能界定为"国家所有"或者"公众所有"。"公众共用物既不属于我国法律规定的私有物，也不属于我国法律上规定的国家所有即全民所有财产"[94]。公众共用物属于物的一种，但属于一种特殊的物，公众共用物可以被不特定的多数人非排他性使用。

公众共用物除了环境和自然资源外，可能还存在其他类型。本文只涉及环境和自然资源，因此，把跟环境与自然资源方面的公众共用物，统称为生态公众共用物。“目前我国公众共用物因受到来自各方面和各种形式的污染、破坏、损害、侵犯而面临着退化、萎缩的危机”[94]，国家为保护生态公众共用物，协调私有、公有、共用之间的关系，保障公民环境权益，应当采取必要的管护措施。

（三）维护生态正义

生态正义反映的是生态的正当诉求。生态正义要求人们在政治、经济、社会生活中，除按照自由、平等等原则享有自然资源和各种正当权益的同时，应当维护生态系统自身结构的完整与功能的正常，并为生态的这些正当诉求提供实现的条件与措施。生态管护可为生态系统自身结构的完整、功能的正常提供可能的服务与保障。

三、土地生态管护的原则

（一）土地利用格局与生态安全格局相协调

土地利用的空间格局应当与生态安全格局相协调。在生态安全的区域内，可以根据土地的经济适宜性和环境自净能力适当布局农用地和建设用地；在生态脆弱区内，应当根据生态管制的要求控制建设用地布局，适当加强生态建设安全建设；在生态灾害频发区，应当根据生态管制要求禁止生产性建设用地布局，加强生态安全建设；在生态保护区内，除为了保护生态的建设用地外，禁止其他污染、破坏性建设用地布局。

（二）土地利用管制应与生态管制相协调

土地利用管制应当与生态管制相协调。这一大原则下包括：土地用途分类应当体现生态保护需要；土地利用分区应当与土地生态分区相协调；土地利用审批应当有生态审核的内容；土地利用监控应当有生态监控内容；土地违法惩处应当包括对生态毁损的惩处等。

（三）土地用途应与自然资源禀赋相匹配

土地用途应当考虑土地、水、空气、能源、生物、矿产等自然资源的匹配。在严重缺水的区域，安排的地类用途应当对水的依赖性较小。在水、土壤、空气等污染已经比较严重的区域，应当限制或者禁止加重污染的用地类型，而优先安排恢复性用地类型，或者实施用地类型退出机制，促使污染物的削减与环境质量的提升。在能源资源稀缺的区域，应当优先向清洁能源项目以及耗能少的用地类型提供土地。在矿产资源丰富的区域，应当为采矿业提供必要的建设用地。在有自然和文化遗产需要保护的区域，则不应提供破坏性项目用地。

（四）土地利用强度应与生态承载力相协调

土地利用强度与生态承载力相协调是一个大原则，这一大原则下包括以下小原则：第一，土地复种、草原载畜等应当顾及农用地的休养生息，必要时应当实行轮作休耕；第二，建设密度、建筑容积率等应当顾及地基的承载力，不得造成地面沉降、塌陷；第三，各类用地规模应当与人口规模相适应；第四，土地利用强度与科技发展水平相适应，通过先进科技能以较低强度达到预定效果的，应当控制土地利用强度以充分发挥科技优势。

(五)污染性建设项目用地规模、布局应与环境污染控制目标相适应

建设用地的供给结构，包括优先供地的项目类型与用地规模，限制用地的项目类型及其用地规模的比例。建设用地结构关系到污染物排放的类型、强度、布局。因此，建设用地结构应当与环境的污染控制目标相协调。污染控制目标包括单项目标与总目标。建设用地不仅应符合单项污染物控制目标的要求，同时还应符合污染物总量控制的要求。

四、土地生态管护的目标

生态管护的目标通常包括以下方面：一是保护生态环境质量；二是达标排放与污染减排；三是防范与降低环境风险；四是生态保护与修复等。

我国《“十三五”生态环境保护规划》制定的生态管护目标是：“到2020年，生态环境质量总体改善。生产和生活方式绿色、低碳水平上升，主要污染物排放总量大幅减少，环境风险得到有效控制，生物多样性下降势头得到基本控制，生态系统稳定性明显增强，生态安全屏障基本形成，生态环境领域国家治理体系和治理能力现代化取得重大进展，生态文明建设水平与全面建成小康社会目标相适应”。

《“十三五”生态环境保护规划》列出的2020年的生态环境保护目标如表6.1-1所示。

表6.1-1　**“十三五”生态环境保护目标**

指标		2015年	2020年	〔累计〕[1]	属性
生态环境质量					
1. 空气质量	地级及以上城市[2]空气质量优良天数比例(%)	76.7	>80	—	约束性
	细颗粒物未达标地级及以上城市浓度下降(%)	—	—	〔18〕	约束性
	地级及以上城市重度及以上污染天数比例下降(%)	—	—	〔25〕	预期性
2. 水环境质量	地表水质量[3]达到或好于Ⅲ类水体比例(%)	66	>70	—	约束性
	地表水质量劣Ⅴ类水体比例(%)	9.7	<5	—	约束性
	重要江河湖泊水功能区水质达标率(%)	70.8	>80		预期性
	地下水质量极差比例(%)	15.7[4]	15左右	—	预期性
	近岸海域水质优良(一、二类)比例(%)	70.5	70左右	—	预期性
3. 土壤环境质量	受污染耕地安全利用率(%)	70.6	90左右	—	约束性
	污染地块安全利用率(%)	—	90以上	—	约束性

续表

指　　标		2015 年	2020 年	〔累计〕[1]	属性
4. 生态状况	森林覆盖率(%)	21.66	23.04	〔1.38〕	约束性
	森林蓄积量(亿立方米)	151	165	〔14〕	约束性
	湿地保有量(亿亩)	—	≥8	—	预期性
	草原综合植被盖度(%)	54	56		预期性
	重点生态功能区所属县域生态环境状况指数	60.4	>60.4	—	预期性
污染物排放总量					
5. 主要污染物排放总量减少(%)	化学需氧量	—	—	〔10〕	约束性
	氨氮	—	—	〔10〕	
	二氧化硫	—	—	〔15〕	
	氮氧化物	—	—	〔15〕	
6. 区域性污染物排放总量减少(%)	重点地区重点行业挥发性有机物[5]	—	—	〔10〕	预期性
	重点地区总氮[6]	—	—	〔10〕	预期性
	重点地区总磷[7]	—	—	〔10〕	
生态保护修复					
7. 国家重点保护野生动植物保护率(%)		—	>95	—	预期性
8. 全国自然岸线保有率(%)		—	≥35	—	预期性
9. 新增沙化土地治理面积(万平方千米)		—	—	〔10〕	预期性
10. 新增水土流失治理面积(万平方千米)		—	—	〔27〕	预期性

注：1.〔　〕内为五年累计数。

2. 空气质量评价覆盖全国 338 个城市(含地、州、盟所在地及部分省辖县级市，不含三沙和儋州)。

3. 水环境质量评价覆盖全国地表水国控断面，断面数量由“十二五”期间的 972 个增加到 1940 个。

4. 为 2013 年数据。

5. 在重点地区、重点行业推进挥发性有机物总量控制，全国排放总量下降 10%以上。

6. 对沿海 56 个城市及 29 个富营养化湖库实施总氮总量控制。

7. 总磷超标的控制单元以及上游相关地区实施总磷总量控制。

五、土地生态管护的内容

按照不同的分类标准，生态管护有不同的分类方式。如按照生态管护的主体不同可以划分为政府主导的生态管护和自发的生态管护；按受益主体不同可以分为公益性生态管护和私益性生态管护；按管护对象不同可以分为原生态管护和次生态管护；按管护方式不同可以分为建设性生态管护、修复性生态管护、防减性生态管护等。

土地生态管护的内容也有不同的分类体系，无论何种分类体系，其基本内容均包括以下方面：

(1)制定生态环境方面的标准；

(2)开展生态现状调查与评价；

(3)编制生态保护规划；

(4)实施生态保护各项措施；

(5)生态安全监测与预警；

(6)生态修复与重建；

(7)生态管护信息系统建设等。

第二节　我国主要生态问题

我国生态方面存在的主要问题有：水土流失、土地沙漠化、草地退化、湿地萎缩、生物多样性降低、生态灾害频发、海洋自然岸线减少、全球气候变暖背景下各类气象灾害增多等。

生态建设与管理方面也存在一些问题，如区域之间、生态系统之间生态保护与建设进展不平衡，生态建设与保护的投入相对较少，科技支撑相对薄弱，生态脆弱区农民增收缓慢，贫困发生率高等。

一、水土流失

全国水土流失面积达 295 万平方千米，年均土地侵蚀量 45 亿立方米，导致江河湖库淤积、崩岗和耕地损毁，每年淤积水库库容 16.24 亿立方米，损毁耕地 6 万多公顷。长江上中游、黄河上中游、珠江上游和东北黑土区等地区水土流失十分严重。

二、土地沙化和石漠化

全国沙化土地面积 173 万平方千米，主要分布在“三北”地区。石漠化土地面积 12 万平方千米，主要分布在贵州、广西和云南。严重的土地沙化和石漠化导致沙尘暴频发、耕地草地质量降低、人类生存空间缩小、贫困加剧。

三、自然湿地萎缩、河湖功能退化

湿地开垦、淤积、污染、缺水仍然严重，导致湿地面积缩减，生态功能降低或丧失。部分河湖污染严重，局部地区地下水超采，经济社会用水挤占生态用水，导致河流径流量减少，湖泊立面缩小，水生态破坏严重；北方主要河流年均挤占河道内生态用水约 132 亿立方米。

四、森林资源人均水平低、质量不高

我国人均森林面积只有世界平均水平的23%，乔木林每公顷蓄积量只有世界平均水平的78%；林分结构不合理，中幼龄林比例高；宜林地质量差，造林难度大；局部地区乱垦滥占林地问题严重，制约了森林生态系统调节气候、涵养水源、防风固沙、固碳增汇等生态功能的充分发挥。

五、草地退化

我国草原超载过牧仍然严重，可利用天然草原90%存在不同程度的退化，中度以上明显退化的接近50%，生产力水平低，生态系统脆弱。

六、农田质量下降

农田开发过度，投入结构不合理，导致土壤结构破坏，养分不平衡，土层变薄，酸化、次生盐渍化加重。东北地区耕地有机质含量大幅度下降，黑土腐殖质层厚度变薄；松嫩平原盐渍化土壤每年增加1%以上。

七、城市人均生态环境压力巨大

城市生态建设与城市人口增加、规模不相适应，绿地总量不足。部分城市盲目进行填湖、填河、开山等高强度开发建设，压缩了城市绿色生态空间；存在盲目引进外来草种、树种和花卉等问题。

八、海洋生态形势严峻

我国潮间带湿地面积丧失速度加快，红树林和珊瑚礁面积较20世纪50年代减少了70%以上，局部地区咸潮入侵、土地盐渍化加重。典型海洋生态系统受损严重，生物资源衰退程度加剧，主要鱼类产卵场大幅萎缩。我国自然岸线保有率仅37.6%，侵蚀海岸线占20%。近岸局部海域污染严重。

九、生物多样性面临严重威胁

野生动植物种类受威胁比例高达15%~20%，有233种脊椎动物处于濒危状态，104种野生植物物种极危或濒危。生物物种遗传资源丧失和流失严重；488种外来入侵物种对自然生态系统构成严重威胁。典型生态系统和关键物种栖息地尚未得到全面保护。

十、地下水超采严重

全国地下水供水量达1107亿立方米，是1972年的5.5倍。北方一些地区地下水供水量已超过总供水量的70%以上。全国年均超采地下水215亿立方米，超采地下水造成部分地区地下水资源枯竭，环境地质灾害频发、地下水污染加剧。

十一、生态灾害频发

近些年，干旱、暴雨、雨雪冰冻、沙尘暴等极端天气事件多发，加之生态变坏，导致山洪、泥石流、滑坡等灾害增多。海洋污染、富营养化严重，局部海域溢油呈加重趋势。赤潮年均灾害面积超1.4万平方千米，绿潮最大影响面积约3万平方千米。

第三节　土地生态管护

一、明确生态用地的种类、范围与保护责任

(一)生态用地的概念

在现行土地利用现状分类体系中，农用地包括耕地、园地、林地、草地和其他农用地；建设用地包括商服用地、工矿仓储用地、住宅用地、公共管理和公共服务用地、特殊用地、交通运输用地，此外还有水域和水利用地、其他用地。现行土地利用现状分类体系中并没有单列生态用地。

关于生态用地的概念，国内近些年有不同的提法，如龙花楼等人界定生态用地的概念为：“生态用地是以保护和稳定区域生态系统为目标，能够直接或间接发挥生态环境调节(防风固沙、保持水土、净化空气、美化环境)和生物支持(提供良好的栖息环境、维持生物多样性)等生态服务功能且其自身具有一定的自我调节、修复、维持和发展能力的除人工硬化表面之外，其他能够直接或间接提供生态系统服务的土地”(龙花楼等，2015)。

目前，生态用地“在区域尺度上主要形成三种观点：第一种观点是“生态要素决定论”，主要从土地空间形态角度来定义生态用地。认为生态要素的空间定位统称为生态用地。按空间展布形态分为两类：成片森林、湖泊水体、湿地、农业用地以及开敞空间等属于斑块状生态用地，河流、交通走廊、沿海滩涂等属于线状或带状生态用地。第二种观点是“生态功能决定论”，单纯从土地生态功能角度来定义生态用地。认为凡是具有生态服务功能、对于生态系统和生物生境保护具有重要作用的土地都可视为生态用地，包括农田、林地、草地、水域和沼泽等在内的、地表无人工铺装的、具有透水性的地面等都可以纳入生态用地的范围。第三种观点是“主体功能决定论”，侧重从土地主体功能角度来定义生态用地。认为土地是一个综合的功能整体，应以土地的主体功能来划分生态用地和生态空间，生态功能是土地利用生产和生活功能实现的前提，对于以经济产出为核心目的的农业生产用地，如耕地、养殖水面等不作为生态空间考虑；生态用地以发挥自然生态功能为主，区别于生产和生活用途，其生态系统服务功能重要或生态环境脆弱、生态敏感性较高，包括为人类所利用、但是用于农用和建设用以外的土地，以及人类不直接利用，但在维护生物多样性、生态平衡以及地球原生环境等方面作用明显的土地。最后总结生态用地为：“在应用于土地资源管理实践的前提下，对生态用地进行界定应以生态功能主体性作为基本准则，从不同尺度地域上满足人类及其他生物所

需的自然环境条件和效用来区分和定义土地的生态功能。因此，生态用地是指生产性用地和承载性用地以外，以提供生态产品、环境调节和生物保育等生态服务功能为主要用途，对维持区域生态平衡和可持续发展具有重要作用的土地利用类型。其中，环境调节功能主要是指气体调节、气候调节、水文调节、土壤调节与控制、干扰调节等，生物保育功能主要是指为人类之外的其他生物提供栖息地、基因库、生物防治等。此外，考虑到森林、草地、湿地(包括水域)等土地类型，在改善环境、维持生物多样性和区域生态平衡方面具有不可替代的重要作用，具有巨大的生态系统服务价值，可称之为基础性生态用地；盐碱地、沙地、裸岩及裸土地、高寒荒漠及苔原、冰川及永久积雪等土地类型，应以生态修复和保护为主，过度人类干预和开发会给生态安全带来严重负面影响，可称之为保全性生态用地；而部分农业生产用地(不包括灌溉水田等)，因侧重强调发挥其经济产出确保粮食安全，而不是维持区域生态环境的健康，不宜作为生态用地。”(喻锋等，2014)

(二)生态用地的种类与范围

生态用地一般分为四大类型：湿地、林地、草地、其他生态用地。

湿地包括沼泽、湖泊、河流、滨海湿地和人工湿地等。湿地包括土地利用现状分类体系中的灌溉水田、沟渠、坑塘、水库、河流、湖泊、苇地、滩涂等。关于灌溉水田，有人认为其主导功能是生产粮食，故不计入生态用地；也有人认为灌溉水田和其他农用地不同，作为一种人工湿地系统，它在蓄滞洪水、补充地下水、保护环境、维护生态平衡中具有其他农业系统不能取代的作用，因此将其列为生态用地分类中的人工湿地类型。基于用地分类不交叉不重叠的原则，可能不将灌溉水田列入生态用地范围。

林地包括落叶林地、常绿林地、混交林地、灌木林地、人工生态林地等。林地包括土地利用现状分类体系中的有林地、灌木林地、苗圃等。

草地包括高盖度草地、中盖度草地、低盖度草地和人工生态草地等。草地包括土地利用现状分类体系中的天然草地和人工草地。

其他生态用地包括盐碱地、沙地、裸岩及裸土地、高寒荒漠及苔原、冰川及永久积雪等。

其中，湿地、森林、草地统称为基础性生态用地，是具有较强的自我调节、自我修复、自我维持和自我发展能力的土地，能通过维持自身生态结构和功能对主体生态系统的稳定性、高生产力及可持续发展起到支撑和保育作用，对当地乃至区域自然生态环境起到重要的调节作用；其他生态用地则为保全性生态用地，即自身生态系统脆弱甚至生态功能退化的土地，应以生态修复和保护为主，人类活动过度干预会给生态安全带来负面影响的土地。

(三)生态用地的保护责任

在生态用地的保护上，不同行政管理部门受限于管理职能差异，在实施生态用地管制的范围和职责分工上也存在较大分歧。

《土地管理法》规定了土地用途管制制度，对土地所有权和使用权的确认，土地利用总体规划，耕地保护，建设用地审批，土地利用监督检查等方面做了规定，明确了自然资源主管部门的职责，而对生态用地的保护则只强调了各级人民政府有保护的职责。

《中华人民共和国森林法》和《中华人民共和国森林法实施条例》(以下简称《森林法实施条例》)明确了森林资源的保护责任。如“各级林业主管部门依照本法规定，对森林资源的保护、利用、更新，实行管理和监督”，“地方各级人民政府应当组织有关部门建立护林组织，负责护林工作”，“地方各级人民政府应当切实做好森林火灾的预防和扑救工作”，“各级林业主管部门负责组织森林病虫害防治工作”，“国务院林业主管部门和省、自治区、直辖市人民政府，应当在不同自然地带的典型森林生态地区、珍贵动物和植物生长繁殖的林区、天然热带雨林区和具有特殊保护价值的其他天然林区，划定自然保护区，加强保护管理”，“对自然保护区以外的珍贵树木和林区内具有特殊价值的植物资源，应当认真保护；未经省、自治区、直辖市林业主管部门批准，不得采伐和采集”，“林区内列为国家保护的野生动物，禁止猎捕；因特殊需要猎捕的，按照国家有关法规办理”等。

《中华人民共和国草原法》明确了草原行政主管部门的保护责任。如“国家对草原实行以草定畜、草畜平衡制度。县级以上地方人民政府草原行政主管部门应当按照国务院草原行政主管部门制定的草原载畜量标准，结合当地实际情况，定期核定草原载畜量。各级人民政府应当采取有效措施，防止超载过牧”；“禁止开垦草原。对水土流失严重、有沙化趋势、需要改善生态环境的已垦草原，应当有计划、有步骤地退耕还草；已造成沙化、盐碱化、石漠化的，应当限期治理”；“对严重退化、沙化、盐碱化、石漠化的草原和生态脆弱区的草原，实行禁牧、休牧制度”等。

《中华人民共和国渔业法》明确了养殖水面的保护责任。如“县级以上人民政府渔业行政主管部门应当对其管理的渔业水域统一规划，采取措施，增殖渔业资源”，“国家保护水产种质资源及其生存环境，并在具有较高经济价值和遗传育种价值的水产种质资源的主要生长繁育区域建立水产种质资源保护区”，“禁止使用炸鱼、毒鱼、电鱼等破坏渔业资源的方法进行捕捞。禁止制造、销售、使用禁用的渔具。禁止在禁渔区、禁渔期进行捕捞。禁止使用小于最小网目尺寸的网具进行捕捞。捕捞的渔获物中幼鱼不得超过规定的比例。在禁渔区或者禁渔期内禁止销售非法捕捞的渔获物”，“禁止捕捞有重要经济价值的水生动物苗种”，“各级人民政府应当采取措施，保护和改善渔业水域的生态环境，防治污染”等。

《中华人民共和国水法》《中华人民共和国水污染防治法》(以下简称《水污染防治法》)规定了水资源的规划、开发利用与保护。如“县级以上人民政府水行政主管部门、流域管理机构以及其他有关部门在制定水资源开发、利用规划和调度水资源时，应当注意维持江河的合理流量和湖泊、水库以及地下水的合理水位，维护水体的自然净化能力”，“县级以上地方人民政府水行政主管部门和流域管理机构应当对水功能区的水质状况进行监测，发现重点污染物排放总量超过控制指标的，或者水功能区的水质未达到水域使用功能对水质的要求的，应当及时报告有关人民政府采取治理措施，并向环境保护行政主管部门通报”，“县级以上地方人民政府应当采取措施，保障本行政区域内水工程，特别是水坝和堤防的安全，限期消除险情。水行政主管部门应当加强对水工程安全的监督管理"等。

《中华人民共和国环境保护法》明确了环境保护部门在监督管理、保护和改善生态环境，防治污染和其他公害等方面的职责。如"国务院环境保护主管部门，对全国环境保护工作实施统一监督管理；县级以上地方人民政府环境保护主管部门，对本行政区域环境保护工作实施统一监督管理"，"地方各级人民政府应当根据环境保护目标和治理任务，采取有效措施，改善环境质量"，"国务院有关部门和地方各级人民政府应当采取措施，推广清洁能源的生产和使用"，"县级以上人民政府应当建立环境污染公共监测预警机制，组织制定预警方案；环境受到污染，可能影响公众健康和环境安全时，依法及时公布预警信息，启动应急措施"，"各级人民政府及其农业等有关部门和机构应当指导农业生产经营者科学种植和养殖，科学合理施用农药、化肥等农业投入品，科学处置农用薄膜、农作物秸秆等农业废弃物，防止农业面源污染"，"县级人民政府负责组织农村生活废弃物的处置工作"等。

其他生态用地也有一些相关法律法规规定了管理职责权限，如《中华人民共和国矿产资源法》《中华人民共和国防沙治沙法》《中华人民共和国水土保持法》《中华人民共和国自然保护区条例》《中华人民共和国风景名胜区条例》《中华人民共和国野生动物保护法》等。

但是这些法律法规都是条块分割，而生态用地是土地与生态的结合，是土地部门与环境保护部门、林业部门、畜牧业部门、农业部门、水资源部门等职能交叉区域，土地管理应当包括生态用地管理，但生态环境保护主要职责权限在环境保护部门，这使土地部门在生态用地管理方面的地位不高，作用不大。在明确生态用地的概念、种类和范围后，应当进一步明确生态用地保护的职责权限。

二、划定生态保护红线

生态保护红线是指依法在重点生态功能区、生态环境敏感区和脆弱区等区域划定的严格管控边界，是国家和区域生态安全的底线。生态保护红线所包围的区域为生态保护红线区，对于维护生态安全格局、保障生态系统功能、支撑经济社会可持续发展具有重要作用。

依据《中华人民共和国环境保护法》，生态保护红线主要在以下生态保护区域进行划定。

（一）重点生态功能区

重点生态功能区：指生态系统十分重要，关系全国或区域生态安全，生态系统有所退化，需要在国土空间开发中限制进行大规模高强度工业化城镇化开发，以保持并提高生态产品供给能力的区域，主要类型包括水源涵养区、水土保持区、防风固沙区和生物多样性维护区。重点生态功能区可以分为陆地重点生态功能区和海洋重点生态功能区。

陆地重点生态功能区主要包括《全国主体功能区规划》和《全国生态功能区划》的各类重点生态功能区，具体包括水源涵养区、水土保持区、防风固沙区、生物多样性维护区等类型。

海洋重点生态功能区主要包括海洋水产种质资源保护区、海洋特别保护区、重要滨海湿地、特殊保护海岛、自然景观与历史文化遗迹、珍稀濒危物种集中分布区、重要渔业水域等区域。

（二）生态敏感区/脆弱区

生态敏感区是指对外界干扰和环境变化具有特殊敏感性或潜在自然灾害影响，极易受到人为的不当开发活动影响而产生负面生态效应的区域。生态脆弱区是指生态系统组成结构稳定性较差，抵抗外在干扰和维持自身稳定的能力较弱，易于发生生态退化且难以自我修复的区域。

陆地生态敏感区/脆弱区主要包括《全国生态功能区划》《全国主体功能区规划》及《全国生态脆弱区保护规划纲要》的各类生态敏感区/脆弱区，具体包括水土流失敏感区、土地沙化敏感区、石漠化敏感区、高寒生态脆弱区、干旱、半干旱生态脆弱区等。

海洋生态敏感区/脆弱区主要包括海岸带自然岸线、红树林、重要河口、重要砂质岸线和沙源保护海域、珊瑚礁及海草床等。

（三）禁止开发区

禁止开发区：指依法设立的各级各类自然文化资源保护区域，以及其他禁止进行工业化城镇化开发、需要特殊保护的重点生态功能区。

禁止开发区域主要包括国家级自然保护区、世界文化自然遗产、国家级风景名胜区、国家森林公园和国家地质公园等类型。

（四）其他

其他未列入上述范围但具有重要生态功能或生态环境敏感、脆弱的区域，包括生态公益林、重要湿地和草原、极小种群生境等。

三、建设国家生态安全屏障

识别事关国家生态安全的重要区域，以生态安全屏障以及大江大河重要水系为骨架，以国家重点生态功能区为支撑，以国家禁止开发区域为节点，以生态廊道和生物多样性保护网络为脉络，优先加强生态保护，维护国家生态安全。

建设青藏高原生态安全屏障，推进青藏高原区域生态建设与环境保护，重点保护好多样、独特的生态系统。

建设黄土高原—川滇生态安全屏障，重点加强水土流失防治和天然植被保护，保障长江、黄河中下游地区生态安全。

建设东北森林带生态安全屏障，重点保护好森林资源和生物多样性，维护东北平原生态安全。

建设北方防沙带生态安全屏障，重点加强防护林建设、草原保护和防风固沙，对暂不具备治理条件的沙化土地实行封禁保护，保障“三北”地区生态安全。

建设南方丘陵山地带生态安全屏障，重点加强植被修复和水土流失防治，保障华南和西南地区生态安全。

四、管护重点生态区域

管护重点生态区域，包括深化国家重点生态功能区保护和管理，优先加强自然保护区建设与管理，整合设立一批国家公园等措施。

(一)深化国家重点生态功能区保护和管理

包括以下方面：一是制定国家重点生态功能区产业准入负面清单；二是制定区域限制和禁止发展的产业目录；三是优化转移支付政策，强化对区域生态功能稳定性和提供生态产品能力的评价和考核；四是加快重点生态功能区生态保护与建设项目实施，加强对开发建设活动的生态监管，保护区域内重点野生动植物资源，明显提升重点生态功能区生态系统服务功能。

(二)优先加强自然保护区建设与管理

包括以下方面：一是优化自然保护区布局，将重要河湖、海洋、草原生态系统及水生生物、自然遗迹、极小种群野生植物和极度濒危野生动物的保护空缺作为新建自然保护区重点，建设自然保护区群和保护小区，全面提高自然保护区管理系统化、精细化、信息化水平。二是建立全国自然保护区“天地一体化”动态监测体系。三是加强自然保护区综合科学考察、基础调查和管理评估。

(三)整合设立一批国家公园

应合理界定国家公园范围，整合完善分类科学、保护有力的自然保护地体系，更好地保护自然生态和自然文化遗产原真性、完整性。加强风景名胜区、自然文化遗产、森林公园、沙漠公园、地质公园等各类保护地规划、建设和管理的统筹协调，提高保护管理效能。

五、保护重要生态系统

(一)保护森林生态系统

完善天然林保护制度，强化天然林保护和抚育，健全和落实天然林管护体系，加强管护基础设施建设，实现管护区域全覆盖，全面停止天然林商业性采伐。继续实施森林管护和培育、公益林建设补助政策。严格保护林地资源，分级分类进行林地用途管制。

(二)保护草原生态系统

稳定和完善草原承包经营制度，实行基本草原保护制度，落实草畜平衡、禁牧休牧和划区轮牧等制度。严格草原用途管制。防治鼠虫草害。

(三)保护湿地生态系统

开展湿地生态效益补偿试点、退耕还湿试点。在国际和国家重要湿地、湿地自然保护区、国家湿地公园，实施湿地保护与修复工程，逐步恢复湿地生态功能，扩大湿地面积。提升湿地保护与管理能力。

六、提升生态系统功能

（一）大规模绿化国土

开展大规模国土绿化行动，加强农田林网建设，建设配置合理、结构稳定、功能完善的城乡绿地，形成沿海、沿江、沿线、沿边、沿湖（库）、沿岛的国土绿化网格，促进山脉、平原、河湖、城市、乡村绿化协同。

（二）适当退耕还林还草和退牧还草

适当退耕还林还草范围和规模，在具备条件的25°以上坡耕地、严重沙化耕地和重要水源地15°~25°坡耕地实施退耕还林还草。实施全国退牧还草工程建设规划，稳定扩大退牧还草范围，转变草原畜牧业生产方式，建设草原保护基础设施，保护和改善天然草原生态。

（三）建设防护林体系

加强“三北”、长江、珠江、太行山、沿海等防护林体系建设。“三北”地区乔灌草相结合，突出重点、规模治理、整体推进。长江流域推进退化林修复，提高森林质量，构建“两湖一库”防护林体系。珠江流域推进退化林修复。太行山脉优化林分结构。沿海地区推进海岸基干林带和消浪林建设，修复退化林，完善沿海防护林体系和防灾减灾体系。在粮食主产区营造农田林网，加强村镇绿化，提高平原农区防护林体系综合功能。

（四）建设储备林

在水土光热条件较好的南方省区和其他适宜地区，加快推进储备林建设。在东北、内蒙古等重点国有林区，采取人工林集约栽培、现有林改培、抚育及补植补造等措施，建设以用材林和珍贵树种培育为主体的储备林基地。

（五）培育国土绿化新机制

继续坚持全国动员、全民动手、全社会搞绿化的指导方针，鼓励家庭林场、林业专业合作组织、企业、社会组织、个人开展专业化规模化造林绿化。发挥国有林区和林场在绿化国土中的带动作用，开展多种形式的场外合作造林和森林保育经营，鼓励国有林场担负区域国土绿化和生态修复主体任务。创新产权模式，鼓励地方探索在重要生态区域通过赎买、置换等方式调整商品林为公益林的政策。

七、修复生态退化区域

（一）综合治理水土流失

加强长江中上游、黄河中上游、西南岩溶区、东北黑土区等重点区域水土保持工程建设，加强黄土高原地区沟壑区固沟保塬工作，推进东北黑土区侵蚀沟治理，加快南方丘陵地带崩岗治理，积极开展生态清洁小流域建设。

（二）推进荒漠化石漠化治理

加快实施全国防沙治沙规划，开展固沙治沙，加大对主要风沙源区、风沙口、沙尘路径区、沙化扩展活跃区等的治理力度，加强“一带一路”沿线防沙治沙，推进沙化土地封禁保护区和防沙治沙综合示范区建设。继续实施京津风沙源治理二期工程，进一步遏制沙尘危害。以“一片两江”(滇桂黔石漠化片区和长江、珠江)岩溶地区为重点，开展石漠化综合治理。

(三)加强矿山地质环境保护与生态恢复

严格实施矿产资源开发环境影响评价，建设绿色矿山。加大矿山植被恢复和地质环境综合治理，开展危险尾矿库和“头顶库”(1千米内有居民或重要设施的尾矿库)专项整治，强化历史遗留矿山地质环境恢复和综合治理。推广实施尾矿库充填开采等技术，建设一批“无尾矿山”(通过有效手段实现无尾矿或仅有少量尾矿占地堆存的矿山)，推进工矿废弃地修复利用。

八、扩大生态产品供给

(一)推进绿色产业建设

加强林业资源基地建设，加快产业转型升级，促进产业高端化、品牌化、特色化、定制化，满足人民群众对优质绿色产品的需求。建设一批具有影响力的花卉苗木示范基地，发展一批增收带动能力强的木本粮油、特色经济林、林下经济、林业生物产业、沙产业、野生动物驯养繁殖利用示范基地。加快发展和提升森林旅游休闲康养、湿地度假、沙漠探秘、野生动物观赏等产业，加快林产工业、林业装备制造业技术改造和创新，打造一批竞争力强、特色鲜明的产业集群和示范园区，建立绿色产业和全国重点林产品市场监测预警体系。

(二)构建生态公共服务网络

加大自然保护地、生态体验地的公共服务设施建设力度，开发和提供优质的生态教育、游憩休闲、健康养生养老等生态服务产品。加快建设生态标志系统、绿道网络、环卫、安全等公共服务设施，精心设计打造以森林、湿地、沙漠、野生动植物栖息地、花卉苗木为景观依托的生态体验精品旅游线路，集中建设一批公共营地、生态驿站，提高生态体验产品档次和服务水平。

(三)加强风景名胜区和世界遗产保护与管理

开展风景名胜区资源普查，稳步做好世界自然遗产、自然与文化双遗产培育与申报。强化风景名胜区和世界遗产的管理，实施遥感动态监测，严格控制利用方式和强度。加大保护投入，加强风景名胜区保护利用设施建设。

(四)维护修复城市自然生态系统

提高城市生物多样性，加强城市绿地保护，完善城市绿线管理。优化城市绿地布局，建设绿道绿廊，使城市森林、绿地、水系、河湖、耕地形成完整的生态网络。扩大绿地、水域等生态空间，合理规划建设各类城市绿地，推广立体绿化、屋顶绿化。开展城市山体、水体、废弃地、绿地修复，通过自然恢复和人工修复相结合的措施，实施城市生态修复示范工程项目。加强城市周边和城市群绿化，实施“退工还林”，成片建设城市森林。大力提高建成区绿化覆盖率，加快老旧公园改造，提升公园绿地服务功能。推行生态绿化方式，广植当地树种，乔灌草合理搭配、自然生长。加强古树名木保护，严禁移植天然大树进城。发展森林城市、园林城市、森林小镇。

九、防治土壤污染

（一）实施农用地土壤环境分类管理

按污染程度将农用地划为三个类别，未污染和轻微污染的划为优先保护类，轻度和中度污染的划为安全利用类，重度污染的划为严格管控类，分别采取相应管理措施。各省级人民政府要对本行政区域内优先保护类耕地面积减少或土壤环境质量下降的县（市、区）进行预警提醒并依法采取环评限批等限制性措施。将符合条件的优先保护类耕地划为永久基本农田，实行严格保护，确保其面积不减少、土壤环境质量不下降。根据土壤污染状况和农产品超标情况，安全利用类耕地集中的县（市、区）要结合当地主要作物品种和种植习惯，制定实施受污染耕地安全利用方案，采取农艺调控、替代种植等措施，降低农产品超标风险。加强对严格管控类耕地的用途管理，依法划定特定农产品禁止生产区域，严禁种植食用农产品。

（二）加强建设用地环境风险管控

建立建设用地土壤环境质量强制调查评估制度。构建土壤环境质量状况、污染地块修复与土地再开发利用协同一体的管理与政策体系。将建设用地土壤环境管理要求纳入城市规划和供地管理，土地开发利用必须符合土壤环境质量要求。暂不开发利用或现阶段不具备治理修复条件的污染地块，由所在地县级人民政府组织划定管控区域，设立标志，发布公告，开展土壤、地表水、地下水、空气环境监测。

（三）开展土壤污染治理与修复

针对典型受污染农用地、污染地块，分批实施土壤污染治理与修复技术，加快建立健全技术体系。京津冀、长三角、珠三角、东北老工业基地地区城市和矿产资源枯竭型城市等污染地块集中分布的城市，要规范、有序开展再开发利用污染地块治理与修复。建立土壤污染治理与修复全过程监管制度，严格修复方案审查，加强修复过程监督和检查，开展修复成效第三方评估。

（四）强化重点区域土壤污染防治

京津冀区域以城市“退二进三”遗留污染地块为重点，严格管控建设用地开发利用土壤环境风险，加大污灌区、设施农业集中区域土壤环境监测和监管。东北地区加大黑土地保护力度，采取秸秆还田、增施有机肥、轮作休耕等措施实施综合治理。珠江三角洲地区以化工、电镀、印染等重污染行业企业遗留污染地块为重点，强化污染地块开发利用环境监管。湘江流域地区以镉、砷等重金属污染为重点，对污染耕地采取农艺调控、种植结构调整、退耕还林还草等措施，严格控制农产品超标风险。西南地区以有色金属、磷矿等矿产资源开发过程导致的环境污染风险防控为重点，强化磷、汞、铅等历史遗留土壤污染治理。

十、防治地质灾害

（一）以人为本，预防为主

树立以人为本理念，将保护人民群众生命财产安全放在首位，强化隐患调查排查和易发区地质灾害危险性评估，完善群测群防，推进群专结合，提高预警的准确性和时效性，增强全民防灾减灾意识，提升公众自救互救技能，切实减少人员伤亡和财产损失。

（二）分级分类防治

按照险情灾情等级，地方各级政府分级负责，承担主体责任，中央发挥统筹指导作用，自然资源部门负责组织、协调、指导和监督，相关部门密切配合，各司其职。人为工程活动等引发的地质灾害，按照谁引发，谁治理的原则，由责任单位承担治理等责任。

（三）统筹部署，突出重点

科学规划，突出重点部署地质灾害调查评价、监测预警、综合治理、应急防治和基层防灾能力建设任务，服务社会经济发展大局。

十一、制定并实施限制和禁止供地项目目录

（一）制定并实施限制供地目录

限制提供建设用地的项目包括：对须在全国范围内统筹规划布点的，涉及国防安全和国家利益的，生产能力过剩需总量控制的，大量毁损土地资源或以土壤为生产原料的，需要低于国家规定地价出让、出租土地的，按照法律法规规定限制的其他建设项目。

凡列入《限制供地项目目录》，属于在全国范围内统一规划布点、生产能力过剩需总量控制和涉及国防安全、重要国家利益的建设项目，地方人民政府批准提供建设用地前，须先取得国土地资源部许可，再履行批准手续。凡列入《限制供地项目目录》，属于以土壤为生产原料或大量损耗土地资源、低于规定地价出让土地和法律法规规定限制的其他项目，由省、自治区、直辖市人民政府自然资源主管部门采取有效措施，对其供地进行严格的监督管理和指导。

对限制供地项目用地，必须根据建设用地标准和设计规范进行严格审查，对超过用地标准、违反集约用地原则的，要坚决予以核减用地面积。限制供地项目多为竞争性项目，要尽量采取招标、拍卖方式提供建设用地。

对未经自然资源部许可或不符合省、自治区、直辖市自然资源主管部门有关规定向限制供地项目提供建设用地的，自然资源部可责成地方政府收回用地批准文件；省、自治区、直辖市自然资源主管部门也可根据有关限制供地条件作出相应规定。

（二）制定并实施禁止供地目录

禁止提供建设用地的项目包括：危害国家安全或者损害社会公共利益的，国家产业政策明令淘汰的生产方式、产品和工艺涉及的，国家产业政策规定禁止投资的，按照法律法规规定禁止的其他建设项目。

凡列入《禁止供地项目目录》的建设项目，在禁止期限内，自然资源主管部门不得受理其建设项目用地报件，各级人民政府不得批准提供建设用地。

十二、建立市场化、多样化生态补偿机制

生态补偿的实质是一种权益补偿。是对因维护生态系统安全而放弃的权利和利益的补偿。

（一）建立稳定投入机制

多渠道筹措资金，加大生态保护补偿力度。中央财政考虑不同区域生态功能因素和支出成本差异，通过提高均衡性转移支付系数等方式，逐步增加对重点生态功能区的转移支付。中央预算内投资对重点生态功能区内的基础设施和基本公共服务设施建设予以倾斜。各省级人民政府要完善省以下转移支付制度，建立省级生态保护补偿资金投入机制，加大对省级重点生态功能区域的支持力度。完善森林、草原、海洋、渔业、自然文化遗产等资源收费基金和各类资源有偿使用收入的征收管理办法，逐步扩大资源税征收范围，允许相关收入用于开展相关领域生态保护补偿。完善生态保护成效与资金分配挂钩的激励约束机制，加强对生态保护补偿资金使用的监督管理。

（二）完善重点生态区域补偿机制

统筹各类补偿资金，探索综合性补偿办法。划定并严守生态保护红线，研究制定相关生态保护补偿政策。健全国家级自然保护区、世界文化自然遗产、国家级风景名胜区、国家森林公园和国家地质公园等各类禁止开发区域的生态保护补偿政策。将青藏高原等重要生态屏障作为开展生态保护补偿的重点区域。将生态保护补偿作为建立国家公园体制试点的重要内容。

（三）推进横向生态保护补偿

研究制定以地方补偿为主、中央财政给予支持的横向生态保护补偿机制办法。鼓励受益地区与保护生态地区、流域下游与上游通过资金补偿、对口协作、产业转移、人才培训、共建园区等方式建立横向补偿关系。

（四）健全配套制度体系

加快建立生态保护补偿标准体系，根据各领域、不同类型地区特点，以生态产品产出能力为基础，完善测算方法，分别制定补偿标准。加强森林、草原、耕地等生态监测能力建设，完善重点生态功能区、全国重要江河湖泊水功能区、跨省流域断面水量水质国家重点监控点位布局和自动监测网络，制定和完善监测评估指标体系。研究建立生态保护补偿统计指标体系和信息发布制度。加强生态保护补偿效益评估，积极培育生态服务价值评估机构。健全自然资源资产产权制度，建立统一的确权登记系统和权责明确的产权体系。

（五）创新政策协同机制

研究建立生态环境损害赔偿、生态产品市场交易与生态保护补偿协同推进生态环境保护的新机制。稳妥有序开展生态环境损害赔偿制度改革试点，加快形成损害生态者赔偿的运行机制。健全生态保护市场体系，完善生态产品价格形成机制，使保护者通过生

态产品的交易获得收益，发挥市场机制促进生态保护的积极作用。建立用水权、排污权、碳排放权初始分配制度，完善有偿使用、预算管理、投融资机制，培育和发展交易平台。探索地区间、流域间、流域上下游等水权交易方式。推进重点流域、重点区域排污权交易，扩大排污权有偿使用和交易试点。逐步建立碳排放权交易制度。建立统一的绿色产品标准、认证、标识等体系，完善落实对绿色产品研发生产、运输配送、购买使用的财税金融支持和政府采购等政策。

本章小结

本章探讨了土地与生态之间的协调耦合关系。生态问题不全由土地问题引起，但跟土地问题有密切的关系，要改善生态环境，保证生态安全，建设生态文明，促进经济社会的可持续发展，离不开土地管理的支持与配合。

我国目前的主要生态问题有水土流失、土地荒漠化、土地石漠化、自然湿地萎缩、森林减少、草地退化、农田质量下降、城市生态安全压力大、海洋生态形势严峻、生物多样性面临威胁、地下水超采严重、生态灾害频发等。

生态问题产生的根源，有些主要是自然的原因，有些主要是人为的原因，有些则是自然与人为互相作用的结果。对待生态问题，既要有宏观的规划，又要有微观的治理；既要有全球全国性生态安全格局，又要有区域性布局，还要有局部性治理。无论哪个尺度与层面，都需要土地管理相应的制度设计与实施。

具体到土地方面，则应当：第一，明确生态用地的种类、范围与保护责任；第二，应当根据国土空间管控和主体功能区规划要求，根据划定的生态保护红线，再行划定永久基本农田和城镇开发边界；第三，为建设生态安全屏障提供土地支持；第四，为开展国土绿化行动提供土地支持；第五，推进退化土地的综合治理；第六，加强重点、特殊生境的土地利用管制；第七，加强地质灾害防治；第八，根据区域性限制或者禁止产业目录，制定并实施限制供地项目目录和禁止供地项目目录；第九，建立市场化、多样化的生态补偿机制，对生态保护中权限受限、利益受损方进行适当的补偿。

第七章　土地信息管理

无论地籍管理、权属管理、市场管理、利用管制，还是其他跟土地有关的日常管理，在其规划、计划、实施、监督等各个环节中，都会形成文字、图、表、卡、册、声像等各种类型的数据。为长期保管这些数据，有效提供使用，必要时共享给有需要的单位或者个人，充分利用数据管理技术提高效率等的需要，应当将这些信息纳入统一管理体系。土地信息管理的内容体系如图 7-1 所示。

- 土地信息管理
  - 土地信息分类
    - 土地信息的概念
    - 土地信息的收集
    - 土地信息分类的原则、方法、体系等
  - 土地信息标准化
    - 土地信息标准化的概念
    - 土地信息标准化的原则、措施、内容等
  - 土地信息系统
    - 土地信息系统的概念与特征
    - 土地信息系统建设
  - 土地信息共享
    - 土地信息共享的概念
    - 土地信息共享的原则、条件、方式等
  - 土地信息保密
    - 土地信息保密的概念
    - 土地信息保密的原则、方式与泄密追究等

图 7-1　本章内容框架结构图

第一节　土地信息的分类

一、土地信息的概念

(一)信息的概念

1. 信息的概念

信息可以说是当代社会使用最多、最广、最频繁，同时也是使用最泛滥的词汇之一。信息作为科学术语最早出现在哈特莱(R. V. Hartley)于 1928 年撰写的《信息传输》一文中。到目前为止，还没有一个统一的信息的概念。如美国信息管理专家霍顿(F. W. Horton)认为“信息是为了满足用户决策的需要而经过加工处理的数据”；电子学家、计算机科学家则认为“信息是电子线路中传输的信号”等。

1948 年，数学家香农在《通信的数学理论》中指出："信息是用来消除不确定性的东西。"美国物理化学家吉布斯(Josiah Willard Gibbs)认为"熵"是一个关于物理系统信息不足的量度。因此在通信领域，信息被看作有序程度(或组织程度)的度量和负熵，是用以减少不确定性的东西。

控制论创始人维纳(Norbert Wiener)认为，"信息是人们在适应外部世界，并使这种适应反作用于外部世界的过程中，同外部世界进行互相交换的内容和名称"，维纳认为信息是区别于物质和能量的第三类资源。维纳的概念指出了信息的本质，它既不是物质，也不是能量。物质、能量、信息共同构成了人类生存与发展的重要资源。

目前在国内被普遍采用的信息学的定义，来自信息学家钟义信，他认为："信息是事物运动的状态与方式"，这一概念提示了信息的本体内涵。"事物"泛指一切可能的研究对象，包括外部世界的物质客体，也包括主观世界的精神现象。"运动"泛指一切意义上的变化，包括机械运动、物理运动、化学运动、生物运动、思维运动和社会运动等。"运动方式"是指事物运动在时间上所呈现的过程和规律。"运动状态"则是事物运动在空间上所展示的性状与态势。"如果考虑到信息的产生、认识、获取和利用离不开人这一主体，并且必须从主体的立场来定义信息，那么，本体论层次的信息定义就转化为认识论层次的信息定义。在认识论层次上，可以将信息定义为：主体所感知或表述的事物存在的方式和运动状态"(文庭孝，2007)。

2. 信息的特征

由于宇宙间一切事物都在运动，都有一定的运动状态和状态改变的方式，因而一切事物都在产生信息，这是信息的绝对性和普遍性；同时，由于一切不同的事物都具有不同的运动状态与方式，信息又具有相对性和特殊性。信息不受任何条件约束，它所表征的事物实际的运动状态与方式也不受主体意志的影响，不以主体的条件为转移，因而具有最广泛的适应性（文庭孝，2009）。

(二)土地信息的概念

如果将信息定义为："事物运动的状态与方式"，那么，土地信息就是"土地这一事物运动的状态与方式"。但是这一概念包罗万象，涉及面十分宽广，揭示了土地信息的本质属性的同时也失去了其特殊性与针对性，不利于研究解决具体土地问题。

为突出土地信息的特殊性，更好地解决土地问题，需要一个更有针对性的定义。为此，土地信息可以定义为：表征土地资源数量、质量、空间分布及土地利用状态、变化过程和规律的各种信息的总称。这些信息既包括土地及其附着物的空间属性、自然属性、经济属性和权能属性以及这些属性之间的相互关系的信息，也包括人们在占有、使用土地过程中所发生的人与人、人与土地之间关系所形成的信息，即以土地利用为主线的人-地关系信息。

二、土地信息分类原则

土地信息数量庞大，类型丰富，为避免无序和混乱，在分类时应当坚持如下原则：

(一)科学性、系统性原则

信息分类应当坚持科学性、系统性原则。信息之间的层级传递、逻辑结构、因果关系、隶属关系应当科学，同一分类体系下，各信息类型之间不应当存在交叉、重叠、空隙等逻辑不洽的情况。

系统是由相互作用相互依赖的若干组成部分结合而成的，具有特定功能的有机整体，而且这个有机整体又是它从属的更大系统的组成部分。土地信息分类的系统性是指将相互作用、依赖的各种土地信息，根据其属性和特征按照一定的顺序，从最高一级到最低一级，排列组合成为一个有机的整体，最终形成一个科学、系统的土地信息分类体系。

(二)完整性、可扩展性原则

完整性是指土地信息的分类既能反映土地要素的属性，又能反映要素之间的关系，具有全面性和概括性等特点。

可扩展性是指土地信息分类体系应能适应科技发展的需要，以保证体系新增加概念或事物时，不致打乱已有的分类体系，即分类的结构和具体的分类代码能为新加入的信息预留适当的余地和扩充方法。

(三)易用性、灵活性原则

易用性是指分类的名称尽量沿用专业习惯名称，代码尽可能简单和便于记忆，分类的层级数应当繁简适中，无限制的细化分类将导致分类体系的层级数增多，代码冗长，难以使用。

灵活性是指土地分类系统和编码应可灵活地转变为标准的分类和代码等。

(四)与相关国家规范和标准协调一致原则

要求土地信息分类应能直接基于已经颁布的相关国家标准、规范，以及与有关行业标准、地方标准保持最大限度的协调一致。

(五)不受比例尺限制原则

不受比例尺限制的原则指土地信息的分类应不受比例尺的限制，在各级比例尺中保持分类的一致性，从而实现在不同比例尺数据库中，同一要素具有一致的分类与代码。

三、土地信息分类方法

信息分类与编码需要把现实世界抽象为概念世界，再到数字世界与信息世界。要经过时空思考、概念形式表达、计算机实现以及智能理解等阶段。这一抽象过程中，分类方法的地位与作用不容小觑。

(一)信息分类方法

常见的分类方法有线分类法和面分类法。

1. 线分类法

线分类法又称层级分类法。它将初始的分类对象按选定的若干个属性或特征依次分成若干个层级目录，并编排成一个有层次的分类体系。其中层级类目之间存在并列关系，不同层级类目之间存在隶属关系，同层类目之间互不重复，互不交叉。下位类与上位类类目之间存在隶属关系。线分类法能较好地反映类目之间的逻辑关系。

国家标准《1∶500　1∶1 000　1∶2 000 地形图要素分类与代码》《国土基础信息数据分类与代码》就运用了线分类法。

2. 面分类法

面分类法是将分类对象按选定的若干个属性或特征分成互不依赖、互不相干的若干方面，每个面中又分成许多彼此独立的若干类目。使用时根据需要将这些面中的类目组合在一起，形成复合类目。

线分类法属于1维分类法，体现垂直方向上的概念逻辑关联，面分类法则为2维分类法，体现的是水平方向上的概念逻辑关联。在具体的分类实践中，高层的定性信息(门类、大类、小类)分类适用线分类法，定量属性往往处于类别的较低层次，适用面分类法。

(二)信息分类粒度

尺度是客体在其容器中规模相对大小的描述。土地空间数据具有多尺度特征，表现为空间范围、时间长短和属性的层次性等。分类结果的详细程度与级别可以称为分类粒度。由中科院牵头组成的"中国1∶100万土地类型图编辑委员会"提出的土地类型分类系统(土地纲、土地类、土地型)，从纲、类到型，分类粒度逐渐变细，产生的类别也随之增加。因此，数据越详细，粒度越小，级别就越低；相反，数据综合度越高，数据粒度越大，级别就越高。

四、土地信息分类体系

基于不同的目的，选用不同的分类依据，可以形成不同的分类系统。在土地信息系统(LIS)中，土地信息一般可分为两种：空间信息(定位信息)、属性信息(非定位信息)。空间信息表示地块的空间位置、形状和大小及其与相邻地块的拓扑关系。属性信息表示地块的权属人、权利性质、权利期限、权利限制、用途、面积、适宜性、质量、等级、市场供需、价格、税收、利用管制等人地关系。

(一)土地空间信息

土地的空间信息主要指特定地块的定位信息。特定地块的定位信息可以用地理学上的经度、纬度表示，地面上的每一个点都对应唯一的经度和纬度。地块的定位也可以用其他相对位置来表示，如某地块位于"某市某县某镇某村"，或者"某市某街XX号"。

随着经济社会发展，随着科技进步，土地空间信息由常规的"地面"，深入发展到三维空间，包括地下空间和地上空间。相应的土地空间信息也包括了地下空间、地面空间和地上空间的信息。

(二)土地属性信息

土地的属性信息包含的内容十分庞杂，包括土地自身的信息，如土地面积、用途、质量等级、土地适宜性、土地生产力等；也包括人地关系信息，如土地权属、土地利用、土地市场、土地税收、土地管理、土地政策法规、土地科技等。

五、土地信息的获取

土地信息的获取途径很多，且随着科技进步，获取的手段、方法会越来越多，且精度也不断提高。总体而言，土地信息的获取方式有以下几种：土地调查、土地测绘、土地登记、土地统计、土地评估、土地档案等；而技术手段有实地测量、GPS、航空摄影测量、遥感技术、电子信息技术、数据挖掘与人工智能技术，等等。

(一)实地调查与测绘

土地信息的原始获取手段主要是土地调查、土地测绘。土地调查的流程包括根据调查目的，确定调查对象，明确调查内容，设计调查方案，制作调查图表，开展实地调查。土地调查是获取土地利用现状信息、土地权属信息和土地条件信息的核心措施。

土地测绘根据收集土地信息的目的不同，测量的内容、手段、精度要求、表达方式、成果类型样式等也有区别。常见的测量类型有野外实地测量、全球定位系统(GPS)测量、航空摄影测量等。为了规范测量成果，通常会对各种测绘类型制定相应的测绘规范。如我国已制定《全球定位系统(GPS)测量规范》《卫星定位城市测量技术规范》《全球定位实时动态测量(RTK)技术规范》《国家一、二等水准测量规范》《国家三、四等水准测量规范》《城市测量规范》《房产测量规范》《建筑工程建筑面积计算规范》《工程测量规范》《国家基本比例尺地形图图式》《中华人民共和国行政区划代码》《土地勘测定界规程》《房屋代码编码标准》，等等。

(二)数据挖掘

通过调查与测绘获得的原始数据，并不能够满足所有的需要。有时为了特定的目标，还需要对多源数据进行数据挖掘，以获得二次数据。

数据挖掘通常包括以下步骤：信息收集、数据集成、数据规约、数据清洗、数据变换、数据挖掘、知识表示等。根据确定的数据分析对象抽象出在数据分析中所需要的特征信息，选择合适的信息收集方法，将收集到的信息存入数据库。把不同来源、格式、特点性质的数据在逻辑上或物理上有机地集中，并对数据库中不完整的、含噪声的、不一致的数据进行清洗，将完整、正确、一致的数据信息存入数据仓库中。通过平滑聚集、数据概化、规范化等方式将数据转换成适用于数据挖掘的形式，选择合适的分析工具，应用统计方法、事例推理、决策树、规则推理、模糊集、神经网络、遗传算法等方法处理信息，得出有用的分析信息。最后将数据挖掘所得到的分析信息以可视化的方式呈现给用户，或作为新的知识存放在知识库中，供其他应用程序使用。

第二节　土地信息的标准化

一、土地信息标准化的概念

为使海量信息可以分门别类，同类信息之间具有同质性、可累积性、可比性等特性，不同类信息之间具有差异性，同时各种门类信息具有系统性、可集成性等特性，推动信息的集成与共享，我们通常需要先将信息进行标准化，标准化后的信息更有利于数据对比、累积、集成、共享。

土地信息标准化就是对土地信息源中各种数据的定义、组织、监督、保护等进行规范，使之得到更广泛的使用，具有更强大的交互性，能被最大可能地共享。

二、土地信息标准化的原则

土地信息标准化应当遵循以下基本原则：一是统一性原则。整个土地信息体系及子体系统一按照行业—专业—门类—细分门类—具体标准的划分要求进行划分。二是系统性原则。各层级自上而下逐级细化，各层之间既紧密联系，又具有明确的界限，自上而下形成一个不断细化的独立封闭系统。三是公益性原则。按照国家有关改革要求，标准体系内的行业标准逐步向政府职责范围内的公益类过渡，推荐性行业标准更加突出推荐性标准的公益属性。四是先进性与可扩展性原则。标准体系要考虑到现阶段土地科学技术、地质、矿产、测绘以及海洋技术和应用发展水平，也对未来的发展趋势有所预见，同时兼顾自然资源资产管理、不动产统一登记、生态国土建设等不断出现的新工作开展对标准的需求。五是继承性原则。科学地继承以往土地信息标准体系研究中的合理内容和先进成果，是标准体系的衔接和延续。六是协调性原则。标准体系中的标准与国土资源领域相关法律法规、方针政策等相一致，与有关生产实践及科技创新成果相协调，标准之间紧密联系，坚持各类各层级标准协调发展①。

三、土地信息标准化的内容

土地信息标准化的内容包括以下方面：

（一）规范专用名词术语

对土地信息中的专用名词术语进行规范，使之具有明确的名称与对应的语义。

关于规范专用名词术语的目的，如《土地基本术语》（GBT 19231—2003）中所言："术语的标准化是标准化活动的基础，为了推进土地科学学科建设，提高土地管理工作的科学性以及加强土地科学和土地管理领域的国际合作与交流，特编制本术语标准。"

关于规范专用名词术语的范围，《土地基本术语》规定如下：①选词的范围以能覆盖土地科学和土地管理领域内的主要内容的基本术语为主；②地理学、土壤学、地质学、生态学、测量学、经济学、法学等有关学科中已有明确定义的术语不纳入；③在时空上，限定在中华人民共和国成立以后在大陆上使用的术语，一些历史上曾用过的以及港、澳、台和国外使用但国内并不使用的术语不纳入。

关于规范专用名词术语的门类，《土地基本术语》将土地方面的术语分为土地、土地利用、土地经济、土地法律、土地调查和土地管理六大类，每个名词术语都给出了对应的英文词。随着经济社会的发展，新的术语会持续出现，一些旧的术语会逐渐被淘

---

① 中国国土资源报[EB/OL].（2016-08-01）[2016-09-10]. http://www.gtzyb.com/zhengcejiedu/20160801_98683.shtml，2016-08-01.

汰，因此，专用名词术语也处于不断发展变化之中。

（二）规范数据采集原则

土地信息来源的渠道有很多，其中主要的有以下几个：一是行政管理部门组织开展的国土资源调查、测绘、登记、统计、分等定级、估价、规划、利用、整治、保护、政策法规和其他土地方面的统计数据；二是统计行政主管部门组织收集整理的国民经济与社会统计数据；三是在专门调查中获得的有关土地的数据；四是专业机构提供的土地有关数据；五是网络和公众提供的土地数据等。

对土地数据的采集，应当坚持以下原则：一是优先选择真实性数据，当同一数据的来源有主观性、间接性来源和客观性、直接性、真实性来源时，应当优先选择真实可靠的数据。二是优先选择权威性数据，当同一数据有多种来源时，应当选择具有权威性的数据，如国家统计部门、国土资源行政主管部门等提供的数据。这些数据代表相当程度的社会公信力。三是优先选择系统性数据，当同一数据来源途径的系统性不同时，通常优先选择系统性数据。四是优先选择连续性数据，当同一数据来源途径的时间连续性不同时，优先选择时间上连续性强的数据。五是优先选择全面性数据，当同一数据来源存在全面性差异时，优先选择全面性数据。

（三）规范空间定位框架

土地数据既包括属性数据也包括空间数据，特别是空间数据对土地而言具有至关重要的地位与作用。对地块空间定位进行规范性表达，既是土地管理的需要，也是经济社会和科技发展的必然结果。

规范空间定位框架，包括规范国家地球参考框架和基础时空基准，建立统一的地理坐标系统，规范国家基本地形图的表达内容、精度、图式、符号，规范各种测量方法等。

（四）规范数据分类标准

分类是统计中的重要内容。大多数情况下，庞杂的数据需要按照一定的标准予以分类才更方便利用。土地信息仅分为属性数据与空间数据两个大类是远远不够的，还需要予以各种细分。而数据细分需要细分的标准，这就必须对分类标准体系予以规范。

一般情况下，土地数据分类体系用宏观的全国分类系统和详细的专业系统之间相递归的分类方案，即低一级的分类系统必须能归并和综合到高一级的分类系统之中。

在土地管理过程中，对土地按照土地利用类型分类是非常重要的。到目前为止，我国对土地利用分类已经做过多次不同的规范。如 1984 年的《土地利用现状调查规程》中规范了土地利用现状分类，1998 年《土地管理法》提出了为实施用途管制政策将土地分为农用地、建设用地和未利用地三类，其后原国土资源部出台了《土地利用现状分类》及其过渡期适用版，2006 年为了开展第二次全国土地调查出台了《土地利用现状分类》国家标准，2017 年又对该国家标准进行了局部调整。而这些不断地更新与变革，目的都是提高土地信息的可用性与共享性。

（五）规范数据编码系统

数据编码用于表明元素在数据分类分级中的隶属关系和属性性质。土地数据编码系统包括空间实体编码与要素分类代码，空间实体编码包括地块、地名、地址及其编码等，要素分类代码包括土地利用现状要素、空间规划要素(多规合一)、不动产权籍要素、地下空间信息要素等分类代码，以及基础地理信息要素分类代码等。

规范数据编码系统应当坚持以下原则：

(1)国家已经施行的编码规范和标准，应当按国家规范和标准执行；

(2)必须能可靠地识别数据信息的分类，较少代码提供丰富的信息，根据代码结构能进行数据间关系的逻辑推理与判别；

(3)编码不宜过长，一般4~7位；

(4)编码标准化：统一的码位长度、一致的码位格式、明确的代码含义。

(六)规范数据组织结构

数据结构即指数据组织的形式，是适于计算机存储、管理和处理的数据逻辑结构。对空间数据而言，数据结构则是地理实体的空间排列方式和相互关系的抽象描述。在地理系统中描述地理要素和地理现象的空间数据主要包括：空间位置、拓扑关系和属性三个方面的内容。

土地数据分空间数据和属性数据。空间数据又可分为栅格数据和矢量数据。栅格数据结构是指将分析空间划分为多个规则的网络单元，以规则的阵列来表示空间地物或现象分布，然后给各个格网单元赋以相应空间对象的属性值，用这多个格网单元组成的规则格网来表示地理现象的空间位置和属性特征。栅格数据结构实际就是像元阵列，每个像元由行列确定它的位置，用像元值表示空间对象的类型、用途、等级等特征。矢量结构通过记录坐标的方式来表示点、线、面等地理实体。

规范数据组织结构，有利于不同系统的数据兼容，以及不同软件的计算机处理与应用等。

(七)规范数据记录格式

数据记录格式是指原始数据和输出数据在磁性介质内的记录方式。对不同来源、不同形式的数据，必须按照标准的记录格式来记录，保证系统对各种数据信息的兼容、处理和共享。

四、我国土地信息标准化体系

我国目前已基本形成的国土资源标准体系可以总结为以下四类：一是国土资源综合标准子体系，指在国土资源范围内综合使用，具有广泛指导意义的标准，包括不动产登记、自然资源资产管理、国土空间规划、国土资源信息化等。二是土地标准子体系，指土地资源领域中需要协调统一的技术事项和管理事项所制定的标准，包括土地调查、评价、规划、利用、保护、整治、监测监管等。三是地质标准子体系，针对的是基础性、公益性的地质工作及相关的技术方法，包括区域地质调查、海洋地质调查、水工环灾地质、勘查技术方法、地质实验测试和地质资料管理与服务。四是矿产资源标准子体系，指针对矿产资源领域中需要协调统一的技术事项和管理事项所制定的标准，包括矿产资源调查评价、矿产资源规划、矿产资源勘查及资源储量、矿产资源开发利用、矿山地质环境保护与治理。

此处主要介绍我国土地方面已制定的国家标准和行业标准体系。

(一) 土地国家标准

目前土地方面的国家标准主要有土地基本术语、土地利用现状分类、农用地质量分等规程、农用地定级规程、农用地估价规程、城镇土地分等定级规程、城镇土地估价规程等。如表 7. 2-1 所示。

表 7. 2-1 土地国家标准

标准分类	标准名称	标准编号	实施日期
规划调查评价	《土地利用现状分类》	GB/T 21010—2007	2007-08-10
国家标准	《标准化工作导则 第 1 部分：标准的结构和编写》	GB/T 1. 1—2009	2010-01-01
规划调查评价	《农用地质量分等规程》	GB/T 28407—2012	2012-10-01
规划调查评价	《农用地估价规程》	GB/T 28406—2012	2012-10-01
规划调查评价	《农用地定级规程》	GB/T 28405—2012	2012-10-01
规划调查评价	《土地基本术语》	GB/T 19231—2003	2003-11-01
规划调查评价	《城镇土地估价规程》	GB/T 18508—2014	2014-12-01
规划调查评价	《城镇土地分等定级规程》	GB/T 18507—2014	2014-12-01

(二) 土地行业标准

土地方面的行业标准较国家标准的涉及面更广，规定也更细致。目前土地方面的行业标准主要有关于土地信息核心元数据标准，土地整治保护方面的标准，土地利用节约监测方面的标准，以及规划调查评价方面的标准。如表 7. 2-2 所示。

表 7. 2-2 土地行业标准

标准分类	标准名称	标准编号	实施日期
土地信息	《国土资源信息核心元数据标准》	TD/T 1016—2003	2003-05-01
整治保护	《矿山土地复垦基础信息调查规程》	TD/T 1049—2016	2016-10-01
整治保护	《耕作层土壤剥离利用技术规范》	TD/T 1048—2016	2016-10-01
整治保护	《土地整治重大项目实施方案编制规程》	TD/T 1047—2016	2016-10-01
整治保护	《土地整治权属调整规范》	TD/T 1046—2016	2016-08-01
整治保护	《土地整治工程建设标准编写规程》	TD/T 1045—2016	2016-08-01
整治保护	《生产项目土地复垦验收规程》	TD/T 1044—2014	2014-12-30

续表

标准分类	标准名称	标准编号	实施日期
整治保护	《暗管改良盐碱地技术规程 第2部分：规划设计与施工》	TD/T 1043.2—2013	2013-12-01
整治保护	《暗管改良盐碱地技术规程 第1部分：土壤调查》	TD/T 1043.1—2013	2013-12-01
整治保护	《市(地)级土地整治规划编制规程》	TD/T 1034 —2012	2013-02-01
整治保护	《县级土地整治规划编制规程》	TD/T 1035—2012	2013-02-01
整治保护	《土地复垦质量控制标准》	TD/T 1036—2012	2013-02-01
整治保护	《土地整治工程施工监理规范》	TD/T 1042—2013	2013-12-01
整治保护	《土地整治工程质量检验与评定规程》	TD/T 1041—2013	2013-12-01
整治保护	《土地整治项目制图规范》	TD/T 1040—2013	2013-08-01
整治保护	《土地整治项目工程量计算规则》	TD/T 1039—2013	2013-08-01
整治保护	《土地整治项目设计报告编制规程》	TD/T 1038—2013	2013-08-01
整治保护	《土地整治重大项目可行性研究报告编制规程》	TD/T 1037—2013	2013-08-01
整治保护	《高标准基本农田建设标准》	TD/T 1033—2012	2012-07-01
整治保护	《土地复垦方案编制规程 第1部分：通则》	TD/T 1031.1—2011	2011-05-31
整治保护	《土地复垦方案编制规程 第2部分：露天煤矿》	TD/T 1031.2—2011	2011-05-31
整治保护	《土地复垦方案编制规程 第3部分：井工煤矿》	TD/T 1031.3—2011	2011-05-31
整治保护	《土地复垦方案编制规程 第4部分：金属矿》	TD/T 1031.4—2011	2011-05-31
整治保护	《土地复垦方案编制规程 第5部分：石油天然气(含煤层气)项目》	TD/T 1031.5—2011	2011-05-31
整治保护	《土地复垦方案编制规程 第6部分：建设项目》	TD/T 1031.6—2011	2011-05-31
整治保护	《土地复垦方案编制规程 第7部分：铀矿》	TD/T 1031.7—2011	2011-05-31
整治保护	《土地开发整理项目验收规程》	TD/T 1013—2000	2000-10-01
整治保护	《基本农田数据库标准》	TD/T 1019—2009	2009-03-31
整治保护	《基本农田划定技术规程》	TD/T 1032—2011	2011-06-30

续表

标准分类	标准名称	标准编号	实施日期
整治保护	《土地开发整理规划编制规程》	TD/T 1011—2000	2000-10-01
整治保护	《土地开发整理项目规划设计规范》	TD/T 1012—2000	2000-10-01
土地利用节约监测	《开发区土地集约利用评价数据库标准》	TD/T 1030—2010	2010-12-31
土地利用节约监测	《城市地价动态监测技术规范》	TD/T 1009—2007	2007-09-01
土地利用节约监测	《建设用地节约集约利用评价规程》	TD/T 1018—2008	2008-12-01
土地利用节约监测	《开发区土地集约利用评价规程》	TD/T 1029—2010	2010-12-31
土地利用节约监测	《土地利用数据库标准》	TD/T 1016—2007	2007-12-31
土地利用节约监测	《全国土地利用现状调查地(市)级汇总技术规则》	TD 1002—1993	1993-03-31
土地利用节约监测	《土地利用动态遥感监测规程》	TD/T 1010—1999	1999-10-30
规划调查评价	《乡(镇)土地利用总体规划制图规范》	TD/T 1022—2009	2009-11-20
规划调查评价	《县级土地利用总体规划编制规程》	TD/T 1024—2010	2010-07-31
规划调查评价	《乡(镇)土地利用总体规划编制规程》	TD/T 1025—2010	2010-07-31
规划调查评价	《市(地)级土地利用总体规划编制规程》	TD/T 1023—2010	2010-07-31
规划调查评价	《县级土地利用总体规划制图规范》	TD/T 1021—2009	2009-11-20
规划调查评价	《第二次土地大调查技术规程》	TD/T 1014—2007	2007-07-15
规划调查评价	《耕地后备资源调查评价技术规程》	TD/T 1007—2003	2003-08-01
规划调查评价	《第二次全国土地调查基本农田调查技术规程》	TD/T 1017—2008	2008-09-01
规划调查评价	《土地勘测定界规程》	TD/T 1008—2007	2007-09-01
规划调查评价	《土地利用现状调查省级汇总技术规程》	TD 1003—1994	1994-07-13
规划调查评价	《县级土地利用总体规划数据库标准》	TD/T 1027—2010	2010-11-30
规划调查评价	《市(地)级土地利用总体规划数据库标准》	TD/T 1026—2010	2010-11-30
规划调查评价	《市(地)级土地利用总体规划制图规范》	TD/T 1020—2009	2009-11-20

续表

标准分类	标准名称	标准编号	实施日期
规划调查评价	《乡(镇)土地利用总体规划数据库标准》	TD/T 1028—2010	2010-12-31
规划调查评价	《地籍调查规程》	TD/T 1001—2012	2012-09-01
规划调查评价	《城镇地籍数据库标准》	TD/T 1015—2007	2007-12-31

第三节　土地信息系统

一、土地信息系统的相关概念

(一)土地数据库

土地信息数据库是指在计算机存储设备上合理存放的相互关联的土地信息数据集。一般而言，数据库都要符合以下原则：一是最小冗余度原则，数据尽可能不重复；二是应用程序对数据资源的共享原则，以最优的方式服务于一个或多个应用程序；三是数据独立性原则，数据的存放尽可能地独立于使用它的应用程序；四是统一管理原则，能够用一个软件统计管理这些数据的维护、更新、增删和检索等一系列操作。

数据字典是数据库的总体和详细的说明，描述数据库的整体结构、数据内容、文件命名、数据分层和数据交换格式等。

数据库的建立通常有以下步骤：一是生成数据字典和数据索引；二是建立图形与属性数据库；三是将数据与软件系统进行融合检查；四是测试数据库系统的运行等。

(二)土地信息系统

土地信息系统是为自然资源主管部门提供数据采集、组织、存储、加工、处理、应用和传播信息的工具。它的主要任务是将遥感、地面测绘、土地调查以及从历年保存的文档中得到的土地信息输入计算机，利用计算机快速、便捷、存储量大的优势，实现对信息的分类、检索、查询、排序、统计、分析、综合等功能。

二、土地信息系统的构成

完整的土地信息系统主要由四个部分构成，即计算机硬件系统、计算机软件系统、土地空间数据和系统管理操作人员。计算机硬件系统包括计算机主机；数据输入设备，即图形数字化仪、图像扫描仪、键盘、通信端口等；数据存储设备，即软盘、硬盘、磁带、光盘及相应的驱动设备；数据输出设备，即图形/图像显示器、绘图机、打印机等。计算机软件系统是指土地信息系统运行所必需的各种程序，通常包括计算机系统软件、土地信息系统软件和其他支撑软件、应用分析程序等；土地空间数据反映了土地信息系统的土地内容。系统管理操作人员则决定系统的工作方式和信息表示方式。

三、土地信息系统的功能结构

(一)输入子系统

这部分接受外来各种数据，包括遥感影像数据、专业图件数据、测绘调查数据、文档资料数据以及各数据库数据及网上数据。输入操作的便捷性、保证各种数据的协调一致性以及生成数据的规范性是系统对这一部分的基本要求。

(二)数据库管理子系统

这部分是系统工作的基础。空间定位数据与属性数据一体化管理是系统对这一部分的基本要求，保证数据的质量，加大数据的安全性，减少数据的冗余度，提高数据运行的效率是这一部分设计的目标。由于数据本身的重要性，这一部分在系统中有一定的独立性，高质量的数据库管理系统建立起来的土地信息数据库应当是跨软件平台的，即多个软件平台可以共享一个数据库。

(三)系统管理子系统

这部分是系统工作的指挥协调部，也是系统对外的窗口。系统与用户的界面即通常所说的工作菜单、各模块的连接、用户帮助、使用提示等，这些都是由这部分来实现的。

(四)专家子系统

这部分包括系统中的所有应用模型与相应的功能模块。它在系统管理子系统中调用数据库中的数据，按照模型的要求进行各种运算分析，最后得到结果，交付输出子系统输出。如果说其他各部分都可以由地理信息系统软件平台、数据库管理系统软件提供基本的功能，那么这部分则需要系统开发设计人员与土地管理专业人员一起独立地根据土地管理的要求进行程序设计。

(五)输出子系统

系统所有工作结果都由这一部分向外发布。输出的方式包括屏幕显示、打印机打印、绘图仪制图、数据拷贝、通过动态网页数据上网等。图件、表格输出前的编辑、整饰也要依靠这一部分软件的支持通过人机交互的方式实现。用户界面友好、提供功能齐全以及图件表格制作规范美观是系统对这一部分的要求。

四、常用土地信息系统

(一)地籍管理信息系统

与地籍管理的主要内容相适应，地籍管理信息系统的主要功能包括土地产权登记管理、宗地数据管理、宗地数据更新、房地产数据查询等。

(二)土地定级估价信息系统

与土地定级估价的工作内容与技术方法相适应，土地定级估价系统的主要功能包括土地定级估价因素分析、参评因素的权重确定、土地定级估价方法模块、土地级别划分、土地价格确定，查询、成果输出等。

（三）土地利用规划信息系统

与土地利用规划的工作内容、技术方法、政策法规要求等相适应，土地利用规划信息系统的主要功能包括基础数据导入、规划要素形成、重点项目安排、土地利用分区、土地利用管制、规划图件、规划查询、成果输出等。

（四）耕地保护信息系统

与耕地保护的工作内容、技术方法、政策法规要求等相适应，耕地保护信息系统的主要功能包括基本农田的划定、永久性基本农田的划定、耕地分等定级、耕地占补平衡、耕地要素查询、成果输出等。

（五）建设用地管理信息系统

与建设用地管理的工作内容、技术方法、政策法规要求等相适应，建设用地管理信息系统包括建设用地申请、建设用地审核、建设用地批复、违法用地查处、建设用地查询、成果输出等。

（六）土地监测系统

与土地利用监督、土地利用监测的工作内容、技术方法、政策法规要求等相适应，土地监测信息系统的主要功能包括基础信息输入、土地利用遥感监测、土地利用核查、违法用地追踪、监测信息查询、成果输出等。

第四节　土地信息的保密与共享

一、土地信息保密与共享的相关概念

（一）土地信息安全

土地信息安全是指保护土地信息和信息系统（包括硬件、软件、数据、物理环境和基础设施）的网络安全，以防止未经授权的访问、使用、泄露、破坏、修改或销毁，确保土地信息以及信息系统的完整性、可用性、机密性、可控性和主机系统等的安全。

信息安全是一门涉及计算机科学、网络技术、通信技术、密码技术、信息安全技术、应用数学、数论、信息论等多种学科的综合性学科。

（二）土地信息保密

保密是“保守秘密”的简称，“秘密”是指关系国家、企业、社会团体和个人的安全和利益，依照一定程序确定，在一定时间内只限一定范围的人员知悉的事项。

保密是指从国家、企业、社会团体、个人的安全和利益出发，将国家、企业、社会团体、个人的秘密控制在一定范围和时间内，防止泄露以及被非法窃取利用所采取的一切必要的防范措施与手段。

土地信息保密是指从国家、企业、社会团体、个人的安全和利益出发，防止泄露土地的权属、位置、面积、利用状况、流转状况、管理、保护等可能需要保密的信息，而采取的各种措施和手段。

（三）土地信息公开

土地信息公开是指国家、企业、社会团体、个人根据某些需要，在一定范围内或特定时间内，将土地的权属、位置、面积、利用状况、流转状况、管理、保护等信息以某种方式予以公开，使部分或者全部的团体或个人可以查询、复制、使用这些信息而采取的措施。

（四）土地信息共享

土地信息共享是指不同层次、不同部门的土地信息系统间，土地信息和土地信息产品的交流与共用，是把土地信息资源与其他人共同分享，以便更加合理地达到资源配置，节约社会成本，创造更多财富的目的手段之一。

信息共享是提高信息资源利用率，避免在信息采集、存储和管理上重复浪费的一个重要手段。其基础是信息标准化和规范化，并用法律或法令形式予以保证。信息共享的效率依赖于信息系统的技术发展和传输技术的提高，必须严格在信息安全和保密的条件下实现。

二、土地信息的保密

（一）应予保密的事项

不同的主体需要保守的秘密不同。《中华人民共和国保守国家秘密法》主要规定了国家保密范围。

1. 国家保密事项

根据《中华人民共和国保守国家秘密法》（以下简称《保密法》），下列涉及国家安全和利益的事项，泄露后可能损害国家在政治、经济、国防、外交等领域的安全和利益的，应当确定为国家秘密：

（1）国家事务重大决策中的秘密事项；

（2）国防建设和武装力量活动中的秘密事项；

（3）外交和外事活动中的秘密事项以及对外承担保密义务的秘密事项；

（4）国民经济和社会发展中的秘密事项；

（5）科学技术中的秘密事项；

（6）维护国家安全活动和追查刑事犯罪中的秘密事项；

（7）经国家保密行政管理部门确定的其他秘密事项。

2. 企业和社会团体保密的事项

企业和社会团体保密的事项不一而足，通常有以下几个方面：①商业秘密；②科技秘密；③公文秘密；④会议秘密；⑤信访秘密；⑥通信秘密；⑦领导秘密等。

3. 国土资源管理中的保密事项

根据《保密法》的规定，原国土资源部在《国土资源管理工作国家秘密范围的规定》中明确以下事项为保密范围：

1）绝密级范围

绝密级范围包括公开或泄露后会严重损害国家形象和社会安定的国土资源数据；公

开或泄露后会引发严重外交纠纷、边界争端的矿产资源调查和为国防建设和军事目的服务的探测工作情况。

2)机密级范围

机密级范围包括公开或泄露后会对党和国家领导人安全构成严重威胁的土地资料；公开或泄露后会引发边界争议或不利于边界问题解决的地质调查工作情况。

3)秘密级范围

秘密级范围包括公开或泄露后会削弱军事防御能力的区域性国土资源测绘资料。

此外，国土资源管理工作中涉及军事、海洋、测绘和放射性矿产的国家秘密，从其主管部门保密范围的规定。

(二)密级的划分

根据《中华人民共和国保守国家秘密法》，国家秘密的密级分为绝密、机密、秘密三级。

(1)绝密级。绝密级国家秘密是最重要的国家秘密，泄露会使国家安全和利益遭受特别严重的损害。绝密级的保密期限不超过三十年。

(2)机密级。机密级国家秘密是重要的国家秘密，泄露会使国家安全和利益遭受严重的损害。机密级的保密期限不超过二十年。

(3)秘密级。秘密级国家秘密是一般的国家秘密，泄露会使国家安全和利益遭受损害。秘密级的保密期限不超过十年。

(三)保密制度

保密制度主要包括以下方面的制度：秘密载体的保密制度、涉密信息系统的保密制度等。

1. 秘密载体的保密制度

国家秘密载体的制作、收发、传递、使用、复制、保存、维修和销毁，应当符合国家保密规定。绝密级国家秘密载体应当在符合国家保密标准的设施、设备中保存，并指定专人管理；未经原定密机关、单位或者其上级机关批准，不得复制和摘抄；收发、传递和外出携带，应当由指定人员负责，并采取必要的安全措施。

根据我国《保密法》，机关、单位应当加强对国家秘密载体的管理，任何组织和个人不得有下列行为：

(1)非法获取、持有国家秘密载体；

(2)买卖、转送或者私自销毁国家秘密载体；

(3)通过普通邮政、快递等无保密措施的渠道传递国家秘密载体；

(4)邮寄、托运国家秘密载体出境；

(5)未经有关主管部门批准，携带、传递国家秘密载体出境。

2. 涉密信息系统的保密制度

根据我国《保密法》，机关、单位应当加强对涉密信息系统的管理，任何组织和个人不得有下列行为：

(1)将涉密计算机、涉密存储设备接入互联网及其他公共信息网络；

（2）在未采取防护措施的情况下，在涉密信息系统与互联网及其他公共信息网络之间进行信息交换；

（3）使用非涉密计算机、非涉密存储设备存储、处理国家秘密信息；

（4）擅自卸载、修改涉密信息系统的安全技术程序、管理程序；

（5）将未经安全技术处理的退出使用的涉密计算机、涉密存储设备赠送、出售、丢弃或者改作其他用途。

三、土地信息的公开

为了保障公民、法人和其他组织依法获取土地方面的信息，提高政府工作的透明度，促进行政主管部门依法行政，充分发挥土地信息对人民群众生产、生活和经济社会活动的服务作用，政府有关土地方面的非密信息应当适度公开。

（一）土地信息公开的一般性范围

根据《国土资源部政府信息公开工作规范》的规定，国土行政机关对符合下列基本要求之一的政府信息应当主动公开：

（1）国土资源管理有关法律、行政法规、部门规章和规范性文件；

（2）土地利用总体规划、矿产资源规划等各类国土资源规划；

（3）有关国土资源统计信息；

（4）有关年度财务预算、决算报告；

（5）行政事业性收费的项目、依据、标准；

（6）行政审批事项目录和行政审批事项办事指南、审批流程；

（7）国土资源管理业务的办理部门、办理程序、办理时间、地点等；

（8）挂牌督办的国土资源重大、典型违法违规案件处理情况，土地督察公告和土地督察年鉴；

（9）突发地质灾害应急预案以及其他与国土资源管理有关的突发公共事件应急预案、地质灾害预报预警信息等；

（10）国土资源主管部门机构设置及其工作职责、职能；

（11）干部任免和公务员考试录用、选调和遴选情况；

（12）制定部门规章、规范性文件、重大政策措施和编制重要规划过程中，需要社会公众广泛知晓和参与，应当主动公开的政府信息；

（13）依照法律、行政法规和国家有关规定应当主动公开的其他政府信息。

（二）不予公开的土地信息范围

下列政府信息一般不予公开：

（1）可能危及国家安全、公共安全、经济安全和社会稳定的政府信息。

（2）涉及国家秘密、商业秘密、个人隐私的政府信息。但是，经权利人同意，或者不公开可能对公共利益造成重大影响的涉及商业秘密、个人隐私的政府信息，可以予以公开。

（3）处于内部讨论、研究或者审查中的过程性信息以及内部管理信息。

(4)法律、行政法规规定的其他不予公开的政府信息。

(三)土地信息公开的类型

根据实际情况，土地信息公开的类型一般可分为主动公开和依申请公开两类。

1. 主动公开

属于主动公开范围的政府信息，主办单位应当自该政府信息形成或者变更之日起20个工作日内按照第十三条规定的方式予以公开。

2. 依申请公开

对一些只对申请人公开的事项，可以在申请人提交合格的申请材料后予以公开。

(四)土地信息公开的方式

土地信息公开的方式视公开的类型不同而有所不同。

1. 主动公开的方式

属于主动公开范围的政府信息，可在门户网站予以公开。根据内容和需要，可同时采用以下一种或多种方式予以公开：

(1)门户网站；

(2)新闻发布会；

(3)主要报刊及其他正式出版物；

(4)政务大厅电子大屏幕和电子触摸屏；

(5)其他便于公众知晓的方式。

2. 依申请公开的方式

依申请公开的情形比较复杂，有权机构在审核申请材料后，应当根据情况选择适当的方式。

(1)申请公开的政府信息属于政府信息公开范围的，按照申请人要求的形式向申请人提供政府信息；申请公开的政府信息已经主动公开的，告知申请人获取该信息的方式和途径；

(2)申请公开的政府信息不属于政府信息公开范围的，告知申请人并说明理由。能够确定该政府信息公开机关的，应当告知申请人该行政机关的名称、联系方式；

(3)申请公开的政府信息不存在的，告知申请人该政府信息不存在；

(4)申请内容不属于政府信息的(举报投诉、核实情况、咨询问题等)，告知申请人通过其他相应渠道办理；

(5)申请内容属于行政程序中的当事人、利害关系人查阅案卷材料的，告知申请人按照相关法律、法规的规定办理；

(6)申请公开的政府信息已移送国家档案馆的，告知申请人依照有关档案管理的法律、法规和国家有关规定进行查阅；

(7)申请内容不明确的，告知申请人作出更改、补充；

(8)申请公开的政府信息属于不予公开范围的，告知申请人不予公开并说明理由；

(9)申请公开的政府信息中含有不予公开的内容，但是能够作出区分处理的，向申请人提供可以公开的政府信息。不予公开的内容，告知申请人并说明理由。

四、土地信息的共享

（一）土地信息共享的原则

土地信息共享通常是指不涉密的政务信息共享。根据《国务院关于印发政务信息资源共享管理暂行办法的通知》，政务信息共享应当遵循以下原则：

（1）以共享为原则，不共享为例外。各政务部门形成的政务信息资源原则上应予共享，涉及国家秘密和安全的，按相关法律法规执行。

（2）需求导向，无偿使用。因履行职责需要使用共享信息的部门（以下简称使用部门）提出明确的共享需求和信息使用用途，共享信息的产生和提供部门（以下统称提供部门）应及时响应并无偿提供共享服务。

（3）统一标准，统筹建设。按照国家政务信息资源相关标准进行政务信息资源的采集、存储、交换和共享工作，坚持"一数一源"、多元校核，统筹建设政务信息资源目录体系和共享交换体系。

（4）建立机制，保障安全。联席会议统筹建立政务信息资源共享管理机制和信息共享工作评价机制，各政务部门和共享平台管理单位应加强对共享信息采集、共享、使用全过程的身份鉴别、授权管理和安全保障，确保共享信息安全。

（二）土地信息共享的类型

土地信息资源按共享类型可分为无条件共享、有条件共享、不予共享三种类型。

1. 无条件共享

可提供给所有政务部门共享使用的政务信息资源属于无条件共享类。人口信息、法人单位信息、自然资源和空间地理信息、电子证照信息等基础信息资源的基础信息项是政务部门履行职责的共同需要，必须依据整合共建原则，通过在各级共享平台上集中建设或通过接入共享平台实现基础数据统筹管理、及时更新，在部门间实现无条件共享。基础信息资源的业务信息项可按照分散和集中相结合的方式建设，通过各级共享平台予以共享。

2. 有条件共享

可提供给相关政务部门共享使用或仅能够部分提供给所有政务部门共享使用的政务信息资源属于有条件共享类。围绕经济社会发展的同一主题领域，由多部门共建项目形成的主题信息资源，如健康保障、社会保障、食品药品安全、安全生产、价格监管、能源安全、信用体系、城乡建设、社区治理、生态环保、应急维稳等，应通过各级共享平台予以共享。

3. 不予共享

不宜提供给其他政务部门共享使用的政务信息资源属于不予共享类。凡列入不予共享类的政务信息资源，必须有法律、行政法规或党中央、国务院政策依据。

（三）共享土地信息的提供与使用

1. 共享土地信息的提供

各政务部门业务信息系统原则上通过国家电子政务内网或国家电子政务外网承载，

通过共享平台与其他政务部门共享交换数据。

提供部门在向使用部门提供共享信息时，应明确信息的共享范围和用途(如，作为行政依据、工作参考，用于数据校核、业务协同等)，原则上通过共享平台提供，或者采用系统对接、前置机共享、联机查询、部门批量下载等方式。

2. 共享土地信息的使用

需要使用共享信息的部门应根据履行职责需要使用共享信息。属于无条件共享类的信息资源，使用部门在共享平台上直接获取；属于有条件共享类的信息资源，使用部门通过共享平台向提供部门提出申请并按答复意见使用共享信息，对不予共享的，提供部门应说明理由；属于不予共享类的信息资源，以及有条件共享类中提供部门不予共享的信息资源，使用部门因履行职责确需使用的，由使用部门与提供部门协商解决。

本 章 小 结

本章介绍了土地信息的概念、分类、获取方式、信息的标准化、土地信息系统、土地信息的保密、公开与共享等内容。

土地信息分类主要介绍了土地信息的分类原则、分类方法、分类体系、土地信息的获取途径等。

土地信息的标准化主要介绍了土地信息标准化的原则、土地信息标准化的内容以及我国目前的土地标准化体系。

土地信息系统主要介绍了土地信息系统的构成、土地信息系统的功能结构以及常用的土地信息系统。

土地信息的保密与共享主要介绍了土地信息的保密、土地信息的公开以及土地信息的共享。

第八章　国际土地问题简介

本章主要介绍国际河流、公海、南极公地、外层空间等方面的国际约定、国际争端及其解决。本章内容框架结构图如图 8-1 所示。

- 国际土地问题
  - 国际河流
    - 国际河流的利用原则
    - 国际河流的利用限制
    - 国际河流争端解决
  - 公海
    - 公海的自由与公海的限制
    - 公海的管辖
    - 公海的保护
  - 南极公地
    - 南极公地的范围与历史变迁
    - 南极公地的利用规则
  - 外层空间
    - 外层空间概述
    - 外层空间的使用规则

图 8-1　本章内容框架结构图

第一节　国 际 河 流

一、国际河流的概念

各国、国际组织、有关学术界对于超越一国边界的淡水的表述多种多样，主要有：国际河流、国际水道、国际流域、国际淡水、国际湖泊、国际非海洋水域、跨国河流、越境水、跨界水道、跨界水体、跨界水域、跨界地下水、跨界含水层、边界河流、边界水、共享河流、共享水道、共享水资源，等等。

国际水道概念的提出至少应该包括以下几个阶段：连通海洋的多国河流、国际流域、国际水道。

(一) 连通海洋的多国河流

河流是天然形成的，指的是地表水(如冰川等)在重力的作用下，沿着陆地表面上的线形凹地流动，并汇集于各级河槽上的这一过程，它是自然界水循环及地表过程变化综合作用的结果。《不列颠百科全书》中对河流的定义是：自然形成的流淌于渠道里有明确堤岸的水流。

1815 年 6 月 9 日订立的《维也纳会议最后议定书》规定了“流经不同国家的河流”的自由航行、统一税收等制度，宣布莱茵河和另外几条河流(不包括多瑙河)受自由航行等制度约束。

1856 年的《巴黎和约》、1968 年的《曼汉姆条约》进一步规定了莱茵河和多瑙河向一切国家开放，彻底确定了欧洲重要河流的自由航行制度。

1885 年《柏林总规约》，1890 年《布鲁塞尔条约》等有关刚果河和尼日尔河的专门条款，决定非洲这两条大河实行自由航行制度。

1919 年《对德和约》第 12 部分规定，战胜国对德国输出入货物不受限制，易北河、多瑙河、奥得河、涅曼河等被宣布为国际河流，外国军舰和商船可以自由出入基尔运河。可见，“国际河流”的术语从其诞生起，就特指可以通航且对一切国家自由航行的河流。

随着经济贸易的拓展，自由航行的河段也逐渐扩展到其可航的支流。1929 年常设国际法院就奥得河国际委员会的管辖范围所作出的判决，宣布国际河流是指整个河流体系，包括纯属沿岸国内河的支流在内；1934 年国际法学会通过的《国际河流航行规则》第 1 条指出，国际河流是指“河流的天然可航部分流经或分隔两个或两个以上国家，以及具有同样性质的支流”。该文件第 2 条规定“在国际河道上实行自由通航”。

(二) 国际流域

1966 年，国际法协会通过《国际河流利用规则》(即赫尔辛基规则)，提出了若干新的概念和原则。该文件第 2 条明确规定国际流域是指“跨越两个或两个以上国家，在水系的分界线内的整个地理区域，包括该区域内流向同一终点的地表水和地下水”。《国际河流利用规则》所指“国际流域”不仅仅指水资源，而是指水系分界线内的“整个地理区域”。已经不再专指有专门国际条约规定其自由航行制度的多国河流，《国际河流利用规则》将地下水和地面水同列为国际流域水资源的组成部分；它对航行自由原则也作出了新的阐述，指出只有沿岸国才能在国际河流的全部航道上享有自由航行的权利，只有沿岸国才有权力决定向其他非沿岸国开放所属河段，这个原则赋予航行自由原则以新的内容，顺应了历史发展的潮流。《国际河流利用规则》还对传统的公平使用原则做了新的解释，指出公平使用原则并不是在沿岸国之间平均分配用水，而是确定分配原则时应考虑各沿岸国的经济和社会需要，明确否定了国际河流利用理论中，倾向上游国利益的“绝对主权论”以及倾向下游国利益的“绝对完整论”。

(三) 国际水道

1911 年 4 月 27 日国际法学会通过的《国际水道非航行用途的国际规则》(以下简称《规则》)首次采用了“国际水道”的名称。但该规则在正文里并没有出现“国际水道”的术语解释。该文件只有两部分，一为两国之间的界河；二为流经两个以上国家的河流。可见，1911 年的《规则》中国际水道的含义就是指分隔或流经两国或两国以上的河流。它主要显示河流的地理特征——国际，即国家之间的意思。

1921 年，41 个国家(含中国)共同缔结了《国际性可航水道制度公约及规约》，其第 1 条规定，国际性可航水道是“一切分隔或流经几个不同国家的通海天然可航水道”，以及其他天然可航的通海水道与上述水道相连者。这样的水道一般是“有非沿岸国参加的国际委员会管理的可航水道”或者是有关国家“通过单方面法令或经签订协议表示同意”的可航水道。但“国际性可航水道”并不是“国际水道”的全部。“国际水道”是“一切分隔或流经几个不同国家的天然水道”。

1997 年联合国第 51 届会议通过了国际法委员会编撰的《国际水道非航行使用法公约》草案，对国际水道的非航行使用的内容、原则和管理制度作了较全面的规定，是世界上第一个就国际河流的非航行用途缔结的公约。该公约第 2 条规定：水道“是由于自然的联系构成一个单一的整体，并且流入同一终点的地表水和地下水系统”。而国际水道(International Watercourse)就是指组成部分位于不同国家的水道（“International Watercourse”means a watercourse，parts of which are situated in different States)，这是迄今为止最明确，也是最有法律意义的国际河流概念。国际水道形态包括涉及不同国家同一水道中相互关联的河流(干流和支流)、湖泊、含水层、冰川、蓄水池和运河。在统计意义上相当于国际流域，在管理意义上相当于流域淡水资源。

二、国际河流的规模与分布

(一)规模

全世界的国际河流大约有 200 条，其中 148 条流经两个国家，31 条流经三个国家，21 条流经四个以上的国家。如按面积统计，流域面积大于 10 万平方千米以上的国际河流共有 52 条，其中位于非洲的有 17 条，位于美洲的有 14 条，位于亚洲的有 16 条，位于欧洲的有 5 条。

世界上流域面积在 100 万平方千米以上的河流有 19 条，其中 15 条是国际河流。

1998 年 3 月，巴黎国际水资源部长级会议公布了世界国际河流(湖泊)有 215 条(个)。除南极洲以外，世界五大洲中仅大洋洲没有国际河流。

(二)分布

以国家论，全世界约有$\frac{1}{4}$国家的整个国土都属于国际河流流域，$\frac{1}{2}$以上国家一半多的国土是国际河流流域；而同时约有$\frac{1}{6}$国家没有国际河流，这些国家多是岛国，如新西兰、斯里兰卡，等等。

流经国家最多的河流是欧洲的多瑙河，干流流经 8 个国家，如把支流跨经的国家也计算在内，则达 12 国之多；尼日尔河、尼罗河也分别流经 10 个、9 个国家；其他流经国家较多的河流还有刚果河、赞比西河、亚马孙河、莱茵河、乍得河、沃尔特河、恒河、湄公河、易北河、彼拉他河等。

中国共有大小国际河流(湖泊)40 多个，其年径流量占全国河川径流总量的 40%以上，每年出境水资源量多达 4000 亿立方米，相当于甚至超过长江的年径流总量。其中主要的国际河流有 15 条，数量仅次于俄罗斯和阿根廷，与智利并列世界第三位。流域国涉及 19 个境外国家，影响包括中国在内的人口约 30 亿。

中国国际河流主要分布于东北、西北和西南三大片区。东北水域国境线长达5000千米以上，主要国际河流是黑龙江、鸭绿江、图们江、绥芬河；西北主要国际河流有额尔齐斯河-鄂毕河、伊犁河、塔里木河；西南主要国际河流是伊洛瓦底江、怒江-萨尔温江、澜沧江-湄公河、珠江、雅鲁藏布江-布拉马普特拉河、巴吉拉提河(恒河)、森格藏布河(印度河)、元江-红河。这15条重要的国际河流中，有12条发源于中国，且多为世界级大河。

三、国际河流利用规则

在全球化和区域集团化大趋势下，国际河流的合作开发和协调管理成为许多地区国际区域合作、解决共享淡水资源的竞争利用与冲突、控制跨境水污染、维护生物多样性和促进全球社会、经济和生态环境可持续发展的关键。

(一)公平合理利用原则

《赫尔辛基规则》对国际河流的公平合理利用的内涵做了基本规定："国际流域水资源的公平利用：各流域国有权合理且公平地分摊国际流域水资源的利用效益。在确定分摊结论时，应综合考虑所有因素。某种或某些利用与另一种或另一些利用相比，不具备固有的优先权。"《赫尔辛基规则》提出了公平合理利用应当考虑的11项因素如下：

(1)流域的地理条件，特别是各流域国境内水域的范围；

(2)流域的水文条件，特别是每个流域国提供的水量；

(3)气候对流域的影响；

(4)过去对流域水系的利用情况，特别是目前的利用情况；

(5)各流域国的经济和社会需要；

(6)各流域国境内依靠流域的水源生活的居民；

(7)各流域国为经济和社会需要所采用的可供选择的方法的费用比较；

(8)可以获得的其他资源；

(9)在利用流域水资源时应避免不必要的浪费；

(10)对一个或几个流域国之间提供补偿以调整各种用途引起的矛盾；

(11)在不对其他流域造成重大损害的条件下，对一个流域中的需要可以满足的程度。

2004年国际法协会制定的《关于水资源法的柏林规则》在综合这些因素的基础上又将水文地质、可持续利用和环境损害最小化等列入公平合理要素清单，同时还明确规定国家应当首先分配满足人类基本需求的水，赋予了人类基本需求以优先地位。

(二)不造成实质性损害

《赫尔辛基规则》第三章"污染"，对防止和减轻国际河流的污染做了以下规定："本章所提及的水污染是指人的行为造成国际河流的水的自然成分、结构或水质的恶化变质"，"根据公平利用国际流域的水的原则，国家：①必须防止对国际流域任何新的形式的污染，或加重现有污染程度，对同流域国的境内造成重大损害；②应采取一切合理措施以减轻国际流域现有的水污染程度，以免对同流域国境内造成重大损害"，"如果违反第1项规定，负有责任的国家应停止其错误行为，并对同流域国所受的损失提供赔偿，如果国家不履行第2项规定，未采取合理措施，则应要求该国立即同受损害国家进行谈判，以求达到合理解决办法”。

（三）自由航行

《赫尔辛基规则》第四章“航运”对国际河流的航运做了以下规定：“本处所指的可航水道是指分隔或流经两个或两个以上国家的河流和湖泊的可航部分。河流或湖泊的可航性是指其自然条件状态下的河适用于商业航运，或其自然条件使之能用于商业航运，沿岸国是指国际河流可航部分流经的国家”，“除有或专门规定外，各沿岸国对整个河流或湖泊享有自由航行权利”，“沿岸国在平等基础上享有自由：1. 在河流或者湖泊的全部可航水道上自由航行；2. 自由进入港口和利用码头设施；3. 在一个沿岸国港口之间、不同沿岸国之间及以沿岸国和出海口之间有直接或转运送货物和旅客的自由”。

除上述关于自由航行的规定外，《赫尔辛基规则》还规定了国际航道的管理及其他权利，如“沿岸国对在其管辖下的河段或湖段应行使警察权，不限于保护治安和卫生，但在行使上述权利时不得过分干涉前款规定的自由航行权”，“沿岸国可以限制或禁止外国船舶在其境内装卸货物或者旅客”，“沿岸国可给予非沿岸国在其境内的河段或湖段航行的权利”，“沿岸国应当尽可能采取措施或创造条件使其管辖下的可航河段或湖段保持良好状态”，“上述规则不适用于军用舰只或执行警察和行政及一般公务的船只航行”，“在战时，发生武装冲突或出现威胁国家生存的紧急情况时，沿岸国可采取措施。免除本处所规定的义务，但仅限于情势所要求的限制，并且不得违背国际法规定的义务。在任何情况下，沿岸国应当为执行人道主义使命的船只的航行提供便利”。

总结上述及相关规定，国际河流的自由航行规则的内涵包括以下方面：

（1）流经各沿岸国的部分仍属各该国主权所有，但对一切国家的商船开放；

（2）各国的国民、财产及其船舶享有平等待遇；

（3）沿岸国对于通过其领土的那段河流行使管辖权，特别体现于警察、卫生、关税等事项；沿岸国负责管理和维护在其管辖下的河流部分，并得为维持和改善河道航运条件征收公平的捐税；

（4）沿岸国保有“沿岸航运权”，外国商船不得从事同一沿岸国各口岸间的航运业务；

（5）非沿岸国的军舰不享有自由航行权；

（6）由特别设立的国际委员会制定必要的、统一的管理规章，保障河流的航行自由。

（四）木材浮运规则

《赫尔辛基规则》第五章对国际航道上的“木材浮运”做了以下规定：“用于航行的国际水道的沿岸国可共同决定是否允许在水道上浮运木材及其具体条件”，“建议不用作航行的国际水道的沿岸国，在适当考虑水道其他用途的条件下，准许其他沿岸国利用其境内水道和沿岸运送木材。沿岸国应同时准许运木材人员在沿岸修建工程以及运送木材的必要设施”，“如果沿岸国需要在另一沿岸国境内修建浮运木材的永久性设施，或者有必要调节水道的流量，则应与该国达成协议”。

（五）经常交换资料与数据

《赫尔辛基规则》第六章“关于防止与解决争端的程序”规定：“为防止流域国之间对其法律权利或其他利益发生争议起见，建议每个流域国都向其他流域国提供所掌握的该流域在其境内的水域的有关情况，以及对水域的利用和有关活动的情况”。

（六）事前通告

《赫尔辛基规则》第六章“关于防止与解决争端的程序”规定：“国家不论其在国际流域所处的位置，当其计划对国际流域采取某些工程设施，而这些设施可能使其他流域国利益受到重大的影响，改变流域状态并有可能导致国际争端时，应当事先向有关流域国进行通告”，“发出通告的国家应使对方有合理时间评估该计划的工程设施可能带来的后果，并对此提出其看法”，“如果国家未照此发出通告，则其对流域状态造成的改变，在确定公平合理分配流域利用效益时，不得按照临时优先利用权处理”。

四、国际河流争议的解决

国际争端是指流域国和其他国家对国际流域的水源的合法权利或其他利益的国际争议。国际河流的争端是客观存在的，应当建立一套行之有效的争端解决机制。《赫尔辛基规则》第六章“关于防止与解决争端的程序”规定：“争端的防止和解决办法：为了防止争端发生，建议各流域国向其他流域国提供境内河段水资源及其利用活动有关的、合理的资料。如果发生争端，可通过谈判、寻求第三国或国际机构或个人的协助、成立调解委员会、提交仲裁等方式进行解决”。

（一）谈判

彼得·S. 温茨在《环境正义论》中提道：“没有协议，对稀缺物品的分配就可能取决于先到先得，人们可能会不择手段地获取他们想要的东西，则人人将生活在暴力与危险之中”（彼得·S. 温茨，2007）。而谈判，是形成供互相遵守的协议的直接方式。《赫尔辛基规则》规定：“国家之间对其法律权利或者其他利益发生争议时，应通过谈判寻求解决方案。”

（二）寻求协助

如果谈判无法达成一致意见，建议流域国将问题或者争议提交给一个联合机构，并要求该机构对国际流域进行调查，按照对全体流域国最充分有效的原则，拟订解决方案或者建议。同时建议该机构将其职权范围内的一切事宜报告有关成员国的主管当局。联合机构的成员国在适当时机，可以要求有权利用国际流域内水域的非流域国配合该联合机构的工作，并允许这些非流域国对该机构陈述意见。

如果联合机构仍然无法解决争议，则可以寻求第三国、有资格的国际组织或人士出面解决。

（三）成立调解委员会

如果采取谈判以及寻求协助的方式未能解决争议，则建议争议各国协商成立调查委员会或者专门设立调解委员会，力求找到能被各有关国家所接受的解决办法。调解委员会的组成，应当体现公平、合理性原则，并依规定程序产生。

(四)提交仲裁

当未能成立委员会，或者委员会未能找到解决方案，或者委员会提出的解决方案未能被有关国家采纳，或者未能达成其他协议时，有关国家可以将国际流域争议提交给专门成立的仲裁庭。

仲裁机构在处理争议时，应采用 1958 年联合国国际法委员会第十届会议制定的仲裁程序的规范性规则。有关国家在提交仲裁时已承认裁决为最终决定的，应当认真执行裁决。

第二节　公　　海

一、公海的相关概念

(一)公海

1982 年《联合国海洋法公约》规定，公海是不包括在国家的专属经济区、领海或内水或群岛国的群岛水域以内的全部海域，即各国内水、领海、群岛水域和专属经济区以外不受任何国家主权管辖和支配的海洋部分。它不是任何国家领土的组成部分，因而不处于任何国家的主权之下；任何国家不得将公海的任何部分据为己有，不得对公海本身行使管辖权。公海供所有国家平等地共同使用。

(二)船旗国

每一国家，不论其为沿海国或内陆国，均有权在公海上行驶悬挂其国旗的船舶。船舶悬挂某一国家的国旗即具有该国国籍，这个国家即该船的船旗国。船舶在公海上只服从国际法和船旗国的法律。在公海上行驶的船舶，必须而且只许悬挂一个国家的国旗。船舶在一国登记、取得其国籍的条件，由该国的国内法规定。船旗国对在公海上有权悬挂其旗帜航行的船舶有专属管辖权。公海上的船舶受船旗国法律管辖并受其保护。军舰在公海上享有不受船旗国以外任何其他国家管辖的完全豁免权，专门用于政府非商业性用途的船舶亦同。

二、公海自由

根据 1982 年《联合国海洋法公约》，公海的使用规则最核心的是公海自由，该《公约》提出，公海有以下六项自由。

1. 航行自由

任何国家的船舶都可以悬挂其旗帜在公海中自由航行。任何国家不得对在公海中合法航行的别国船舶加以阻碍。在公海中航行的船舶必须在一国进行登记并悬挂该国国旗。在公海航行的船舶必须并且只能悬挂一国旗帜，悬挂两国或两国以上旗帜航行或视方便而换用旗帜的，可视为无国籍船舶。船旗国应与船舶有真正的联系，并向依其国内法进行登记因而悬挂其国旗的船舶发放船籍文件。对悬挂其国旗的船舶在公海对其他国家公民、船舶、设施或环境造成的损害，应与有关国家合作调查；还应责成船长对碰船、海难等有关情况按照国际章程进行救助。

2. 飞越自由

公海上空，如同公海一样，也是自由的。所有国家的航空器都有飞跃公海上空的自由。在公海上空飞行的航空器受其登记国管辖，其他国家不得加以干预和阻碍。

3. 铺设海底电缆和管道自由

但受关于大陆架的规定的限制。所有国家都有权在公海铺设海底电缆和管道。在铺设时，不应影响其他国家已铺设的电缆和管道，包括其正常使用和维修。如果因铺设海底电缆或管道使他国的电缆或管道受到损害，则应承担赔偿责任。

4. 建造国际法所容许的人工岛屿和其他设施的自由

但受关于大陆架的规定的限制。各国有权在公海建造人工岛屿或设施。这种设施的设置应符合国际法的其他规则，包括不得设置于航道、设置物应符合有关的国际标准等。这种人工设施不具有自然岛屿的地位，但可以在其周围划定宽度不超过500米的安全地带。

5. 捕鱼自由

各国都有权由其公民在公海中捕鱼，在捕鱼中应遵守本国根据有关条约和协议就鱼种、数量、方法、区域等方面承担的义务。这类条约除《联合国海洋法公约》外，主要是双边、区域性或就某个种群订立的条约。如《北太平洋海豹保护办法公约》《关于管理捕鲸公约》《捕鱼与养护公海资源公约》等。

6. 科学研究自由

各国均享有在公海进行科学研究的自由，但须遵守公约中关于大陆架和海洋科学研究两部分的规定。研究活动应遵守《海洋法公约》或其他国际法的规则，顾及其他国家的利益。

这些自由应由所有国家行使，但须适当顾及其他国家行使公海自由的利益，并适当顾及本公约所规定的同“区域”内活动有关的权利。必须遵守以下规则：①公海应只用于和平目的；②一国行使公海自由不得侵害别国的权利和利益；③公海自由的行使不得违反海洋法公约和公认的国际法原则及有关规则。

三、公海的限制

根据1982年《联合国海洋法公约》，公海的限制主要有三个方面：制止海盗行为、制止贩运奴隶和禁止未经许可的广播。

（一）制止海盗行为

海盗行为是指船舶或飞机的船员、机员或乘客，为私人目的，在公海上或在任何国家管辖范围以外的地方，对船舶、飞机、人或财物进行非法的强暴、扣留或掠夺行为。海盗行为是一种国际罪行。任何国家的军舰、军用飞机或其他有清楚标志可以识别的为政府服务并经授权的船舶或飞机，均可扣押海盗船舶或飞机，逮捕船、机上的人员并扣押船、机上的财物。扣押国的法院可对海盗行为人进行审判处刑，并决定对船舶、飞机或财物进行处理，但须尊重善意第三者的权利。如果拿捕无适当理由，拿捕国应赔偿因拿捕而造成的损害或损失。

（二）制止贩运奴隶

贩卖奴隶是一种国际罪行。从非洲掠夺的奴隶大部由海上贩运到美洲，运送奴隶也属于贩卖奴隶的罪行。每个国家都应采取有效措施，防止和惩罚悬挂其国旗的船舶贩运奴隶。在任何船上避难的任何奴隶，不论该船悬挂何国国旗，都应当获得自由。

（三）禁止未经许可的广播

《联合国海洋法公约》规定，未经许可的广播指船舶或设施违反国际规章在公海上播送旨在使公众收听或收看的无线电传音或电视广播，但遇难呼号的播送除外。遇有上述情况，可向船旗国、设施登记国、广播人所属国、可以收到这种广播的任何国家、或得到许可的无线电通信受到干扰的任何国家的法院，对在公海从事未经许可的广播的任何人提起诉讼。有管辖权的国家可逮捕从事未经许可的广播的任何人或船舶，并扣押广播器材。

四、公海的管辖

公海不属于任何国家的领土，国家不得对公海本身行使管辖权或在公海范围行使属地管辖。国家对公海上有关的船舶、人、物或事件进行管辖是基于国际法中其他管辖规则和相关连接点，其中最主要的是船旗国管辖和普遍性管辖两种。同时，对某些违法行为，国家还承担了某种防止、惩罚及管辖合作的义务。

（一）船旗国管辖

船旗国管辖指各国有权对在公海上的具有该国国籍船舶的管辖。对此《联合国海洋法公约》明确规定：船旗国对其在公海上航行的船舶具有专属的管辖权；每个国家应对悬挂该国旗帜的船舶有效地行使行政、技术及社会事项上的管辖和控制；对于可能涉及两个或两个以上国家船舶的公海碰船或其他航行事故的刑事管辖，公约作出三项规定：

(1)公海上碰船或其他事故涉及船长或船员的刑事或纪律责任时，对所涉人员的刑事诉讼或纪律程序，仅可以向船旗国或人员国籍国提出。

(2)在纪律事项上，船长证书或驾驶执照只有其颁发国家才有权经过正当程序予以撤销，而不论证书持有人的国籍。

(3)船旗国以外的任何当局，即使作为一种调查措施，也不得命令逮捕或扣押船舶。

（二）普遍管辖

公海上的普遍管辖权是指各国对发生在公海的，被国际法认为是普遍管辖权对象的特定国际罪行或违反国际法的行为，行使管辖权。这类罪行或不法行为包括海盗行为、贩运奴隶、贩运毒品、非法广播等。

（三）保护性管辖

这是沿海国为维护其本国利益对某些违反其法律和规章的行为的管辖延伸到公海实

施的情况，也是国家属地管辖权的延伸适用。这种管辖在公海制度中突出体现在“登临权”“紧追权”上。管辖的方式为登临检查、扣押或逮捕。

1. 登临权

军舰在公海上遇到外国船舶有从事海盗行为或奴隶贩卖嫌疑、从事未经许可的广播、无国籍或虽悬挂外国国旗而事实上是与军舰同一国籍时，有权登临该船进行检查，并于必要时予以拿捕。登临权不得对享有完全豁免权的船舶行使。为了防止登临权被滥用，《公海公约》和《联合国海洋法公约》都规定，如果嫌疑经证明为无根据，而且该船舶并未从事涉嫌的任何行为，被登临的船舶所遭受的任何损失或损害应予赔偿。

2. 紧追权

沿海国有权对违反该国法律的外国船舶进行紧追。紧追必须在该外国船舶或其小艇之一在追逐国的内水、领海或毗连区内开始。如果外国船舶违反专属经济区、大陆架的法律、规章，紧追也可从专属经济区或大陆架内开始。追逐只有在外国船舶视听所及的距离内发出视觉或听觉的停驶信号后，才认为开始。紧追必须连续不断进行，不得中断。当被追逐的船舶进入其本国领海或第三国领海时即应中止。紧追权只能由舰、军用飞机或其他经特别授权的政府船舶或飞机行使。进行紧追的军舰或军用飞机，可以在公海上逮捕被紧追的船舶，并押送到该国海港。如果在不应行使紧追权的情况下，在公海上命令外国船舶停驶或逮捕外国船舶，由此造成的任何损失或损害应予赔偿。

五、公海的保护

公海的保护包括资源保护和环境保护等。

(一)资源保护

由于世界人口增加和捕鱼技术日益进步、捕鱼量不断增加，造成了鱼源普遍枯竭的危险。各国经济技术发展又不平衡，发达国家发展远洋渔业，到别国近海滥行捞捕，对沿海国的渔业资源造成严重威胁。因此公海捕鱼自由并非毫无限制，必须照顾到各个国家的利益和整个世界的共同利益。1958 年联合国第一次海洋法会议制定了《捕鱼及养护公海生物资源公约》，规定公海捕鱼自由受该公约关于养护的各项规定的限制，并须尊重沿海国权益。该公约指出，所谓“养护”是指使公海生物资源能保持最适当的持久产量，以保证食物及其他海产的供应。所有国家，特别是沿海国和有国民在某区域捕鱼的国家，必须与其他国家合作实施养护措施。1982 年《联合国海洋法公约》也有类似规定。该公约特别指出，养护和管理也适用于海洋哺乳动物。

(二)环境保护

海洋环境保护是海洋法中的一项重大课题，也涉及沿海国的管辖权问题。海底资源的开发，陆上工业的发展，核能的利用，石油运输和使用中发生的漏油现象等情况，都会造成对海洋的污染、对海洋生物资源的严重威胁以及对海洋生态平衡的破坏。为制止和防止这种事态的发展，《联合国海洋法公约》规定各国有保护和保全海洋环境的义务，为履行这一义务，各国应自己采取一切必要措施，以防止、减少和控制任何来源的海洋环境污染。

第三节　南极公地

一、公地的概念

（一）公地的概念

公地是指地球上不属于任何一个国家的领土范围的陆地。

目前被全球大多数人公认为公地的陆地主要是南极洲南纬60°至南纬90°之间的土地。

（二）南极洲的自然状况

南极洲由大陆、陆缘冰、岛屿组成，总面积1424.5万平方千米，其中大陆面积1239.3万平方千米，陆缘冰面积158.2万平方千米，岛屿面积7.6万平方千米。南极洲大部分是2000米以上的山地与高原，最高点文森山，海拔5140米，冰层平均厚2000米，最厚达4750米。南极大陆98%的地域终年为冰雪所覆盖。冰盖面积约200万平方千米，平均厚度2000~2500米，最大厚度为4800米，它的淡水储量约占世界总淡水量的90%，在世界总水量中约占2%。

横贯南极的山脉将南极大陆分为两部分。东南极洲，面积较大，为一古老的地盾和准平原，横贯南极山脉绵延于地盾的边缘；西南极洲面积较小，为一褶皱带，由山地、高原和盆地组成。东西两部分之间有一沉陷地带，从罗斯海一直延伸到威德尔海。东南极洲从西经30°向东延伸到东经170°，包括科茨地、毛德皇后地、恩德比地、威尔克斯地、乔治五世海岸、维多利亚地、南极高原和南极点。面积1018万平方千米。西南极洲位于西经50°~160°，包括南极半岛、亚历山大岛、埃尔斯沃思地以及玛丽·伯德地等，面积229万平方千米。

南极洲的气候特点是酷寒、多烈风、降水稀少。全洲年平均气温为-25℃，内陆高原平均气温为-50℃左右，寒季气温很少高于-40℃，极端最低气温曾达-89.2℃（是世界上最低的气温记录，于1983年7月21日在苏联的东方站被测定）。

由于自然环境极为严酷，南极洲生物种类十分稀少，是世界上生物资源最少的洲，尤其是在内陆地区，几乎不存在自然生命。企鹅是南极洲的主要动物之一。但是海洋里生物资源却极其丰富，有大量的海藻、珊瑚、海星、海绵、磷虾等生物。

南极洲距离南美洲最近，中间隔着只有970千米的德雷克海峡。距离澳大利亚约有3500千米；距离非洲约有4000千米；与中国北京的距离约为12000千米。

二、南极洲的领土之争

从1908—1941年，共有7个国家先后对南极洲提出了领土要求。1908年英国首先宣布对西经20°~50°、南纬50°以南和西经50°~80°、南纬58°以南包括福克兰群岛（马尔维纳斯群岛）和南极半岛在内的扇形地块及其水域拥有主权；1923 年英国又对从东经 160°到西经 150°、南纬 60°以南的罗斯扇形地区提出领土要求并委托新西兰总督管理，这也是新西兰所要求的那块扇形大陆。1929—1931 年由澳大利亚人莫森率领的英、澳、新西兰联合考察队对上述地区进行了考察。接着，英国在 1933 年代表澳大利亚对南纬 60°以南、东经 45°~136°和东经 142°~160°相当于南极大陆 40%的 650 万平方千米的陆地和水域提出了领土要求。

法国以他们的探险者最早发现阿德雷沿岸为由，于 1924 年对东经 136°~142°、南纬 67°以南的一块狭长地域提出领土要求，1938 年又重申并将这块地域延伸到极点和南纬 60°。

1938 年德国派测绘船对毛德皇后地一带进行闪电式考察，在 6 天半时间内用飞机对毛德皇后地 60 万平方千米的地区进行了航空调查与拍照，并每隔 25 千米空投一颗曲十字金属标记物。

挪威在 1939 年 4 月也声明对东经 45°至西经 20°之间的地域拥有主权，但既没向南延伸到极点，也没有规定其北部边界的纬度。

第二次世界大战期间，德国舰艇以凯尔盖朗岛为基地在西南极水域时常出没，拦劫商船和捕鲸船，从而突出了南美大陆与南极半岛之间德雷克海峡的军事意义。为此，智利在 1940 年宣布对西经 53°~90°、南纬 60°以南的地域拥有主权。阿根廷于 1941 年宣布对西经 25°~74°、南纬 60°以南的地域拥有主权；他们的依据是南美大陆与南极半岛地质上的亲缘关系、有效占领理论以及西班牙原来所宣称的对南极领土要求的继承。

由于英国、智利、阿根廷 3 国对南极提出领土要求的大部分地区相重叠，致使 3 国之间发生争论。英国于 1947 年和 1955 年为此上诉国际法院，但智利、阿根廷认为南极半岛是他们的领土，拒绝由国际法院审理。美国自 20 世纪 30 年代末开始，为对南极提出领土要求做准备。1939 年罗斯福总统即明确指示美国当时进行南极考察的人员在南极多设置一些美国标记物。伯德在其第三次考察时在无人要求的玛丽·伯德地两侧各建了一个站。美国在 1945—1947 年进行了代号为“跃进”的大规模考察，并在 1948 年邀请英、法、挪威、澳大利亚、智利、新西兰、阿根廷 7 国共同商讨南极问题，提出由 8 国共管或由联合国托管。但与会国中有 6 国坚持其对南极的领土要求，会议无任何结果。

上述 8 国的活动引起了苏联的关注。1950 年 6 月 8 日苏联照会上述 8 国政府，表示不承认任何国家以任何方式对南极提出的领土要求，不承认在没有苏联参加的情况下做出有关南极的任何决定。苏联的坚决立场以及俄早期探险者（如别林斯高晋）在南极考察史中所占有的地位，使美、英等 8 国不得不重新考虑解决南极领土纷争的途径。

到 20 世纪 40 年代，英国、法国、挪威、澳大利亚、智利、阿根廷、新西兰 7 国已对 83%的南极大陆提出了领土要求。其中澳大利亚、法国、新西兰、挪威 4 国互相承认各自的领土要求，阿根廷、智利、英国 3 国要求的领土互相重叠，各方坚持各自的主权要求，互不承认他方的主权要求；美、苏不承认任何国家对南极的领土要求，同时保留他们自己对南极提出领土要求的权利。由于对领土要求的纷争，致使南极大陆成了多种矛盾的焦点。这些矛盾的存在与发展，在客观上需要制定一个多边条约以缓解各种矛盾与纷争。1959年12月1日，阿根廷、澳大利亚、比利时、智利、法国、日本、新西兰、挪威、南非、英国、美国、苏联13国的代表在华盛顿签署了《南极条约》，该条约于1961年6月23日开始生效。继《南极条约》之后，协商国又于1964年、1972年、1980年先后签订了《保护南极动植物议定措施》《南极海豹保护公约》和《南极生物资源保护公约》；1988年6月通过了《南极矿物资源活动管理公约》；1991年10月通过了《南极环境保护议定书》。《南极条约》和上述公约以及历次协商国通过的140余项建议措施，统称为南极条约体系。

2004年，澳大利亚根据《联合国海洋法公约》，向联合国大陆架界定委员会提交了从领海基线量起超过200海里的外大陆架界限划定申请，其中有三个部分涉及了澳大利亚的南极领地，一部分是澳大利亚以前要求过的南极大陆的大陆架，另外两部分是澳大利亚自己的岛屿的大陆架延伸进入南极洲的区域。结果联合国大陆架界定委员会将澳大利亚自己岛屿的大陆架延伸进入南极洲的两片区域划为了澳大利亚的专属经济区。此后，英国、新西兰、阿根廷、挪威等国相继提交了对南极海床的界限划定申请。

中国于1983年6月8日加入南极条约组织，同日条约对中国生效。1985年10月7日被接纳为协商国。中国从1980年起派科学家到外国南极考察站同外国科学家一起开展南极科学研究，并于1985年2月20日在南设得兰群岛的乔治王岛上(南纬62°13′、西经58°58′)建成了中国第一个南极考察站——长城站；后又在1988年底选定南极大陆另一端的达拉斯曼地区南纬69°22′、东经76°22′处建立了中国第二个南极考察站——中山站。此后又陆续建立了昆仑站和泰山站等，中国已多次派出了考察队。

三、南极的利用规则

根据《南极条约》及有关文件，南极的利用规则可以概括为下列四点：

(一)南极应只用于和平目的

为了全人类的利益，南极应永久只用于和平目的。禁止一切具有军事性质的措施，如建立军事基地、建筑要塞、进行军事演习和任何类型的武器试验等，并禁止在南极地区进行任何核爆炸和在该地区处置放射性尘埃。但为了科学或任何其他和平目的而使用军事人员或军事设施则不禁止。

(二)便利在南极的国际科学合作

各国应交换南极科学规划的情报，保证用最经济的方法获得最大的效果；在各国考察队和考察站之间交换科学人员；交换科学考察报告和成果，并可以自由得到这些报告和成果。

(三)冻结领土所有权的主张

在条约的有效期内，缔约国任何一方不放弃原来提出的领土主权要求，也不放弃其提出领土主权根据的任何根据。但在条约有效期内的一切行为和活动不构成其主张、支持或确认南极领土主权要求的基础。也不创造任何主权权利。在条约有效期内，不得对南极提出新的要求或扩大现有的要求。

（四）定期举行“南极协商会议”

缔约国每两年举行“南极协商会议”，协商有关南极共同利益问题。

（五）保护南极环境

1991 年在马德里通过的《南极环境保护议定书》规定，严格禁止侵犯南极自然环境，严格控制其他大陆的来访者，严格禁止向南极大陆倾倒废物，以免造成对该海域的污染。此外，《南极环境保护议定书》还包括“南极环境评估”“南极动植物保护”“南极废物处理与管理”“防止海洋污染”“南极特别保护区”等附件。

《南极环境保护议定书》第 25 条规定，自议定书生效之日起 50 年内禁止在南极进行矿物资源活动，从而确保了南极大陆未来 50 年的和平与安宁，为全面保护南极、科学地认识南极奠定了基石。

（六）保护生物资源

为保护南极的生物资源，在原《南极条约》的基础上，“南极条约组织”先后通过了《保护南极动植物议定措施》《南极海豹保护公约》《南极生物资源保护公约》《南极环境保护议定书》等。

《南极海洋生物资源养护公约》是为了养护南极海洋生物资源，实现资源的可持续利用，维护世界人民的共同权益而形成的一部区域性公约（中国于 2006 年 9 月 19 日加入该公约，自 2006 年 10 月 19 日对中国生效）。该公约第二条第三款规定：“任何在本公约适用区域进行的捕捞和相关行动应以本公约的规定和以下养护原则进行：（1）防止任何捕捞对象的数量低于能保证其稳定补充的水平。为此目的，其数量不应低于接近能保证年最大净增量的水平；（2）维护南极海洋生物资源中被捕捞的、从属和相关种群之间的生态关系，将枯竭的种群恢复至上述第（1）段定义的水平；（3）为使持续养护南极海洋生物资源成为可能，考虑到目前就捕捞活动对海洋生态系统的直接或间接影响、引入外种对海洋生态系统的影响、相关活动对海洋生态系统的影响以及环境变化的影响方面掌握的现有知识情况，防止在 20 年或 30 年内在海洋生态系统中发生不可逆转的变化，或将发生此变化的危险性降至最低”。

《南极海洋生物资源养护公约》规定缔约方成立并同意保留南极海洋生物资源养护委员会，该委员会的职责包括：

（1）促进对南极海洋生物资源和南极海洋生态系统的调查和广泛研究；

（2）收集南极海洋生物资源总量现状和变化以及影响捕捞种类、从属或相关种类或总量之分布、丰量和生产力因素的数据；

（3）保证获得被捕捞种群的捕获量和努力量的统计数据；

（4）分析、分发和出版上述第（2）项和第（3）项所述信息和科学分委员会的报告；

（5）鉴别养护需求并分析养护措施的有效性；

（6）根据本条第五款的规定，在现有充分的科学证据的基础上，制定、通过和修改养护措施；

（7）执行根据本公约第二十四条确定的观察和检查制度；

（8）执行为实现本公约目的所必要的其他行动。

第四节　外层空间

一、外层空间的概念

外层空间，也称宇宙空间，指地球大气层以外的空间。按目前国际条约规定，外层空间不属于任何国家的管辖范围，各国可以自由进入。外层空间的天体(月球等)不得成为任何国家的占有对象。

二、外层空间利用规则

1966 年 12 月 19 日联合国大会通过了《关于各国探索和利用包括月球和其他天体在内外层空间活动的原则条约》(*Treaty on Principles Governing the Activities of States in the Exploration and Use of Outer Space, Including the Moon and Other Celestial Bodies*，简称《外层空间条约》)，1967 年 1 月 27 日在伦敦、莫斯科和华盛顿三地开放供签署，同年 10 月 10 日生效。它是 1963 年联合国大会通过的《各国探索与利用外层空间活动的法律原则的宣言》的补充和发展，故又被称为《外层空间宪章》，是有关外层空间的基本法，规定了从事航天活动所应遵守的 10 项基本原则：

(1)共同利益的原则：探索和利用外层空间应为所有国家谋福利，而无论其经济或科学发展的程度如何。

(2)自由探索和利用原则：各国应在平等的基础上，根据国际法自由地探索和利用外层空间，自由进入天体的一切区域；应有对外层空间(包括月球和其他天体)进行科学考察的自由；各国要促进并鼓励这种考察的国际合作。

(3)不得据为己有原则：不得通过提出主权要求，使用、占领或以其他任何方式把外层空间据为己有；各缔约国在进行探索和利用外层空间(包括月球和其他天体)的各种活动方面，应遵守国际法和联合国宪章，以维护国际和平与安全，促进国际合作和了解。

(4)限制军事化原则：不在绕地球轨道及天体外放置或部署核武器或任何其他大规模毁灭性武器；不在天体配置这种武器，也不以任何其他方式在外层空间部署此种武器。各缔约国必须把月球和其他天体绝对用于和平目的。禁止在天体建立军事基地、设施和工事；禁止在天体试验任何类型的武器以及进行军事演习。不禁止使用军事人员进行科学研究或把军事人员用于任何其他的和平目的。不禁止使用为和平探索月球和其他天体所必需的任何器材设备。

(5)援救航天员的原则：在宇宙航行员发生意外、遇难、或在另一缔约国境内、公海紧急降落等情况下，各缔约国应向他们提供一切可能的援助。宇宙航行员紧急降落后，应立即、安全地被交还给他们宇宙飞行器的登记国家。各缔约国应把其在外层空间(包括月球和其他天体)所发现的能对宇宙航行员的生命或健康构成危险的任何现象，立即通知给其他缔约国或联合国秘书长。

(6)国家责任原则：各国应对其航天活动承担国际责任，不管这种活动是由政府部门还是由非政府部门进行的。凡进行发射或促成把实体射入外层空间(包括月球和其他天体)的缔约国，及为发射实体提供领土或设备的缔约国，对该实体及其组成部分在地球、天空或外层空间(包括月球和其他天体)使另一缔约国或其自然人或法人受到损害，应负国际上的责任。

(7)对空间物体的管辖权和控制权原则：射入外空的空间物体登记国对其在外空的物体仍保持管辖权和控制权。射入外层空间的实体，包括降落于或建造于天体的实体及其组成部分的所有权，不因实体等出现于外层空间或天体，或返回地球而受影响。该实体或组成部分，若在其所登记的缔约国境外寻获，应送还该缔约国。如经请求，在送还实体前，该缔约国应先提出证明资料。

(8)外空物体登记原则：凡进行航天活动的国家同意在最大可能和实际可行的范围内将活动的状况、地点及结果通知联合国秘书长。

(9)保护空间环境原则：航天活动应避免使外空遭受有害的污染，防止地外物质的引入使地球环境发生不利的变化。

(10)国际合作原则：各国从事外空活动应进行合作互助。各缔约国在外层空间(包括月球和其他天体)所进行的一切活动，应妥善照顾其他缔约国的同等利益。若缔约国有理由相信，该国或其国民在外层空间(包括月球和其他天体)计划进行的活动或实验，会对本条约其他缔约国和平探索和利用外层空间(包括月球和其他天体)的活动造成潜在的有害干扰，该国应保证于实施这种活动或实验前进行适当的国际磋商。缔约国若有理由相信，另一缔约国计划在外层空间(包括月球和其他天体)进行的活动或实验，可能对和平探索和利用外层空间(包括月球和其他天体)的活动产生潜在的有害的干扰，应要求就这种活动或实验进行磋商。

本章小结

本章主要介绍了国际河流、公海、南极公地、外层空间的相关概念，主要利用规则等。

第九章　国外土地管理简介

本章主要介绍了美国、俄罗斯、德国、澳大利亚、日本等国在土地所有制度、土地登记、土地估价、土地利用规划、土地整治等方面的基本情况。本章内容框架结构图如图 9-1 所示。

- 国外土地管理简介
  - 土地所有制
  - 土地权属管理
    - 土地登记
    - 土地估价
  - 土地利用管理
    - 土地利用规划
    - 土地整治

图 9-1　本章内容框架结构图

第一节　国外地籍与产权管理

一、土地所有制

一般而言，可以将全世界所有国家(地区)的土地所有制归纳为三大类：一类是公有制，土地归国家所有或者归集体所有；二类是私有制，土地归企业、社团、个人等私有；三是混合制，一个国家内既有属于国家或者其他利益集团的土地，也有私有的土地。

(一)美国

美国土地所有分三种情况：私有，联邦政府所有和州及地方政府所有。美国国土面积中私人所有的土地约占总土地面积的 58%，主要分布在东部；联邦政府所有的土地约占 32%，主要分布在西部；州及地方政府所有的土地约占 10%。土地以私有制为主，国有土地只占其中一小部分。土地所有权分为地下权、地面权和地上空间权，这三部分权益可以分别转让，政府无权任意征收和拆迁。

美国所有土地都实行有偿使用。美国法律明确规定土地可以买卖和出租。联邦政府为了国家和社会公益事业，兴建铁路、公路及其他设施，需要占用州属公有土地或私人土地，也要通过交换或购买的方式取得。通信、输电、输油等管线要通过公有土地的地上或地下，都必须向土地管理局通行权处申请批准，并支付租金。

(二)英国

英国的土地所有制，目前的英国法律规定仍是土地归国王所有。其实，随着英国国王分封土地的增多和对所有土地实际控制力的减弱，现在英国的大部分土地，其产权主要有永久土地使用权(Freehold)和租赁土地使用权(Leasehold)两种形式，属于国王所有的土地所有权(Ownership)逐步变成了只是在理论上和法律上的存在，从本质上看，英国是土地私有制国家。

永久土地使用权(Freehold)其权能几乎相当于土地所有权，可以分属于国家、单位和个人所有，拥有者永久享有该宗土地使用权。除开发利用方式受到法律如规划法等的限制，以及英国议会可通过法令进行限制外，具有使用、开发、排除他人、继承和转让等各项权能，与土地所有权权能基本一致。

租赁土地使用权(Leasehold)则是向永久土地使用权人支付租金取得使用土地的权利，其权利受到永久土地使用权人的限制，具有一定的期限(最长125年)，需承担合同约定的各项义务，包括支付租金等，且经常发生转让。两种使用权所占的比例，与20世纪相比，已发生了较大的变化，形成了以永久土地使用权为主，租赁土地使用权为辅的权利结构。

(三)德国

德国位于欧洲的中部，总面积约35.7万平方千米，其中耕地占35%，永久牧草地占15%，森林用地占31%，城镇、工矿、交通用地、水域等占19%。

德国的土地既有公有，也有私有。公有的土地主要有联邦政府所有的土地，州和地方政府所有的土地等。除公有的以外，其他土地属于私人所有或者教会所有。

(四)日本

日本现行土地所有制是以私有制为主体的多元土地所有制，全国约65%的土地私有，35%的土地为国家和公共所有。

(五)俄罗斯

俄罗斯土地总面积1707.54万平方千米，是目前世界上土地面积最大的国家。目前俄罗斯的土地所有制也是多元土地所有制，包括联邦所有、市政府所有和私有。1990年颁布的《土地改革法》规定土地采取有偿使用制，征收土地税和土地租赁费，开放土地市场，允许土地买卖、转移、出租、抵押、交换、入股等。

二、土地登记

(一)法国的契约登记制度

法国土地登记实行契约登记制度。1804年《法国民法典》对契约自由和意思自治的思想第一次进行了系统、规范的阐释，开启了契约自由和意思自治的先河。在这种意思主义原则下，土地登记采取契约登记制度，即当事人之间的物权变动仅以当事人之间存在合法有效的债权意思为生效要件，经当事人订立契约即发生效力，没有登记过的不动产物权变动是合法有效的，登记仅产生对抗第三人的效力。

法国的土地契约登记制度有如下特点：

(1)土地与房屋财产登记与税收征管紧密结合。法国土地及房屋财产登记制度源于拿破仑时期为征收地产税而设立的全国土地统计制度，此传统一直延续至今，目前的法国土地及房屋财产登记制度仍与税收密不可分，土地及房屋财产登记办公室隶属于公共财政总署下的税收征管处。

(2)土地与房屋财产登记与公证人制度紧密结合。契约登记制度下的土地及房屋财产登记机构仅对公证人提交的申请材料进行形式审查，并不对法律关系及申请材料的真实性负责。在不动产交易过程中，法国的公证书被《公证法》赋予了强制执行力，相当于财产权利证书，是审判、登记的重要依据。公证人在不动产交易中的作用巨大，一是代为起草不动产交易合同；二是对交易的合法性和真实性进行审查，承担了登记机构实质审查的角色；三是对土地房屋财产状况和周边环境进行考察，如是否存在地灾危险等；四是考察物权变动对公共利益的影响，征询政府是否可能因社会公共利益对该土地或房屋财产行使优先购买权等；五是计算并向交易方代收不动产税款等；六是根据审查情况出具公证书，并代交易双方向土地及房屋财产登记机构提交登记申请材料及相关税费。可见，公证是法国不动产登记中至关重要的环节。

(3)土地与房屋登记与信息化紧密结合。信息化贯穿土地及房屋财产登记始终，并以实用性为首要原则。1990—2005年，法国公共财政总署逐步建立起全国统一的土地及房屋财产登记数据库，全国的登记系统和数据都实现了互联互通和共享应用，如公证人对相关资料的查验，公证结果的提交都可以在网络上完成，任何人均可通过互联网或全国三百多个登记点查询已入库的土地财产或房屋近50年来的历次变更信息。

(二)德国的权利登记制度

德国不动产登记历史悠久，1897年《土地登记条例》生效，此后《德国民法典》《德国物权法》都对不动产登记做了规定。德国《民法大典》规定：“土地上的房屋建筑物是土地的组成部分，从属于土地，为土地所有权的拥有者所有。”德国所有的土地都实行土地登记，即地籍登记。

德国土地登记是一种典型的权利登记制度，是指不动产物权依法律行为的设立、转移、变更和废止等事项非经登记不得生效的登记制。德国《土地登记条例》设置了土地登记的程序，规定了不动产物权如何设立、移转、变更和废止的程序规则，《民法典》和《物权法》所确立的规则与之相吻合，共同构筑了德国不动产物权的法律机制。

权利登记制度主要特点如下：

(1)不动产物权的设立、转移、变更、废止等权利变动非经登记不发生效力；

(2)登记机关对不动产的变动必须进行实质审查，确定要登记的不动产权属是真实且没有瑕疵的才进行登记；

(3)登记的成果具有普世公信力，即对于公众而言，不动产登记簿上记载的内容是有确定的效力的并且值得信赖。

德国不动产登记机构为土地登记局，《不动产登记条例》第一条第一款规定："不动产登记簿由地方法院（土地登记局）掌管，土地登记局对本区域内的不动产具有管辖权。"土地登记局隶属于法院系统，本质上是法院，但不同于一般的地方法院，仅管理不动产登记的有关事务，不能管理其他事务。土地登记行为本质上是司法行为。

德国不动产登记内容包括以下方面：一是土地状况，二是房产状况，三是界址表述，四是土地物权等，其中土地物权是登记的核心内容，德国土地登记簿上主要记载不动产的所有权、用益物权、其他权利限制和担保性权利等。登记机构因错误登记给当事人或者第三人造成损失的，由国家承担赔偿责任，如果该错误是由于登记人员的工作失误造成的，国家有权向该工作人员追偿。

（三）澳大利亚的托伦斯登记制度

澳大利亚现行的土地登记制度是托伦斯登记制度，又称"登记发证制度"或"地券交付主义"，是指经实质审查，用政府所发的凭证确认产权以便利物权移转的物权制度。该制度在德国登记模式的基础上增加了记载权利状态的地券和证书，并交与权利人的规定。该制度源于南澳大利亚洲，由南澳大利亚洲首任土地登记局长托伦斯在 1858 年首创，于 1863 年开始在澳大利亚推广，目前使用该制度的主要国家有澳大利亚、新西兰、英格兰、苏格兰、爱尔兰、加拿大、新加坡、马来西亚、泰国、美国的大多数州等。

托伦斯登记制度的主要特点如下：

（1）初次登记不强制，但一经登记即进入强制登记状态。不强制要求一切土地都必须登记，但任何一块土地只要经第一次登记，其后的每一次土地权利的转移或变动，都必须经过登记，非经登记不发生效力。

（2）登记有公信力。土地权利一经登记，便有不可推翻的效力。

（3）土地登记机关负有赔偿责任。土地登记后产生的不可推翻的效力是由国家保证的，国家专门从收取的土地登记费中提取一定比例资金作为保证金，以赔偿由于错登而使土地权利人所受的损失。

（4）采取实质审查主义。登记机关对土地登记进行实质性审查，并可要求经公告程序后方准予登记。

（5）颁发权利凭证。土地登记簿填写两份，登记机关保留正本，权利人取得副本，正副本内容完全一致，副本作为土地权利人持有的土地权利凭证。

（6）登记簿上的编成采取人的编成主义。土地登记簿按土地权利人登记的先后次序编成，而不是以土地为标准。

（7）地籍图可辅助说明登记簿的内容。

（8）土地上如设有抵押权或其他权利，则作为该块土地的负担登记。

（9）土地经登记后，如有处分或设定负担，以及其他各种法律行为，须依照法定的契约方式，订立契约。

(四)美国的土地登记

美国的大部分州采用的是托伦斯登记制。土地登记由美国土地管理局负责，特色主要表现在它的登记程序上，登记有关文件有三个最基本的要求：一是契约文件的起草、签字生效等手续必须符合不动产所在州的法律规定；二是契约文件必须公证；三是必须以不动产转让文件原件登记，以备校对。

美国的土地登记类型包括测量登记、权属登记、管制登记和案例登记等类型。

(1)测量登记。对公共土地进行定位和描述，该类登记只提供官方基本的测量记录和测量图，所有由美国授予的原始土地证以及随后的不动产交易均以此为基础，无论是公有地还是私有地。不过测量登记仅仅提供了确认和描述公有地州土地的方法。

(2)权属登记。记录公共土地和资源的所有权和使用权，该类登记属于官方登记，表明公共土地的利用状况。

(3)管制登记。对公共土地产权交易和使用状况的文件进行登记。这类登记的文件主要有：公地持有证(将联邦政府所有的公共土地转让给非联邦政府所有的证书)，行政命令或部长命令，为了建设国家公园、国家森林、野生动植物保护区或复垦工程等特殊用途而颁发的证书，收回联邦土地等。

(4)案例登记。记录关于公共土地和资源使用权或所有权操作行为的所有文件。该登记用于每一次的公共土地交易，记录的文件包括所有用于优先通行权、油气租赁、煤矿租赁以及不动产的诉讼或是设立矿业权质权登记的申请表、信件、会计收据，等等，每一份案例卷宗都标有连续的识别号。对于转让双方来说，不加登记的转让是有效的，但登记后更可保证权利的享有，因此，交易者通常都会主动办理登记。各州法律通常这样规定：“对于第一次登记的并且是出于良好动机的购买者或者抵押权人，任何在此转让之先的转让都无效。”

三、土地估价

(一)德国

德国不动产估价是通过制定一系列的法规来对土地估价的整个行业、组织和个人进行管理的。这些法规主要有《联邦建筑法》《城市建筑促进法》《建设法手册》《土地开发法》《不动产交易底价评估条例》《建设使用条例》等。

根据联邦《建设法手册》，不动产估价由独立的专门机构——估价委员会负责实施。联邦德国各市、县都设有估价委员会，地区和州设有高级估价委员会。估价委员会由1名主席、1至2名副主席及若干估价员组成，主席一般由地籍局局长兼任，并且至少有一名财政部门的估价专家作为估价员。

估价委员会的主要任务有：

(1)根据部门或者个人提出的估价申请，对所涉及的不动产或者不动产权利进行估价；

(2)收集不动产购买价格及其他估价所需数据的收集工作，公证部门或者公证有义务将不动产合同的副本送交给估价委员会；

(3)将估价结果的副本送交不动产所有者；

(4)确定并公布辖区内的土地参考价格，估价委员会根据收集的不动产购买价格确定辖区内的土地参考价格，土地参考价格每2年评定一次。估价委员会应当公布土地参考价格，并及时通告财政局。

在德国毕业于建筑学、建筑工程学、测量学及其他有关专业并已从事实际工作5年以上的人员或者没有受过上述高等教育但已在不动产经济领域从事实际工作10年以上的人员才有资格成为估价员。估价员资格审查非常严格，符合上述条件的人员首先要向估价委员会主席提出书面申请，经主席同意后转呈市、县政府，市、县政府同意后转呈地区政府批准后才能成为估价员。估价员可以是政府职员，也可以是企业职员或自由职业者，估价员的聘期一般为4~5年，可以连聘连任。估价员必须掌握比较估价法、收益估价法、实务估价法方面的准确知识，并能将其正确地应用于不同类型的不动产估价中，同时，估价员还必须掌握不动产市场、建筑市场、资本市场、价格体系、指标系列、租金和契约等经济方面的知识，以及相关法律知识。

(二)英国

在英国不动产估价的目的主要有四个方面：①为不动产买卖提供估价服务；②为不动产按揭贷款提供估价服务；③为公司核资提供估价服务；④为政府征收不动产税、遗产税等提供估价服务。前三种目的的不动产估价，通常由社会上的估价机构来承担；后一种则由隶属于税务部门的政府估价署(Valuation Office Agency)进行估价。

英国的不动产估价规则，没有明确规定一定要采取哪些方法。通常有五种方法，即比较法、投资法、剩余法、利润法和成本法。比较法是最常用和最主要的方法，其他方法一般作为辅助方法。其中成本法只要有市场数据都不能应用，只能用于如修建公路等，不直接产生经济效益项目的成本分析。政府估价署的估价，主要是对整个英国173万个商业不动产和2230万个居住不动产，每5年全面评估一次，作为征收不动产税的依据。

英国的地价管理没有专门的政府机构，由不隶属于政府的独立组织——皇家测量师协会(简称RICS)进行管理。RICS成立于1868年，目前全世界的11万会员，分布在120个国家和地区。估价部门是RICS下设部门之一，主要职责是：为会员提供最新的估价信息和估价方面的知识；要求所有会员必须遵守RICS颁布的估价手册(通称“红皮书”)。在英国不动产估价虽没有规定一定要是RICS会员，但由于RICS有非常高的执业标准，以及非常高的信誉度，已被大众普遍所接收。从事不动产估价的人员通常都是RICS会员，否则其估价结果难以被社会认可。要想取得会员资格，需要在知识水平、评估实践经验和职业能力三个方面考试、考核和答辩合格后方可。

(三)美国

美国的估价管理机构有美国估价协会和美国估价基金会。

1. 美国估价协会

美国估价协会成立于1991年，是由美国不动产估价者协会(成立于1932年)和不动产估价者学会(成立于1935年)合并而成。美国估价协会的主要任务是：①向合格的不动产估价人员颁发专业资格称号；②保持高水平的估价服务；③制定和实施一套严格的行业法典，包括职业道德规范和不动产估价的统一标准；④发展和推行高质量的估价教育课程与培训计划；⑤加强和促进有关的研究工作；⑥提供有关不动产估价各方面的出版物、教材和资料等。

现在美国估价协会授予的专业资格称号有两种：一种是高级住宅估价师(SRA)，另一种是估价协会会员(MAI)。高级住宅估价师是授给那些在居住用不动产估价中有经验的估价师，而估价协会会员是授给那些在商业、工业、住宅及其他类型的不动产估价中有经验的估价师和在不动产投资决策中提供咨询服务的估价师。

成为高级住宅估价师的资格要求是：①受承认的教育机构颁发的大学学位；②通过估价协会举行的“估价行业从业人员行为准则”课程；③通过估价协会的住宅估价师委员会举行的3门或3门以上的课程考试；④提出一份有关居住用不动产的估价报告书；⑤3000小时有关居住用不动产估价的实践经验。

成为估价协会会员的资格要求是：①受承认的教育机构颁发的大学学位；②通过估价协会举行的“估价行业从业人员行为准则，估价报告书写作和估价分析”课程；③通过估价协会的一般产业估价师委员会举行的7门或7门以上的课程考试，这些考试的课程每门40个学时，包括不动产估价原理，基本估价程序，资本化原理和方法，不动产估价实例研究，估价行业从业人员行为准则，估价报告书写作和估价分析等；④提出一份估价报告书；④4500小时的在商业、工业、租售、农业和居住用不动产方面估价的实践经验。

2. 美国估价基金会

美国估价基金会成立于1988年，下设两个独立的委员会：一是估价标准委员会(ASB)，它负责制定可行的估价行业从业准则和估价标准。二是估价资格认证委员会(AQB)，它负责制定从业人员的最低教育水准和资格认证的标准。这两个委员会的目的，都是建立一个自我约束的体制和提高全行业的业务水准。估价标准委员会已发布了专业估价统一标准。主要有：房地产估价，房地产估价报告，估价的复审，不动产咨询，不动产咨询报告，大量估价，私人产业估价，私人产业估价报告，商务估价，商务估价报告的标准。估价资格认证委员会已发布了估价师注册及资格认证的参考标准，并要求各州根据本州的注册法建立自己的考核程序，但要经估价基金会的认可，没有建立自己的考核程序的州则要求遵守联邦的标准。

(四)国际评估准则

为了促进并加强各国评估理论与实践的沟通，1981年，国际资产评估委员会成立，1995年更名为国际评估标准委员会。目前，已经有50多个国家和地区的评估协会或行业组织成为国际评估委员会的会员，该组织制定或颁布了国际评估标准。国际评估标准认为：通过各国的评估经验交流和专业探讨表明，除个别例外，评估的基本原则在世界各国基本上是一致的，基本的评估方法和原理在世界各国也大体相同。

《国际评估准则》的内容由四个部分组成：总则；评估基本概念、原则、准则；应用指南；解释性意见。

第二节　国外土地利用管理

一、土地利用规划

（一）美国

1. 美国的土地利用规划

美国基本上没有制定统一的国家级土地利用规划，各州一般也没有具体详细的土地利用规划，也不强求各级政府制定土地利用规划，但联邦政府通过相关法律、政策影响各级地方的土地利用及其规划，同时还商有土地法庭 LUBA（land use board of appeal），处理县级规划与州级土地利用规划目标问题。

根据法律规定，地方土地利用规划一般采用总体规划、区划和土地细分三级规划体系。一般自上而下进行编制，在规划编制及实施过程中，“多边谈判”是最重要的方法。地方总体规划是该地区未来发展的蓝图，是地方政府进行土地开发利用决策的基础。总体规划立足于对土地利用的长期打算，明确土地将被允许开发的类型、土地利用的空间关系及未来发展的总体模式，一般包括土地利用配置、交通、住宅、自然资源与生态保护、噪音防治、防灾减灾、特殊事项等方面的总体安排。区划是在遵循总体规划的基础上，说明该地区每一宗土地直接的、允许的用途。区划的目的就是要贯彻执行总体规划政策。土地细分是政府用以指导宗地被划分为小地块时制定的规划。一般情况下，未经地方政府许可不得任意分割土地。地产所有者在为出售、出租或筹措资金进行土地分割时，要受当地土地细分规划的制约。具体程序是：政府收到有土地分割的申请，即刻着手检查该宗地的分割方案；在各级规划控制的基础上，进行地块分割的环境影响分析，并举行公众意见听取会；获得通过后，土地分割者负责对和地块有关的基础设施进行安装和改进；直到地块分割记录存档以后，地产所有者才有权对分割的地块进行出售或出租。

2. 美国的土地利用管制

土地利用的分区管制是指按照固定的法律条文，将城市划分为不可兼容的功能区域，对于不同的分区实行不同的管理模式。美国早期的功能分区较为简单，如 1916 年纽约市的分区方案中，全市仅被划分为三个区：居住区、商业区和非限制区。随着经济社会发展，传统的分区管制逐渐表现出诸多问题，如市场作用替代、有失社会公正、贪污腐败和偏袒、缺乏弹性等。为此，近些年产生了许多分区管制的新方法，如契约管制、捆绑管制、奖励管制、浮动管制、特别管制等。契约管制是指土地所有者与市政当局签订契约，将对其财产的某种限制写入契约；捆绑管制是指允许开发商成组开发批准的土地单元，同时捆绑要求开发商保持开阔空间的匹配协调；奖励管制是指因开发商为社区提供某些好处或便利而对其进行的物质或精神奖励，如允许开发商突破某些分区规划进行有条件的开发建设；浮动管制是指分区过程中只规定活动类型，不规定活动地点，在满足浮动管制需要的条件下可以允许建设开发；特别管制用来管制那些需要特别管制的活动，如在缺乏足够基础设施的城市，开发使用土地必须提供必要设施或设施位置适当。

3. 美国的土地开发时段控制

美国采用开发时段控制的主要原因是社区必须为其居民提供充足的公共设施。如果土地开发早于建设足够的供水、废水处理、学校、道路和其他公共设施，将带来社区问题，导致社区居民生活质量的下降。土地开发时段控制的概念是1955年提出的，开发时段控制的首次运用是在纽约市的瑞玛颇镇，该镇最初由一个快速增长的村庄和几个不相连的村庄组成，按照公共设施效用和开发时段控制的概念，该镇采用了顺序增长控制规划。20世纪60年代后期，按照资本支出预算，6年一个时段，该镇决定每个时段开发一片土地，最后实现全部开发。但有些土地使用期限不允许少于18年，并且所有者应防止在土地上建设，除非是自己承担费用和提供公益事业。通过提供公共设施开发建设的实施时间表，瑞玛颇镇避免了产权变更，因为产权所有者有能力开发土地，其开发土地行为仅受开发时间影响。1972年纽约高级法院颁布了瑞玛颇决策法案，同时，其他城市先后也采用了类似的开发时段控制。

（二）英国

1. 英国的土地规划法律

英国没有统一的规划法，英格兰、苏格兰、威尔士和北爱尔兰四个行政区相对独立，1990年《城乡规划法》（*Town and County Planning Act* 1990）是涉及英格兰和威尔士规划管理的主要法律，与之配套的还有1990年《列入保护名册的建筑物和保护区域规划法》（*Planning*（*Listed Buildings and Conservation Areas*）*Act* 1990），《有害物质规划法》（*Planning*（*Hazardous Substances*）*Act* 1990），《重要条款规划法》（*Planning*（*Consequential Provision*）*Act* 1990），《1991年规划和补偿法》《1995年城乡规划通用开发法令》（*Town and County planning*（*General Permitted Development*）*Order* 1995）对上述法律做了补充，2004年的《规划和强制购买法》（*Planning and Compulsory Purchase Act* 2004）对上述法律做了部分修改。北爱尔兰规划基本法律是《1991年规划法》（*Planning*（Northern Ireland）*Order* 1991），苏格兰现行规划相关法律主要是《2006年苏格兰规划及其他事务法》（*Planning atc.*（Scotland）*Act* 2006）。

除了城乡规划核心法以外，英国还制定了《城乡规划土地使用要求》、《城乡规划允许建造要求》（指不用通过规划批准就能建造的建筑物）等。除此之外，规划部门也会发布一些规划指导（PPGs）和规划政策申明（PPSs）作为地方政府的方针政策。

2. 英国的土地规划管理

英国的土地规划管理是中央与地方政府分权管理，中央政府仅负责英格兰地区的规划事务，威尔士、苏格兰的规划事务由各地区政府自主管理。北爱尔兰环境部的规划服务局负责北爱尔兰的规划管理。

中央政府规划方面的主管部门是社区和地方政府部，负责发布英格兰地区的规划政策和指南，批准区域规划政策，受理对地方规划管理机构的申诉。一些重大开发项目地方规划当局无权决策，由规划事务大臣直接受理，并决定是否批准规划许可。这些重大开发项目主要包括：可能与国家政策发生冲突的项目，对周围产生重大影响的项目，对国家利益有较大争议的项目，引起重大建筑和城市设计问题或涉及国家安全和外国政府利益的项目等。

英格兰设定了9个大区，每个大区设一个规划机构，这些机构统称“政府办公室”，归口社区和地方政府部管理。“政府办公室”不仅负责各大区层面的城乡规划事务，同时还兼有地区和地方、交通、环境、经济发展等中央政府多个部门赋予的职能。该办公室根据中央政府主管部门的授权负责提出各大区的区域规划和政策，主要职责包括：提出综合考虑土地利用、交通、经济发展以及环境问题的战略规划，与经济和其他战略相衔接，规定地方发展规划的框架。其中最重要的职责是制定各区的区域空间战略。

在大区之下的各郡、市镇、社(教)区议会及其执行机构负责本地区的城乡规划事务。主要职责包括：编制发展规划(包括74个单一单元的规划，40个结构规划和288个社区或教区的规划)和审批规划许可申请。一般由地方议会选举出来的规划委员会负责批准规划许可，或者指定规划部门一位高级官员代表议会进行批准。根据规划法，地方政府可以批准或拒绝规划申请。同时，地方政府还可附加他们认为适宜的有关条件。在各级土地利用规划管理体系中，郡、市政府对土地利用规划有更多更大的权力，规划的作用也更直接。

政府土地利用规划管理的重点是土地开发，对改变土地用途及改变建筑物本身用途和性质的项目开发，必须得到规划许可，而对土地转让、地价、土地使用安全性等，土地利用规划没有作过多的控制和限制。

3. 英国的土地规划体系

英国的土地规划分为四级：国家级规划(规划政策指南)、区域规划(区域规划指南)、郡级规划(结构规划)和区级规划(地方规划)。但根据《2004年规划和强制购买法》，结构规划和地方规划被《地方发展框架》取代。地方规划机构负责制定《地方发展框架》(*Local Development Frameworks*，LDF)，《地方发展框架》由以下文件组成：一是地方发展计划，包括计划安排及其表；二是发展规划文件，包括核心战略文件和土地规划详细情况及相关图件；三是规划辅助文件，详细阐述和解释发展规划文件所列政策；四是社区联合申明，对社区如何参与规划制定予以说明；五是年度监督报告，是发展规划文件中的贯彻程度和地方发展规划执行监督的年度报告；六是矿产和废物规划，是关于该地区矿产开发与废物处置方面的规划政策(宋国明，2001)。

《地方发展框架》在规划控制中起着很重要的作用。其中的内容如土地用途，在规划控制中是非常严格的，规划官员可以作为依据来支持或者否决一个项目的规划申请。也依此来发放“强制令”对没有许可的建筑执行拆除。

4. 英国的规划许可

英国的规划实施手段主要是规划许可制度。英国规划许可分两种：总体规划许可和建筑规划许可。

总体规划许可（Outline Planning Application）审批的内容主要包括，地块的用途，发展的规模，地块交通和建筑的风格等的合理性。

建筑规划许可（Detail Planning Application）主要审的是建筑的方案。如建造密度、建筑立面、高度和材料是否同所在街区的风貌相协调；方案的建设发展是否对周边的环境保护有负面影响，地块内外的交通组织是否合理，地块内一些同城市职能相交接的方面是否交接妥当等。建筑物只有通过建筑规划许可后才能开始建造。

（三）德国

根据德国法律，德国各州土地利用规划的编制必须符合三个原则：符合《联邦建筑法》的总体要求、总体精神；符合本州土地保护和利用的实际；与相邻州、城市的风格相协调。

德国土地利用规划分为项目规划和实施计划两类。联邦政府制定项目规划，地方政府完成项目的实施计划，联邦土地利用规划根据地方发展的需求制定宏观政策，发布指导性战略；地方结合现状编制规划的实施，分解上级项目规划中提出的各类用地指标并将其具体落实到地块。

（四）日本

现代日本土地规划体系由国土综合开发规划、国土利用规划、土地利用基本规划和地域规划等构成。日本于1974年制定了《国土利用计划法》，规定了以下五个方面的制度：国土利用规划、土地利用基本计划、区域内的土地利用限制、全国土地交易申报劝告、闲置土地的处置。可以看出，日本将国土利用规划、土地利用基本计划、区域土地利用规划列入了全国土地利用计划体系。

国土综合开发规划是在国家经济计划、公共投资计划等的指导下，综合开发、利用、保护国土资源，合理调整产业布局，提高社会福利的综合性规划；国土利用规划是从土地资源的开发、利用、保护的角度，确定国土利用的基本方针、数量、布局和实施措施的纲要性规划；土地利用基本规划是以国土利用规划为依据，进一步划分城市、农业、森林、自然保护等地域，并规定各地域土地利用调整具体事项等；各地域内再进一步制定土地利用的详细规划，如城市地域内进一步制定城市规划，农业地域内进一步制定农业规划。

（五）国际粮农组织（FAO）与土地利用规划

1992年提出了“土地资源规划与管理的综合方法”，国际粮农组织被指定为这一任务的管理者，并与联合国环境署（UNEP）使用，开展了这一方法的系列研究；1993年，FAO出版了《土地利用规划指南》，提出土地利用规划的三个目标是：效率（Efficiency）、平等和可接受性（Equity and Acceptability）、可持续性（Sustainability），同时把土地利用规划大体上分为国家、地区和地方三个层次。1995年FAO提出了土地利用规划和管理的制度保障，1997年FAO与UNEP针对规划是自上而下为主的问题，提出基于利益相关者的“交互式”土地利用规划，其目的是制定有助于形成最好的土地利用和持续土地管理的政策，发送和加强颠倒是非、管理和评价系统，强化制度和协调机制，建立便于地方团队和民众参加的参与机制。

二、土地整治

(一)德国的土地整理

1. 德国土地整理的目标

根据联邦德国1976年修订的《土地整理法》，联邦德国的土地整理是指“为改善农业及林业的生产和工作条件，促进土地改良和农村发展，对农村地块进行调整。土地整理分为常规性土地整理、简化土地整理、项目土地整理、加速土地合并和自愿土地交换五种类型。联邦当局认为，土地整理的目标是(1)改善农业和林业的生产和工作条件；(2)维护和恢复自然生态平衡以及人们喜爱的风景；(3)支持农村发展(何芳，1997)。

为有效缓解各类威胁与矛盾，德国政府组织开展土地整理，先后经历了三个阶段。整理目的从最初的“提高农地生产力，确保国家粮食安全”到“确认土地权属，推进农地集约规模化经营”，再到“缩短城乡差距，推进区域化可持续发展”。如今德国的土地整理已经从单纯的促进农业生产，保障国民粮食安全成功转型为集农业规模化集中经营、生态环境保护、水资源利用与保护、村镇革新、城镇区域发展等为一体的农村区域整体可持续发展(周同，2003)。

2. 德国土地整理的法律体系

经过六十多年的发展，在借鉴德巴伐利亚州土地整理发展历程的基础上，德国东部地区逐步形成了其自身特有的法律体系。主要包括：《欧盟农村发展指导手册》(2008—2013)、《德联邦宪法》《德国联邦土地整理法》以及《德国东部地区农业调整法案》等。德国联邦的《土地整理法》是于1953年颁布的，并在1976年和1982年进行了修改，德国联邦土地整理法中具有完善的制度，明确规定了土地整理的目的、方法、机构设置、成果验收、权属调整等，此外，还规定最高行政法院需负责审议、处理诉讼案件。在州一级内部设立独立的仲裁机构，负责解决有关争议问题。

3. 德国土地整理的内容

土地整理的内容包括合并土地、村镇改造、开辟建设用地、公共建设用地、景观的塑造和保护、森林土地整理、特种经济作物区的土地整理、地籍更新测量八个方面的内容。

4. 德国土地整理的权属管理

德国十分重视权属管理，并积累了十分丰富的经验。在项目立项前，需要明确整理区内的权属现状问题；在权属调整开始进行之前，需制定详细的调整方案；在形成新的土地产权关系后，需及时进行变更登记。

5. 德国土地整理中的公众参与

由于德国实行土地私有制，德国公众高度关注土地整理项目。德国土地整理项目分两种模式，即群众自发式项目与政府主导式项目。群众自发式项目是指由群众自发组织开展，对其自有土地进行置换、归并、整理的项目。农村土地整理发展局负责组织开展测绘、地籍变更等工作。而政府主导式项目，则是指对涉及公众利益，由政府组织推动实施的土地整理项目，如公路、水坝等基础设施的修建，幼儿园、医院、学校等基础设施的配套。通常由区域农村土地整理发展局承担，负责说服群众参与项目，并组织实施。群众全程参与监督项目实施(周同，2013)。

6. 德国土地整理中的资金来源

德国土地整理由政府与群众共同配套项目资金。由于德国的土地整理项目同时涉及公共权利与私人利益，因此在项目组织实施时，按照项目性质，由欧盟、德联邦政府、州政府、市县、农民分比例投入项目资金。通常情况下，由国家投资70%~80%(由欧盟、联邦、州政府按比例分摊)，土地整理参与者自行承担20%~30%。通过按比例分摊资金的方式，促使土地所有者积极参与项目设计与实施，有效提高了公众参与项目的实施积极性与关注度(周同，2013)。

(二)荷兰的土地整理

1. 荷兰土地整理的法律体系

荷兰是世界上开展土地整理较早的国家之一，从20世纪初，荷兰即开始了较大规模的土地整理。

荷兰于1924年出台了第一部《土地整理法》(*Land Consolidation Act*)，其主要目的是改善农业的土地利用，促进农业的发展，使不同土地所有者的土地相对集中，规整划一。1938年出台了第二部《土地整理法》，对土地整理项目的批准程序做了简化。1947年，荷兰颁布了《瓦赫伦岛土地整理法》(*Walcheren Land Consolidation Act*)，成为荷兰土地改革历史上的一个重要时期，开始从简单的土地重新分配转向更为复杂的土地发展计划。1954年出台了第三部《土地整理法》，明确规定了景观规划必须作为土地整理规划的一个组成部分(张晋石，2006)。1965年颁布了空间设计规划法案(*Spacial-Planning Act*)，在法案中规定省级土地整理项目必须与地区空间规划相吻合。1985年颁布了《农村地区土地开发法》。这个法律的主要特点是：根据项目区的不同特点和项目的主要目的，提供了多种可选择的实施方案，同时也保留了1954年法案中土地所有者和土地租赁者的投票表决制度。在1985年的法律中，还对“土地重新开发项目”进行了新的定义和规定，明确了在此类项目的实施中，虽然来自农业方面的股东是项目所涉及的一个利益集团，但是，省政府对项目有最终的决定权。在修订过程中，为了顺应时代的需要，丰富土地综合整理的内容，还推出了《自然和景观保护法》《乡村发展的布局安排》法案等多部法律(朱鹏飞，2017)。

2. 荷兰土地整理的目标、类型、内容

荷兰土地整理的目标主要是依据空间规划框定的土地整理项目区域的功能，改善农村地区的土地利用布局和结构。

荷兰土地整理的类型包括：①基于非农目的的土地整理，非农用地占主导地位的区域进行的土地整理；②基于农业目的的土地整理，针对农业用途为主的区域；③土地调整，专门为消除那些因道路、铁路、河流整治等基础设施建设而引起的各种限制；④基于协议的土地整理，目的是改善小范围内、有限数量的土地所有者的土地分布(曲福田，2007)。

荷兰土地整理过程中，农业、自然、河流、历史文化、户外娱乐、公路机场、管道运输等都要统筹考虑；然后是自然水系的土地整理，会涉及很多农地或地块，这是个大工程。荷兰计划要在西部打造全新的水系，这就要有一套切实可行的土地整合办法。荷兰有个"快速土地重新分配法"，荷兰政府不再充当专家的角色，而只是一个推进者，剩下的事情通过农户自己的智慧解决。让农户和社区自愿加入进来，允许参与者在土地整理中实现自己的目标(扬·范·瑞能，2017)。

3. 荷兰土地整理的特点

荷兰土地整理的基本特点有：贯穿了20世纪农业与农村发展的全过程，土地整理与土地复垦以及水资源管理等活动紧密相连，公众是项目实施的重要力量，各类法律是土地整理实施的依据和基础(曲福田，2007)。

荷兰土地整理的一个显著特点是风景园林设计师参与到土地整理过程中。荷兰参与土地整理的风景园林设计师不仅是做乡村的景观布局、绿化设计等传统业务，也参与到基础设施的路线设计布局、区域种植规划、生态网络设计、当地历史纹理的延续中(张晋石，2006)。土木建筑工程师对基础设施的路线选址考虑得更多的是快捷便利、实用、成本预算，而风景园林设计师更善于考虑基础设施与沿途风景的融合、协调、线性的衬托。对于生态网络的规划，风景园林设计师会关注当地自然的发展进程，参考景观生态学的设计，兼顾农业发展、户外休闲、生态自然保护区等的利用布局(朱鹏飞，2017)。

4. 荷兰土地整理中的公众参与

从荷兰土地整理演变的轨迹中，与土地整理利益分配切实相关的当地的个人和团体是决定土地整理项目的启动、规划和实施的最为重要的力量。在1954年法案颁布之前，很多土地整理项目的实施是由当地的相关利益团体以及个人来决策的。1954年法案颁布之后，从法律上明确了"土地整理委员会"这一形式，同时要求委员会的成员应当包括当地农户的代表、水资源管理委员会的代表、市政府的代表以及其他相关利益集团的代表。20世纪60年代以后，国家对于当地土地整理项目的投资决策侧重于对整个区域经济的总体考虑，但是，一旦项目的申请被批准，当地的"土地整理委员会"将通过严格的选举而立即产生，负责项目管理的一些事务。具体来讲，土地整理委员会负责项目的规划和设计、组织公众听证会和投票表决，同时负责和监督项目的工程施工和验收。在技术方面的决策上，土地整理服务局和地籍部门的技术人员将向委员会提供帮助。随着土地整理项目越来越注重"农村地区综合发展"，将来土地整理项目所要涉及的利益群体将更多。不过，"土地整理项目必须获得当地大多数人的支持"这项原则将不会改变(廖蓉，2004)。

（三）日本的土地整治

1. 日本土地整治的法律体系

日本非常注重土地整治有关法律法规建设，跟土地整理有关的法律很多，包括《农地法》《农业振兴地域法》《农业经营基础强化促进法》《水利资源开发促进法》《森林开发公团法》《土地改良法》等。这些法律构成纵横交织的制度体系，有力地推进了日本土地整治工作的开展，在保护优质耕地资源的同时也提高了农业规模化经营和现代化水平。根据需要，这些法律还会适时修改。比如《土地改良法》，为了扩大土地改良种类和完善实施程序先后被修改 11 次，这是日本农地制度中修改次数最多的一部法律，可见日本对土地整治及其制度建设的重视（汪先平，2008）。

2. 日本土地整治的内容

日本土地整治分为农业农村整治和城市土地整治两大部分。

农业农村整治分为农业基础设施整治、农村整治、农地保护管理三部分。农业基础设施整治包括灌溉排水、旱地平整、机械化农地、新农地开发、土地综合整治；农村整治包括完善农村各种公共设施、农业用水废水处理、农村地域环境整治、中山间（两山之间）综合整理、农村道路整理；农地保护管理包括农地防灾、塌方、防水、环境保护、海岸保护、灾后复垦整治、土地改良设施维护管理等（张宁宁，1999）。

城市土地整治是在土地区划法的指导下开展的，主要分为城市的恢复与重建、城郊和城乡结合部的土地整治等内容。城市的恢复与重建，主要是对战后和灾后的城市土地进行整理、规划和建设；城郊、城乡结合部的土地整治，主要通过土地整治整合零散地块，合理开发土地，完善公共设施，提高土地的经济价值，遏制城市蔓延（杨红，2010）。

3. 日本土地整治的发展阶段

日本土地整治工作大致经历了以下 4 个阶段。第一阶段是 20 世纪 50 年代至 60 年代中期，主要工作是兴建水田排灌设施和开垦农田（包括围垦开发等），目标是增地、增粮，保障粮食供应。第二阶段是 20 世纪 60 年代中期到 70 年代中期，主要工作是在继续开展农田水利设施建设的同时，实行水改旱和土地平整，目标是解决农地的细碎化问题，扩大农户经营规模和调整农业生产结构，实行农业机械化。第三阶段是 20 世纪 70 年代中期到 80 年代末，主要工作是综合建设农村基础设施和生活环境，整治村庄，目标是解决耕地撂荒问题，改善农村环境，缩小城乡差距。第四阶段是 20 世纪 90 年代以后，经过前 3 个阶段的土地整治工作，实现了区域核心城市的发展，农村劳动力向城市转移的过程已经缓和，城乡和地区间收入差距大大缩小，城乡的生活环境有了很大改善。为了解决人口减少与老龄化、跨国界的地区间竞争、人与自然的协调发展、经济社会发展等问题，日本土地整治逐渐升华到国土整治。土地整治的目标是使国土形态与 21 世纪的时代潮流相适应，形成可持续发展的日本，实现高效的经济社会活动，丰裕安全的生活和优美舒适的环境以及能自豪于世界的国土（林家彬，2004）。

4. 日本土地整治的特点

一是注重土地权属和地块调整，促进农地规模经营。日本特别注重农用地的流转和规模化经营，通过开展土地整治，利用土地权属调整和地块置换手段解决了农用地的细碎化和分散化问题，培养了专业农户，实现了农地的规模化和专业化经营，提高了农业生产的效率和农户的收入(袁中友，2012)。

二是土地整治工作程序完备，公众参与度高。日本土地整治制定了周密的工作程序，并严格执行，保证公众的参与。在进行土地整治前，由土地整治区域中各村的村民代表和指导人员组成的委员会对规划方案、土地权属和地块调整方案等进行讨论和表决，经委员会 2/3 以上的成员同意后，土地整治工程才开始实施。个人拟参加土地改良，要提出申请，在获得同一地区 2/3 以上参加人同意后方可获得参加土地改良的资格(张凤荣，2009)。

三是重视科技，工程设计和建设标准高。日本在开展土地整治工作时，非常注重工程质量和科技手段的运用，工程设计和建设标准高。日本土地整治工程的设计寿命和健康运行期长，一般工程设计寿命为 40 年，工程健康运行期为 60 年，实际上正常运行期要高于 60 年。日本农田灌溉工程基本实现了管道化，田间排水工程也有相当比例是管道化的，并采用机器人进行管道工程的检查，采取有针对性的工程维护，降低了工程维护成本(郧文聚，2011)。

四是重视土地整治规划及其法律效应。日本不但有土地整治长期规划，而且有详细的年度计划，所有土地整治项目都依据不同阶段的整治规划进行。土地整治规划分 3 级进行：一是国家级规划，主要是确定一个时期土地整治的方针、总体目标和主要任务；二是都、道、府、县级规划，主要是确定区域、规模、投资、权属登记管理；三是町、村级规划，主要是提出项目、实施项目和运营管护。日本土地整治制度规定 5 年组织一轮调查评估，涉及每个町、村，调查评估结果要汇总上报，从而为编制下一个 5 年土地整治计划提供技术支撑。日本法律规定，实施过土地整治项目的农业地域，7 年内不受理该地域的农地转用申请(郧文聚，2011)。

五是重视生态环境的保护和建设，以土地整治促进生态农业的发展。日本开展的生态型土地整治，不仅注重增加有效耕地面积，而且更注重通过土地整治防治水土流失、土地荒漠化、土地盐碱化、土地污染、土地贫瘠化、土地损毁等问题。在区域土地整理规划编制过程中，既重视路、沟、渠工程布局，又重视田、村布局；注重整治区水土重构技术、防护工程与景观生态再造技术、土地整理高效施工技术和生物-理化联合改良工程技术，重视农田防护、水土保持与景观空间单元组合等景观生态效应的发挥，通过土地整治有力地促进了日本生态高效农业的发展(袁中友，2012)。

六是重视土地整治综合效应，推进农村的城镇化。日本村庄整治的主要目标是化解城市郊区化、农村城镇化和农业现代化的用地矛盾。在日本经济高速发展时期，用地矛盾十分突出，工业化和城市化发展用地大举向农村地区进军。在这种形势下，村庄合并，并将规划建设条件好的地段用于新村镇建设，提供一部分土地作为城市郊区化住宅用地成为土地整治的另一目标(袁中友，2012)。

本章小结

本章主要对国外若干国家的土地管理先进或者成功经验进行简要介绍。涉及的土地管理问题有土地所有制、土地登记、土地估价、土地利用规划、土地整治等。主要介绍的国家有美国、英国、德国、澳大利亚、日本等。

参考文献

[1]中共中央马克思恩格斯列宁斯大林著作编译局．马克思恩格斯选集(第二卷)[M]．北京：人民出版社，1972.

[2]马克思．资本论(第三卷)[M]．北京：人民出版社，2004.

[3]马克思．资本论(第一卷)[M]．北京：人民出版社，2004.

[4]张德粹．土地经济学[M]．北京：商务印书馆，1980.

[5]林增杰，严星．土地管理与方法[M]．北京：中国人民大学出版社，1986.

[6]王献溥．生物圈和生态系统[J]．环境保护，1979(2)：9-10.

[7]Richard Roy Powell，Prtrick J. Rohan. The Law of Real Property[M]. Bender，1949.

[8]Abdul Azeez Olayaemi. "Fair Compensation" to the Dwellers of Mineral Land：Whether Zakat Al-Maadin Can Form the Quantum? [DB/OL]. Available at SSRN 1710676，2010.

[9]周诚．土地经济研究[M]．北京：中国大地出版社，1996.

[10]段正梁．关于土地科学中土地概念的一些思考[J]．中国土地科学，2000，14(4)：21.

[11]姜爱林．论土地的概念与特征[J]．国土资源科技管理，2000(3)：13.

[12]D. 登特，A. 杨．土壤调查与土地评价[M]．北京：农业出版社，1988.

[13]沃纳西奇尔，彼德·埃克斯坦．基本经济学概念[M]．北京：中国对外经济贸易出版社，1986.

[14]伊利·魏尔迈．土地经济学[M]．北京：商务印书馆，1943.

[15]卡尔·马克思．资本论(第3卷) [M]．北京：人民出版社，1972.

[16]刘天齐．环境保护通论[M]．北京：中国环境科学出版社，1997.

[17]王曦．国际环境法资料选编[G]．北京：民主与建设出版社，1999：666.

[18]Carl Troll. Landscape ecology (geogcology) and biogeocenology—A terminological study[J]. Geoforum，1971，2(4)：43-46.

[19]宗纳维尔．地生态学[M]．UXYI：TUIPBTPY，2003.

[20]鲍尔·施蒂尔纳．德国物权法[M]．北京：法律出版社，2004.

[21]董健．澳大利亚的土地概念对我国的启示[J]．中国房地产，2007(11)：27.

[22]马育民，译．法国民法典[M]．北京：北京大学出版社，1982.

[23]马克伟，张巧玲．认清土地国情　珍惜有限土地[J]．中国农业资源与区划，2001，22(3)：21.

[24]胡湛．管理的概念与行为控制[J]．管理，2008(08)：145.
[25]赵殿和．对管理概念的思考[J]．赤峰学院学报(汉文哲学社会科学版)，2007，28(5)：39.
[26]周光辉．论公共权力的强制性[J]．吉林大学社会科学学报，1995(5)：15-20.
[27]刘胜华，刘家彬．土地管理概论[M]．武汉：武汉大学出版社，2005.
[28]大卫・鲍德温．新自由主义、新现实主义和世界政治[M]．杭州：浙江人民出版社，2001.
[29]约瑟夫・奈．硬权力与软权力[M]．北京：北京大学出版社，2005.
[30]汉斯・摩根索．国家间政治：权力斗争与和平（第七版）[M]．北京：北京大学出版社，2006.
[31]米歇尔・福柯．必须保卫社会[M]．上海：上海人民出版社，2010.
[32]马克斯・韦伯．经济与社会(上卷)[M]．上海：商务印书馆，1997.
[33]文晓明，王立新．社会主义民主政治运行机制研究[M]．北京：人民出版社，2004.
[34]约翰・米尔斯海默．大国政治的悲剧[M]．上海：上海人民出版社，2008：62.
[35]Robert O Keohane，Joseph S Nye Jr. Power and Interdependence in the Inform ation Age[J]．Foreign Affairs，1998，77(5).
[36]李宝芹．济南着力建设公开透明的权力运行机制，完善权力结构，规范权力运行，强化权力监督[N]．中国纪检监察报，2008，08(15)：3.
[37]何永红，冯军，等．完善行政权力运行机制与防止腐败[J]．行政论坛，2003(6)：36.
[38]张亚娟．关于权力的制约和监督研究[D]．北京：中共中央党校，2005.
[39]陆德山．认识权力[M]．北京：中国经济出版社，2000.
[40]侯少文．监督的含义及其与制约的区别[J]．中国党政干部论坛，2003(9)：33.
[41]孟德斯鸠．论法的精神(上册)[M]．上海：商务印书馆，1961.
[42]张文显．法学基本范畴研究[M]．北京：中国政法大学出版社，1998.
[43]范进学．权利概念论[J]．中国法学，2003(2)：15-22.
[44]张鹏．权利理论与权利立法[J]．河北法学，2013，31(4)：2-8.
[45]巴里・卡林沃思，文森特・纳丁．英国城乡规划[M]．陈闽齐，等，译．南京：东南大学出版社，2011.
[46]陈柏峰．土地发展权的理论基础和制度前景[J]．法学研究，2012(4)：99-114.
[47]刘永湘，杨明洪．中国农民集体所有土地发展权的压抑与抗争[J]．中国农村经济，2003(3)：16.
[48]刘国臻，陈年冰．论土地权利发展的三大轨迹及其启示[J]．学术研究，2013(2)：54-55.
[49]曾乐元．政府主动干预市场应当遵循的基本原则[J]．理论导刊，2007(6)：46-48.
[50]王万茂．土地利用规划学[M]．北京：科学出版社，2006.

[51]蔡守秋．论公众共用物的法律保护[J]．河北法学，2012，30(4)：9.
[52]龙花楼，刘永强，李婷婷，王静，刘爱霞．生态用地分类初步研究[J]．生态环境学报，2015(1)：2.
[53]喻锋，李晓波，张丽君，徐卫华，符蓉，王宏．中国生态用地研究：内涵、分类与时空格局[J]．生态学报，2014(9)：4933.
[54]文庭孝，侯经川，汪全莉，刘晓英．论信息概念的演变及其对信息科学发展的影响——从本体论到信息论再到博弈论[J]．情报理论与实践，2009(3)：13.
[55]彼得·S. 温茨．环境正义论[M]．上海：上海人民出版社，2007.
[56]宋国明．英国土地规划管理[J]．国土资源情报，2001(12)：2-8.
[57]何芳．前联邦德国土地整理介绍与分析[J]．中国土地，1997(10)：41-44.
[58]周同．德国的土地整理模式[J]．国土资源导刊，2013，8(84)：59-60.
[59]张晋石．荷兰土地整理与乡村景观规划[J]．中国园林，2006，5：66-67.
[60]廖蓉，杜官印．荷兰土地整理对我国土地整理发展的启示[J]．中国国土资源经济，2004，9：25-26.
[61]朱鹏飞，华璀．国外土地整理经验对我国的启示——以德国、荷兰为例[J]．安徽农业科学，2017，45(7)：177.
[62]曲福田．典型国家和地区土地整理经验与启示[J]．资源与人居环境，2007(20)：13-14.
[63]扬·范·瑞能．荷兰的土地整理与农业发展[J]．中国土地，2017，5：43-44.
[64]汪先平．当代日本农村土地制度变迁及其启示[J]．中国农村经济，2008(10)：74-80.
[65]张宁宁．日本土地资源管理一瞥[J]．中国土地科学，1999，13(1)：45-47.
[66]杨红．城市土地整治潜力研究[M]．北京：知识产权出版社，2010.
[67]林家彬．日本国土政策及规划的最新动向及其启示[J]．城市规划汇刊，2004(6)：34-37.
[68]袁中友，杜继丰，王枫．日本土地整治经验及其对中国的启示[J]．国土资源情报，2012(3)：16-18.
[69]张凤荣，周丁杨，徐艳，等．做好地块调整是发挥土地整理项目最大效益的重要环节[J]．中国土地科学，2009(11)：50-54.
[70]郧文聚．鸟瞰日本土地整治[J]．中国土地，2011(3)：55-57.